Algerien

Internationale Märkte

Herausgegeben von
Prof. Dr. Herbert Strunz

Band 5

PETER LANG

Frankfurt am Main · Berlin · Bern · Bruxelles · New York · Oxford · Wien

Herbert Strunz/Monique Dorsch

Algerien
Krise und Hoffnung

PETER LANG
Europäischer Verlag der Wissenschaften

Die Deutsche Bibliothek - CIP-Einheitsaufnahme

Strunz, Herbert:
Algerien – Krise und Hoffnung / Herbert Strunz / Monique
Dorsch . - Frankfurt am Main ; Berlin ; Bern ; Bruxelles ; New
York ; Oxford ; Wien : Lang, 2002
(Internationale Märkte ; Bd. 5).
ISBN 3-631-39560-4

Gedruckt mit Förderung des Bundesministeriums
für Bildung, Wissenschaft und Kultur
in Wien.

Die Rechte an den für die Umschlaggestaltung verwendeten
Fotos liegen bei Contrast Photo Ges.m.b.H., 1070 Wien.

Gedruckt auf alterungsbeständigem,
säurefreiem Papier.

ISSN 1435-473X
ISBN 3-631-39560-4
© Peter Lang GmbH
Europäischer Verlag der Wissenschaften
Frankfurt am Main 2002
Alle Rechte vorbehalten.

Printed in Germany 1 2   4 5 6 7

www.peterlang.de

Vorwort

Die Situation im Nahen und Mittleren Osten nach den tragischen Ereignissen des 11. September 2001 läßt es für manchen vielleicht etwas unangemessen erscheinen, sich mit den Perspektiven einer Intensivierung der wirtschaftlichen Beziehungen zwischen Europa und dem Nahen Osten im allgemeinen bzw. zwischen Österreich und Algerien im besonderen zu befassen. Ich bin aber der Ansicht, daß es gerade jetzt besonders wichtig ist, eine Vertiefung der Beziehungen auf allen möglichen Gebieten anzustreben. Direkte persönliche und professionelle Kontakte sind – um es leicht pointiert auszudrücken – bei weitem zielführender und humaner, als der unheilvollen Theorie des *clash of civilisations* nachzuhängen. Und noch ein Aspekt sollte gerade angesichts der aktuellen Ereignisse besonders erwähnt werden: Europa hat zahlreiche Gründe, seine Beziehungen zu den Staaten des Nahen Ostens eigenständig zu definieren und auch möglichst eigenständig zu realisieren. Letztlich handelt es sich bei diesen Beziehungen um solche von unmittelbaren Nachbarn, auch wenn die Geschichte nicht frei von Spannungen und Konflikten war. Die Europäische Union verfolgt daher bereits seit Jahren völlig zurecht eine Politik des Dialoges und der gegenseitigen Annäherung. Im Jahr 1995 wurden auf einer großen Konferenz in Barcelona die Grundlagen für eine umfassende Euro-Mediterrane Partnerschaft gelegt. Seit damals wurden im Rahmen des sogenannten EUROMED-Programmes große Anstrengungen unternommen, um einerseits eine politische Annäherung zwischen der EU und den südlichen Mittelmeeranrainerstaaten zu fördern sowie andererseits durch vielfältige Programme auch den als notwendig erachteten politischen und wirtschaftlichen Reformprozeß in diesen Ländern zu beschleunigen. Auch wenn dieser Prozeß zuletzt aus verschiedensten Gründen etwas ins Stocken geraten zu sein scheint, gibt es zwischen der EU und diesen Staaten inzwischen eine kaum übersehbare Anzahl an bilateralen Abkommen, manche der EUROMED-Partner sind auch bereits mit der EU durch Assoziations- und Zollfreiverträge verbunden.

Algerien nimmt unter den Mittelmeeranrainern aus mehreren Gründen eine besondere Stellung ein. Da ist einmal der Unabhängigkeitskrieg gegen die Kolonialmacht Frankreich zu erwähnen. Kein anderes arabisches Land hat seine Unabhängigkeit mit derart großen Opfern erkaufen müssen. Zum anderen galt das unabhängige Algerien lange Zeit als Musterbeispiel für ein durchaus erfolgreiches sozialistisches Entwicklungsmodell und hat in dieser Zeit auch sehr intensive politische und wirtschaftliche Beziehungen zu Europa gepflegt. Algerien war in den siebziger und achtziger Jahren nicht nur einer der bedeutendsten Öllieferanten für Europa, in dieser Zeit wurden auch beachtenswerte Infrastrukturprojekte durchgeführt. Auch Österreich, das noch aus den Jahren des algerischen Unabhängigkeitskrieges über ausgezeichnete Beziehungen zu Algerien verfügte, hat in diesen Jahren hervorragende Geschäfte abgewickelt. Österreich war und ist in Algerien vor allem deshalb beliebt und anerkannt, weil es als kleines neutrales Land ohne koloniale Vergangenheit ein akzeptierter politischer Partner ist und zudem über eine hochqualifizierte und spezialisierte Exportindustrie verfügt. Das bedeutendste österreichische Projekt in Algerien war zweifellos das langjährige Engagement beim Ausbau des algerischen Eisenbahnnetzes.

Das vergangene Jahrzehnt war für Algerien äußerst kritisch. Der Kampf zwischen den staatlichen Ordnungskräften und islamistischen Terroristen hat das Land an den Rand eines Bürgerkriegs gebracht und einen kaum wiedergutzumachenden menschlichen und materiellen Schaden verursacht. Wenn auch noch nicht alle Probleme endgültig gelöst sind und die Wunden aus der jüngeren Vergangenheit erst sehr oberflächlich verheilt sind, unternimmt die algerische Regierung aber ernsthafte Bestrebungen, das Land wieder in ein ruhigeres Fahrwasser zu steuern. Dies stellt die wesentlichste Voraussetzung für jene umfassenden politischen und wirtschaftlichen Reformen dar, die nach allgemeiner Auffassung unabdingbar sind.

Ich glaube, daß Europa im allgemeinen und Österreich im besonderen eine Menge zu diesem dringend notwendigen Reform- und Modernisierungsprozeß beitragen kann. Diese Überzeugung war letztlich auch ausschlaggebend dafür, daß wir uns ausführlicher mit Algerien beschäftigt haben. Wir setzen damit eine Reihe von Studien fort, welche zuletzt Irak und Libyen zum Gegenstand gehabt haben, und hoffen, daß wir dadurch einen kleinen Beitrag zu einer intensiveren Beschäftigung mit diesem hoch interessanten Land leisten können.

Abschließend möchte ich mich noch beim Jubiläumsfonds der Österreichischen Nationalbank bedanken, ohne dessen Förderung diese Studie nicht möglich gewesen wäre. Herrn Univ. Prof. Dr. Herwig Palme möchte ich für die umsichtige Leitung des Forschungsprojekts herzlich danken.

Fritz Edlinger

Generalsekretär
Gesellschaft für Österreichisch-Arabische Beziehungen

Inhaltsverzeichnis

Einleitung

40 Jahre nach der Befreiung von der französischen Kolonialherrschaft und zehn Jahre nach Beginn von Bürgerkrieg und Terror scheint sich das Leben in Algerien langsam zu normalisieren, wenngleich die Menschen nicht vergessen können, was sich in ihrem Land abgespielt hat. Der Weg in ein normales Leben wird für die Mehrheit der Bevölkerung durch nach wie vor allgegenwärtige Angst sowie durch steigende Lebenshaltungskosten, fehlende Wohnungen, mangelhafte medizinische Versorgung und ein reformbedürftiges Bildungssystem erheblich erschwert.

Große Teile der Jugend sind völlig an den Rand der Gesellschaft gedrängt, während die hohen Funktionäre des ehemaligen Einheitssystems im Luxus schwelgen. Die Mehrheit der Algerier fühlt sich fremd im eigenen Land.[1]

Seit den Neuwahlen 1999 läßt sich allerdings durchaus eine gewisse Stabilisierung der politischen Lage feststellen. Im April 1999 wurde Abdelaziz Bouteflika für einen Zeitraum von fünf Jahren zum neuen Präsidenten Algeriens gewählt. Offiziell erklärte Ziele Bouteflikas sind die Durchführung wirtschaftlicher Reformen und die nationale Versöhnung. Doch trotzdem nehmen die Terroranschläge im Land kein Ende.

Die große Welle politischer Instabilität brach 1992 los, als die Armee in die ersten freien Wahlen Algeriens eingriff, um einen Sieg der Islamischen Heilsfront (FIS) zu verhindern. Die seitdem vergangenen Jahre waren gekennzeichnet von einem andauernden Kampf zwischen dem Regime und dem islamistischen Untergrund sowie auch gelegentlichen Kämpfen innerhalb des Regimes. Die Islamische Heilsfront wurde – trotz einiger Anstrengungen, sie wieder in die Regierung zu integrieren – schließlich verboten. Dem mittlerweile fast ein Jahrzehnt andauernden Bürgerkrieg fielen Schätzungen zufolge etwa 120.000 Menschen, Angehörige der Konfliktparteien sowie Zivilisten, zum Opfer.

---

[1] vgl. Wandler, Reiner: Gescheiterte Versöhnung, in: taz, 02.04.2001

Auch in wirtschaftlicher Hinsicht ist Algerien traditionell durch Krisen beeinträchtigt. Das weltweit mit großem Interesse verfolgte algerische Entwicklungsmodell der 1960er und 1970er Jahre, das sich im wesentlichen auf Grundsätze einer sozialistischen Planwirtschaft stützte, ist aus vielfältigen Gründen gescheitert. Nunmehr bemüht man sich um eine Umstrukturierung der Wirtschaft nach marktwirtschaftlichen Gesichtspunkten. Die damit in Zusammenhang stehenden zahlreichen Probleme lassen sich erahnen. Erreichen will man die gegenwärtigen wirtschaftlichen Ziele u.a. durch die Aufhebung der staatlichen Lohn- und Preisbindung, eine radikale Kürzung der Subventio-nen, die Freigabe des Wechselkurses, die Privatisierung von Staatsbetrieben, die Aufhebung des Importmonopols der Regierung, die Bekämpfung der Inflation und der Budgetdefizite sowie die Schuldentilgung. Sehr abhängig ist das Land dabei stets von der Ölpreisentwicklung, die sich stets unmittelbar und in starkem Ausmaß auf die wirtschaftliche Entwicklung Algeriens auswirkt und jegliche wirtschaftspolitischen Spielräume bestimmt.

Bouteflikas Bemühungen um wirtschaftliche Reformen werden im Ausland durchaus begrüßt. Das grundsätzliche Interesse ausländischer Investoren ist derzeit dementsprechend vorhanden. Konkrete Aktivitäten in größerem Ausmaß lassen sich bisher – von wenigen Ausnahmen abgesehen – allerdings noch nicht verzeichnen.

Die vorliegende Studie setzt sich mit der politischen und wirtschaftlichen Situation Algeriens auseinander. Dabei wird – nicht zuletzt wegen der politischen Krisenerscheinungen und der ökonomischen Transformationsbestrebungen – insbesondere auf die Entwicklungen des letzten Jahrzehnts eingegangen. Ziel der Studie ist es, darüber hinaus vor dem politischen und wirtschaftlichen Hintergrund des Landes die Chancen und Risiken sowie dessen Wirtschaftsbeziehungen mit ausländischen Investoren und Lieferanten zu erörtern. Den Möglichkeiten österreichischer Unternehmen wird dabei spezielles Augenmerk gewidmet.

Die elementaren Fragen, an denen die Analyse wie auch der Versuch von Prognosen des gesellschaftlichen, politischen und wirtschaftlichen Umfeldes Algeriens ausgerichtet sind, stellen sich wie folgt dar[2]:

- Welche Entwicklungen waren erhofft, erwünscht bzw. geplant?
- Welche Entwicklungen sind tatsächlich zu verzeichnen?
- Wie können die jeweiligen Abweichungen erklärt werden?
- Was ist für die Zukunft geplant, welche Faktoren sprechen dafür bzw. dagegen?
- Welche Entwicklungen können tatsächlich erwartet werden?
- Welche Konsequenzen können sich aus den prognostizierten Entwicklungen kurz-, mittel- und langfristig ergeben?

Die Arbeit besteht aus vier Teilen. Der erste Teil widmet sich der historischen und politischen Entwicklung Algeriens. Dabei wird zunächst der geschichtliche Hintergrund beleuchtet, um dann anhand der Darstellung der jüngeren politischen Entwicklung der Frage nachgehen zu können, warum Algerien so geworden ist und wie sich das Land heute auf dem internationalen Parkett positioniert.

Der zweite Teil setzt sich mit der ökonomischen Entwicklung Algeriens auseinander. Beleuchtet wird der gegenwärtige Stand der volkswirtschaftlichen Entwicklung, insbesondere verbunden mit einer Betrachtung der einzelnen Wirtschaftssektoren – Landwirtschaft, Industrie, Erdöl und Erdgas, Wasserversorgung, Elektrizitätswirtschaft, Transportwesen und Telekommunikation sowie dem Wohnungswesen. Im Rahmen der Darstellung der einzelnen Sektoren wird auch auf die jeweils relevanten wirtschaftlichen Großvorhaben eingegangen, um nicht zuletzt einen ersten Ausblick auf die gegebenen Marktchancen zu geben.

---

[2] siehe dazu auch Strunz, Herbert; Dorsch, Monique: Internationalisierung der mittelständischen Wirtschaft – Instrumente zur Erfolgssicherung, Frankfurt/M. u.a. 2001, 118

Der dritte Teil beschäftigt sich mit der Analyse und Interpretation der internationalen Wirtschafts- und Handelsbeziehungen Algeriens unter dem Gesichtspunkt der Marktbearbeitung. Anhand statistischer Daten wird untersucht, wie sich die internationalen Beziehungen des Landes gestalten. Aus der Sicht der ausländischen, am algerischen Markt interessierten Exporteure und Investoren ist es von Bedeutung, welche Chancen sich grundsätzlich bieten, welche Faktoren diese beeinflussen, bzw. welche Risiken bei der Bearbeitung des Marktes auftreten können. In diesem Zusammenhang interessiert, auf welche Maßnahmen und Strategien zurückgegriffen werden kann, um die sich bietenden Chancen zu erhöhen und gegebene Risiken einzugrenzen. Unter welchen Voraussetzungen ein Exporteur oder Investor auf dem algerischen Markt (auch nachhaltig) erfolgreich agieren kann und welche Perspektiven sich für die Wirtschafts- und Handelsbeziehungen in Zukunft ergeben, wird hinterfragt, bevor abschließend der Versuch unternommen wird, Interessenten Empfehlungen für den algerischen Markt zu geben.

Ein umfangreicher Anhang liefert schließlich als vierter Teil Hintergrundinformationen, um die Analysen und Interpretationen der einzelnen Teile der Arbeit zu vertiefen.

1 Politik und Gesellschaft

„Mein Appell wird mehr als dringlich sein. Wenn ich die Macht hätte, der Einsamkeit und der Angst eines jeden von uns eine Stimme zu verleihen, dann würde ich mich jetzt mit dieser Stimme an Sie wenden. Was mich betrifft, so habe ich dieses Land, in dem ich geboren bin, leidenschaftlich geliebt, denn alles, was ich bin, habe ich aus ihm geschöpft, und ich habe niemals einen der Menschen, die hier leben, welcher Rasse er auch angehören mochte, von meiner Freundschaft ausgeschlossen. Obwohl ich alles Elend, von dem es in diesem Land reichlich gibt, kennengelernt und geteilt habe, ist es für mich das Land des Glücks und der schöpferischen Kraft geblieben. Deshalb kann ich mich nicht damit abfinden, mitansehen zu müssen, wie es zu einem Land des Unglücks und des Hasses wird."

Albert Camus (in seiner letzten öffentlichen Rede am 21.01.1956 in Algier)

Der erste Teil des Buches widmet sich überblicksartig der historischen, gesellschaftlichen und politischen Entwicklung Algeriens. Dabei wird zunächst der geschichtliche Hintergrund unter Beleuchtung des gesellschaftlichen Kontexts betrachtet, um dann anhand der Darstellung der jüngeren politischen Entwicklung der Frage nachgehen zu können, warum Algerien so geworden ist und wie sich das Land heute international positioniert. Im Mittelpunkt der Betrachtung stehen die Ereignisse des letzten Jahrzehnts, in dem die Ursachen der jüngsten Konflikte begründet liegen. Dargestellt werden insbesondere auch die aktuellen Entwicklungen in Hinblick auf die Veränderungen und Reformüberlegungen im Gefolge der Wahl von Abdelaziz Bouteflika zum Präsidenten 1999 sowie dessen Liberalisierungsbemühungen.

Konkret wird folgenden Fragen nachgegangen:

- Wie stellt sich die gegenwärtige politische Situation Algeriens dar und wie läßt sich diese bewerten?

- Womit sind die bisherigen und gegenwärtigen Verhältnisse im Land zu begründen?

- Welche Faktoren bewirkten diese Entwicklung bzw. trugen zu dieser bei?

- Welche Rolle spielen in diesem Zusammenhang gesellschaftliche Strukturen und Werte?

- Wer sind die *keyplayers* in Politik und Wirtschaft, und worauf basiert deren Einfluß?

- Welche Faktoren könnten zu einer Verbesserung der gegenwärtigen gesellschaftlichen und politischen Situation beitragen?

- Welche Handlungsspielräume und daraus folgende künftige Entwicklungen lassen sich aus der politischen Situation ableiten?

- Sind aufgrund der gesellschaftlichen und politischen Situation kurz-, mittel- und langfristig Veränderungen im Sinne eines nachhaltigen Transformationsprozesses zu erwarten?

- Wie könnten sich in Zukunft die politischen – und als Folge die wirtschaftlichen – Beziehungen zwischen Algerien und anderen Staaten gestalten?

- Welche Vergleichsmöglichkeiten, Szenarien, Einschätzungen und Interpretationen lassen sich aus der politischen Lage – mit Blick auf entsprechende Prognosen – ableiten?

1.1 Entwicklung seit Erlangung der Unabhängigkeit

1.1.1 Ben Bella und die Ära Boumedienne

Nach knapp achtjährigem Befreiungskampf entließ Frankreich Algerien am 03.07.1962 in die Unabhängigkeit. Algeriens erster Staatspräsident wurde Ahmed Ben Bella. 1965, nach einem erfolgreichen Putschversuch und der Absetzung Ben Bellas, trat Houari Boumedienne das Amt des Staatsoberhauptes an. Ben Bella wurde unter Hausarrest gestellt.

Algerienkrieg[3]

Das schwierige Verhältnis zwischen Algerien und Frankreich kulminierte im Algerienkrieg, der von 1954-62 von beiden Seiten mit äußerster Brutalität geführt wurde.[4]

Im Herbst 1954 begann die Nationale Befreiungsfront (FLN) unter Führung von Ahmed Ben Bella den kompromißlosen Aufstand gegen die französische Kolonialmacht. Von seiten der FLN wurden Attentate auf Einrichtungen der Franzosen verübt, die ihrerseits rücksichtslos reagierten. 1956 entließ Frankreich Marokko und Tunesien in die Unabhängigkeit, hielt allerdings an der Kolonialherrschaft in Algerien fest, was zu einer deutlichen Verschärfung der Lage beitrug.

Nachdem Frankreich 1959 erkannt hatte, daß der Krieg in Algerien nicht zu gewinnen war, versuchte man, eine friedliche Konfliktlösung einzuleiten. Doch auch nachdem Frankreich Algerien im Frühjahr 1962 mit dem Abkommen von Evian-les-Bains in die Unabhängigkeit entlassen hatte, blieben gegenseitig große Vorbehalte. Etwa 1 Mio. französische Siedler und 100.000 algerische Kollaborateure zogen sich daraufhin gezwungenermaßen fluchtartig aus Algerien zurück.[5] Dem neun Jahre andauernden Krieg fielen schätzungsweise 500.000 bis 1 Mio. Algerier sowie 27.000 Franzosen zum Opfer.[6]

Auf eine Aufarbeitung der lange verdrängten, für beide Seiten traumatischen Ereignisse kann bisher kaum zurückgeblickt werden. In jüngster

---

[3] siehe dazu auch Elsenhans, Hartmut: Frankreichs Algerienkrieg 1954-1962 – Entkolonialisierungsversuch einer kapitalistischen Metropole. Zum Zusammenbruch der Kolonialreiche, München 1974

[4] siehe dazu auch Maran, Rita: Staatsverbrechen – Ideologie und Folter im Algerienkrieg, Hamburg 1996; die Autorin untersucht die Rolle Frankreichs, das im Mutterland besonderen Wert auf seine demokratische Tradition legt und sich gleichzeitig in seinen Kolonien – besonders in Algerien – gröbster Menschenrechtsverletzungen schuldig gemacht und dieserart mit zweierlei Maß gemessen hat.

[5] Harenberg, Bodo (Hrsg.): Aktuell 2002, Dortmund 2001, 402

[6] vgl. o.V.: Schmutziger Krieg, in: taz, 20.01.2001

Zeit läßt sich – nach Jahrzehnten – ein derartiges Bedürfnis allerdings zunehmend feststellen.[7]

Die Übergriffe des französischen Staates beschränkten sich nicht allein auf algerisches Territorium. Vor nunmehr etwas mehr als 40 Jahren fand mitten in Paris ein „Staatsverbrechen" statt, daß lange Zeit totgeschwiegen wurde. Am 17.10.1961 folgten rund 30.000 Algerier einem Aufruf der FLN und zogen aus den Vororten von Paris in einer sternförmigen Demonstration in die Innenstadt. Was als friedliche Demonstration geplant war, endete als Blutbad. Die französische Polizei griff in diese Demonstration ein, mißhandelte und ermordete wahrscheinlich Hunderte von Demonstranten. Abgesehen von Augenzeugen erfuhr die Öffentlichkeit nicht, was in jener Nacht in Paris geschah. Erst 40 Jahre nach dem Massaker konnte sich Paris zu einer ersten Geste der Bereitschaft zur Aufarbeitung der verdrängten Geschichte durchringen: an einer der Brücken, an der mißhandelte Menschen in die Seine gestoßen worden waren, weihte man im Oktober 2001 eine Gedenktafel ein.[8]

Boumediennes Hauptziele waren, den jungen Staat beständig zu stärken und die wirtschaftliche Lage zu verbessern. Parallel zur Umstrukturierung bzw. Neubildung staatlicher Institutionen begann er 1966 mit der Verstaatlichung von Schlüsselindustrien und dem Bankensektor. Nach dem Bergbau folgten 1968 die amerikanischen Erdölgesellschaften. Der freie Handel wurde in die Hände von Staatsfirmen gelegt. Die Zahl der Privatunternehmen nahm mehr und mehr ab; ihre Aktivitäten konzentrierten sich praktisch nur mehr auf Nahrungsmittel und Bekleidung. In der Folge wurden zahlreiche neue Staatsunternehmen (*Sociétés Nationales* – vgl. Sonatrach, Sonelgaz usw.) gegründet. 1971 wurden die französischen Erdölgesellschaften verstaatlicht. Dadurch nahmen Algeriens Einnahmen aus dem Erdöl- und Erdgasgeschäft in der

---

[7] siehe dazu z.B. Mouffok, Ghania: Die Gefahren des Vergessens, in: Le Monde Diplomatique, 16.06.2000 und Hénard, Jaqueline: Erinnerung ohne Reue – Massenmord und Folter, die späte Debatte über die Verbrechen im Algerienkrieg spaltet Frankreich, in: Die Zeit, 14.12.2000

[8] vgl. Hahn, Dorothea: Leichen in der Seine, in: taz, 17.10.2001 und Kröncke, Gerd: Dunkle Stunden einer Pariser Nacht, in: Süddeutsche Zeitung, 17.10.2001

Folgezeit stark zu. Investitionen in den Erdöl- und Erdgassektor wurden intensiviert. Ebenfalls 1971 setzte Boumedienne eine Agrarreform in Gang. Die unter Ben Bella eingeführte Selbstverwaltung der landwirtschaftlichen Anbauflächen hatte nicht funktioniert. Sie hatte die Landbevölkerung nicht an der Landflucht hindern können; auch die Erträge blieben weit hinter den Erwartungen zurück. Die Agrarreform sollte in drei Schritten durchgeführt werden; nach der Verstaatlichung der Ländereien von Gemeinden und religiösen Gruppen sollten private Ländereien und schließlich der Viehbestand in staatliches Eigentum übergehen. Doch auch nach dieser Reform blieb der erhoffte Erfolg aus: die Landbevölkerung wanderte immer noch in die Städte ab oder emigrierte gar nach Frankreich. Die Ernteerträge fielen wesentlich geringer aus als erwartet, immer mehr Lebensmittel mußten importiert werden. War Algerien 1969 noch in der Lage, 70 % seines Nahrungsmittelbedarfs selbst zu decken, so mußten 1980 bereits 70 % der Lebensmittel eingeführt werden. Auch in der Industrie waren zunehmend Engpässe zu verzeichnen. Aufgrund fehlender Einsatzstoffe oder wegen Wassermangel konnten teilweise nur 50 % der Kapazität genutzt werden. Hatte man sich anfangs über die hohen Einnahmen aus dem Erdölsektor gefreut, wurden diese nun zur Last – Algerien wurde mehr und mehr vom Erdöl abhängig, dessen Preis es selber nicht festlegen konnte. Ebenso abhängig war Algerien nach wie vor von der technischen Unterstützung durch ausländische Unternehmen, die die Durchführung von Großprojekten und deren Instandhaltung übernahmen.[9]

1976 wurde die „Nationale Charta", eine Ergänzung zur Verfassung, in der die Rolle von Staat, Einheitspartei, Sozialismus und Islam gefestigt wurde, verabschiedet. Im selben Jahr wurde eine neue Verfassung verabschiedet. Danach definiert sich Algerien als sozialistischer und islamischer Staat. Es entwickelte sich ein Einparteiensystem, in dem sich die *Nationale Befreiungsfront (Front National de Libération* – FLN*)* als einzige (legale) politische Partei darstellte.

---

[9] vgl. Herzog, Werner: Algerien – Zwischen Demokratie und Gottesstaat, München 1995, 55ff

Nach dem Tod Boumediennes am 27.12.1978 wurde im Februar 1979 Oberst Chadli Bendjedid zum neuen Präsidenten gewählt. Der 1965 über Ben Bella verhängte Hausarrest wurde wenige Monate später aufgehoben.

1.1.2   Die Zeit Bendjedids

Bendjedid kündigte nach seinem Regierungsantritt neben wirtschaftlichen auch politische Liberalisierungsmaßnahmen an. Grundlegende Veränderungen wurden jedoch nicht vorgenommen. Es wurden lediglich Amnestien für politische Häftlinge erlassen und Ausreiseverbote für algerische Staatsbürger abgeschafft. Erst zehn Jahre später, nachdem 1988 ein Referendum zur Verfassung auf große Zustimmung unter der Bevölkerung gestoßen war (92 %), gelang es Bendjedid – allerdings gegen den Willen eines Großteils der Führungsspitze – das Einparteienmonopol aufzuheben.[10]

Die Unruhen von 1988[11]

Am 05.10.1988 versammelten sich in einem Stadtteil Algiers mehr und mehr Menschen. Sich lautstark gegen Regierung und Staat äußernd, zogen sie ins Stadtzentrum und zerstörten gezielt, was nach Staat oder ausländischem Eigentum aussah, errichteten Barrikaden, zündeten Autos an. Die Demonstranten, meist Jugendliche, ließen ihrer Wut und ihrem Haß gegen das gesamte System und die Unterdrückung freien Lauf. Derartige Aktionen wurden auch in anderen Städten Algeriens nachgeahmt. Die Polizei ließ sich dabei aber nicht sehen. Angesichts des Ausmaßes der Aktionen sah sich die Regierung zum ersten Mal seit

---

[10] vgl. Faath, Sigrid: Algerien, in: Steinbach, Udo; Hofmeier, Rolf; Schönborn, Matthias (Hrsg.): Politisches Lexikon Nahost/Nordafrika, München 1995, 52f

[11] vgl. Herzog, Werner: Algerien – Zwischen Demokratie und Gottesstaat, München 1995, 71ff und Elsenhans, Hartmut: Algerien, in: Nohlen, Dieter; Nuscheler, Franz: Handbuch der Dritten Welt, Bd. 6: Nordafrika und Naher Osten, Bonn 1993, 205

der Unabhängigkeit Algeriens gezwungen, den Ausnahmezustand auszurufen.

Drei Tage nach Beginn der Unruhen wurden schließlich Polizei und Militär aktiv und schlugen zurück. Nach zwei weiteren Tagen – mittlerweile waren unterschiedlichen Quellen zufolge bereits 170 bis 500 Todesopfer zu beklagen – wandte sich endlich Präsident Bendjedid in einer Fernsehansprache an das Volk und zog Konsequenzen aus den Vorfällen. Mohamed Cherif Messadia, Schlüsselfigur des Parteiapparats, der stets Änderungs- und Reformvorschläge im Keim erstickt hatte und der auch dafür verantwortlich war, daß während der ersten Tage der Unruhen weder Polizei noch Sicherheitskräfte auf den Straßen anzutreffen waren, wurde abgesetzt.

Bendjedid nutzte diese schwierige Stunde zur Einleitung von Liberalisierungsmaßnahmen: Im November 1988 wurden in einem Referendum die Verfassung modernisiert, dem Parlament umfassendere Rechte zugestanden, die Trennung von Partei und Staat vorbereitet, Parteiämter nun nicht mehr durch Ernennung, sondern durch Wahl besetzt.

Im Februar 1989 wurde die neue Verfassung verabschiedet, nach der sich Algerien nicht mehr als sozialistisches Land definierte und die erstmals wieder andere Parteien als die Nationale Befreiungsfront zuließ. Weitere Kernpunkte der neuen Verfassung waren eine klare Gewaltenteilung, Streikrecht für die Bevölkerung, das Recht auf freie Meinungsäußerung und der Schutz der Menschenrechte; die Armee sollte laut Verfassung die politische Verantwortung für das Land abgeben.

Algeriens Abkehr vom Sozialismus gestaltete sich recht schwierig. Es galt, die zentrale Planwirtschaft zu reformieren und dem privaten Sektor mehr Entscheidungs- und Handlungsfreiraum einzuräumen. Zahlreiche Staatsbetriebe arbeiteten defizitär. Die einzigen wirklich auf dem Weltmarkt konkurrenzfähigen Exportgüter waren Erdöl und Erdgas. Das Außenhandelsmonopol verblieb zudem noch immer beim Staat. Doch nicht nur auf wirtschaftlicher, auch auf politischer Ebene gab es Schwierigkeiten. Noch immer wurde die Politik des Landes von der Einheitspartei und den hohen Militärs gesteuert, die auch die Aktionen der Opposition genau überwachten. Algeriens Bevölkerung, die in der Vergangenheit kaum die Möglichkeit politischer Mitsprache hatte und als politisch unerfahren bezeichnet werden konnte, reagierte anfangs zwar zögerlich, wußte ihre Chance aber dennoch zu nutzen. Überall im Land wurden Vereine und Interessensgruppen gegründet. Auch die Medienlandschaft veränderte sich. Aus der Reihe der neu erschienen Tageszeitungen kristallisierten sich *Le Matin*, *El-Watan* und *La Liberté*, alle drei gekennzeichnet durch eine prowestliche und progressive Haltung, heraus.

„Ein Lagebericht um diese Zeit zeigt folgendes Bild: Die Streiks haben wesentlich zugenommen. Postangestellte, Lehrer und Angestellte von öffentlichen Betrieben kämpfen mit Ausständen für Lohnerhöhungen und mehr soziale Rechte. Die ständige Teuerung erregt die Gemüter. Der Schmuggel und der Schwarzmarkt, bisher Quellen für das Auskommen von Zehntausenden von Arbeitslosen, haben noch zugenommen. Selbst öffentliche Betriebe organisieren Ausflüge an illegale Märkte mit Schmuggelwaren. In der Presse ist der Kampf um Informationsfreiheit im Gange. [...] Konservative Kräfte in der Regierung haben zurückgeschlagen, Fernsehdebatten über die Öffnung gestrichen und die mutige Zeitschrift *„Algérie Actualité"* zensiert. Der Kampf zwischen den Kräften, welche eine offene und pluralistische Gesellschaft wünschen, und denjenigen, welche sich in der Einheitspartei FLN einigeln und gegen eine Öffnung zur Wehr setzen, ist entbrannt."[12]

Gleichzeitig verschlechterte sich die wirtschaftliche Lage im Land mehr und mehr. Nach drastischen Ölpreis- und Dollarkursrückgängen war die Devisenlage Algeriens extrem angespannt. Um Devisen zu sparen, wurden zunächst die Importe reduziert. Um dringend benötigte Rohstoffe und Ersatzteile beschaffen zu können, erlaubte die Regierung öffentlichen Unternehmen die Aufnahme von (teuren) kurzfristigen Krediten im Ausland. Als diese zurückgezahlt werden mußten, zeigte sich die Misere in vollem Umfang. Dreiviertel aller Deviseneinnahmen

---

[12] Herzog, Werner: Algerien – Zwischen Demokratie und Gottesstaat, München 1995, 77f

mußten nun bereits für die Schuldentilgung und Zinszahlungen aufgewendet werden. Neue Kredite konnten in diesem Stadium nicht mehr helfen.[13]

Am 12.06.1990 fanden die ersten freien Wahlen im Land statt; zunächst jedoch nur auf Kreis- und Gemeindeebene. Die *Islamische Heilsfront (Front islamique du salut – FIS)* unter Scheich Abassi Madani konnte dabei die absolute Mehrheit (54 % der Stimmen) erringen. Nach Änderungen im Wahlgesetz zugunsten der Regierungspartei organisierte die FIS einen Generalstreik, an dem vor allem jugendliche FIS-Anhänger teilnahmen. Einen Schlichtungsversuch von Premierminister Hamrouche beendete die Polizei vorzeitig. Bei den in der Folge stattfindenden Straßenschlachten gab es Tote (eine genaue Zahl wurde nicht bekannt gegeben) und mindestens 700 Verletzte. Präsident Bendjedid sah sich gezwungen, den Belagerungszustand auszurufen. Die angekündigten Parlamentswahlen wurden verschoben. Als die FIS-Führer Abassi Madani und Ali Belhadj Ende Juni mit einem Heiligen Krieg drohten, falls der Ausnahmezustand nicht aufgehoben würde, reagierte man rasch: Madani und Benhadj sowie mehr als 1.000 Parteikader wurden verhaftet. Premierminister Hamrouche, dem scheinbar wirkliche Reformen am Herzen lagen, wurde entlassen.[14]

Die geplanten Parlamentswahlen konnten schließlich im Dezember 1991 durchgeführt werden. Um den sich abzeichnenden Sieg der Fundamentalisten und eine Machtübernahme durch die Islamische Heilsfront zu verhindern, griff das Militär ein und zwang Präsident Bendjedid zum Rücktritt. Der anschließend im Januar 1992 gebildete Hohe Staatsrat (*Haut Comité d'Etat*) unter Vorsitz von Präsident Mohamed Boudiaf erklärte die Ergebnisse der ersten Runde der Legislativwahlen für nichtig, brach die Wahlen ab und verbot die FIS. Nach Ausschrei-

---

[13] Zur Parteienlandschaft siehe Abschnitt „Parteien".
[14] vgl. Herzog, Werner: Algerien – Zwischen Demokratie und Gottesstaat, München 1995, 81 und 90 und Elsenhans, Hartmut: Algerien, in: Nohlen, Dieter; Nuscheler, Franz: Handbuch der Dritten Welt, Bd. 6: Nordafrika und Naher Osten, Bonn 1993, 209f

tungen militanter FIS-Mitglieder und anderer Islamisten wurde im Februar 1992 der Ausnahmezustand im Land ausgerufen.[15]

1.1.3 Boudiaf wird ermordet

Der vom Militär eingesetzte Staatschef Boudiaf suchte – anders als seine Vorgänger – den Kontakt zur Bevölkerung und versuchte, auch der vielfach vorherrschenden Korruption auf die Spur zu kommen. Auch für die Jugend des Landes wollte er etwas tun und regte die Gründung einer breiten Sammelbewegung (*Rassemblement populaire national* – RPN) an. All dies trug zur Verunsicherung der (tatsächlichen) Machthaber bei. Nur 170 Tage nach seinem Amtsantritt wurde Boudiaf während einer Rede vor laufenden Fernsehkameras in Annaba ermordet. Der Tat beschuldigt wurde der Unteroffizier Lembarek Boumardi, der eigenen Angaben zufolge zwar nicht der Islamischen Heilsfront, aber ihrem Umfeld angehörte. Boudiafs Witwe glaubt jedoch, wie viele Algerier auch, das Regime sei für das Attentat verantwortlich.

Neuer Regierungschef wurde Belaid Abdesslam, der bereits unter Boumedienne tätig gewesen war. Abdesslam gruppierte die Probleme Algeriens in drei Kategorien: die Beseitigung des Problems der bewaffneten Fundamentalisten, die Verbesserung der Wirtschaftslage und die Rückkehr zur Demokratie. Sein Hauptaugenmerk richtete er auf die wirtschaftliche Lage. Durch eine Limitierung der Importe sollten Devisen eingespart, mit Hilfe einer besseren Organisation die Produktion angekurbelt werden. Vereinbarungen mit dem Internationalen Währungsfonds, die zur Reduzierung der Schuldzinsen beigetragen, aber gleichzeitig auch eine Abwertung des Dinars sowie eine Freigabe subventionierter Preise nach sich gezogen hätten, wies er zurück. Zur Erhöhung der Sicherheit im Land wurden nach einem Bombenanschlag auf den Flughafen Algier im August 1992 Antiterrorismus-Gesetze und Sondergerichte eingeführt. Doch dadurch und durch ein späteres nächt-

---

[15] vgl. Faath, Sigrid: Algerien, in: Steinbach, Udo; Hofmeier, Rolf; Schönborn, Matthias (Hrsg.): Politisches Lexikon Nahost/Nordafrika, München 1995, 52

liches Ausgehverbot für Algier und die angrenzenden Bezirke nahm die Zahl der terroristischen Anschläge nicht ab. Zwei Gruppen der mittlerweile militärisch organisierten Fundamentalisten machten immer wieder durch Anschläge auf sich aufmerksam: die *Bewaffnete Islamische Bewegung* (MIA, später umgewandelt zur *Armée islamique du salut* – AIS) und die von der AIS abgespalteten *Bewaffneten Islamischen Gruppen* (*Groups islamiques armés* – GIA). „Die sich selbst islamisch nennenden Banden der GIA agieren bis heute mit äußerster Brutalität, sie alimentieren sich aus Raub und Erpressung. Verlautbarungen mit politischen Zielvorstellungen gibt es nicht. Die einzelnen Gruppen sind allenfalls lose miteinander verbunden, zum Teil bekriegen sie sich untereinander oder mit der AIS. Schon bald nach Erscheinen der GIA mehrten sich Anzeichen, daß Teile dieser Banden vom militärischen Sicherheitsdienst unterwandert sein könnten."[16]

1.1.4 Die Probleme Zérouals

Ende 1993 war die selbst festgesetzte Amtszeit des „Hohen Staatsrats" beendet, und er mußte durch eine neue Instanz ersetzt werden. Zunächst war Abdelaziz Bouteflika, Außenminister Algeriens unter Boumedienne, zur Übernahme des Amtes vorgesehen. Doch dieser lehnte wider Erwarten ab. Im Januar 1994 wurde schließlich General Liamine Zéroual vom Militär zum neuen Präsidenten ernannt.

Terroristische Aktivitäten waren inzwischen im ganzen Land zu verzeichnen. Sicherheitskräfte erschossen zwar mehr und mehr vermeintliche Terroristen, doch wurde für die Getöteten schnell Ersatz gefunden. Zéroual versuchte daher, einen neuen Weg zu beschreiten: er suchte den Dialog mit den Fundamentalisten. Den FIS-Führern Madani und Benhadj, zu diesem Zeitpunkt im Gefängnis von Blida inhaftiert, bot er an, telefonisch Kontakt zu anderen FIS-Führern aufzunehmen, um gemeinsam über den Vorschlag zu beraten. Eine Liste mit den Forderun-

---

[16] Ruf, Werner: Wir sind schon tot, in: iz3w (Blätter des Informationszentrums 3. Welt), September 2001, 12

gen der Heilsfront war zuvor von Rabah Kebir, im Ausland befindlicher Sprecher der FIS-Führung, bekanntgegeben worden. Darin wurde die Freilassung aller inhaftierten FIS-Mitglieder, die Wiederzulassung der Partei, die Aufhebung der Sondergesetzgebung, die Verurteilung der Verantwortlichen von Staatsverbrechen sowie Verhandlungen über Algeriens Zukunft in einem neutralen Land gefordert. Kurze Zeit darauf war der so hoffnungsvoll begonnene Dialog bereits wieder beendet, da die FIS-Führer eine Hauptbedingung, die Verurteilung des Terrorismus, nicht erfüllt hatten.

Die ersten Präsidentschaftswahlen im Mehrparteiensystem seit der Unabhängigkeit fanden im November 1996 statt. Offiziellen Angaben zufolge fielen (bei einer Wahlbeteiligung von rund 75 %) 60 % der Stimmen auf Zéroual.[17]

Ein vorläufiger Höhepunkt der Gewalt wurde im August 1997 erreicht, als an einem Tag in Rais und anderen Orten mehr als 150 Menschen zu Tode kamen.[18] Im Herbst 1997 wurde von der AIS ein Waffenstillstand erklärt. Zu welchen konkreten Bedingungen dies erfolgte, ist allerdings bis heute nicht geklärt.[19]

Angeblich aus gesundheitlichen Gründen und um einen Regierungswechsel zu ermöglichen, erklärte Präsident Zéroual am 11.09.1998 seinen vorzeitigen Rücktritt. Der Rücktritt Zérouals spiegelt die weitreichenden Konflikte in Algeriens Führung wider. Nicht nur Staats- und Militärführung standen sich gegenüber, sondern auch innerhalb beider Gruppen war die Lage angespannt. Ausschlaggebender Punkt ist die Haltung gegenüber den islamistischen Parteien und den Bewaffneten Islamischen Gruppen (GIA). Vertreter des Militärs befürworten die völlige Vernichtung der Islamisten, berufen sich dabei auf erzielte militärische Erfolge, waren aber bis dahin nicht in der Lage, dem sich

---

[17] vgl. Encarta Weltatlas 99

[18] vgl. Schmid, Bernd: Die Warlordisierung eines Landes, in: iz3w (Blätter des Informationszentrums 3. Welt), November 1997, 4-6; siehe dazu auch die Chronologie

[19] Ruf, Werner: Wir sind schon tot, in: iz3w (Blätter des Informationszentrums 3. Welt), September 2001, 12

ausbreitenden Terror, insbesondere durch die GIA, Einhalt zu gebieten. Zéroual warf man vor, „nicht autorisierte Geheimverhandlungen mit der Islamischen Heilsfront (FIS) geführt zu haben."[20] Presseberichten zufolge trat am 18.10.1998 Justizminister Mohammed Adami, dem sexuelle Übergriffe auf weibliche Gefangene vorgeworfen wurden, zurück, einen Tag später auch Präsidentenberater Mohammed Betchine, dem man Korruption und Machtmißbrauch unterstellte. Am 14.12.1998 erklärte Ministerpräsident Ahmed Ouyahia seinen Rücktritt. Während seiner dreijährigen Amtszeit war die technokratische Politik von Ouyahia gekennzeichnet vom Versuch der Umsetzung eines mit dem IMF und der Weltbank vereinbarten Strukturanpassungsprogramms. Der damit verbundene Subventionsabbau, die Abwertung des Dinar, Privatisierung und Schließung von Staatsbetrieben bewirkten zwar einen Rückgang der Inflation auf 5 % sowie ein Wirtschaftswachstum von 6 %, zogen aber gleichzeitig eine Verschärfung der sozialen Lage im Land nach sich. Etwa die Hälfte der Arbeitsplätze in den Staatsbetrieben wurde abgebaut.[21]

1.1.5 Neue Hoffnung – Bouteflika?

Im Vorfeld der für den 15.04.1999 anberaumten Präsidentschaftswahlen kam es im Januar 1999 zu Konflikten um die Person des Kandidaten der *Rassemblement national démocratique* (RND). Die Mehrheit favorisierte den als unabhängigen Kandidaten der *Front de libération nationale* (FLN) nominierten Abdelaziz Bouteflika, der auch von Teilen des Militärs unterstützt wurde. Über 40 Kandidaten bewarben sich um das Amt des Präsidenten; sieben wurden letztendlich zur Wahl zugelassen. Einen Tag vor der Wahl zogen – bis auf Bouteflika – alle Kandidaten ihre Bewerbung zurück. Begründet wurde dies mit Anzei-

---

[20] Baratta, Mario v. (Hrsg.): Fischer Weltalmanach 2000, Frankfurt/M: 1999, 62 und Thomas, Karen: Algeria – open contest or fait accompli?, in: The Middle East, March 1999, 15f
[21] vgl. Baratta, Mario v. (Hrsg.): Fischer Weltalmanach 2000, Frankfurt/M: 1999, 62f

chen für einen Wahlbetrug zugunsten Bouteflikas. Da das Wahlgesetz einen Rücktritt von Kandidaten nicht vorsieht, kamen am Wahltag die vorbereiteten Listen mit sieben Kandidaten zum Einsatz. Offiziellen Angaben zufolge entfielen (bei einer Wahlbeteiligung von 60,9 %) 73,8 % der Stimmen auf Bouteflika. Protestkundgebungen der Opposition, die von einer Wahlbeteiligung von höchstens 30 % sprachen, wurden unterdrückt. Am 27.04.1999 wurde Abdelaziz Bouteflika, der erste Zivilist an der Spitze des Staates, vereidigt.[22]

Kandidat	Offizielles Ergebnis	Inoffizielles Ergebnis
Bouteflika, Abdelaziz	73,79 %	28,30 %
Taleb Ibrahimi, Ahmed	12,53 %	20,28 %
Djaballah, Abdallah	3,95 %	12,78 %
Aït Ahmed, Hocine	3,17 %	13,27 %
Hamrouche, Mouloud	3,0 %	12,77 %
Sifi, Mokdad	2,24 %	4,06 %
Khatib, Youssef	1,22 %	8,0 %

Tabelle 1-1 Offizielle vs. inoffizielle Ergebnisse der Präsidentschaftswahl 1999 (vgl. Thomas, Karen: One man one vote?, in: The Middle East, June 1999, 12)

Nach den Neuwahlen 1999 ließ sich durchaus eine gewisse Stabilisierung der politischen Lage feststellen. In seiner Antrittsrede sicherte Bouteflika ausländischen Investoren alle notwendigen Garantien sowie wirtschaftliche Reformen, darunter eine Liberalisierung des Bankwesens, zu. Ferner sprach er davon, der grassierenden Korruption, der Steuer- und Kapitalflucht sowie der Bürokratie Einhalt gebieten zu wollen. In Hinblick auf eine „nationale Versöhnung" bot er Mitte 1999 eine Amnestie für die bewaffneten Gruppen an (*„Loi Sur La Concorde Civile"*), die angeblich 80 % der Angesprochenen angenommen haben. Doch trotzdem nahmen die Terroranschläge im Land kein Ende. Neben den Sicherheitskräften und den von Behörden unterstützten Selbstverteidigungsgruppen wurden zunehmend wieder Zivilisten Opfer von

---

[22] vgl. Koszinowski, Thomas; Mattes, Hanspeter (Hrsg.): Nahost Jahrbuch 2000, Opladen 2001; Saleh, Heba: Presidential quandry, in Middle East International, 29.01.1999, 15f; Saleh, Heba: Bouteflika descredited in victory, in: Middle East

Übergriffen. Überlebende gab es bei solchen Anschlägen selten, Spuren wurden schnell beseitigt, die Regierung schwieg sich über die Vorfälle aus. Mittlerweile kursierten neue Vermutungen über den Zweck der Attentate: Um zu zeigen, daß Bouteflika nicht in der Lage ist, dem Terror Einhalt zu gebieten, würde angeblich auch die Armee Attentate verüben und die Verantwortung dafür anschließend den Islamisten zuweisen.[23]

Oui à la Concorde Civile[24]

Das Gesetz der „Zivilen Eintracht", in Kraft getreten am 13.06.1999, beinhaltete keine umfassende Amnestie. Es sollte denjenigen Terroristen Straffreiheit gewähren, die sich innerhalb von sechs Monaten[25] freiwillig stellen und die keine Morde, keine Vergewaltigungen und keine Sprengstoffanschläge auf öffentlichen Plätzen verübt hatten. Personen, die bereits gerichtlich verfolgt wurden, sollten eine Bewährungsfrist von drei bis zehn Jahren akzeptieren. Bei schweren Verbrechen wurde eine Reduzierung des Strafmaßes versprochen, insbesondere Todesstrafen sollten in Haftstrafen umgewandelt werden. Mitglieder der *Armée islamique du salut* (AIS, der bewaffnete Arm der *Front islamique du salut* – FIS), die ihren Waffenstillstand vor Verabschiedung des Gesetzes bereits bekanntgegeben hatte, sollten dabei bevorzugt behandelt werden.

International, 23.04.1999, 4-6 und Thomas, Karen: One man one vote?, in: The Middle East, June 1999, 11-13

[23] vgl. o.V.: Politischer Dunst über Algerien, in: Neue Zürcher Zeitung, 01.06.1999; Bernath, Markus: Algeriens Massaker geben Rätsel auf, in: Der Standard, 27.12.2000 und Smonig, Reinhold: Algerischer Wahnsinn wird zur Normalität: Blut fließt in Strömen, in: Die Presse, 21.12.2000

[24] vgl. o.V.: Ein „Friedensreferendum" in Algerien, in: Neue Zürcher Zeitung, 15.09.1999; Thomas, Karen: A waiting game, in: The Middle East, November 1999, 6-8 und Koszinowski, Thomas; Mattes, Hanspeter (Hrsg.): Nahost Jahrbuch 2000, Opladen 2001

[25] Nach Ablauf der sechs Monate wurde die Amnestiefrist bis 13.01.2000 verlängert.

> Bei einem Referendum über das genannte Gesetz im September 1999 stimmte die große Mehrheit der Algerier (Wahlbeteiligung 85 %, „Ja"-Stimmen fast 99 %) zu. Die meisten Algerier wollen Frieden und würden jede Initiative, die Frieden verspricht, befürworten. Allerdings haben damals wahrscheinlich nur wenige wirklich verstanden, welche Folgen das Referendum haben könnte. Die Oppositionsparteien hatten nicht wirklich eine Chance, das Referendum zu boykottieren, obwohl beispielsweise die Berber-Partei *Rassemblement pour la Culture et la Démocratie* (RCD) gegen jegliche Art von Zugeständnissen an die Fundamentalisten war. Die linke Opposition unterstützte zwar aktiv die Aussöhnung mit der FIS, wollte aber auch eine Rückkehr zu einer Mehrparteien-Demokratie und teilte nicht das Ansinnen des Referendums.
>
> Die Algerier begrüßen die Amnestie nun nicht in dem Maße, wie man nach dem Referendum hätte vermuten können. Doch die Mehrheit der Bevölkerung ist bereit, die Amnestie zu akzeptieren. „Meine Landsleute sind des Mordens überdrüssig, auch sind sie realistisch genug zu sehen, daß es zu dieser nationalen Versöhnung keine Alternative gibt – auch wenn es moralisch nicht gut ist".[26]

Allerdings veränderte sich die Lage auch nach der Amnestie kaum. Es wurden immer noch zahlreiche Menschen gewaltsam getötet.[27] Ein weiterer Höhepunkt der Brutalität konnte im August 2000 verzeichnet werden: mehr als 300 tote Zivilisten, Soldaten und Mitglieder paramilitärischer Gruppen. Ein westlicher Diplomat äußerte in diesem Zusammenhang: „Bouteflika has been strong on rhetoric but weak on delivery."[28] Kritikern zufolge habe Bouteflika zuviel Energie in interne Machtkämpfe investiert, anstatt sich den wirklichen Problemen zu

---

[26] Omar Belhouchet, Chefredakteur von *El Watan*, zit. in: Hermann, Rainer: „Das Schlimmste liegt hinter uns" – Algerien auf dem Weg aus dem blutigen Albtraum, in: Frankfurter Allgemeine Zeitung, 21.02.2000

[27] vgl. Harris, Paul: Algerien – Ende der Amnestie, in: Barett, 2/2000, 25 und o.V.: Kein Weg aus Algeriens blutigem Albtraum, in: Neue Zürcher Zeitung, 20.07.2000

[28] Khalaf, Roula: Bouteflika's peace drive fails to halt Algerian strife, in: Financial Times, 11.08.2000

widmen. Allein die gemeinsame Abstimmung mit dem Militär über das neue Kabinett nahm acht Monate in Anspruch. Im Rahmen der Amnestie stellten sich zwar rund 5.500 Kämpfer. Offenbar gehörten diese aber Gruppierungen an, die bereits einen Waffenstillstand eingelegt hatten. Die gefährlicheren Gruppen ignorierten die Amnestie und mordeten weiter. Menschenrechtsgruppen kritisierten, daß der *Concorde Civile* willkürlich angewandt wurde. Darüber hinaus folgten der Amnestie nicht die zuvor angekündigten weiteren Maßnahmen zur Friedenssicherung.[29]

Blutiger Frühling – Unruhen im Frühjahr 2001

Ende April 2001 machte die Kabylei erneut durch schwere Unruhen auf sich aufmerksam. Die zumeist jungen Demonstranten griffen öffentliche Einrichtungen und Polizeistationen an, blockierten Straßen, steckten Autos in Brand. Der französische Nachrichtenagentur *AFP* zufolge wurden 29 meist Jugendliche von den Sicherheitskräften erschossen, andere Quellen sprechen von mehr als 50 Toten.

Auslöser der Unruhen war der Tod eines 18jährigen Gymnasiasten am 18.04.2001 auf einer Polizeistation in Beni Douala. Beim Verhör des Jugendlichen hätten sich angeblich Schüsse aus der Dienstwaffe eines Polizisten gelöst. Zahlreiche junge Berber nahmen dies zum Anlaß, ihrem Unmut gegen den Staat und gegen die „hogra", das täglich zu erlebende soziale Unrecht, Ausdruck zu verleihen. Gefordert wurde von den Demonstranten die offizielle Anerkennung ihrer Sprache, soziale Gerechtigkeit und Maßnahmen gegen die Arbeitslosigkeit, von der vor allem Jugendliche betroffen sind.[30]

---

[29] vgl. ebd. und o.V.: Bouteflika's bid for concord, in: The Economist, 29.01.2000, 51

[30] vgl. Bernath, Markus: Berber laufen Sturm gegen Algier, in: Der Standard, 30.04.2001; o.V.: Blutige Unruhen in der Kabylei in Algerien, in: Neue Zürcher Zeitung, 30.04.2001 und Drummond, James: Berber protests open second front for Algeria's military regime, in: Financial Times, 11.06.2001

„Ihr könnt uns nicht töten, wir sind schon tot"[31]

Mitte Mai folgten 500.000 Menschen einem Aufruf zu einem Trauermarsch in Tizi Ouzou, um der Opfer der Unruhen seit Ende April zu gedenken. Seitdem hatten Jugendliche immer wieder offizielle Gebäude angezündet und Barrikaden errichtet.[32]

„Wir sind alle Kabylen"[33]

In den folgenden Tagen und Wochen fand sich fast täglich ein Anlaß zum Protest. Ob nun Journalisten gegen ein kürzlich erlassenes „Maulkorbgesetz", das hohe Geld- bzw. sogar Haftstrafen für die Beleidigung des Staatsoberhauptes vorsieht, oder Jugendliche für Arbeit und mehr Wohnraum demonstrierten – inzwischen geht es nicht mehr allein um die Selbstbehauptung der Berber, inzwischen schreit ganz Algerien nach Freiheit, Demokratie und Gerechtigkeit.[34]

An einem weiteren Trauermarsch in Algier sollen am 14.06.2001 zwischen 500.000 und 1,5 Millionen Demonstranten teilgenommen haben – die größte Protestaktion seit der Erlangung der Unabhängigkeit. Regierung, Polizei und Teilnehmer waren vom Ausmaß gleichermaßen überwältigt. Auch diese Demonstration hatte weitreichende Verwüstungen zur Folge: im städtischen Busdepot, im Hafen, in der Innenstadt. Im städtischen Krankenhaus mußten 168 Menschen medizinisch versorgt werden. Zwei Journalisten wurden überrollt bzw. von der

---

[31] Aufschrift auf einem Transparent während der Demonstration in Tizi Ouzou im Frühjahr 2001, vgl. Ruf, Werner: Wir sind schon tot, in: iz3w (Blätter des Informationszentrums 3. Welt), September 2001, 12

[32] vgl. Wandler, Reiner: 500.000 bei Trauermarsch in der Kabylei, in: Der Standard, 23.05.2001

[33] Rufe der Demonstranten während der Demonstration im Frühjahr 2001, vgl. Ruf, Werner: Wir sind schon tot, in: iz3w (Blätter des Informationszentrums 3. Welt), September 2001, 11

[34] vgl. Veiel, Axel: Was nach Staat aussieht, wird geplündert, angezündet, zerstört, in: Frankfurter Rundschau, 31.05.2001

> Menge tot getrampelt, als die Demonstranten vor den Tränengaseinsät-
> zen der Polizei zu flüchten versuchten.[35]
>
> **„Boutesrika – Vater der Diebe"**[36]
>
> Nachdem sich Polizei und Sicherheitskräfte bei Demonstrationen dieser
> Art anfangs vergleichsweise zurückhaltend zeigten, wurde nach und
> nach vermehrt mit scharfer Munition geschossen. Die Regierung blieb
> indes relativ untätig. Abgesehen von neuen Verboten, durch die sich
> die Demonstranten in ihrem Tun nur erneut bestätigt fühlten, waren
> nicht einmal Ansätze von tiefergreifenden Reformen zu erkennen.
> Bouteflika glaubte scheinbar, die Konflikte aussitzen zu können. Mitt-
> lerweile werden Versöhnungs- und Reformversuche allein aber nicht
> mehr helfen können ...

Dem mittlerweile mehr als neun Jahre andauernden Bürgerkrieg fielen
Schätzungen zufolge etwa 150.000 bis 200.000 Menschen, Angehörige
der Konfliktparteien sowie Zivilisten, zum Opfer. Mehr als 10.000
gelten als verschwunden, Zigtausend sind auf der Flucht im eigenen
Land.[37] Auch das Gesetz zur „Zivilen Eintracht" konnte die Gewalt
bisher nicht eindämmen.

Im September 2001 schrieb *Le Matin*: „Noch nie seit 1997 herrschte so
viel Unsicherheit"; und *El Watan* meinte: „Das Schlimmste ist zu be-

---

[35] vgl. Wandler, Reiner: „Algerischer Frühling": Ein Bild der Verwüstung, in: Der
Standard, 16./17.06.2001; o.V.: Berbers Lead Huge Rally For Democracy in Algiers, in: Herald Tribune, 15.06.2001 und Khalaf, Roula: Huge protest held in Algiers as Berber fury is unleashed, in: Financial Times, 15.06.2001; siehe dazu auch
Roberts, Hugh: Riots without end?, in: Middle East International, 01.06.2001, 16-
18; Saleh, Heba: Algeria hit by Berber protests, in: Financial Times, 30.04.2001;
Saleh, Heba: Crumbling facade, in: Middle East International, 18.05.2001, 20f
[36] Anti-Parole im Wahlkampf 1999, wiederbelebt während der Demonstrationen im
Frühjahr 2001, vgl. Wandler, Reiner: Bouteflika, ein Esel als Präsident, in: taz,
16.06.2001
[37] vgl. Ruf, Werner: Wir sind schon tot, in: iz3w (Blätter des Informationszentrums
3. Welt), September 2001, 11

fürchten", da die Islamisten amnestierte Kämpfer erneut für ihre Reihen gewonnen hätten.[38]

> *„Die Unruhen haben den Charakter des Regimes enthüllt, das sich einer offenen Rebellion gegenübersieht, die von der gleichen Frustration getragen wird wie die Intifada in Palästina. Die Krise, die von der Kabylei ausgeht, zeigt die Unzufriedenheit, die im ganzen Land herrscht. Sollte sie sich ausweiten, führt dies zwangsläufig zum Ende dieses hölzernen Regimes."*
>
> (Tassadit Yacine, Sozialwissenschaftler und Herausgeber der Kulturzeitschrift *Awal*)[39]

Ende 2001, am 10.11.2001, kam es in Algerien zur schlimmsten Flutkatastrophe seit Jahrzehnten. Hauptsächlich davon betroffen war Algiers ärmster Stadtteil Bab el-Oued („Tor zum Fluß"). Nach längeren Regenfällen verschütteten dort meterhohe Schlammassen die Straßen und Häuser. Rund 10.000 Familien verloren Wohnung, Hab und Gut. Schulen wurden zum Notlager umfunktioniert. Der Sachschaden wird auf USD 250 Mio. geschätzt. Zum persönlichen Leid, Verwandte und die Wohnung verloren zu haben, kam bei den meisten Menschen die Wut auf den Staat, der sich nur zögerlich um die Opfer kümmerte. Viele glauben, das hänge damit zusammen, daß Bab el-Oued als islamistische Hochburg gilt. Auf staatliche Hilfe warten die Betroffenen vergebens. Viele haben illegal gebaut; den Nachweis erbringen, daß sie ein Haus besessen haben, können die wenigsten. Bei der Organisation von Hilfslieferungen sollen Hilfsgüter auf dem Schwarzmarkt verschwunden sein. Doch nicht nur hierbei wird dem Staat die Schuld zugewiesen. Man macht ihn auch für das Ausmaß der Katastrophe verantwortlich. Um kostbares Land nicht brachliegen zu lassen, wurden ausgetrocknete Flußbetten zugebaut. Dadurch wurde Platz für neue Wohnblöcke und die Stadtautobahn geschaffen. Unterirdische Kanäle mußten zum Auffangen des Regenwassers ausreichen. Einige davon waren 1997 gar zubetoniert worden, um bewaffnete Islamisten am un-

---

[38] vgl. o.V.: Kein Frieden in Algerien, in: taz, 15.09.2001

[39] zit. in: Wandler, Reiner: Warten auf den großen Knall, in: taz, 31.07.2001

erkannten Eindringen und Verlassen der Stadt zu hindern.[40] In diesem Zusammenhang wurde auch kritisiert, daß die Wälder oberhalb Algiers im Laufe der Zeit vom Militär abgeholzt wurden, um besser Terroristen „jagen" zu können.

1.2 Aktuelle auswärtige Angelegenheiten

1.2.1 „Bruderländer": Algerien und Marokko[41]

Obwohl von beiden Ländern immer wieder die vielen Gemeinsamkeiten – in sprachlicher, religiöser und historischer Hinsicht – betont werden, kann auf eine baldige Aussöhnung und Beilegung der langanhaltenden Konflikte kaum gehofft werden.

Die Grenzübergänge beider Länder sind seit 1962 geschlossen. Die Westsahara-Frage (Besetzung der Westsahara durch Marokko) trägt seit 1975 ihren Teil zur angespannten Lage bei. Im Konflikt zwischen Saharouis und Marokko nimmt Algerien zwar offiziell eine neutrale Haltung ein, allerdings muß es sich auch den Vorwurf gefallen lassen, Waffen an die Befreiungsbewegung *Frente Polisario* zu liefern und ihr Zuflucht zu gewähren. In einem Flüchtlingslager im algerischen Tindouf, gelegen nahe der marokkanischen Grenze, befindet sich die Regierung der „Demokratischen Arabischen Republik Sahara".

Aus militärischer Sicht scheint Marokko längst gewonnen zu haben. Der für Marokko wirtschaftlich nützliche Teil des Gebiets wird durch einen elektronisch geschützten Sandwall gesichert. Allerdings ist der

---

[40] vgl. Wandler, Reiner: Zwischen Helfen und Hassen, in: taz, 22.11.2001 und o.V.: Katastrophale Bausünden, in: taz, 22.11.2001
[41] vgl. Addi, Lahouari: Die Machthaber im Maghreb pflegen die Völkerfeindschaft, in: Le Monde Diplomatique, 17.12.1999; Chimelli, Rudolph: Aufbruch im Maghreb?, in: Der Überblick, 4/1999, 6-9; Schmitz, Charlotte; Högner, Bärbel: Warten auf Entscheidung, in: Südwind-Magazin, Juli 2000, 26; United Nations: Schlagzeilen, 18.02.2000 und 29.02.2000, http://www.uno.de; Wandler, Reiner: Westsahara-Plan folgt Marokkos Linie, in: taz, 23.06.2001; o.V.: Eskalation in der Wüste, in: taz, 23.11.2001

Fall politisch noch lange nicht geklärt. Infolge internationalen Drucks mußte Marokko einem Referendum zustimmen, welches allerdings schon mehrmals verschoben wurde. Konflikte traten im Vorfeld der geplanten Abstimmung bereits bei der Registrierung der Wahlberechtigten für die geplante Volksabstimmung über die Zugehörigkeit eines rohstoffreichen Gebiets auf. In 65.000 Bewohnern des Gebiets, bei denen es sich nach Ansicht Marokkos um stimmberechtigte Saharouis handelte, sah die Polisario nicht abstimmungsberechtigte Marokkaner und weigerte sich, diese zur Abstimmung zuzulassen. Im Sommer 2000 lagen der für die Durchführung der Abstimmung verantwortlichen, seit 1991 tätigen UN-Mission MINURSO bereits 79.000 Anträge von Personen, die das Wahlrecht beanspruchen, vor. Nachdem sich die beiden Parteien – Polisario und Marokko – in den vergangenen neun Jahren über wesentliche Punkte des unterbreiteten Lösungsplans nicht einigen konnten, wurde das Referendum auf unbestimmte Zeit verschoben. Da sich eine Durchführung des geplanten Referendums als praktisch unmöglich erwies, schlug UN-Generalsekretär Kofi Annan eine Autonomielösung vor, bei der die Westsahara zu einer autonomen Einheit innerhalb Marokkos werden würde. Die Polisario lehnt diesen Vorschlag ab und drohte für den Fall seiner Umsetzung mit erneuten Kampfhandlungen.

Voraussetzung für eine wirklich Entspannung der Lage wären grundlegende politische Reformen auf beiden Seiten.

1.2.2 Euro-Med-Dialog

EUROMED wurde als Partnerschaftsprojekt zwischen der EU und den Mittelmeeranrainerstaaten anläßlich der Außenministerkonferenz in Barcelona im November 1995 initiiert. Neben den 15 EU-Mitgliedsstaaten sind die Länder Algerien, Ägypten, Marokko, Tunesien, Israel, der Libanon, Syrien, Jordanien, Zypern, Malta, die Türkei sowie die palästinensischen Territorien in das Projekt einbezogen. Libyen besitzt Beobachterstatus. Ziel ist die Schaffung eines Verbundes, der langfristig zu Frieden, Stabilität und Wohlstand sowie einem besseren

Verständnis der Kulturen beitragen soll. Nicht zuletzt aus wirtschaftlichen Gründen ist die Kooperation für alle Beteiligten interessant. Die Ziele von EUROMED sollen von entsprechenden bilateralen Abkommen und mit Hilfe des Finanzierungsinstruments MEDA unterstützt werden.[42]

Anschluß gesucht

Die Globalisierung betrifft und interessiert auch Algerien: Präsident Bouteflikas erster internationaler Auftritt fand 1999 vor dem Wirtschaftsforum in Crans-Montana statt.[43] Algerien steht jetzt in Verhandlungen über einen Beitritt zur Welthandelsorganisation (WTO). Die Gespräche mit der EU über einen Assoziierungsvertrag, die im Mai 1997 unterbrochen worden waren, sind wieder aufgenommen worden. Algerien befürchtet hohe Ausfälle wegen des verlangten Zollabbaus und möchte als Entgelt von der EU Zusicherungen für industrielle Investitionen erhalten. Man wirft der EU auch vor, daß sie heiklen Fragen – etwa zum erleichterten Personenverkehr – noch immer ausweiche.

Pointiert ist die algerische Kritik am „Prozeß von Barcelona", der seit Ende 1995 die 15 EU-Mitglieder und 12 Mittelmeer-Anrainer (einschließlich Israels) wirtschaftlich und politisch zusammenführen soll. Algerien ist der Meinung, daß sich die EU nur für ihre eigene Sicherheitspolitik, für Osteuropa und Rußland interessiere. Die Zusicherungen der EU, den 2. MEDA-Fonds (2000-2006) aufzustocken, werden angesichts von nur 25 % wirklich ausgezahlten Geldern von MEDA-I (zugesicherte Höhe EUR 4,7 Mrd.) skeptisch beurteilt. Immerhin wird zugegeben, daß auch die Empfängerstaaten einer bewußt langsamen Brüsseler Bürokratie nicht immer ausreichend vorbereitete Projekte haben präsentieren können.[44]

---

[42] vgl. Ditlbacher, Ulrike: EU-Partnerschaftsprojekt EUROMED, in: EU aktuell, Juni 2000, 1; siehe dazu auch EUROMED, http://www.euromed.net
[43] Präsident Bouteflika ist an Kontakten mit dem Ausland sehr interessiert. Dies zeigt sich nicht zuletzt daran, daß er Mitte 2000 als erster (!) algerischer Präsident einen offiziellen Staatsbesuch in Frankreich absolvierte.
[44] o.V.: Marktwirtschaftliches Credo in Algier, in: Neue Zürcher Zeitung, 05./06.08.2000

1.3 Ausgewählte Bereiche aus Politik und Gesellschaft[45]

Staatsform[46]

- Demokratische Volksrepublik Algerien

- Präsidialrepublik seit 1992

- neue Verfassung von 1996

- Parlament: Nationalversammlung (*L'Assemblée Populaire Nationale*) mit 380 Mitgliedern, Wahl alle fünf Jahre; Rat der Nation (*Conseil de la Nation*) mit 144 Mitgliedern, Wahl alle sechs Jahre, Teilwahlen alle drei Jahre

- Direktwahl des Staatsoberhaupts alle fünf Jahre, einmalige Wiederwahl möglich

- Wahlrecht ab 18. Lebensjahr

- Wahlrecht für Frauen seit 1962

- erste freie Wahlen 1990[47]

1.3.1 Parteien

Mit der neuen Verfassung von 1989 wurde das ehemalige Einparteiensystem abgelöst und weitere politische Parteien zugelassen. Wenige Monate später waren bereits 30 neue Parteien gegründet worden, Ende 1989 existierten etwa 60 politische Parteien. Ein großer Teil dieser Parteien löste sich sehr bald wieder auf: meist fehlte es an Geld sowie an Unterstützung in der Bevölkerung. Die ehemalige Einheitspartei, *Front de libération nationale* (FLN), versuchte, sich durch neue Schlagworte wieder zu positionieren. Bislang im Untergrund aktive Parteien, wie die *Partei der sozialistischen Avantgarde* (PAGS – eine

---

[45] siehe dazu auch die allgemeinen Struktogramme „Gesellschaft" im Anhang

[46] vgl. Présidence de la République, http://www.el-mouradia.dz, 07.11.2001

[47] Allerdings nur auf Kreis- und Gemeindeebene; die Islamische Heilsfront (Front Islamique du Salut – FIS) gewann dabei die meisten Stimmen.

demokratisch-fortschrittliche Berberbewegung) und die *Bewegung für die Demokratie in Algerien* (MDA, unter Ben Bella), wollten nun auch offiziell am politischen Leben teilnehmen. Zu den aussichtsreichsten neuen Parteien zählten eine weitere Berberbewegung, das *Rassemblement pour la culture et la démocratie* (RCD) sowie die *Islamische Heilsfront* (*Front islamique du salut* – FIS). Obwohl das Gesetz die Zulassung religiöser Parteien verbot, hatte sich die FIS etablieren können. Auch zwei weitere religiöse Gruppen, die *Hamas* und die *En-Nahda* waren legalisiert worden. Beide waren aber eher den Randparteien zuzuordnen.[48]

Seit der Verfassungsänderung von 1996 sind alle sich auf eine Religion berufenden politischen Parteien verboten.[49] Einer neuen Partei (*Wafa*) verweigerte man 2000 die Legalisierung mit der Begründung, sie ähnle zu stark der (aufgelösten) FIS.[50] In späteren Untersuchungen wollen Behörden herausgefunden haben, daß 17 der 40 Gründungsmitglieder der *Wafa* der ehemaligen FIS angehört hatten. Die Parteiführung selbst sah in dieser Untersuchung nur einen weiteren Versuch der Regierung, jegliche (wirkliche) Opposition auszuschalten.[51]

Eine Zuordnung der Parteien nach dem in Europa üblichen Schema in „Rechts", „Mitte" und „Links" ist nicht möglich. Die Parteien ließen sich vielmehr danach einordnen, ob ihr Ziel der „Schutz der bestehenden Macht (durch die FLN-Partei), der Schutz der Religion (durch die *Hamas* und die *En-Nahda*-Partei) oder – als Alternative dazu – die demokratische Erneuerung des Regimes durch die Berberparteien" ist.[52]

---

[48] vgl. Herzog, Werner: Algerien – Zwischen Demokratie und Gottesstaat, München 1995, 78f

[49] vgl. Encarta Weltatlas 99

[50] vgl. Khalaf, Roula: Bouteflika's peace drive fails to halt Algerian strife, in: Financial Times, 11.08.2000

[51] vgl. Khalaf, Roula: Algiers bans party that became too popular, in: Financial Times, 17.11.2000

[52] vgl. Herzog, Werner: Algerien – Zwischen Demokratie und Gottesstaat, München 1995, 80

Regierungsparteien	Oppositionsparteien
• *Rassemblement national démocratique* – RND (Regierungspartei) • *Mouvement de le société de la paix* – MSP (gemäßigte Islamisten) • *Front de libération nationale* – FLN (ehemalige Einheitspartei)	• *Mouvement En-Nahda* (Renaissance, gemäßigte Islamisten) • *Front des forces socialistes* – FFS (sozialdemokratisch, regimekritisch; Berberbewegung) • *Rassemblement pour la culture et la démocratie* (RCD – Versammlung für Kultur und Demokratie; demokratisch, laizistisch; Berberbewegung) • *Parti des travailleurs* (Linkspartei)

Tabelle 1-2 Maßgebliche politische Parteien in Algerien

Parteien	Parlamentssitze	%	Stimmen
RND	156	41,05	3.533.762
MSP	69	18,15	1.553.185
FLN	64	16,84	1.489.561
MN	34	8,95	915.066
FFS	20	5,26	465.957
RCD	19	5,00	444.586
Andere	18	4,75	824.339
Gesamt	380	100,00	9.029.133

Tabelle 1-3 Sitzverteilung im algerischen Parlament (vgl. Bouandel, Youcef; Zoubir, Yahia H.: Algeria's elections – the prelude to democratisation; in: Third World Quarterly 2/1998, 185)

Das „demokratische" Leben in Algerien ist – besonders in den letzten Jahren – gekennzeichnet von häufigen Protesten der Bevölkerung bzw. verschiedener oppositioneller Gruppierungen. Grund ist regelmäßig die Vermutung bzw. Gewißheit, daß der Ausgang der verschiedensten Wahlen von teilweise erheblichen Manipulationen gekennzeichnet ist.[53]

„Algerien ist wie das Sowjetsystem, nur umgekehrt. [...] In der UdSSR kontrollierte die KP die Armee und die Geheimdienste. In meinem Land kontrolliert eine Gruppe von 10, 12 Generälen die offiziellen Parteien, angefangen bei der ehemaligen Einheitspartei FLN bis hin

[53] vgl. auch den Einfluß des Militärs auf politische Prozesse

zu den Salon-Islamisten. Diese Gruppe ernennt den Präsidenten, zwingt ihn zum Rücktritt oder ermordet ihn. Außerdem bestimmen sie, wie die Erdöleinnahmen verteilt werden. "

(Hocine Ait Ahmed, Vorsitzender der sozialistischen Partei FFS, letzter lebender Führer des algerischen Unabhängigkeitskrieges)[54]

1.3.2 Sicherheit

Das Militär hat in Algerien traditionell eine sehr starke Stellung. Dies bezieht sich nicht nur auf die Gewährleistung der Sicherheit, sondern insbesondere auch auf seinen erheblichen politischen Einfluß: „Andere Staaten besitzen eine Armee, in Algerien besitzt die Armee einen Staat."[55] So wird üblicherweise die Nominierung von Präsidentschaftskandidaten und überwiegend auch von Regierungsmitgliedern von den maßgeblichen Militärkräften bestimmt. Der Nomenklatura des Militärs, bekannt auch als *„le pouvoir"*, unterstellt man beispielsweise, mit dem Wahlsieg Bouteflikas einen *coup d'état* mittels Wahlurne gelandet zu haben.[56]

---

[54] zit. in: Wandler, Reiner: Warten auf den großen Knall, in: taz, 31.07.2001
[55] Herzog, Werner: Algerien – Zwischen Demokratie und Gottesstaat, München 1995, 116
[56] Richards, Christine: Algeria awakes, in: MEED, 17.03.2000, 2 und Addi, Lahouari: Algeria's Army, Algeria's Agony, in: Foreign Affairs, July/August 1998, 44-53

		Algeria	Libya	World	Industrial Countries (OECD)	Least Developed Countries
Military expenditure (as % of GDP)	1985	..	6.2	4.6	4.1	3.9
	1990*, 1995	1.5*	5.5	2.8	2.7	2.7
	1998,1999	3.8*	..	..	2.2	..
Total armed forces	Thousands	122	65	19,346	5,465	1,887
	Index (1985 = 100) 1999	72	89	77	75	181

Tabelle 1-4 Indikatoren Militär (vgl. United Nations (Hrsg.): Bericht über die menschliche Entwicklung, Bonn 2000, 2001)

Neben der Polizei und dem Militär existieren sogenannte *guardes communales* (Gemeindewachen), die einen Teil der algerischen Sicherheitskräfte bilden und selbsternannte *groupes d'auto-défense* (Selbstverteidigungsgruppen). Aufgabe letzterer war ursprünglich die Gewährleistung des Schutzes und die Verteidigung der Zivilbevölkerung bei Angriffen bewaffneter Islamisten; im Laufe der Zeit wurden diese Gruppen aber zunehmend auch bei Kämpfen zwischen der algerischen Armee und Islamisten, denen Zivilisten zum Opfer fielen, aktiv. Sowohl die Selbstverteidigungsgruppen als auch die Gemeindewachen sind zudem dazu übergegangen, in ihrer Umgebung tätige Oppositionsgruppen zu observieren bzw. gegen sie vorzugehen.[57]

> „Wir sind selbst voll und ganz fähig, für den Schutz unserer Bürger zu sorgen."
>
> (Algeriens Botschafter Mokthar Reguieg nach 65.000 Terrortoten in sechs Jahren)[58]

---

[57] vgl. Amnesty International: Algerien – Politische Veränderungen seit der Präsidentschaftswahl im November 1995, Bonn 1996, http://www.amnesty.de, 10.09.2001

[58] zit. in: Karner, Karolin-Babette: Algerien hat alles, was es braucht, in: Die Presse, 15.01.1998

Dem Londoner *Internationalen Institut für Strategische Studien* (IISS) zufolge dienten Anfang 1998 in der algerischen Armee 124.000 Mann, davon 50.000 Berufsmilitärs und 74.000 Wehrpflichtige, deren Loyalität gegenüber dem Staat jedoch nicht als 100%ig angenommen werden kann. Weiter schätzte das IISS die Stärke der dem Verteidigungsminister unterstellten Gendarmerie auf 24.000 Mann, die der Spezialeinheiten auf 20.000 Mann sowie die der bewaffneten Selbstverteidigungsgruppen auf 100.000 Mitglieder.[59]

Basierend auf dem Ende 1992 verhängten „Anti-Terrorismus"-Dekret wurden Sondergerichte geschaffen, deren Aufgabe die Durchführung von Verfahren wegen „terroristischer" Handlungen war. Diese Sondergerichte wurden zwar 1995 wieder aufgelöst, das Dekret aber nicht wie angekündigt aufgehoben, sondern nahezu unverändert in das reguläre Strafrecht übernommen.[60]

Amnesty International faßte in einem Bericht vom November 2000 die Situation wie folgt zusammen: „Since 1992 more than 100,000 Algerians have been killed, thousands have suffered torture and thousands more have ‚disappeared'. No sector of society, age-group or class has been left untouched by the unbroken wave of killings and other abuses which has engulfed Algeria for almost a decade. Even the most vulnerable members of society – the elderly, the infirm, infants and pregnant women – have fallen victim to the relentless violence. The civilian population has been terrorized by bomb and mortal attacks on markets, cafes, trains, buses and other public places and made to fear traveling by road by the presence of roadblocks at which gunmen selectively kill the occupants of passing vehicles. Individual and collective killings by armed groups calling themselves ‚Islamic groups' have seen men, women, children and babies shot dead, decapitated and mutilated, burned to dead or blown apart by bombs. Women abducted by these

---

[59] vgl. o.V.: Algeriens Sicherheitskräfte im Zwielicht, in: Neue Zürcher Zeitung, 08.01.1998

[60] vgl. Amnesty International: Algerien – Politische Veränderungen seit der Präsidentschaftswahl im November 1995, Bonn 1996, http://www.amnesty.de, 10.09.2001

armed groups have been raped. Unarmed civilians have been shot dead, sometimes in their homes in front of their families, by security forces or paramilitary militias. Others have been tortured to death. Security forces have paraded and exposed in public places the bodies, sometimes mutilated or disfigured, of individuals they said had been killed by them in armed confrontations."[61]

Der algerische Bürgerkrieg[62]

Ende 1991/Anfang 1992 griff das Militär in Algeriens erste freie Parlamentswahlen ein, um den sich abzeichnenden Sieg der *Islamischen Heilsfront* (*Front islamique du salut* – FIS) zu verhindern. Die FIS wurde anschließend verboten. In der Folge wurden Hunderte von FIS-Führern inhaftiert. Tausende ihrer Anhänger gingen in den Untergrund und griffen zur Waffe. Später bildete sich die *Armée islamique du salut* (AIS), der bewaffnete Flügel der FIS heraus. Dieser werden vor allem Angriffe auf Sicherheitskräfte und Staatsrepräsentanten vorgeworfen. Parallel zur AIS entstanden die *Bewaffneten Islamischen Gruppen* (GIA), die für Angriffe auf Intellektuelle und Zivilisten verantwortlich gemacht werden.

Von verschiedenen Menschenrechtsgruppen tauchten auch Vorwürfe gegen Sicherheitskräfte auf, die angeblich für das Verschwinden von Personen, Folterungen und Hinrichtungen verantwortlich zeichneten. Verschiedenen Quellen zufolge belief sich die Zahl der Todesopfer bis Mitte 1998 auf 60.000 (nach algerischen Angaben) bis 200.000 (nach Schätzungen westlicher Diplomaten). Ausländischen Forderungen, eine Untersuchung der Massenmorde zu erlauben, stimmte die algerische Regierung bis dahin nicht zu.[63]

---

[61] Amnesty International: Algeria – Truth and justice obscured by the shadow of impunity (November 2000); in: http://www.amnesty.de, 07.11.2001, 14f

[62] vgl. auch die Chronologie über die Ereignisse des letzten Jahrzehnts im anhang

[63] vgl. Schulze, Ralph: In Algerien regiert seit Jahren der „ganz normale Terror", in: Die Presse, 18.05.1998

Die *keyplayers* – FIS, AIS, GIA, LIDD und GSPC[64]

In Algerien sind verschiedene Terrorgruppen aktiv. Bewaffnete Konflikte zwischen der AIS und der LIDD bzw. den GIA und anderen Gruppen begannen 1995. Bis zu diesem Zeitpunkt kooperierten die einzelnen Gruppierungen sogar noch miteinander.

Front islamique du salut (Islamische Heilsfront – FIS)

Ziel der FIS ist die Errichtung eines islamischen Staates in Algerien. Als langfristiges Ziel strebt sie eine weltweite Islamisierung an. Die FIS propagiert den – auch gewaltsamen – Widerstand gegen die algerische Regierung. Hierzu bedient sie sich ihres bewaffneten Arms, der *Armé islamique du salut* (AIS). Seit 1992 ist die FIS offiziell verboten.

Armée islamique du salut (Islamische Armee des Heils – AIS)

Die AIS wurde 1993 gegründet und gilt als der bewaffnete Flügel der FIS, wobei diese keine eindeutige Stellung zur AIS einnimmt. Zeitweise werden sie verleugnet, zeitweise deren Aktionen verurteilt und dann wird die FIS wieder als deren Sprachrohr aktiv. Die FIS war es beispielsweise, die Kontakte zwischen der AIS und ausländischen Journalisten arrangierte. Ferner enthält die FIS-Website auch AIS-Kommuniqués.

Im Oktober 1997 verkündete die AIS – infolge eines geheimen Übereinkommens der AIS-Führer und der algerischen Armee – einen einseitigen Waffenstillstand. Von offizieller Seite wurde die Existenz eines solchen Abkommens zunächst abgestritten; erst nach den Präsidentschaftswahlen 1999 bekannte man sich dazu.

Im Oktober 1999 gab die Regierung bekannt, daß AIS-Mitglieder von der Amnestie im Rahmen des *Concorde Civile* ausgenommen seien. Deren Fälle würde man sich gesondert annehmen, was im Rahmen der

---

[64] vgl. Amnesty International: Algeria – Truth and justice obscured by the shadow of impunity (November 2000); in: http://www.amnesty.de, 07.11.2001, 5f

Amnestie vom 10.01.2000 geschah. Die genauen Konditionen sind jedoch nie veröffentlicht worden.

Groups islamiques armés (Bewaffnete Islamische Gruppen – GIA)

Einen weiteren *keyplayer* stellen die von der AIS abgespalteten *Groups islamiques armés (Bewaffneten Islamischen Gruppen* – GIA) dar. Den verfügbaren Informationen zufolge handelt es sich bei den GIA um eine lose Struktur von Gruppen von „Hardliner-Islamisten", die ihre speziellen Ansichten von einer „islamischen Gesellschaft" durchsetzen wollen.

Auch zwischen einzelnen Gruppen der GIA und der Regierung soll es angeblich zu Verhandlungen gekommen sein, allerdings ist nicht bekannt, ob dabei je eine Übereinkunft erzielt werden konnte. Beobachtern zufolge hätte solch ein „Global-Abkommen" wie bei der AIS oder der LIDD aufgrund der Struktur der GIA auch nicht zum Erfolg führen können.

Etwa 4.500 GIA-Mitglieder (sowie Mitglieder weiterer, weniger bekannten Gruppen) stellten sich bis zum Januar 2000 im Rahmen des *Concorde Civile* den Behörden. Seitdem haben sich mehrere Hundert gemeldet, wobei allerdings nicht geklärt ist, ob alle in den Genuß der Vergünstigungen kommen, die das Gesetz zum *Concorde Civile* gewährt.

Ligue islamique pour la Da'wa et le Djihad (Liga für die Verbreitung des Islam – LIDD)

Bei der *Ligue islamique pour la Da'wa et le Djihad* handelt es sich um eine kleinere Gruppe, die sich nach eigenen Angaben aus früheren GIA-Mitgliedern, die sich 1995 nach Angriffen der GIA auf die Zivilbevölkerung von der Organisation trennten, zusammensetzt.

Wenig bekannt ist über die Verhandlungen zwischen algerischen Armee und der LIDD, wodurch diese letztendlich zu einem Waffenstillstand bewegt werden konnte. Eigenen Angaben zufolge nahm die LIDD nicht aktiv an Verhandlungen teil, sondern schloß sich dem Abkommen zwischen der Armee und der AIS an.

Groupe salafiste pour la prédications et le combat (Salafistische Gruppe für Gebet und Kampf – GSPC)

Die *Groupe salafiste pour la prédications et le combat* setzt sich ebenfalls aus ehemaligen GIA-Mitgliedern, die die GIA 1996 verlassen haben, zusammen. Das Hauptziel der Gruppe stellten Sicherheitskräfte dar.

Ende 1999 war diese Gruppe Berichten zufolge an Verhandlungen mit den Behörden betreffend die Auslieferung der Gruppe beteiligt. Die Verhandlungen führten allerdings nicht zum Erfolg, da sich einzelne Gruppenmitglieder im Rahmen des *Concorde Civile* bereits den Behörden gestellt hatten.

Wer sind die Mörder?[65]

„In Algerien wüten verschiedene Terrorgruppen. Sie bezeichnen sich als islamisch, sind untereinander aber in viele Lager gespalten und verfeindet. Mitglieder dieser Banden sind Überlebende von Widerstandsgruppen, die von der Armee zerschlagen wurden; Angehörige von Opfern staatlicher Gewalt, die sich rächen wollen; Kriminelle auf der Flucht oder auf der Suche nach Bereicherung; junge Arbeitslose und Desperados aus den tristen Ballungsräumen um die Hauptstadt Algier; eine relativ kleine Anzahl religiöser Fanatiker, die anfangs wohl auch aus dem Ausland – Afghanistan, Bosnien – Zulauf erfahren haben. [...] Die Motivationen für die Morde an der Bevölkerung sind völlig unklar. [...] Völlig ungeklärt ist bislang die Rolle des Militärs. Immer wieder wird beobachtet, daß Verbände, die in unmittelbarer Nähe der überfallenen Dörfer stationiert sind, passiv bleiben und nicht zur Hilfe eilen. Ein Überlebender berichtete jüngst, daß gut bewaffnete Soldaten, obwohl im überfallenen Dorf präsent, dem Gemetzel keinerlei Einhalt geboten. [...] Hinweise auf eine Kollaboration zwischen Militär und Islamisten häufen sich. Ein nach Frankreich geflohener ehemaliger Offizier erklärte, daß die Massaker anfangs von Teilen der Armee selbst

---

[65] Klemm, Verena: Algerien zwischen Militär und Islamismus, in: Kinzelbach, Donata (Hrsg.): Tatort – Algerien, Frankfurt/M., 107ff

initiiert worden seien. Die bestialische Arbeit hätten GIA-Kämpfer fortgesetzt, die zu diesem Zweck aus der Haft entlassen worden seien. Dies alles sollte einer Dialogpolitik, für die der gemäßigte Flügel der Armeeführung plädiert, den Boden entziehen und das Ausland von einer bedingungslosen Unterstützung der algerischen Regierung überzeugen. [...] Der Terror soll die Islamische Heilsfront (FIS) bei der Bevölkerung in Verruf bringen, die einzige Kraft, die den Generälen hätte gefährlich werden können."

1.3.3 Menschenrechte

Jedes Jahr werden in Algerien Hunderte des Terrorismus oder anderer Staatsdelikte verdächtigte Personen inhaftiert. Während einige dieser Inhaftierten ohne Anklage wieder freikommen, warten andere wochenlang auf ihren Prozeß. Angaben der Arabischen Liga zur Verteidigung der Menschenrechte zufolge sind zwei Drittel der rund 30.000 algerischen Häftlinge politische Gefangene.[66]

Entgegen der gesetzlichen Regelung, die eine Incommunicado-Haft auf zwölf Tage begrenzt, werden Inhaftierte wesentlich länger, oft sogar Monate, ohne Kontakt zur Außenwelt festgehalten. Auch Sippenhaft steht in Algerien noch auf der Tagesordnung und wird sowohl von Seiten des Staates als auch von seiten der bewaffneten Oppositionellen als Druckmittel eingesetzt. Die Angehörigen von gesuchten Personen sind dabei nicht nur verbalen Drohungen, sondern auch etwaigen Mißhandlungen bis hin zur Folter ausgesetzt. Im schlimmsten Falle erwartet sie eine extralegale Tötung.[67] Eine scheinbar bei Polizei, Sicherheitskräften und Militär übliche Praxis ist es, tatsächliche oder angebliche

---

[66] vgl. Wandler, Reiner: Die Gefängnistore von Serkadji öffnen sich, in: Der Standard, 07.07.1999

[67] vgl. dazu auch Bohlen, Celestine: Counting Algeria's Graves, in: Herald Tribune, 19.12.1997 und Amnesty International: Algeria – Truth and justice obscured by the shadow of impunity (November 2000); in: http://www.amnesty.de, 07.11.2001, 19f

Islamisten nach ihrer Festnahme zu töten.[68] Auch vermeintliche Sympathisanten sollen mehrfach hingerichtet worden sein. Von Polizei, Gendarmerie und Militär werden Folterungen regelmäßig als Druckmittel eingesetzt: Elektroschocks, Verbrennungen durch Schweißbrenner, zwangsweises Einflößen von Chemikalien, Scheinhinrichtungen. Die dadurch erpreßten Geständnisse läßt man – selbst wenn sie später widerrufen werden – vor Gericht als aussagekräftiges Beweismittel zu. Dagegen versäumt es die Justiz regelmäßig, Anzeigen über Folterungen nachzugehen. Oft geschieht es, daß durch Sicherheitskräfte festgenommene Personen nach ihrer Inhaftierung verschwinden. Selten tauchen die Betroffenen wieder auf, oder aber sie werden später tot aufgefunden. Die meisten werden „in absentia" zur Todesstrafe verurteilt.[69]

Die US-Menschenrechtsorganisation *Human Rights Watch (HRW)* schrieb 1998 in einem Bericht nach zweiwöchigen Untersuchungen in Algerien: „Unter dem Vorwand der Terrorismusbekämpfung greifen die Sicherheitskräfte systematisch zu Folter, Massenerschießungen und illegalen Verhaftungen, ohne daß sie jemand dafür belangt." Schätzungen von *HRW* zufolge liegt die Zahl der zwischen 1992 bis Anfang 1998 Verschwundenen bei mehr als tausend, wobei algerische Anwälte von einer doppelt so hohen Zahl ausgehen. Betroffen sind dabei alle sozialen Schichten. In den meisten Fällen ist unklar, wer für das Verschwinden der Personen verantwortlich ist. Die Vorgehensweise ähnelt sich jedoch in vielen Fällen: Die Betroffenen werden in ihrer Wohnung, an ihrem Arbeitsplatz oder auf der Straße von Männern in zivil, die sich nicht ausweisen, festgenommen. Später stellt sich dann häufig heraus, daß es sich dabei um Sicherheitskräfte handelte. Auch Entführun-

---

[68] siehe dazu auch Souaïdia, Habib: Der schmutzige Krieg, Zürich 2001; Er beschreibt darin seine Erlebnisse als Offizier von 1992 bis 1995 in einer Sondereinheit der Armee.

[69] vgl. Amnesty International: Algerien – Politische Veränderungen seit der Präsidentschaftswahl im November 1995, Bonn 1996, http://www.amnesty.de, 10.09.2001; Amnesty International: Länderbericht Algerien: Menschenrechte in der Krise, Bonn 1999 und Schulze, Ralph: Alltag in Algier: Folterung, Hinrichtung, Massaker, in: Die Presse v. 24.07.1998

gen durch Uniformierte, die den bewaffneten Gruppen zugerechnet werden, sind *HRW* bekannt. *HRW* berichtet weiter, daß die meisten durch Polizei oder Militär entführten Personen Folterungen in den geheimen Haftzentren erwarten. Wenn sich Angehörige nach ihren vermißten Angehörigen erkundigen, wird ihnen – wenn überhaupt – lapidar mitgeteilt, der Betreffende sei bei einer Auseinandersetzung mit Sicherheitskräften oder bei einem Fluchtversuch ums Leben gekommen oder den bewaffneten Gruppen in die Hände gefallen.[70]

Folterungen werden in Algerien aber nicht erst in jüngster Zeit als Druckmittel eingesetzt. Bereits während des Algerienkrieges dienten sie der französischen Armee, Verhafteten Geständnisse abzuringen und der algerischen Bevölkerung immer wieder zu verdeutlichen, wer in Algerien wirklich an der Macht ist. Den Truppen wurde durch das Parlament praktisch „Handlungsfreiheit" zugestanden; es war jedes Mittel recht, solange es sein Ziel nicht verfehlte. Die Zensur sollte verhindern, daß Kritik an dieser Vorgehensweise an die Öffentlichkeit dringen konnte – was nicht immer gelang. Mehrfach wurde Frankreichs Armee wegen ihrer in Algerien praktizierten Methoden von den UN gerügt. In Frankreich wurde der eigentliche Sinn des verlustreichen Krieges zunehmend in Frage gestellt.[71]

Im Frühjahr 2000 lud Präsident Bouteflika mehrere Menschenrechtsorganisationen, darunter auch Amnesty International, nach Algerien ein und wollte damit zeigen, daß sowohl Regierung als auch Armee wieder bereit sind, die Menschenrechte zu respektieren. Familien von vermißten Personen konnten vorsprechen, Akten wurden angelegt. 4.000 Verschwundene, die in der Mehrzahl von Sicherheitskräften festgenom-

---

[70] vgl. Wandler, Reiner: Mord und Folter mit System, in: Der Standard v. 10.02.1998

[71] vgl. Windler, Christian et al.: Folter – ein Herrschaftsinstrument Frankreichs in Algerien, in: Neue Zürcher Zeitung, 29.01.2001 und Arens, Marianne; Françoise Thull: Folter im Algerienkrieg 1954-62 (28.03.2001), in: World Socialist Web Site, http://www.wsws.org, 10.10.2001

men, gefoltert und teilweise getötet worden waren, waren zu diesem Zeitpunkt namentlich bekannt.[72]

Ende 2000 forderte Amnesty International Algerien erneut auf, Menschenrechtsverletzungen im Land nachzugehen und warnte gleichzeitig davor, daß Bouteflikas Friedensbemühungen[73] zu einer Entlastung der Schuldigen führen könnten. Lange Zeit waren die algerischen Behörden nicht in der Lage gewesen, Zahlen darüber, wie viele Kämpfer welchen Gruppierungen angehören und wie viele sich davon gestellt hätten, bereitzustellen. Amnesty International ging – unter Berufung auf von algerischer Seite bestätigten Informationen – in einem Ende 2000 veröffentlichten Bericht davon aus, daß sich im Zeitraum von Juli 1999 bis Januar 2000 rund 5.500 Mitglieder bewaffneter Gruppen im Rahmen der Amnestie gestellt haben.[74]

Bislang seien jedoch nur 350 der Ausgelieferten gerichtlich verurteilt worden. Ende 2000 ging Amnesty International davon aus, daß jeden Monat noch immer rund 200 Menschen getötet werden.[75]

Menschenrechte – äußerst problematisch

Mehr als 2.500 Personen, einschließlich Frauen und Kinder, wurden von den Sicherheitskräften und paramilitärischen Milizen oder von bewaffneten Gruppierungen getötet, die sich als „Islamische Gruppen" bezeichneten. Befürchtungen, diese Gruppen könnten straffrei agieren, wurden bestärkt, nachdem Mitglieder solcher Gruppen begnadigt oder von einer Strafverfolgung ausgenommen worden waren. Dabei fanden keine effektiven Ermittlungen statt, um eine etwaige Verwicklung in Menschenrechtsverstöße aufzuklären. Von seiten der Behörden wurden

---

[72] vgl. o.V.: Reformen in Algerien ins Stocken geraten, in: Neue Zürcher Zeitung, 10.06.2000

[73] siehe dazu auch Kasten „Oui à la concorde civile" im Abschnitt „Neue Hoffnung? – Bouteflika"

[74] vgl. Amnesty International: Algeria – Truth and justice obscured by the shadow of impunity (November 2000); in: http://www.amnesty.de, 07.11.2001, 4f

[75] vgl. Khalaf, Roula: Algeria urged to probe human rights abuses, in: Financial Times, 10.11.2000 und Saleh, Heba: The killings go on, in: Middle East International, 13.10.2000, 20

kaum konkrete Schritte eingeleitet, um Angehörige der Sicherheitskräfte und paramilitärischer Milizen, die 2000 und in den vorangegan-
genen Jahren für schwere Menschenrechtsverletzungen verantwortlich
gemacht waren, vor Gericht zu stellen. Ebenso wenig fanden unabhängige Ermittlungen statt, um mehrere Tausend Tötungen, Massaker,
Fälle von „Verschwindenlassen", Entführungen und Berichte über Folterungen der vergangenen Jahre aufzuklären. Das Hinrichtungsmorato-
rium von 1994 hatte weiterhin Bestand.[76]

Das Recht auf freie Meinungsäußerung und die Vereinigungsfreiheit
unterliegen demgegenüber regelmäßig beträchtlichen Einschränkungen
bzw. Behinderungen.

1.3.4 Frauen

„In keinem nordafrikanischen Land spielt die Islamisierung der Gesellschaft eine so wichtige Rolle wie in Algerien. Durch das algerische
Familienrecht werden Frauen stärker diskriminiert als in der islamischen Republik Iran."[77]

„Women in the Algerian nation today remain victims in a sustained
campaign of violence by both the state and the Islamists. Since the late
1980s, particularly after the startling success of the Islamic Salvation
Front (FIS), women have become 'political cards' for both side, as well
as the targets for both armed extremists and security forces for either
choosing to wear or to resist the veil."[78]

Anfang 1994 stellten die GIA ein Ultimatum: Alle Frauen, die fortan
keinen Schleier tragen, werden umgebracht. Zehntausende Frauen demonstrierten daraufhin – zumeist unverschleiert, versteht sich – in Algier. Bis heute prägt eine bunte modische Mischung das Stadtbild.

---

[76] vgl. Amnesty International (Hrsg.): Jahresbericht 2001, Frankfurt/M: 2001, 69

[77] vgl. Ruf, Werner: Wir sind schon tot, in: iz3w (Blätter des Informationszentrums
3. Welt), September 2001, 12

[78] Danesh, Leila: Algerian women in politics, in: Middle East Times,
http://www.metimes.com, 07.11.01

Frauen wurden von Anfang an vom Haß der Islamisten besonders verfolgt. Zahlreiche Verhaltensregeln sollen sie zwingen, den Vorstellungen einer vermeintlichen islamischen Moral zu folgen. Morde, Vergewaltigungen und Verstümmelungen sind an der Tagesordnung, weil sich viele Frauen dem Diktat mutig widersetzen.[79]

		Algeria	Libya
Female economic activity rate (age 15 and above)	rate (%) 1999	28.6	24.7
	as % of male rate 1999	28	32
Year women received right	to vote	1962	1964
	to stand for election	1962	1964
Year first women elected to parliament		1962	..
Seats in parliament held by women (as % of total) 2001		4.0	..
Women in government at ministerial level (as % of total) 1999		0.0	12.5

Tabelle 1-5 Beteiligung der Frauen in Wirtschaft und Politik (vgl. United Nations (Hrsg.): Bericht über die menschliche Entwicklung, Bonn 2001)

Im Laufe des Bürgerkriegs kamen Tausende Frauen, Kinder und alte Menschen durch außergewöhnliche Brutalität zu Tode. Sie wurden erschlagen oder erstochen, man schnitt ihnen die Kehle durch und trennte Gliedmaßen ab. In der Regel wurden die Fundamentalisten mit derartigen Verbrechen in Verbindung gebracht, es häuften sich aber Anzeichen, daß auch die Armee in diese Greueltaten, zumindest indirekt, verwickelt war. Die Zahl algerischer Frauen und Mädchen, die Opfer sexueller Gewalt wurden, wird auf 2.000 bis 2.800 beziffert. Mehr als 300 Frauen und Mädchen gelten als vermißt. Zahlreiche Vergewaltigungen werden auch geheimgehalten, sodaß die tatsächlichen Zahlen weitaus höher liegen dürften. „Oftmals werden Töchter und Mütter vor den Augen ihrer Familienangehörigen vergewaltigt. Obwohl völlig un-

---

[79] Die Fundamentalisten lehnen die Berufstätigkeit von Frauen ab. Im September 1997 wurden beispielsweise elf Lehrerinnen ermordet, weil sie sich weigerten, ihre Arbeit aufzugeben (vgl. Frauennews (Hrsg.): Situation der Frauen in Algerien, http://www.frauennews.de, 07.11.2001).

schuldig am Verbrechen, werden die meisten vergewaltigten Mädchen
und Frauen anschließend von der eigenen Familie geächtet und oftmals
sogar verstoßen. Vor- bzw. außerehelicher Geschlechtsverkehr, und als
solcher wird auch eine Vergewaltigung gesehen, gilt als ‚Schande'.‟[80]
Abtreibungen sind nach islamischer Gesetzgebung verboten, es sei
denn, das Leben der Mutter ist in Gefahr. Bei Opfern einer Vergewaltigung ist eine Abtreibung nur nach Bestätigung durch eine Kommission
möglich. Diese versetzt die Betroffenen anschließend in den Zustand
der „Unschuld".[81] Die sogenannte „Lustehe" – Massenvergewaltigung
über eine gewisse Zeit hinweg, unter dem Deckmantel „religiöser Le-
gitimität", die meist mit dem Tod endet – ist darüber hinaus ein besonders grausames Repressionsinstrument.

Die Frauen leiden aber nicht nur unter dem Terror. Das „Familienge-
setz", das seinen Namen nicht verdient, diskriminiert Frauen zutiefst:
Frauen haben ihrem Mann bedingungslosen Gehorsam zu leisten, Poly-
gamie ist erlaubt, der Mann darf – je nach Belieben und konsequen-
zenlos – seine Frau verstoßen; ihm verbleibt zudem das Recht auf die
gemeinsame Wohnung. Unzählige Sozialfälle – Frauen mit meist vielen
Kindern – sind die Regel.

Auch im Bildungswesen sind Frauen traditionell benachteiligt.[82] Dennoch gibt es eine (urbane) Avantgarde, die auch die algerische Frauenbewegung organisiert. Intellektuelle, Feministinnen, Journalistinnen und
auch ehemalige Unabhängigkeitskämpferinnen treten aktiv – und nicht
selten unter persönlichen Todesdrohungen – gegen den Terror und für
die Gleichberechtigung vor dem Gesetz ein; ebenso für die sozialen
und wirtschaftlichen Rechte der Frauen sowie für Reformen im Bildungswesen. Von zahlreichen Frauenorganisationen wird zudem huma-
nitäre Hilfe geleistet. Dieses Engagement stößt selbst im „eigenen Lager" oft nicht auf ungeteilte Zustimmung. Mangelnde Bildung – hauptsächlich der weiblichen Bevölkerung in den ländlichen Gebieten –

---

[80] Frauennews (Hrsg.): (Massen)Vergewaltigungen an Mädchen und Frauen in
Algerien, http://www.frauennews.de, 07.11.2001
[81] vgl. ebd.
[82] siehe dazu auch das Kapitel „Bildung"

sowie der Zulauf nicht weniger Frauen zum Islamismus stellen die Hauphindernisse dar. Dennoch gilt vielen Frauen die Devise: „Wir haben nur die Wahl zwischen Wahnsinn und Widerstand."[83]

Grundstimmung: Angst[84]

„Früher war jede Reise in meine Heimatstadt Algier mit großer Vorfreude verbunden: Vorfreude auf das langersehnte Wiedersehen mit der Familie und mit Freunden. Diesmal war ich mit anderen Gefühlen unterwegs, denn noch drei Tage vor meiner Abreise warnten mich meine Familienangehörigen aus Algier per Fax, nicht zu kommen: ‚Sie werden dich umbringen.'

Algier scheint mir an Farbe eingebüßt zu haben. Es ist nicht mehr die strahlendweiße Stadt meiner Kindheit. Nur das quirlige Treiben, der Lärm, die tosende Menschenmenge, das alles scheint erhalten.

In meinem Elternhaus treffe ich drei meiner Geschwister mit deren Familien. Binnen einiger Minuten spricht sich meine Ankunft herum. Jemand verlangt mich am Telefon. Was mich erfreut, versetzt meine Familie in Entsetzen: ‚Der Mörder kann ein Freund, Nachbar oder Verwandter sein ...', erklären sie mir ihr Verhalten. Wo sind denn Vertrauen, wo die normale zwischenmenschliche Beziehung geblieben? Muß ich unter meinen Familienmitgliedern meinen Mörder wähnen? Allein der Gedanke schmerzt unsäglich. Viele unserer Nachbarn seien mittlerweile Fundamentalisten, erfahre ich. Und meine Familie überschüttet mich mit Verhaltensregeln: keinen Polizisten ansprechen, nicht und niemanden provozieren, Arabisch sprechen, das Haus nur in Be-

---

[83] Rühl, Bettina: Wir haben nur die Wahl zwischen Wahnsinn und Widerstand, Bad Honnef 1997; Bemerkenswert wie erschütternd ist die Lebensgeschichte von Nadia Chaabani, der nunmehrigen Witwe eines „Emirs", dem Anführer einer militanten Gruppe von Islamisten (Chaabani, Nadia; Gacemi, Baya: Blut für Allah – Ich war die Frau eines islamischen Terroristen, München 2001). Zum gewöhnlichen Alltag von Frauen im Algerien der letzten Jahre vgl. Fatiah (Pseudonym): Eine Frau in Algerien – Chronik des täglichen Terrors, Frankfurt/M. 1999.

[84] Rech, Naćera: Abgesang an eine geliebte Stadt: Algier, in: Kinzelbach, Donata (Hrsg.): Tatort – Algerien, Frankfurt/M., 79ff

gleitung verlassen und niemandem erzählen, woher ich komme – und schon gar nicht, was ich mache. ‚Und stell bloß keine Fragen!'

Mit fünf Nichten in neuester Mode und meiner Schwester im Hidjab schlendern wir an Geschäften vorbei, in deren Auslagen ich zu meinem Erstaunen deutschen Yoghurt, Schweizer Schokolade und belgische Kekse – zu horrenden Preisen – sehe. Ich bin fassungslos – aber Fragen zu stellen war ja verboten ...

Auf dem Weg zu meinem Neffen hören wir plötzlich Schüsse ... ein Schrei zerschneidet die Luft. Menschen rennen fort. Vor meinen Augen wird ein Mensch getötet! Um die Greueltaten theoretisch zu wissen oder selbst Augenzeuge zu sein, sind zweierlei. Ich fühle mich völlig ohnmächtig. Meine zwölfjährige Nichte tröstet mich damit, daß der Mann erschossen worden sei, der Tod durch das Messer sei ungleich schlimmer ...

Nachts liege ich wach. Erst jetzt wird mir bewußt, in welche Gefahr ich nicht nur mich selbst bringe, sondern auch meine gesamte Familie. Es ist bekannt, daß ich Journalistin bin, in Deutschland lebe. Und sie kennen meine Meinung ...

Einer meiner Brüder gab sein Haus auf und zog mit seiner Familie in eine kleine Wohnung, wo er auf engstem Raum lebt. Grund dafür: wiederholte ‚Besuche' von Islamisten, die mit ihren Drohungen nicht hinterm Berg hielten ...

Diesen Bruder freue ich mich auf der Straße zu treffen, nur 20 Meter trennen uns. Aber mit einer unmißverständlichen Handbewegung gibt er mir zu verstehen, ich solle weitergehen. Ob er beschattet wird? Ich spüre Enttäuschung, aber auch grenzenlose Wut gegenüber diesen Wüstlingen, in deren Macht es steht, Familien zu entzweien, Zwietracht und Mißtrauen zu säen ...

Am schlimmsten ist die Untätigkeit, zu der ich mich verdammt fühle. Was kann ich schon tun?

Am nächsten Tag gehe ich mit meiner Schwester zur Kasbah. Sie im Hidjab, ich in Jeans. Plötzlich sagt eine Jugendlicher: ‚Sieh an, eine

Unbläubige!" Schnell rede ich übertrieben laut mit meiner Schwester
auf arabisch, damit man mich wenigstens als Landsmännin erkennt ...

Zu Hause trifft mich dann der Ausbruch meiner Schwägerin: ‚Was
suchst du überhaupt hier? Suchst du etwa die Wahrheit? Soll ich dir
sagen, wie die Wahrheit aussieht: wir haben Angst, alle ... Angst vor
Bomben, Vergewaltigung, Entführung, Enthauptung! Wir bestehen aus
nichts mehr als Angst ...'

Nach einigen Tagen umschleichen Fremde unser Haus. Ich gehe nicht
mehr alleine nach draußen, übernachte oftmals woanders. Die Angst ist
nicht verflogen, sie ist lediglich Alltag geworden ..."

1.3.5 Berber

Die algerische Bevölkerung setzt sich zu etwa 70 % aus Arabern und
aus ca. 30 % Berbern sowie einer französischen Minderheit zusammen.
Amtssprache ist Arabisch, daneben werden einige Berberdialekte gesprochen. Französisch ist in den oberen Gesellschaftsschichten und im
Bereich der Bildung verbreitet.[85]

Die Berber machen etwa 30 % der Bevölkerung Algeriens aus und sind
vorwiegend auch in Libyen, Marokko und Tunesien beheimatet. Die
Berbersprache (*Tamazight*), die aus vielen Dialekten besteht, wird nur
von Minderheiten gesprochen. Sie verfügt über ein eigenes Alphabet,
das aber nur wenige lesen und schreiben können. Deshalb wurde und
wird *Tamazight* vor allem mündlich überliefert.[86]

Die algerischen Berber leben in fünf geographisch getrennten Gebieten,
etwa die Hälfte von ihnen im Berg- und Hügelgebiet der Kabylei; ein
Gebiet, das schon häufig in Verbindung mit Kämpfen und Widerstand[87]

---

[85] vgl. Encarta Weltatlas 99

[86] vgl. – auch im folgenden – Herzog, Werner: Algerien – Zwischen Demokratie
und Gottesstaat, München 1995, 24ff und Ramonet, Ignacio: Kabylie, in: Le Monde Diplomatique, Juillet 2001

[87] Siehe dazu auch den Kasten „Blutiger Frühling" im Abschnitt „Neue Hoffnung?
– Bouteflika"

von sich reden machte. Wichtigste Städte dieses Gebietes sind Tizi Ouzou, Azazga und Béjaïa. Die natürlichen Voraussetzungen in der Kabylei – Bergmassive und enge, tiefe Täler – mach(t)en das Leben und Arbeiten nicht gerade einfach. Unter diesen Umständen verteidigten die *Kabylen* ihre kulturellen Eigenheiten hartnäckig gegen äußere Einflüsse. Sie weigerten sich zu unterwerfen, kämpfen für die Bewahrung der eigenen Sprache und brachten eine besondere Lebensweise sowie eine einzigartige Literatur hervor. Die Kabylen, seit jeher in Land- und Viehwirtschaft tätig, leb(t)en recht kärglich. Aus diesem Grund gehörten sie wohl auch zu den ersten Emigranten Algeriens, die nach Frankreich oder auch nur in die Küstenstädte Algeriens gingen. Von dort aus konnte reichlich Geld in ihre alten Dörfer zurückfließen. Mittlerweile haben sich die Kabylen zu erfolgreichen Kaufleuten und Unternehmern entwickelt.

Die schwierigen natürlichen Voraussetzungen und Lebensumstände führten zu einer besonders starken Solidarität unter der Bevölkerung, wie sie in anderen Teilen Algeriens kaum zu finden ist. Viele Vereine bemühen sich um die Erhaltung der Sitten und Bräuche; bis heute haben sich die Kabylen eigene Dorfregierungen erhalten. Neben dem islamischen Recht gilt ein Gewohnheitsrecht, das in der Kolonialzeit in französisch niedergeschrieben wurde.

Ein weiterer Teil der algerischen Berber, die *Chaouia*, lebt im Aurès-Gebirge. Die Chaouia, großteils Bauern und ähnlich traditionell organisiert, sind aber mehr als die Kabylen mit der restlichen algerischen Bevölkerung vermischt, was auch zu einer stärkeren Arabisierung führte.

Der verbleibende Teil der Berber, darunter die Mozabiten und die Tuareg, ist in der Wüste beheimatet. Die *Mozabiten* leben in der Gegend von Ghardaïa. Den Lebensmittelpunkt bildet die Moschee. Ein Rat von Weisen wacht über die Einhaltung der traditionellen Regeln. Mittlerweile haben sich die Mozabiten zu sehr erfolgreichen Händlern und Kaufleuten entwickelt. Die (algerischen) *Tuareg* leben im Tassili-Gebirge um Djanet und im Hoggar um Tamanrasset. Viele dieser ehemals nomadisierenden Berber sind inzwischen seßhaft geworden. Seit

der Unabhängigkeit Algeriens hat ihr Führer sogar einen Parlaments-
sitz.

Im Juli 1998 trat – auch als Zugeständnis an die Islamisten – ein Gesetz
in Kraft, das Arabisch als alleinige offizielle Sprache erklärte. Insbesondere bei den *Tamazight* sprechenden Berbern stößt dieses Gesetz[88]
auf Widerstand. Einen ersten Erfolg im Kampf um die offizielle Anerkennung ihrer Sprache als zweite Amtssprache konnten die Berber
1995 nach mehrmonatigem Schulstreik erzielen. Seitdem wurde an den
Schulen in 16 Bezirken Tamazight-Unterricht eingeführt.[89] Anfang
Oktober 2001 erklärte sich die algerische Regierung schließlich bereit,
Tamazight als zweite Amtssprache anzuerkennen. Entsprechende Ge-
setzänderungen sollen folgen.[90]

1.3.6 Jugend & Kultur

60 % der algerischen Bevölkerung sind unter 25 Jahre alt. Die Ar-
beitslosenrate liegt bei rund 30 %. Darüber hinaus sind Verschlechterungen im Bildungssystem, fehlende Ausbildungsplätze, Jugendarmut,
eine prekäre Lage auf dem Wohnungsmarkt und damit insgesamt eine
zunehmende Perspektivlosigkeit zu beklagen. An den Massendemon-
strationen im Frühjahr 2001 nahmen – nicht zuletzt aus diesen Gründen
– vor allem Jugendliche teil. Hoffnung sehen die Jugendlichen vor allem im Ausland. So waren die meisten Transparente der Frühjahrsde-
monstrationen auch nicht in der Amtssprache Arabisch, sondern in
Französisch verfaßt. Die Jugend protestiert darüber hinaus vor allem
auch gegen die Korruption und die Unfähigkeit der Regierung, die Probleme zu lösen.[91]

---

[88] Bis 2000 war ein Übergangszeitraum zur Umsetzung des Gesetzes vorgesehen.
[89] vgl. Wandler, Reiner: Die stille Wut der algerischen Berber, in: Der Standard,
22.07.1998
[90] vgl. o.V.: Sprache anerkannt, in: taz, 05.10.2001
[91] vgl. Fallali, Houria; Klingbeil, Petra: In Algerien rebelliert eine Jugend ohne Zukunft, in: Salzburger Nachrichten, 16.06.2001

Seit 1993 existiert die Jugendorganisation RAJ (*Rassemblement – Action – Jeunesse*), die allerdings in ihrer Informations- und Aufklärungsarbeit, beispielsweise zu Themen wie Armut, Aids und Bildung, oft erheblich behindert wird. Dies zeigte sich u.a. darin, daß geplante Veranstaltungen in der Vergangenheit mehrfach nicht genehmigt wurden. Mittlerweile sieht die Organisation gänzlich von öffentlichen Veranstaltungen ab.[92]

Zu verzeichnen ist in jüngster Zeit ein stark zunehmendes Bedürfnis nach kulturellem Leben. So finden zahlreiche Buchmessen, Kinofestivals und Open-Air-Veranstaltungen statt. In Ermangelung von stationären Kinosälen – von den ehemals rund 400 Kinos in Algier gibt es gerade noch rund ein Dutzend – fahren Kinobusse übers Land und zeigen (oft als Raubkopie) ausländische und alte algerische Filme; an heimische Neuproduktionen ist derzeit allerdings kaum zu denken.[93] Besonders die Musik dient der Jugend als Droge. Der Raï erfreut sich gewaltiger Beliebtheit. Khaled, der „König des Raï", läßt die Menschen mit seiner Musik wenigstens für ein paar Stunden ihre soziale Lage vergessen. Der Absatz der Tonträger erreicht regelmäßig Höhen im zweistelligen Millionenbereich. Allerdings befinden sich die meisten Musiker in akuter Gefahr. So wurde der einstige „Prinz des Raï", Cheb Hasni, ein absolutes Idol der Jugend, Mitte der 1990er Jahre von islamistischen Terroristen ermordet. Das davon ausgehende Beben erschütterte die Republik. Später wurde auch der prominente Sänger und Produzent Rachid Baba Ahmed umgebracht.[94] Zu den zahlreichen Intellektuellen und Künstlern, die von Extremisten getötet wurden, gehört auch Lounès Matoub, ein regierungskritischer Berber-Sänger. Seinen Todestag nahmen die Menschen alljährlich zum Anlaß, um für die Anerkennung ihrer Sprache zu demonstrieren.[95]

---

[92] vgl. Mellah, Salima: Nach zehn Jahren Krieg, neue Hoffnung in Algerien? (Sommer 2001), http://www.algeria-watch.de, 07.11.2001

[93] vgl. Lorey de Lacharrière, Barbara: Schlöndorff für die Sahara, in: taz, 06.03.2001

[94] vgl. Veiel, Axel: Rai gegen den Frust, in: Südwind-Magazin 1-2/2001, 14-17

[95] vgl. Wandler, Reiner: Neue Fragen an Algeriens Machthaber, in: Der Standard, 21.12.2000

Kultur – Thema auch in schwierigen Zeiten[96]

Die Raï-Musik ist kein Klischee, sie ist Realität, sie bestimmt das Szenario in der Raï-Stadt Oran. Diese Stadt lebt weiter, die Stadt von Abdelkader Alloula, dem Dramaturgen, die Stadt von Hasni, dem algerischen Julio, der das Herz aller Algerier besiegt hat. Eine junge Sängerin hat den Mut, ihm ihr Lied zu schenken anläßlich des Raï-Festivals im *Théatre de Verdure*. Ja, das Festival findet weiter statt, und eine neue Generation von *Chebs* wächst heran. Der Raï in Oran ist wie der Fußball am Strand von Rio. Wie kann man ungerührt bleiben, wenn Khaled den Bildschirm beherrscht, wenn er – sich erinnernd – in Tränen ausbricht und singt: *„ Wahran, Wahran, le cœur qui t'aimait, moi je vais le brûler au fer"*?

In den letzten Jahren entstanden nur wenige arabische Dichtungen und Texte von Bedeutung. Die Dichter haben sich meist zurückgezogen und wenden sich der Mystik zu oder sind anderweitig tätig. So erweckt die algerische Literatur in arabischer Sprache gegenwärtig den Eindruck, als gäbe es keine Probleme mehr. Ob dies so bleibt, wird uns die Zukunft zeigen.

In der frankophonen algerischen Literatur kann man seit jeher eine französische und eine arabische Schule unterscheiden. Die einstige ‚algerische Schule' der Algero-Franzosen Camus, Roblès, Roy und Audisio gehört zur französischen Literatur, für die Algerien nur den Aktionsrahmen ihrer Helden bildet; sie erzählt von der bezaubernden Natur des Landes, von Sonne, Meer und Bergen, aber nicht von den algerischen Menschen, so daß die Bemerkung über Camus' Roman *La Peste* als einen „Roman ohne Algerier" ein generelles Kriterium darstellt.

Dagegen steht die „arabische Schule" mit ihren bekannten Autoren Kateb Yacine, Mohammed Dib, Malek Haddad, Mouloud Feraoun, Assia Djebar u.a., die nur in geringem Maß von der französischen Literatur beeinflußt sind und vielmehr historische Phasen im Leben des algerischen Volkes darstellen. Die Begriffe Heimat, Freiheit und Gerech-

---

[96] El Korso, Kamel: Kultur in Algerien – Nicht nur oder kaum noch, in: Kinzelbach, Donata (Hrsg.): Tatort – Algerien, Frankfurt/M., 38ff

tigkeit erhalten in dieser autochthonen Literatur einen neuen Sinn. Der algerische Mensch ist sich seiner Würde bewußt, und weder Armut noch Hunger und Elend vermögen ihn zu erniedrigen. Zeitgenössische Werke etwa von Rachid Boudjera und Rachid Mimouni erscheinen eher als eine Haßdichtung gegen die Islamisten oder auch gegen die Regierung.

Trotz der aktuellen kritischen Situation aber ist und bleibt Algerien Kulturland und Reiseland. Mit seinen kulturellen Reichtümern in historischer und religiöser Hinsicht kann sich Algerien gewiß mit vielen Ländern messen. Man denke z.B. an die sehenswerten Ruinen römischer Städte in Timgad, Djemila und Tipaza oder an die Stätten muslimischer Kunst in Tlemcen. Darüber hinaus bietet das Land aufgrund seines Brauchtums, seiner Folklore und seiner Tradition all jene Abwechslungen, die ein Gast von einem Aufenthalt in Afrika erwarten kann. Die Unsicherheit ist vorübergehend, aber die Sonne und die Wärme auch im Herzen der Leute sind ewig.

Möglicherweise noch freudiger und interessierter als von Jugendlichen anderer Länder werden von Algeriens Jugend Cybercafés und öffentliche Internetzugänge angenommen. Bieten sie doch beispielsweise eine Möglichkeit, die erste zarte Liebe zu hegen, ohne daß Eltern, Verwandte oder Nachbarn gleich davon erfahren müssen. Gefühle in der Öffentlichkeit zu zeigen, etwa durch Händchenhalten, gilt immer noch als unmoralisch. Werden die Betroffenen „ertappt", bleibt neben einem etwaigen Polizeiverhör und der Schmach bei einer unnachgiebigen Familie oft nur die Flucht in die Ehe. Im März 2001 beschlossen mehrere Dutzend Pärchen in Algier, gegen diese Rückständigkeit zu demonstrieren und begaben sich „händchenhaltend" auf einen „Protestspaziergang" durch einen beliebten Ausflugsort vor der Hauptstadt. Die Polizei griff ein und verhaftete mehrere Personen ...[97]

---

[97] vgl. Wandler, Reiner: Junge Paare unterliegen strenger Kontrolle, in: taz, 09.04.2001

1.3.7 Medien

Die Lage der Presse in Algerien kann als äußerst schwierig bezeichnet werden. Zum einen unterliegt sie seit längerem der staatlichen Zensur, zum anderen ist sie aber gleichzeitig dem Druck der Islamisten ausgesetzt. Journalisten, denen die Veröffentlichung von angeblichen falschen Informationen oder solchen, die die „staatliche Sicherheit" gefährden, vorgeworfen wird, werden verhaftet, angeklagt und verurteilt. Die Regierung verbietet Zeitungen oder beschlagnahmt deren Auflagen. Artikel die „nationale Sicherheit" betreffend werden zensiert. Davon am häufigsten betroffen waren bislang die Tageszeitungen *El Watan*, *La Nation*, *Le Matin* und *Liberté*. Nach einem Anschlag auf das „Haus der unabhängigen Presse" im Februar 1996 verschärfte die Regierung ihre Zensurmaßnahmen. Von nun an sollte jede den Terrorismus betreffende Information, die nicht von der amtlichen Nachrichtenagentur APS herausgegeben wird, zensiert werden. Als *La Nation* im März 1996 ein Dossier über von Sicherheitskräften begangene Menschenrechtsverletzungen veröffentlichen wollte, wurde die Ausgabe beschlagnahmt. Begründet wurde dies von Regierungsseite mit der Veröffentlichung „falscher und tendenziöser Informationen an der Grenze zur Terrorismus-Apologie". Andererseits werden Journalisten von gewaltbereiten Islamisten unter Druck gesetzt, für sie Partei zu ergreifen. *Amnesty International* zufolge wurden allein 1995 20 Journalisten durch Islamisten ermordet.[98]

> *„Die Jahre 1993 bis 1998 waren für uns Journalisten die Hölle."*
> (Omar Belhouchet, Chefredakteur von El-Watan)[99]

Unabhängige Untersuchungen durch die Presse waren in der Vergangenheit selten möglich. Meist wurde versucht, zentral zu steuern, wer

---

[98] vgl. Amnesty International: Algerien – Politische Veränderungen seit der Präsidentschaftswahl im November 1995, Bonn 1996, http://www.amnesty.de, 10.09.2001

[99] zit. in: Hermann, Rainer: „Das Schlimmste liegt hinter uns" – Algerien auf dem Weg aus dem blutigen Albtraum, in: Frankfurter Allgemeine Zeitung, 21.02.2000

worüber in welcher Form berichtet. Louisa Hanoune[100], Vorsitzende der algerischen Arbeiterpartei spricht in diesem Zusammenhang von einem „staatlich organisierten Medientourismus: Ausgewählte Journalisten dürfen mit sorgfältig ausgewählten Gesprächspartnern reden und dann ihre Reportage machen. Das ist doch alles schlimmstes Machwerk."[101]

Seit 1998 hat sich die Lage der unabhängigen Presse ein wenig verbessert. Intellektuelle wurden nicht mehr gezielt ermordet, von den Sicherheitskräften keine Journalisten mehr verhaftet, Zeitungen nicht mehr eingestellt. Die unabhängige Presse Algeriens ist jung, kritisch, erscheint in hohen Auflagen und verfügt über entsprechenden Einfluß.[102]

Zu den wichtigsten Tageszeitungen in Algerien zählen *El Watan*[103] (französisch), *Le Matin*[104] (französisch), *Liberté*[105] (französisch), *El-Moudjahid*[106] (französisch, Zeitung der früheren Einheitspartei FLN), *Alger Républican* (französisch), *La Tribune*[107] (französisch), *Al-Khabar*[108] (arabisch), *El Youm*[109] (arabisch) und *Ech-Chaab*[110] (arabisch). Darüber hinaus sind die Wochenzeitung *Algérie Actualité* (französisch) sowie die Monatszeitschriften *L'Economie* (französisch) und *Conjoncture* (französisch) von Bedeutung.[111]

---

[100] vgl. Hanoune, Louisa; Mouffok, Ghania: Terroristen fallen nicht vom Himmel – Zur aktuellen Situation in Algerien, Zürich 1997

[101] Voykowitsch, Brigitte: Das Regime braucht Terror, um die Algerier zu unterdrücken, in: Der Standard, 23.12.1997

[102] vgl. Hermann, Rainer: „Das Schlimmste liegt hinter uns" – Algerien auf dem Weg aus dem blutigen Albtraum, in: Frankfurter Allgemeine Zeitung, 21.02.2000

[103] El Watan, http://www.elwatan.com

[104] Le Matin, http://www.lematin-dz.com

[105] Liberté, http://www.liberte-algerie.com

[106] El-Moudjahid, http://www.elmoudjahid-dz.com

[107] La Tribune, http://www.latribune-online.com

[108] El Khabar, http://www.elkhabar.com

[109] El Youm, http://www.el-youm.com

[110] Ech-Chaab, http://www.ech-chaab.com

[111] vgl. Wirtschaftskammer Österreich (Hrsg.): Länderblatt Algerien, Wien 2000, 8

Das Algerische Fernsehen[112] betreibt die drei Kanäle *ENTV* (Entreprise Nationale de TéléVision), *CA* (Canal Algérie) CA und *A3C* (Algerian Third Channel). Bei der Bevölkerung wesentlich beliebter sind allerdings die – auch überall zu empfangenden – diversen französischen Sender.

1.3.8 Bildung

Gemessen an der Zeit vor und unmittelbar nach der Unabhängigkeit von Frankreich hat das Bildungswesen in Algerien große Fortschritte gemacht. Waren es damals noch knapp 800.000, die eine Schule besuchten, sind es heute über 6 Mio. Menschen. Knapp 10 % der Schüler absolvieren das Abitur. Dennoch gibt es, als Nachwirkung der Kolonialisierung, nach wie vor viele Analphabet(inn)en – praktisch jede zweite Frau über 15 Jahre und drei von zehn Männern, wobei die älteren Jahrgänge dominieren. So gab es noch vor einigen Jahren beispielsweise kaum Frauen über 55 Jahre, die über eine Schulbildung verfügten. Demgegenüber war „nur" einer von zehn Jungen zwischen 15 und 20 Jahren Analphabet, die Rate der weiblichen Altersgruppe lag allerdings immer noch dreimal so hoch.[113] Ein Gefälle gibt es jedenfalls zwischen den Städten, wo praktisch alle Kinder eingeschult werden, und den ländlichen Gebieten, wo dies keineswegs gewährleistet ist.

Das Bildungssystem ist nach wie vor stark am französischen orientiert. Ein starker Ausbau des Ausbildungssystems war in den 1980er Jahren zu verzeichnen. Die Zahl der Einrichtungen, Auszubildenden und Lehrkräfte nahm während dieses Zeitraums sprunghaft zu.[114] Wegen der hohen Analphabetenrate bemühte man sich seit der Unabhängigkeit auch um eine Förderung der Erwachsenenbildung.

---

[112] Télévision Algérienne, http://www.entv.dz

[113] vgl. Statistisches Bundesamt (Hrsg.): Länderbericht Algerien 1994, Wiesbaden 1995, 40

[114] z.B. Grundschulen 1980/81: 9.263, 1990/91: 13.135; Mittelschulen 1980/81: 1.142, 1990/91: 2.422; Höhere Schulen 1980/81: 205, 1990/91: 672; Hochschulen 1980/81: 25, 1990/91: 140 (Statistisches Bundesamt (Hrsg.): Länderbericht Algerien 1994, Wiesbaden 1995, 42)

Öffentliche Ausgaben für Bildung in % vom BSP		1980	7,8
		1997	5,1
Netto-Schulbesuchsquote in % der relevanten Altersgruppe	Grundschulen	1980	82
		1997	96
	Weiterführende Schulen	1980	43
		1997	69
Schulbesuchsquote bis zur 5. Klasse in %	Männlich	1980	90
		1996	94
	Weiblich	1980	85
		1996	95
Voraussichtlicher Schulbesuch in Jahren	Männlich	1980	10
		1997	12
	Weiblich	1980	7
		1997	10
Analphabetenquote bei Erwachsenen (ab 15 Jahren) in %	Männlich	1998	24
	Weiblich	1998	46

Tabelle 1-6 Indikatoren zum Bildungswesen Algeriens (vgl. Weltbank (Hrsg.): Weltentwicklungsbericht 2000/2001 – Bekämpfung der Armut, Bonn 2001, 336)

Die Schulbildung ist in Algerien kostenlos. Neun Jahre Schulbesuch sind obligatorisch. Wurde in der letzten Generation noch in vielen Bildungseinrichtungen in französisch gelehrt, ist heute Arabisch Unterrichtssprache. Nach einem Boykott des Unterrichts durch eine Million Schüler von September 1994 bis April 1995 wurde in 16 Bezirken an den Schulen Tamazight-Unterricht eingeführt.[115] Nach dem Besuch der Grundschule besteht die Möglichkeit, eine weiterführende Schule zu besuchen. Universitäten gibt es in Algier, Oran, Constantine und Sétif.

Der nunmehr fast zehn Jahre andauernde Bürgerkrieg ging allerdings auch am Schulwesen nicht spurlos vorüber. Die Zahl der Schüler nimmt jährlich etwa um 400.000 ab. Von 100 Schulanfängern legen nur noch neun das Abitur ab, und lediglich fünf schaffen den Universitätsabschluß. Diese wiederum haben es schwer, einen angemessenen Ar-

---

[115] vgl. Wandler, Reiner: Die stille Wut der algerischen Berber, in: Der Standard, 22.07.1998

beitsplatz zu finden; denn nur rund 10 % der Jungakademiker finden eine geeignete Stelle. Unter den gegebenen Umständen nimmt auch der Analphabetismus wieder stark zu. Die Zahl der Algerier, die weder lesen noch schreiben können, wurde 1998 auf 7 Mio. geschätzt. Aufgrund finanzieller Probleme können viele Familien nicht mehr alle ihre Kinder zur Schule schicken; häufig sind es die Mädchen, die auf den Schulbesuch verzichten müssen.[116]

Sparen bei der Bildung[117]

Auf dem Land lebt die Familie K. mit ihren fünf Kindern. Vier von ihnen sind noch im schulpflichtigen Alter. Auffällt, daß die beiden Töchter, 12 und 8 Jahre alt, den ganzen Tag über zu Hause sind und der Mutter zur Hand gehen. Die Töchter mußten vor kurzem von der Schule genommen werden, um wenigsten den Söhnen noch eine Schulbildung zu ermöglichen. Das Geld reicht einfach nicht aus. Schon die einfachsten Schulutensilien wie Bleistifte oder ein Schulheft kosten heute sehr viel Geld.

Dies steht in krassem Kontrast zu einem der wichtigsten Ziele Algeriens nach Erreichen der Unabhängigkeit: Bildung für alle. Aber heute fehlt es schon an Geld, um ausreichend Lehrer einzustellen, geschweige denn kostenloses Schulmaterial zur Verfügung zu stellen. Andere Bereiche scheinen der Regierung jetzt wichtiger zu sein. So überstiegen z.B. die Rüstungsausgaben für das Jahr 2000 zum ersten Mal die des Bildungsetats.

Die Folge: Privatschulen schießen aus dem Boden. Doch nur wenige können sich die hohen Preise leisten. Also Bildung nur noch für Privilegierte?

---

[116] vgl. Hadjadj, Djillali: Das Leben in Algerien wird unerträglich, in: Le Monde Diplomatique, 11.09.1998
[117] Dorsch, Monique; Schenke, Fanny: Normalité algérienne?, in: International 1-2/ 2001, 7

1.3.9 Gesundheit

Seit 1974 wurde die medizinische Versorgung für die Bevölkerung kostenlos zur Verfügung gestellt. Krankenhausaufenthalte samt medizinischer Betreuung sowie ambulante Behandlung waren seither für jedermann praktisch unentgeltlich. Die dafür erforderlichen Mittel wurden zu gleichen Teilen vom Staat und den Sozialversicherungsträgern aufgebracht.

Ab Mitte der 1980er Jahre verlieh die Regierung dem Ausbau des Gesundheitswesens erhöhte Priorität. Der Bau von Krankenhäusern, Polikliniken und Gesundheitszentren stand im Vordergrund. Auch die medizinischen Fakultäten der großen Universitäten (Algier, Constantine, Oran und Sétif) wurden ausgebaut. Zudem bemühte man sich um Prävention (z.b. Impfungen), insbesondere auch unter Einbindung der Jugend und der Landbevölkerung.

Dennoch kamen die Intentionen hauptsächlich der städtischen Bevölkerung zugute, die ländlichen Gebiete und die Sahararegion blieben nach wie vor unterversorgt. Auch die Beiziehung von ausländischen Ärzten und Pflegepersonal (z.B. aus Frankreich, Rußland und Vietnam) konnte die Lage nicht signifikant verbessern.

Entsprechender Bedarf in bezug auf die Verbesserung des Gesundheitswesens besteht nach wie vor.[118]

---

[118] vgl. Oesterreichische Kontrollbank (Hrsg.): Die wirtschaftliche Relevanz der österreichisch-arabischen Beziehungen auf dem Gesundheitssektor, Wien 2000, 26

		Algeria	Libya	World	Industrial Countries (OECD)	Least Developed Countries
Life expectancy at birth (years)	1970-75	54.5	52.9	59.9	70.4	44.2
	1995-2000	68.9	70.0	66.4	76.4	51.3
Health expenditure	Public (%) 1998	2.6	..	..	..	..
	Private (%) 1998	1.0	..	..	..	..
Physicians (per 100,000 people) 1990-99, 1992-95*		85	128	122*	222*	30*
Nurses per 100,000 people 1992-95		..	874	248	..	78
People living with HIV/AIDS; adults (% age 15-49) 1994*, 1999		0.07*	0.05*	1.1	0.3	4.3
Malaria cases (per 100,000 people) 1997		1	..	..	..	..
Tuberculosis cases (per 100,000 people) 1998		51	29	63	18	97
Cigarette consumption per adult (annual average) 1992-98		1,033	..	..	..	..
Infant mortality rate (per 1,000 live births)	1970	123	105	96	40	149
	1999	36	19	56	13	100
Children underweight for age (% under age 5) 1995-2000		13	5	24	..	41
Children under height for age (% under age 5) 1995-2000		18	15	28	..	46
One-year-olds fully immunized against	Tuberculosis (%) 1997-99	97	100	..	..	..
	Measles (%) 1997-99	78	92	..	..	..
Under-five mortality rate (per 1,000 live births)	1970	192	160	147	52	243
	1999	41	22	80	15	159
Births to mothers under 20 (%) 1993-98		9.8	3.0	..	..	..

Tabelle 1-7 *Gesundheit und medizinische Versorgung in Algerien (vgl. United Nations (Hrsg.): Bericht über die menschliche Entwicklung, Bonn 2000, 2001)*

80 % der Grundnahrungsmittel muß Algerien derzeit einführen, ebenso fast alle Medikamente.

	Algeria	Libya	World	Industrial Countries (OECD)	Least Developed Countries
Population using adequate sanitation facilities (%) 1999	73	97	..	..	..
Population using improved water sources (%) 1999	94	72	..	..	..
Population with access to essential drugs (%) 1999	95	100	..	..	..
Daily calorie supply per capita 1997	2,853	3,289	2,791	3,380	2,099
Food production index (1989-91 = 100) 1998	130	130	..	..	..
Agricultural production (as % of GDP)	12.1	..	4.8	2,2	32.7
Food imports (as % of merchandise imports) 1997/98	32	23	8.5	8.4	..
Food aid in cereals (thousands of metric tons) 1998	20	..	..	..	3,803

Tabelle 1-8 Indikatoren zur Ernährungs- und Gesundheitssituation (vgl. United Nations (Hrsg.): Bericht über die menschliche Entwicklung, Bonn 2000, 2001)

Wie auch im Bereich der Bildung zeichnen sich im Gesundheitswesen in den letzten Jahren Verschlechterungen ab. Die Zahl der Impfungen geht zurück, die Kindersterblichkeit nimmt im Vergleich zu den Vorjahren wieder zu. Kinderkrankheiten, die bereits als besiegt galten (z.B. Masern und Diphtherie), treten wieder auf. Statt aber die vorhandenen finanziellen Mittel in die fehlenden Impfstoffe zu investieren, werden für die Universitätskliniken Computertomographen angeschafft. Auch die Behandlungsqualität in den staatlichen Krankenhäusern hat sich wieder verschlechtert. Immer mehr Algerier sind nicht in der Lage, die Behandlungskosten zu tragen, worunter vor allem chronisch Kranke zu leiden haben. Aus diesem Grund erfahren die – preiswerteren – Erste-

Hilfe-Stationen verstärkten Zulauf. Algerier mit geringem Einkommen können oft dringend benötigte Medikamente nicht mehr bezahlen. Das Fehlen einer staatlichen Arzneimittelpolitik ermöglicht es einer neuen Mafia, das ehemals staatliche Importmonopol unter Kontrolle zu bringen. Mittlerweile hat sich parallel zur staatlichen Versorgung ein privater Gesundheitssektor entwickelt. Dessen Leistungen und Tarife, die nicht der staatlichen Kontrolle unterliegen, kann sich der „Durchschnitts-Algerier" allerdings kaum leisten. Auch im Bereich der Sozialversicherung werden Fehlentwicklungen sichtbar. Stellenkürzungen in den Unternehmen und fehlende neue Arbeitsplätze führen zu einem Rückgang der Beitragszahler. Den Sozialkassen fehlen zunehmend finanzielle Mittel.[119]

1.3.10 Umweltschutz

Bedingt durch seine geographische und klimatische Lage ergeben sich für Algerien spezifische Bedingungen. So ist nur ein geringer Teil des Bodens nutzbar, aufwendige Bewässerungssysteme sind notwendig, ebenso wie der ständige Kampf gegen die Rückentwicklung der Anbauflächen durch Erosion, Verwüstung und Verödung. Das permanente Vorrücken der Sanddünen ist dabei ein zentrales Problem und stellt eine erhebliche agrarökologische Bedrohung dar. Projekten zu ihrer Stabilisierung kommt entsprechende Bedeutung zu.

So geht man beispielsweise davon aus, daß die bewässerten Gebiete jährlich pro km^2 mit 2.000 t Sand überschüttet werden, 120 Mio. t Sand ins Meer geweht werden und die Staudämme durch Verschlammung bereits die Hälfte ihrer Kapazität verloren haben, wodurch die aufgestauten Wassermengen jährlich um 20 Mio. m^3 Wasser abnehmen.[120]

Im Vergleich zu seinen nordafrikanischen Nachbarn engagiert sich Algerien am stärksten für den Naturschutz. In einem speziellen Gesetz

---

[119] vgl. Hadjadj, Djillali: Das Leben in Algerien wird unerträglich, in: Le Monde Diplomatique, 11.09.1998
[120] vgl. Statistisches Bundesamt (Hrsg.): Länderbericht Algerien 1994, Wiesbaden 1995, 116

wird der Umweltschutz geregelt, zudem sind darin verschiedene Naturschutzgebiete ausgewiesen. Verschiedene Universitäten und Institutionen widmen sich dieser Thematik.

		Algerien	Naher Osten und Nordafrika	Staaten mit mittlerem Einkommen	Staaten mit hohem Einkommen
Süßwasserressourcen (in m³ pro kopf)	1998	485	1,045	9,333	..
Jährliche Süßwasserentnahmen	in Mrd. m³	4.5	..	..	..
	in % der ges. Ressourcen	31.5	..	..	..
	in % für die Landwirtschaft	60	89	74	30
	in % für die Industrie	15	4	13	59
	in % für private Haushalte	25	6	12	11
Jährliche Entwaldung 1990-95	in km²	234	800	68,288	-11,694
	durchschn. jährl. Veränd. in %	1.2	0.9	0.3	-0.2
Staatliche Schutzgebiete 1995	in Tsd. m²	58.9	242.1	3,396.9	3,294.2
	in % der ges. Landfläche	2.5	2.2	5.1	10.8

Tabelle 1-9 Umweltprofil (vgl. Weltbank (Hrsg.): Weltentwicklungsbericht 2000/2001 – Bekämpfung der Armut, Bonn 2001, 330f)

Im Land existieren derzeit neun Nationalparks, fünf Naturreservate und fünf gesonderte Jagdgebiete; darüber hinaus existieren Schutzzonen in Waldgebieten und auf privaten Grundstücken. Ein Meeresschutzgebiet besteht noch nicht, allerdings darf der Staat regulierend eingreifen und in bestimmten Regionen den Fischfang verbieten. Rund 24 % der Landesfläche sind als offizielle Schutzgebiete ausgewiesen. Die Nationalparks, darunter der flächenmäßig größte N'Ajjer-Nationalpark in Ostalgerien, nehmen allerdings nur 5 % der Gesamtfläche ein. Rund 2

% der Landesfläche sind bewaldet, der Großteil der Waldgebiete befindet sich im Norden Algeriens. Im Land wachsen rund 3.100 verschiedene Pflanzenarten, wovon mehr als ein Drittel landesweit gefährdet ist. Ebenso gefährdet sind verschiedene Tierarten.

Durch den sprunghaften Anstieg der Bevölkerung nach Erlangung der Unabhängigkeit wurde die Umwelt stark belastet. Die größten Gefahren stellen die Entwaldung, Buschbrände, die Umwandlung von Steppengebieten in landwirtschaftliche Nutzflächen und die Bodenerosion infolge intensiver Beweidung und falscher Anbaumethoden dar. Die Küstenbereiche des Mittelmeeres sind an zahlreichen Orten verschmutzt. Ebenso sind die Feuchtgebiete des Landes starken Beeinträchtigungen ausgesetzt. In Kooperation mit anderen Ländern arbeitet Algerien daran, das Mittelmeer vor der fortschreitenden Verschmutzung zu schützen, gefährdete Lebensräume zu bewahren und weitere Flächen unter Naturschutz zu stellen. Großes Interesse besteht – trotz des hohen Stellenwerts von Erdöl und Erdgas – auch an alternativen Energien. Algerien hofft, im Rahmen eines UNESCO-Programms Subventionen zur Ausstattung von 20 Dörfern mit Solaranlagen zu erhalten. Algerien hat die die Ramsar-Konvention über Feuchtgebiete unterzeichnet, gehört der World Heritage Convention an und besitzt über zwei offizielle Biosphäre-Gebiete im Rahmen eines UNESCO-Programms.[121]

1.4 Politische Szenarien

„Wohltaten zu verteilen, spielt in Algerien eine große Rolle beim Streit um politische Macht."

(Louis Martinez, Centre d'Etudes et de Recherches Internationales Paris[122])

---

[121] vgl. Encarta Weltatlas 99

[122] Martinez, Louis: Terror, Krieg und fromme Werke, in: Der Überblick, 4/1999, 34

Für die Zukunft Algeriens sind im wesentlichen vier Szenarien vorstellbar[123]:

1. Eine Koalition zwischen der Armee, den aktuellen Machthabern und den islamistischen Gruppierungen.

2. Eine verschärfte Militärdiktatur.

3. Die Regierung wird demokratischen Kräften bzw. Parteien mehr Zugeständnisse machen.

4. Die demokratischen Parteien schließen sich mit dem Ziel zusammen, die Macht zu übernehmen.

Langfristig ist ein demokratisches Algerien die einzige Hoffnung für die Lösung der gegenwärtigen Krise. Demokratie braucht aber auch Entwicklung, dies impliziert wiederum die Lösung der sozialen Probleme. Ebenso wäre eine politische Reform erforderlich. Darüber hinaus braucht ein Land mit derart verschiedenen geographischen und kulturellen Gegebenheiten mehr lokale Selbstbestimmung bzw. ein föderales System.

Wünsche für die Zukunft – Träume und Wirklichkeit[124]

„Plus de sécurité dans nos villes et nos campagnes, moins de licenciements, moins d'échecs scolaires et moins d'érosions du pouvoir d'achat, ne rêvons pas trop, mais faisons des vœux.

Terrorisme, précarité de l'emploi en plus d'une école sinistrée et d'une économie au bord du naufrage, que pourrait bien souhaiter l'Algérien à l'aube de cette année 2002? La paix d'abord, c'est-à-dire la sécurité, un travail stable et sûr et une école républicaine dont les programmes répondent aux exigences d'un millénaire très difficile.

Que pourrait-il encore bien souhaiter? Beaucoup de choses bien sûr, par exemple de pouvoir un jour prétendre à un toit sans qu'il ne nous ri au nez, chose relevant à l'heure actuelle du domaine de l'impossible.

---

[123] vgl. Kebaili, Akli: Demokratie als einzige Lösung, in: Kinzelbach, Donata (Hrsg.): Tatort – Algerien, Frankfurt/M. 1999, 77

[124] Merkouche, Rachida: 2002 Rêves et réalités, in: Liberté, 31.12.2001

Le logement social et la location-vente constituent pour beaucoup d'entre nous les seules issues, sachant qu'elles ne seront jamais à la hauteur des prix exigés pour l'acquisition d'un logement. Le logement social ayant fait couler beaucoup d'encre sur la manière dont s'est faite la distribution, il reste à espérer que l'opération location-vente se fera „normalement" et dans la transparence, sans les passe-droits habituels, et qu'elle prendra en compte toutes les demandes justifiées. Le secteur de la santé n'est pas à ignorer, notre vie en dépend. Le souhait de l'Algérien pour 2002, c'est d'avoir un système de soins qui n'inspirera plus la peur de mourir par négligence ou pour cause d'erreur humaine, un système d'où sera banni le bricolage, et qui sera basé sur le respect de la vie humaine. Cette vie humaine qui ne vaut pas grand-chose lorsque l'on voit l'ampleur de la catastrophe du samedi 10 novembre, qui aurait pu être évitée s'il n'y avait pas eu négligence au niveau des autorités locales. Le souhait de tout Algérien est que cette tragédie puisse servir de leçon et que l'incurie ne soit plus un mode de gestion. Encore que sa vie, il l'use dans les arrêts à attendre un hypothétique bus ou en tenant de trouver un taxi qui prend la même direction que la sienne. Quoi de plus normal pour lui que de rêver à la fin de son cauchemar, en émettant le vœu de voir, cette année, le renforcement des moyens de transport, aussi bien pour le secteur public que privé, et d'imposer son choix au chauffeur de taxi comme cela passe ailleurs. Les vœux pour l'année 2002 n'excluent pas le système éducatif qui fournit de plus en plus d'analphabètes, tant sa qualité se dégrade. Désemparé devant les résultats négatifs de sa progéniture, l'Algérien fait ses vœux en espérant que l'écho pourra atteindre les décideurs. Déplumé à chaque fois qu'il montre son couffin, il espère que cette année, la tomate descendra de son piédestal, que la courgette et la pomme de terre se feront plus humbles; en bref, que le marché sera plus clément en se montrant soucieux de sons maigre budget.

Est-ce trop demander?

Algier – mondän

Algerische Wüste

Demonstrationen

Abib/Gamma/CONTRAST

Politische Probleme

Turpin/Gamma/CONTRAST

Algier – Bab el-Oued　　　　　　　　　　　　*Turpin/Gamma/CONTRAST*

Algier – Kasbah　　　　　　　　　　　　*Abib/Gamma/CONTRAST*

Koranschule

Freitagsgebet

Jugendfestival in Algier

Bernito/Gamma/CONTRAST

Raï-Konzert in Oran

Hadjih/Gamma/CONTRAST

Markt in Laghourt *Sidali-Djenidi/Gamma/CONTRAST*

Erdölindustrie – In Amenas *Pedrol/Visum/CONTRAST*

Kabylei

Tuareg

Hoggar-Gebirge

Beziau-Boisberranger/Gamma/CONTRAST

Wüstenimpression

De Wildenberg/Gamma/CONTRAST

2 Wirtschaft[125]

Der nachfolgende Teil setzt sich mit der wirtschaftlichen Entwicklung Algeriens auseinander. Beleuchtet wird der gegenwärtige Stand der volkswirtschaftlichen Entwicklung, besonders vor dem Hintergrund der seit einigen Jahren zu verzeichnenden Transformationsbestrebungen von der einst sozialistischen Planwirtschaft hin zu einer marktwirtschaftlich orientierten Ökonomie. In diesem Zusammenhang spielt auch die Verfolgung des vom Internationalen Währungsfonds (IWF) empfohlenen bzw. „verordneten" Strukturanpassungsprogramms eine große Rolle. Verbunden ist die Darstellung mit einer Betrachtung einzelner Sektoren der Wirtschaft – Landwirtschaft, Industrie, Erdöl und Erdgas, Elektrizitätswirtschaft, Verkehr und Telekommunikation, Wasserversorgung sowie Wohnungswesen und Tourismus. Im Rahmen der Darstellung der einzelnen Sektoren wird auch auf aktuelle Investitionsprojekte eingegangen, um einen aktuellen Ausblick auf sich eröffnende Marktchancen für Exporteure und Investoren zu geben. Dies erfolgt vor dem Hintergrund einer Analyse der algerischen Wirtschaft nach makroökonomischen und fiskalischen Gesichtspunkten, die auch einen Blick auf *imbalances* bzw. Krisenerscheinungen und die sich daraus ergebenden Handlungsspielräume für die künftige Gestaltung der Wirtschaft eröffnen sollen. In diesem Zusammenhang werden insbesondere auch die aktuellen wirtschaftspolitischen, konjunkturellen und strukturellen Entwicklungen (vgl. Privatisierungs- und Umstrukturierungsmaßnahmen) und ihre möglichen Folgewirkungen angesprochen.

Konkret wird folgenden Fragen nachgegangen:

- Wie ist der gegenwärtige Stand der allgemeinen ökonomischen Entwicklung, welche Probleme liegen ihr zugrunde?

- Wie läßt sich die makroökonomische und fiskalische Grundstruktur des Landes anhand der wesentlichen ökonomischen „Säulen" umreißen?

- Wie entwickel(te)n sich die einzelnen Wirtschaftszweige konkret?

---

[125] siehe dazu auch das allgemeine Struktogramm „Wirtschaft" im Anhang

- Wo liegen die wichtigsten Schwächen in der Ökonomie des Landes bzw. was sind deren wahrscheinlichste Folgen?

- Welche makroökonomischen und wirtschaftlichen Handlungsspielräume und künftigen Handlungen lassen sich aus der ökonomischen Situation ableiten?

- Welche Maßnahmen können diesbezüglich erwartet werden und welche Chancen und Risiken können sich daraus ergeben?

- Welche wirtschaftlichen „Großvorhaben" im Sinne von Umstrukturierungen, Privatisierung und staatlichen Investitionen sind zu verzeichnen?

- Welche Vergleichsmöglichkeiten, Szenarien, Einschätzungen und Interpretationen lassen sich aus der ökonomischen Situation – auch in Hinblick auf diesbezügliche Prognosen – ableiten?

2.1 Ökonomische Situation

Bei einem negativen Wachstum zwischen 1990 und 1994 von durchschnittlich -0,9 % und einer Inflationsrate von 27 % konnten 1994-1998 Vergleichswerte von +3,4 % (Wachstum) und 9 % (Inflation) erreicht werden. Der Trend hielt auch in jüngster Zeit an, 1999 konnte die Inflation weiter auf 2,6 % und 2000 sogar auf 0,3 % gedämpft werden, wobei nicht davon ausgegangen wird, die Inflation dauerhaft auf derart niedrigem Niveau halten zu können. Betrüblich ist angesichts dieser recht erfreulichen Lage, daß ein Wirtschaftswachstum in dieser Größenordnung offenbar nicht ausreicht[126], um das drückende Problem der Arbeitslosigkeit – derzeit bei etwa 30 % – zu lindern. Strukturelle Veränderungen scheinen in diesem Zusammenhang unumgänglich, diesbezügliche Fortschritte halten sich bisher allerdings in Grenzen.

Wie andere OPEC-Staaten auch wurde Algerien von den drastischen Ölpreisrückgängen Anfang 1998 stark getroffen. Durch die Erholung der Ölpreise im Laufe der jüngsten Zeit erscheint Algeriens wirtschaftliche Lage in Hinblick auf Staatseinnahmen und Handelsbilanz nun-

---

[126] Schätzungen des IWF gehen von notwendigen 6-7 % p.a. aus.

mehr positiver als erwartet. 2000 war diesbezüglich ein sehr gutes Jahr, was sich auch in einer deutlichen Verbesserung der finanziellen Position zeigt. Für 2001 ist von einer ähnlichen Entwicklung auszugehen.

In der zweiten Hälfte der 1990er Jahre hat sich die volkswirtschaftliche Situation – nicht zuletzt auch aufgrund der Unterstützung des Internationalen Währungsfonds[127] – gegenüber der ersten Hälfte des Jahrzehnts, trotz teilweise schwieriger Bedingungen, stark gebessert.

Dennoch ist die algerische Wirtschaft in hohem Maße vom Erdölsektor abhängig, der etwa ein Viertel zum BIP und zwei Drittel zum Staatshaushalt beiträgt sowie nahezu gänzlich die Exporteinnahmen bestimmt. Für das Land günstige Ölpreise räumen der Finanzpolitik nicht unbeträchtliche Spielräume ein, die im Falle einer Trendumkehr freilich schnell wieder verloren gehen. So sind in guten Jahren Überschüsse im Staatshaushalt nicht ungewöhnlich. Dennoch stehen verläßliche Steuerungsmechanismen zur Korrektur von Instabilitäten dieser Art noch aus. Probleme bereitet auch die öffentliche Wirtschaft (Industrie, Bankensektor), Leistungsvermögen und Profitabilität lassen insgesamt zu wünschen übrig. Privatisierungen stehen an, als wichtige Maßnahme einer weitergehenden Liberalisierung.

Demgemäß stellen sich auch die mittelfristigen Ziele der algerischen Regierung wie folgt dar[128]:

---

[127] Der Internationale Währungsfonds (International Monetary Fund – IMF) ist einer der Hauptgläubiger Algeriens und Kraft seiner Aufgaben auch mit der Betreuung und beratenden Unterstützung seiner Mitglieder betraut. In dieser Eigenschaft finden regelmäßige Konsultationen statt. Naturgemäß verfolgt der IWF eine strikt marktwirtschaftliche – kritische Stimmen sagen „neoliberale" – Politik (vgl. Stieglitz, Joseph: Trugbilder und Seifenblasen, in: Der Standard, 15.11.2001 und Einhorn, Jessica: The World Bank's Mission Creep, in: Foreign Affairs, September/October 2001, 22-35). Nicht nur im Vorfeld der jeweiligen Konsultationen verfaßt der IWF umfassende Berichte und Analysen. Dieser Abschnitt orientiert sich an mehreren derartigen „IMF Staff Country Reports" aktuellerem Datums (IMF 1995, 1996, 1998, 1999, 2000b, 2000c, 2001). Die in den Reports enthaltenen umfangreichen statistischen Daten beruhen größtenteils auf Angaben der algerischen Behörden.

[128] International Monetary Fund (IMF): IMF Staff Country Report No. 00/105, Algeria – Recent Economic Developments, Washington, D.C. 2000, 11

- Steigerung des nicht aus dem Erdölsektor stammenden Wirtschaftsanteils sowie dessen Wachstumsdynamik;

- Erreichung und Stabilisierung der Inflationsrate bei etwa 3-4 %;

- Abbau der Schuldenlast im Ausland;

- Gewährleistung von Bedingungen, um die Arbeitslosigkeit zu reduzieren und den Lebensstandard der Bevölkerung heben.

Das Mittel der Wahl zur Erreichung dieser Ziele soll die (noch zu vervollständigende) Umstellung auf eine voll ausgebaute Marktwirtschaft sein. Die Hintergründe für diesen Kurs sind vielfältig:

- Negative Erfahrungen mit planwirtschaftlichen Strukturen in der Vergangenheit;

- die Notwendigkeit zur Lösung von teilweise gravierenden Problemen verbunden mit der Hoffnung auf eine bessere Zukunft (vgl. Armut, Arbeitslosigkeit, Unzufriedenheit der Bevölkerung);

- auch der – natürlich vor dem Hintergrund der genannten Probleme – von der (neuen) Regierung aufgegriffene neoliberale Zeitgeist und

- nicht zuletzt der Druck des Internationalen Währungsfonds und der westlichen Gläubigersstaaten, die an marktwirtschaftlich orientierten Wirtschaftspartnern interessiert sind.

Das entsprechende Regierungsprogramm kann als diesbezüglich durchaus ambitioniert bewertet werden und wurde auch international begrüßt. Um die Transformation zu einer vollständig ausgebauten Marktwirtschaft beschleunigen zu können, sind im Falle Algeriens allerdings insbesondere noch folgende Schritte notwendig:

- das Zurückziehen des Staates aus den derzeit in vielfältiger Weise noch verfolgten industriellen Aktivitäten;

- damit verbunden die Bereinigung der wirtschaftlichen Probleme der öffentlichen Unternehmen, nicht zuletzt als Vorbereitung auf deren Privatisierung (vgl. Bankensektor, Energiewirtschaft, Bau- und Wohnungswesen, Landreform)

- die noch weiter gehende Etablierung von adäquaten marktwirtschaftlichen Rahmenbedingungen, insbesondere Liberalisierung und

Ausbau der Infrastruktur, verbunden auch mit der Schaffung effektiver Institutionen;

- die Schaffung eines für private (ausländische) Investoren freundlichen Klimas für wirtschaftliche Engagements, wobei auch die Sicherheit im Land ein wichtiges Thema darstellt[129], und

- die Erlangung eines entsprechenden Bewußtseins, daß derartige Investitionen künftig eine Schlüsselrolle im Rahmen der weiteren Entwicklung der algerischen Wirtschaft einnehmen können (sollen);

- die Formulierung operativer Pläne für verschiedene Bereiche in Hinblick auf die Umsetzung der Bemühungen und vielfach die endgültige Implementierung der Vorgaben;

- die Etablierung höherer Standards in Hinblick auf Planungs-, Verwaltungs- und Kontrollprozesse bei gleichzeitiger Erreichung höherer Transparenz;

- die Schaffung aller für die obigen Vorhaben notwendigen rechtlichen Grundlagen und institutionellen Rahmenbedingungen.

Die wirtschaftspolitischen Voraussetzungen, finanzpolitische Spielräume und besonders auch der Wille der Regierung lassen die endgültige Umsetzung des marktwirtschaftlichen Kurses – auch aufgrund vielfältiger Probleme – in absehbarer Zeit als durchaus realistisch erscheinen.

Angesichts höherer Überschüsse aus den Erdöleinnahmen in jüngster Zeit bei gleichzeitig wachsender sozialer Bedürftigkeit der Bevölkerung entschloß sich die Regierung Ende April 2001, einen sogenannten „Economic Recovery Plan" für die Jahre 2001-2004 zu implementieren. Insgesamt sollen DA 525 Mrd. (ca. USD 6,5 Mrd.) investiert werden, um

- die Nachfrage zu stimulieren,

- Arbeitsplätze, besonders in arbeitsintensiven Bereichen wie Landwirtschaft und Gewerbe, zu schaffen,

---

[129] Auf dem Cover von MEED (17.03.2000) wurde als Schlagzeile treffend die Formulierung gewählt: „Altered State – Algeria excites new interest, but major risks remain".

- die öffentliche Infrastruktur zu verbessern,
- den Bildungssektor zur Entwicklung von Humankapital zu fördern.

(in Mrd. DA)	2001	2002	2003	2004	Gesamt
Landwirtschaft	10,6	20,3	22,5	12,0	65,4
Kommunale Entwicklung	32,4	42,9	35,7	3,0	114,0
Wasserwirtschaft	5,4	15,8	10,1	..	31,3
Bahn	9,7	28,9	16,0	..	54,6
Straßen	24,5	5,8	0,6	..	30,9
Bildung	39,4	29,9	17,4	3,5	90,2
Sonstige Maßnahmen	30,0	15,0	..	..	45,0
Gesamt	205,4	185,9	113,2	20,5	525,0

Tabelle 2-1 Economic Recovery Plan 2001-2004 (vgl. International Monetary Fund (IMF): IMF Staff Country Report No. 01/162, Algeria – Staff Report for the 2001 Article IV Consultation and Post-Programm Monitoring Discussion, Washington, D.C. 2001, 19)

The Government's Program[130]

The new government's program is a broad statement of development objectives and priorities:

- Governance will be improved through a more transparent, efficient, and acceptable public service; in particular, the government will fight corruption and fraud. Individual rights will be guaranteed with the reform of the judicial system. Citizen's participation in public life will be strongly encouraged.

- Economic policy is to be based on four major structural reforms:

1. First, the banking sector will be restructured including through a strengthening of banking supervision and an enforcement of prudential requirements. The banking sector will open up to competition and private and foreign participation to improve services, reduce costs, and render credit allocation more efficient. The payments system will be modernized.

---

[130] International Monetary Fund (IMF): IMF Staff Country Report No. 00/105, Algeria – Recent Economic Developments, Washington, D.C. 2000, 35

2. Second, the government plans to privatize most of the public nonfinancial enterprises and expand the role and scope of the private sector in the economy. The telecommunication sector will be liberalized with the sale of a second cellular telephone license to private investors. The legal and regulatory framework will be reformed to create a better investment climate. Receipts from privatization will be used to reduce public debt.

3. Third, the energy sector will be reformed by allowing more competition and opening the capital of the sector's enterprises.

4. Fourth, the government will address land reform and housing sector issues.

• Fiscal and monetary policy will be geared towards macroeconomic stability, while a more active management of external debt will be sought.

• Foreign policy will be geared towards international cooperation, in particular with Maghreb countries. Algeria will endeavor to join the WTO and to negotiate an association agreement with the EU.

• Human development will be fostered by a sustained effort to improve the education, health, and social security systems. The fight against poverty will be stepped up, through a reform of the social safety net aimed at better targeting the various schemes. Environmental issues will be tackled urgently.

Der Internationale Währungsfonds schätzte August 2001 die Entwicklung der algerischen Wirtschaft während der letzten beiden Jahre generell positiv ein. Gleichzeitig wurde die Regierung jedoch aufgefordert, die Bankenreform und die Privatisierung weiter voranzutreiben sowie die Politik hoher Einfuhrzölle zum Schutz der einheimischen Produktion zu überdenken. Außerdem wurde das Augenmerk auf den schwachen Nicht-Kohlenwasserstoff-Sektor gerichtet.

	1995	1996	1997	1998	1999	2000	2001*
Domestic economy							
GDP (in billions DA)	1,967	2,565	2,762	2,782	3,186	4,012	4,344
Real GDP growth (%)	3.9	3.8	1.1	5.1	3.3	2.4	3.8
Consumer price index (%)	29.8	18.7	5.7	5.0	2.6	0.3	3.0
External sector (in billions USD)							
Exports (fob)	10.3	13.2	13.8	10.1	12.3	21.7	21.2
Imports (fob)	10.1	9.1	8.1	8.6	9.0	9.3	11.2
Current account (% of GDP)	-5.4	2.7	7.2	-1.9	0.0	16,8	12.0
Capital account balance	-4.1	-3.3	-2.3	-0.8	-2.4	-1.4	-0.8
Gross official reserves	2.1	4.2	8.0	6.8	4.4	11.9	17.9
External debt	31.6	33.7	31.2	30.5	28.3	25.5	23.3
External debt (% of GDP)	76.4	71.9	65.2	64.3	59.1	47.9	40.7
Debt service ratio (% of current account receipts)	40.5	28.7	29.3	44.8	39.6	20.9	21.6
Real effective exchange rate (% change)	-16.2	2.5	9.9	4.8	-8.0	-2.2	n.a.
Financial variables (% of GDP)							
Overall budget balance	-1.4	3.0	2.4	-3.9	-0.5	9.9	6.3
National savings	25.9	30.4	25.8	25.1	29.1	40.6	40.4
Gross domestic investment	32.3	25.1	23.8	27.7	27.4	23.8	28.4
Interest rate (central bank discount rate %)	14.0	13.0	11.0	9.5	8.5	6.0	n.a.
*projection							

Tabelle 2-2 Ökonomische Indikatoren (International Monetary Fund (IMF): IMF Staff Country Report No. 00/105, Algeria – Recent Economic Developments, Washington, D.C. 2000c, 54 und International Monetary Fund (IMF): IMF Staff Country Report No. 01/162, Algeria – Staff Report for the 2001 Article IV Consultation and Post-Program Monitoring Discussion, Washington, D.C. 2001, A5)

2.2 Historische Experimente

Zum Zeitpunkt der Erlangung seiner Unabhängigkeit 1962 war Algerien wirtschaftlich wenig entwickelt. Trotz des Reichtums an Bodenschätzen hatte die Industrie keinerlei Bedeutung. Selbst Landwirtschaft existierte nur in bescheidenem Maß. 1967, fünf Jahre nach dem Ende der französischen Kolonialzeit, wurden erste Schritte unternommen, um die wirtschaftliche Entwicklung voranzutreiben und den Wohlstand der

Bevölkerung längerfristig zu heben. Einschneidende Strukturreformen, eine zentral gelenkte Volkswirtschaft und ein möglichst schneller Ausbau des Kohlenwasserstoffsektors sollten dafür die Rahmenbedingungen bieten.

Gewissermaßen im Rückblick wird im folgenden das zu seiner Zeit viel beachtete „algerische Entwicklungsmodell" mit seinen verschiedenen Phasen zusammengefaßt.

The Crisis of Development Management in Algeria[131]

1. "Development" without Productivity

A Transitional Period (1963-1966)

The newly independent Algeria remained heavily dependent on France, its former coloniser. Dependence was most apparent at the financial, commercial, technical, and administrative levels. The country suffered from an old-dated regional imbalance, associated with a high rate of rural unemployment and an accelerating population movement toward the relatively developed coastal regions in the north. The economy was dependent on exports of raw materials and agricultural products.

For a number of internal as well as external reasons, Algeria opted for "socialist ideology". The government set up rural transformation and industrialization as two main objectives, to shift the country from a colonial economy to an independent state economy. The new state began gradually to nationalize the former French interests, and establish a new public sector. Modest means were at odds with ambitious objectives. The transitional period proved to be extremely difficult, and was characterized by social, political, and cultural upheaval. It was also characterized by improvising and adventurism due to a lack of clear and coherent vision.

The old colonial, yet effective, economic system was dismantled, without being replaced by an equally effective new system. The once prosperous modern agricultural sector disintegrated. Private industry and

---

[131] Tayyib, Rafik M.; Strunz, Herbert: The Crisis of Development Management in Algeria, in: Journal für Entwicklungspolitik 4/1993, 371-382

foreign investment were inhibited. Production as well as exports went down. Imports went up, and emigration to France increased. The new experience of self-management in agriculture and industry was soon liquidated and bureaucratized. Imprudent decisions led the country to destroy what could have been a technical nucleus of its future development, and to dispose of the best of what it inherited from the colonial era.

Uncontrolled Expansion (1967-1978): Failure of Development Strategies and Deterioration of Productivity

The authority of the new Algerian state had been established by the end of the transitional period. This authority seemed to have become an end in itself during the expansion phase of the 1970s, a period marked by the establishment of a strong state monopoly which controlled almost all aspects of economic, social, and cultural life of the new society. Industrialization had become the "magic formula" for an all-inclusive development. State control of the society and the economy was the basic strategy for achieving the intended development. This control was particularly exercised through:

- Centralization and central planning, in order to facilitate and assure the necessary coordination, and adherence to the strategic objectives as they were defined by the state, the sole economic actor.

- Extensive and rapid exploitation of natural wealth, namely oil and gas resources which were expected to be depleted by the turn of this century or a few years later.

- Extensive use of foreign technical assistance, to make up for the lack of local expertise and permit acceleration of development.

State control, the basic strategy of development, soon became an established end in itself, which constituted the basis on which almost all subsequent bureaucratic deviations stood. Centralization and central planning were not effective in preserving the strategic objectives set up by the state. Rapid exploitation of natural wealth inflated development cost, leading to an enormous foreign debt in spite of the exceptionally favourable terms of trade during the 1970s. Overreliance on foreign assistance and advanced technology resulted in a "technology trap".

In spite of an exceptionally favourable terms of trade, the high cost of both investment and production resulted in a chronic deficit in the country's balance of payments accounts. The deficit was financed through foreign debt which went up to a record level in 1979. The total outstanding debt was equivalent to nearly 75% of Algeria's gross national product while its service amounted to more than one third of its exports value.

Economic growth in Algeria was mainly an expansion in public spending made possible by the availability of resources, resources which were not generated by the development system itself. During the period 1967-1978, investment increased at a rate three times faster than that of gross domestic production. In order to gain the production of one monetary unit worth in industry, the state had to "invest" more than 11 monetary units.

Large public spending, expansion, and an importation boom brought about a significant improvement in employment, income and consumption, i.e. in the standard of living of the Algerian population. On the other hand, the productivity of this population went down, mainly due to strong social and non-economic factors. Everybody had been pushing for his rights. Only very few were ready to remember their duties. The absence of efficient management reduced hard work to no more than a moral option.

In spite of an impressive quantitative achievement, the strategic sector of education was unable to produce a decisive effect in upgrading the underdeveloped social values, nor in preparing the society for the use of science and technology in development. Medical services were not sufficiently improved. Housing and transportation were almost completely neglected.

The once prosperous agricultural sector had been destroyed by the state bureaucracy. The result was an alarming food dependence on the foreign market. Industry, the most favourite sector was most unproductive. Its capability to produce, create jobs, and cover the domestic demand of industrial as well as consumer products was very limited. The country remained strongly dependent on foreign market for industrial supply of raw materials, finished and semi-finished parts and products.

According to the national accounts, the secondary economic sectors, particularly trade and services, were responsible for most of the value added or the gross domestic production (excluding hydrocarbons). The net result of the private sector had been larger than that of the public sector including hydrocarbons. The country had been thwarted between an unproductive public sector, and a mostly speculative private sector. The first added very little to production while the value added by the second was more fictive than real.

Although mostly unproductive in connection to development, speculation and rent-seeking have been lucrative "businesses" in Algeria. Both grew and flourished in the course of "economic development" by the state monopoly. They will continue to flourish until the monopoly is ended. Almost from the outset, speculation networks have been a mixture of underground public and private ties and connections.

Decline and Disintegration

By the late 1970s, the monopolistic system admitted the lack of productivity and efficiency, and the existence of important development imbalances. During the 1980s, a series of "reforms within continuity" were introduced, aiming at raising productivity and improving efficiency. The continuity of the same old style of monopolistic decision-making reduced all successive reforms to senseless attempts to combat inefficiency without raising material production of goods and services. These attempts showed the extreme vulnerability of an economic system which could offer nothing, apart from austerity, to reduce its dependence on oil and gas revenues.

In the first half of the 1980s, some initial economic success was registered due to less extravagance, moderate austerity, and better reorientation of investment. The economic situation deteriorated rapidly in the second half, a period marked by a rapidly diminishing hydrocarbons revenues. The import cuts strategy hit the already weak productive sectors at hardest, and did not succeed in containing the external debt, in spite of a considerable surplus in the country's balance of trade.

Investment decline resulted in a negative rate of economic growth, and an unprecedentedly high level of unemployment. Reorganization of the public sector did not lead to higher productivity, but to its gradual disintegration. Price liberalization encouraged speculation and pushed up inflation further.

Continuous failure to raise material production, coupled with persistent austerity have led to serious social riots and disturbances in October 1988. The riots of October 1988 marked the end of "reform with continuity". The country entered a new period of unguided change, characterized by economic, political, and social disintegration, by turmoil and uncertainty. The monopolistic system had to confront an unprecedented multidimensional dilemma. It had to make real concession in order to survive. Since then, it has been manoeuvring on both external and home fronts to minimize its concessions and keep as much power as possible. Abundant gas reserves and rising oil prices in the early 1990s have been in its favour. Finally, the decision-makers seem to have opted for a Latin American solution to the Algerian crisis, insisting once again to subjugate economic decision to political survival.

2. Toward Comprehensive Reform

From Ministerial Guardianship to Business Enterprises

Normalization of the Algerian public enterprises necessitates having them completely detached from the guardian ministries and established as full-fledged micro-economic decision centres. Their objectives have to be redefined. Non-economic goals which have been given priority over economic goals must be dropped. Their technical cores have to be rehabilitated and strengthened. The futile goal displacement should be replaced by a normal process of goal succession.

The following points are to be considered regarding goal setting:

- Reliance on solid sales and production forecasts;
- A distinction between strategic, and operational objectives;

- Hierarchy, and verifiability of objectives;
- Viewing objectives, plans, and programmes as integrated networks of desired results; and
- Recycling objectives.

The organizational structure of the enterprise must be flexible enough to adapt to different environmental variables internal and external to it. Internal variables include:

- The size of organization,
- The diversity of its operations, and
- The characteristics of its personnel.

The external variables include technology and uncertainty. Flexibility means that the main characteristics of the organizational structure, namely centralization, specialization (or professionalization), formalization (or rational bureaucratization), and differentiation are to be viewed as relative or variables.

The monopolistic system whose participants were always little affected by formal structure of official goals has to be dismantled. A market mechanism should be established and protected to eliminate price distortion of production factors. Whether the enterprises in question can survive the long journey from ministerial guardianship to business management is an open question. Many of them will certainly be privatized. Others will be liquidated, regrouped or restructured.

Managerial Reform

The managerial reform constitutes the basis for sustainable productivity-oriented economic development. Managerial functions in the Algerian enterprises are either largely distorted such as planning and decision-making, or almost absent such as control and motivation. They have to be normalized and fully enforced.

Planning conception needs to be corrected. Planning is pervasive not a specialized function of central organs. It is to be based on reasonable premises and assumptions regarding the enterprise and its environment, to precede all other managerial functions, and satisfy the commitment principle regarding cost recovery. Plans have to be flexible. Flexibility can be achieved by using variable budgets, alternative strategies, periodic revision as well as by avoiding too much budgeting. Management by objectives and zero-base budgeting are frequently used to improve planning efficiency. The first technique provides for active participation of the subordinates in planning, and assures that they are fully informed and engaged in the plans. The second assures that the plans are justifiable, and not merely extended or extrapolated from one period to the next.

The concept of decision-making cannot be reduced to giving orders, and the process itself has to be rationalized. Strategic decisions have to be taken within a multiphase perspective. Repetitive and less important decision are to be delegated to lower organizational levels, especially the operational level. Availability of reliable information, open communication channels, and participation of different parties concerned by the decision are vital for effective use of modern management techniques. Detecting the limiting factor or the bottleneck which is preventing progress in a given situation, and encouraging creative thinking largely contribute to better quality of decisions.

In addition to rigidity of structure, the Algerian enterprises suffer from narrow spans of control or too many organizational levels from the top to the bottom. Authority delegation and better selection and training of subordinates can be used to widen the span. Shorter chains of command are more efficient and generally associated with higher motivation and morale. Job descriptions are needed to minimize ambiguity about their contents.

The criteria used for selection of manpower have to be valid and reliable. Appropriate orientation and guidance of the new employees cannot be overlooked. Training and learning need to be relevant and incorporated into production. Their methods should allow for differences among trainees. The trainers themselves should be efficient and know their jobs very well.

Lack of coordination within and between units and work groups can be reduced by giving more authority to the specialists and professionals, as well as by effective use of committees which are extremely abused in the Algerian context. Coordination can also be improved through better job design which minimizes narrow specialization and encourages job enlargement and job enrichment.

Motivation in Algeria should centre on lower needs which are still far from being satisfied among the majority of population. On the other hand, the need for affiliation or belonging cannot be underestimated. The motivational mix has to address some higher needs on selective basis, such as the need for achievement among prospective innovators, and the need for socialized (not personalized) power among efficient managers.

Leadership style needs to be adapted to the situation and changed whenever necessary to respond to changing needs of the subordinates. The autocratic style is most appropriate to unskilled, dependent, or demotivated subordinates. The use of democratic or participative styles of leadership should be encouraged and extended, especially at middle organizational levels. The free-rein or "laissez faire" style should be confined to special cases such as that of well-motivated groups of experts or researchers.

Conventional feedback control needs to be improved by minimizing the time lag between the occurrence of errors and their detection and correction. It has to be supplemented by feedforward control aimed at checking the inputs themselves to prevent errors beforehand. Standards of measurement have to be related to the outcome directly. Physical standards should be used extensively at the operational level. Cost, revenue, investment, and other financial standards are needed at all levels.

Checking actual performance against standards has to be done very frequently. Variable budgets and break-even analysis are valuable instruments for control at the operational level in particular. Ratio analysis has to be used especially at higher management levels. The return on investment can be used to assess the overall performance of the enterprise. Efficient budgeting and financial analysis need reliable and up-to-date cost accounting. Detected errors have to be corrected, which is often not the case in Algeria. Managers are to be held accountable for misuse of organizational power. Relevant, accurate, and updated information is indispensable for any meaningful managerial control.

Economic Reform

Agricultural development aims at accelerating the growth of farming production, particularly through technological and organizational changes, including price incentives. Land exploitation has to be fully privatized and state farming ended. Many land exploitation systems are needed to compete for higher productivity.

Formerly collectivized land has to be reserved for large scale commercial farming, especially citrus groves, orchards and vegetable-growing areas. It has to be operated by a well-motivated professional class of tenant farmers. Small and medium-sized farmers in the interior regions have many opportunities to improve the quantity and the quality of their farming output. Because of an insufficient supply of water, they have to rely basically on dry-farming crops and techniques, incorporating animal husbandry with farming, gradually eliminating shifting cultivation, and using improved seeds and better techniques of land exploitation to raise their food and animal production.

Taking into consideration demographic growth, continuous land erosion and desertification, saturation of the urbanized coastal strip, and the collapse of international migration as a major outlet for rural population, the Algerian decision-makers have to consider the development of the "High Plateau" and the "Sahara desert" very seriously. Otherwise, a forthcoming national and human disaster cannot be forestalled.

Without intervening directly in the agrarian business, the state still has an important role to play. It has to make provision for much more water supply; build irrigation, water desalinization, transport and storage infrastructures; and provide the necessary rural supportive services including education, technology, credit and marketing facilities to farmers without discrimination.

Raising industrial production requires economic and political stability which favours productive investment instead of rent-seeking activities. Privatization should not be confined to a mere transfer of ownership; rather it should be accompanied by creativity and innovation, which require, above all, freeing the Algerian economy.

Intellectual liberalization is indispensable in creating a climate favourable to the emergence of local entrepreneurial capabilities. Productive investment should not be penalized by overtaxation. Openness to the outside world has to be selective and pragmatic. Western style of consumption cannot be imitated. The country is in need to the mental, social and organizational values of some Western, and South East Asian societies.

Small and medium-sized enterprises offer important advantages in the present Algerian context. A carefully selected core of import-substitution light industries have to be promoted in order to facilitate creating productive jobs, cope with chronic shortages of consumer products, and raise the chance of an indigenous technological breakthrough. In order to assure success for such experience, the country has to take full advantage of its past records, and learn of the lessons derived from similar experiences in other Third World countries.

Largely reduced and more efficient public sector still has a role to play in development. It should not be overprotected on the ground of being strategic. Among the most important points to be considered, regarding the public sector and the state role within a comprehensive reform perspective, are

- effective control which requires the emergence of non-governmental professionals and independent bodies and associations to counter-balance the state executive power,
- fair (but not welfare) income distribution policies,
- adequate infrastructures and supportive services,
- maximum privatization, and
- liberalization of foreign trade and foreign exchange.

Innovation is often a neglected dimension of development and progress in Third World countries. Mastering modern technology while inhibiting and strangling local innovative and creative capabilities is simply impossible. State policies should not go in a direction opposite to that required to acquire an appropriate technology. Learning technology has to focus on effective imitation, implementation and absorption, rather than studying state-of-art technology as viewed for developed countries, and separating learning and engineering from production and industry. The present Algerian attitude to technology (la fuite en avant) has to be replaced by a graduated and systematic method of learning technology, a method which proved very effective in Japan and, more recently, in the nearly industrialized countries in South East Asia.

Tourism is a highly labour-intensive industry. It is an important source of foreign currency which is badly needed to balance the Algerian account of services with the rest of the world. Algeria has the potential to develop international tourism. However, investment in this tourism at the present time of instability and uncertainty is a high risk.

Political and Social Reform

Comprehensive reform recognizes the necessity of viewing the problem of underdevelopment from an economic as well as a non-economic perspective. Economic, social, and institutional problems of development are highly interrelated. The success of development requires positive interaction between its various variables such as education, social values, farming methods, industrial technology, and political liberalization. The ultimate objective of reform is to raise productivity of human and material resources, as well as the standard of living of the population. The latter requires raising the long-term capacity to supply increasingly diverse economic goods and services to the local population. The Algerian state should not remain the unique reform agent. All other interested parties such as private entrepreneurs, trade unions, and independent professional and labour unions have to participate and fully play their respective roles.

The basic conditions for political reform in the Algerian context are:

- Demilitarization of politics,
- Depolitization of economic and productive activities, and
- Separation of legislative and judicial branches from executive authority and using them to counterbalance this authority.

Ending the monopoly of power, liberalization, and gradual democratization are no luxury but a development necessity. A strong (and rational) authority is needed to help the country in overcoming its deep crisis. However, there is no practical alternative to democracy as far as the long-term development is concerned.

Western experience with development, and the experience of the nearly industrialized countries in South East Asia show that development is not possible without a strong and well-disciplined civil society. Evidence derived from the Algerian (or Maghreb) history shows that in order to produce civilization, a nomadic society has to provide

- a strong social cohesion,
- an enlightened leadership, and
- an inspiration (historically religious) to discipline destructive nomadic tendencies (Ibn Khaldun).

These conditions have to be redefined and reconciled with modernization if they are to be workable and effective. Gradual democratization, liberalization, institutional stability, civil justice and equality, reconciliation between religion and modernization, and other factors can be expected to lead to the emergence of civil society and an enlightened elite.

The educational system plays a leading role in development either directly by creating the technical infrastructures needed for it, or indirectly by changing human behaviour and attitude towards it. Two sets of complementary measures are needed to remedy the educational situation within a comprehensive reform perspective:

- Modifying the conditions of demand for and supply of educational opportunities, and

- Increasing the effectiveness of the educational system by checking the 'educational inflation' in higher education, expanding technical education at lower levels, making the curricula much relevant, and reinforcing rigour and selectivity.

Development Management in Algeria: From the Past to the Future

There is no purely economic, financial, technical or political solution to the Algerian crisis of development and productivity. The partial approach to reform has failed so far and will certainly fail in the future, especially in the long run. Underdevelopment is found to be a multidimensional problem of civilization, which cannot be resolved short of a mental revolution.

Irrational decision-making destroyed the very basis of productive management at various organizational levels, namely:

- Efficient personnel management to mobilizes human resources (instead of neutralizing them).

- Efficient financial management to maximize the benefit from oil wealth (instead of wasting it).

- Efficient information management to accommodate modern technology and improve the quality of decision-making.

As a result, productivity went down as low as the availability of oil revenues permitted.

Taking into consideration the pervasiveness of the management crisis and development problems, the required reform has to be comprehensive and operate at all levels simultaneously in order to assure sustaining and positive interaction between various development variables. At the ground level production units have to be turned into full-fledged micro-economic decision centres. Their goals have to be redefined, with irrelevant ones dropped altogether. Their technical cores have to be reestablished and their structures made flexible to respond to their internal and external circumstances. Productive units should be governed only by pragmatic business management principles. All conventional managerial functions including planning, organizing, staffing, motivating, and controlling are to be activated and enforced.

Bureaucratic intervention and price distortion should be stopped to allow the market mechanism to be activated. The public sector is to be reduced to a minimum, reformed and controlled by management and economic principles. The so-called "strategic sectors" should not be overprotected or used as a cover to pursue irrelevant personal goals as has been the case until now. Instead of direct intervention, the state has to play an important supportive role, providing the necessary infrastructures and economic incentives to stimulate agricultural and industrial production in particular.

At the political level, without democratic structures reform, liberalization, productivity and development will remain empty slogans as they have been since independence. Ending power monopoly will not be possible until ruling forces are ready to accept competition. Legislative and judicial branches are to be separated from the executive power and used, whenever necessary, to counterbalance state authority. Press and information have to be liberalized in order to perform their important function of control. The door should be wide open to free associations without discrimination. The lesson of the past has shown that the state should never remain the sole agent of reform. In many cases its agency constituted the sufficient condition to spoil the reform.

Only liberated and well-disciplined organizations and civil society can reduce the country's dependence on its natural resources, and break the law of subsistence by deterring destructive and wild nomadic forces and encouraging productive forces to turn out a surplus. This is the crucial point.

Verglichen mit anderen Entwicklungsländern im arabischen Raum kann Algerien – trotz aller Schwierigkeiten – als eines der industriell am weitesten entwickelten Länder bezeichnet werden. Dies drückt sich nicht nur im Volumen der Industrieproduktion (einschließlich des Kohlenwasserstoffsektors) oder dem Entwicklungsstand einzelner Wirtschaftszweige, sondern auch in den erzielten Erfolgen bei der Diversifizierung der Wirtschaft, der Steigerung des Pro-Kopf-

Einkommens, der Verbesserung des Bildungs- und Gesundheitswesens aus. Doch trotz dieser positiven Entwicklung ist Algerien heute mit beträchtlichen wirtschaftlichen und sozialen Problemen konfrontiert. Die hohe Auslandsverschuldung stellt eines der größten Probleme dar. Ein weiteres Problem ist die Arbeitslosigkeit.

2.3 Transformationsprozeß

Als Ausweg aus der wirtschaftlichen Krise wird die Umstrukturierung der Wirtschaft in eine liberale Marktwirtschaft angesehen. Erreicht werden soll dies u.a. durch die Aufhebung der staatlichen Lohn- und Preisbindung, eine radikale Kürzung der Subventionen, die Freigabe des Wechselkurses, die Privatisierung von Staatsbetrieben, die Aufhebung des Importmonopols der Regierung, die Bekämpfung der Inflation und der Budgetdefizite sowie die Schuldentilgung. Diese Maßnahmen zeigten insofern erste Erfolge: die Inflation ist gesunken, der öffentliche Haushalt ausgeglichener, die Handelsbilanz positiv, und Algerien ist dabei, seine Auslandsschulden zurückzuzahlen.[132] Zu den marktbelebenden Zielen der Regierung gehört auch die Schaffung von Freihandelszonen.[133] Die genannten Maßnahmen zeigen nicht zuletzt die „Handschrift" des IWF, an dessen Strukturanpassungsprogramm Algerien seit 1994 teilgenommen hat und das im Mai 1998 abgeschlossen wurde.[134]

---

[132] vgl. Gsteiger, Fredy: Warten auf die Mutigen, in: Die Zeit, 06.12.1996
[133] vgl. BfAI (Hrsg.): Geschäftspartner Algerien, Köln 1992, 12f
[134] Zur Chronologie der Strukturreformen und der im Zuge des „Anpassungsprogramms" ergriffenen wirtschaftspolitischen Maßnahmen siehe International Monetary Fund (IMF): IMF Staff Country Report No. 98/87, Algeria – Selected Issues and Statistical Appendix, Washington, D.C. 1998, 9ff

---

Merkmale eines Transformationsprozesses[135]

- Privates Eigentum wird sukzessive zugelassen, private Unternehmen erlaubt

- Privatisierung von Staatseigentum, u.U. in großem Stil (vgl. Verkauf der Staatsindustrie)

- Umbau der bestehenden Betriebe (z.B. Führung nach marktwirtschaftlichen statt planwirtschaftlichen Grundsätzen)

- Liberalisierung der Preise; umfassende Preisregelungen werden aufgehoben

- Liberalisierung des Außenhandels und des Wechselkurses (Exporte und Importe können individuell durchgeführt werden, fixierte Wechselkurse werden aufgehoben)

- Wettbewerb wird – im Zusammenhang mit dem nunmehrigen Privateigentum – zugelassen

- Reform des Bankensektor, Geschäftsbanken werden zugelassen; Liberalisierung der Zinsen

- Etablierung von Finanzmärkten (z.B. Börsen, Nicht-Banken)

- Gesetze zur Regelung und Förderung von Investitionen (FDI) werden erlassen

Probleme einer Systemtransformation[136]

„Zwei idealtypische Lösungswege wurden zu Beginn der neunziger Jahre von Ökonomen und Sozialwissenschaftlern für den wirtschaftlichen Umbau vorgeschlagen. Erstens der ‚big bang‘, die radikale und rasche Transformation der Wirtschaft, wie sie von der OECD und dem Harvard-Ökonomen Jeffrey Sachs propagiert wurde. Die ‚ökonomischen Grausamkeiten‘ sollten gleich am Anfang, durchgreifend und auf eine kurze Zeitspanne gedrängt begangen werden, damit die marktwirt-

---

[135] vgl. European Bank for Reconstruction and Development (ERBD): Transition Report 1995, London 1995, 12f
[136] Merkel, Wolfgang: Systemtransformation, Opladen 1999, 387ff

schaftliche und gesellschaftliche Selbstregulierung ihre prosperitätstreibenden Kräfte möglichst schnell entfalten könnten.

Die sozialen Kosten würden rasch und massiv anfallen, die wirtschaftlichen Reformerfolge könnten sich jedoch schnell einstellen. Das zu durchschreitende ‚Tal der Tränen' (Dahrendorf) wäre in diesem Falle tiefer, aber kürzer. Offen und riskant bleibt, ob die kurzfristig anfallenden sozialen Kosten nicht zu hoch sind und so starken politischen Protest unter den Bürgern erzeugen, daß die Demokratie ernsthaft gefährdet ist. Dafür spricht der Umfang der sozialen Verwerfungen, dagegen die Kürze der Transformationsphase (wenn sie erfolgreich verläuft). Genau umgekehrt verhält es sich mit der zweiten, der gradualistischen Transformationsstrategie. Die sozialen Kosten würden langsamer und möglicherweise in geringerem Umfang anfallen, die wirtschaftlichen Erfolge der Reformpolitik dürften aber länger auf sich warten lassen. Das ‚Tal' wird weniger tief, dafür aber breiter sein. Hier stellt sich die Frage: Läßt sich Geduld gegenüber der ‚schöpferischen Zerstörung' (Joseph Schumpeter) solange erhalten, daß sie die demokratische Ordnung nicht gefährdet?

In beiden Szenarien spielen zwei Gruppen von Akteuren die wichtigste Rolle: die politischen Entscheidungseliten und ihre Wähler. Ihre Interaktion bestimmt, welche wirtschaftspolitische Strategie mit welchen Folgen für die demokratische Konsolidierung eingeschlagen wird. Wenn die Wähler Vertrauen in die Regierung haben, kann diese die ‚harte' Option der radikalen und raschen ökonomischen Transformation (‚big bang') wählen. [...] Stellen sich die wirtschaftlichen Reformerfolge jedoch nicht schnell genug ein und steigen die sozialen Kosten in der Bevölkerung, so sinkt das Vertrauen vieler Wähler in die radikale wirtschaftliche Reformpolitik und die politische Opposition verschärft sich. Die rationale Antwort von Politikern in Wettbewerbsdemokratien auf diesen Vertrauensschwund wäre im Hinblick auf die nächsten Wahlen, die radikale Strategie abzuschwächen, die sozialen Kosten zu mindern, sozialpolitisch abzupuffern und langsam zu einer gradualistischen Reformpolitik überzugehen. [...]

> Stellen sich auch bei einer gradualistischen Wirtschaftspolitik keine
> spürbaren Verbesserungen der Lebenssituation und Lebensperspektive
> ein und reichen die Ressourcen für eine wirkungsvoll kompensierende
> Sozialpolitik nicht aus, mündet dies in der Regel in Abstiegs- und Zu-
> kunftsängsten der Bevölkerung. Dies führt dann zu einem weiteren
> Vertrauensschwund der Bürger gegenüber der Reformpolitik."[137]

Der Übergang von der Plan- zur Marktwirtschaft gestaltet sich in der
Regel schwierig; vor allem deshalb, weil die alten Mentalitäten überleben, die an einem Wechsel nicht interessiert sind, ihn zwar auch nicht
wirklich aufhalten, aber doch verzögern können. Da diese Phase noch
nicht abgeschlossen ist, stellen sich auch noch nicht die erhofften mi-
kro- und makroökonomischen Erfolge ein. „Die Regierung ist zudem
nicht einfach Schiedsrichter, sondern auch Partei im Prozeß."[138] Darüber hinaus sind Bestrebungen zur Anpassung der staatlichen Verwaltung an die Erfordernisse der marktwirtschaftlichen Öffnung im Sinne
der personellen Aspekte einer Verwaltungsreform zu verzeichnen.

Im Herbst 1999 erklärte Präsident Bouteflika, eine große Privatisie-
rungsinitiative starten zu wollen. Als Grund für die bisher eher langsam
voranschreitenden Privatisierungsbemühungen gab er an, nicht diesel-
ben Fehler machen zu wollen, die bei den Privatisierungen in den mit-
tel- und osteuropäischen Ländern gemacht wurden.[139]

Seit dem Amtsantritt Bouteflikas waren mittlerweile mehrere Minister-
präsidenten im Amt. Jeder von ihnen versprach Reformen und ließ
durchblicken, daß die Vorgehensweise seines Vorgängers nicht zum
Erfolg führen konnte.[140]

---

[137] So wurden z.B. in Polen und der Tschechischen Republik Regierungen aufgrund der Folgen ihrer (radikalen) Transformationspolitik schließlich abgewählt
(vgl. Balcerowicz, Klaus).

[138] o.V.: Marktwirtschaftliches Credo in Algier, in: Neue Zürcher Zeitung,
05./06.08.2000

[139] vgl. West Mediterranean Economic Forum (WMEF): The Euro Med Economic
Report, 10.10.2000, 3f

[140] vgl. Hadjadj, Djillali: Die Fata Morgana der Wirtschaftsreformen, in: Le Monde
Diplomatique, 16.03.2001

Anfang 2000 gab Finanzminister Benachenhou vier Aufgabenbereiche bekannt, in denen baldigst Reformen stattfinden sollen – Steuern, Staatsausgaben, Bankwesen und Staatsschulden. Seitdem können aber lediglich im Bereich der Staatsschulden Fortschritte verzeichnet werden, letztlich auch als Folge des zwischenzeitlich wieder gestiegenen Ölpreises. Zwischen Plänen und Wirklichkeit sind realistisch betrachtet noch größere Differenzen zu verzeichnen.

Vom UNDP geförderte (Reform-)Programme[141]

1. Ökonomische und Soziale Reformen

- Durchführung und Weiterentwicklung der laufenden Programme
- Unterstützung der Reform und Restrukturierung des Finanz- und Bankensektors
- Programm zur Unterstützung ökonomischer und sozialer Reformen
- Unterstützung des Programmes zur Privatisierung und Restrukturierung der algerischen Industrie
- Unterstützung des Erhalts und der Schaffung von Arbeitsplätzen
- Programm zur Unterstützung der Modernisierung der öffentlichen Verwaltung, inkl. Personalentwicklung und öffentlicher Kontrolle
- Stärkung der Privatisierungsagentur APSI
- Programm zur Förderung und Diversifikation der Exporte
- Ausarbeitung eines Programmes zur Unterstützung des Beitritts Algeriens zur WTO und seiner Assoziierung mit der Europäischen Union
- Maßnahmen zur Steigerung der Qualität industrieller Erzeugnisse
- Entwicklung von Zulieferkapazitäten in Algerien

2. Maßnahmen zur Bekämpfung der Armut

- Erhalt und Schaffung von Arbeitsplätzen

---

[141] United Nations Development Program – UNDP (Hrsg.): Liste des Projets par domaine de concentration, http://www.dz.undp.org, 21.09.2001

- Unterstützung der Aufzucht lokaler Rinderrassen in der Provinz Chlef

- Entwicklung kleiner Bienen- und Schafzuchten in den ariden Zonen und auf den Hochplateaus

- Überwachung der mit der Transsahara-Route verbundenen Gesundheitsrisiken

3. Umweltschutz[142]

- Aufbau von Managementkapazitäten im städtischen Wassersektor und im Umweltschutz

- Reduzierung von Erdbebenrisiken

- Entwicklung eines nationalen Strategie- und Aktionsplanes zum Schutz und zur dauerhaften Nutzung der biologischen Vielfalt

- Entwicklung eines nationalen Strategie- und Aktionsplanes in bezug auf den Klimawechsel

2.4 Privatisierung

Im Zuge der Liberalisierungstendenzen in den 1990er Jahren bemühte man sich um die notwendige Reform der öffentlichen Wirtschaft. In vielen Fällen wurden öffentlichen Unternehmen Schuldennachlässe gewährt und ihnen rechtliche und finanzielle Autonomie eingeräumt. Die Reformbemühungen waren aber kaum von Erfolg gekrönt. Einerseits war dafür der Umstand verantwortlich, daß die Unternehmen zwar schuldenfrei gestellt wurden, andere Maßnahmen (z.B. Personalabbau) praktisch nicht realisiert wurden. Ein anderer Grund lag darin, daß in die Unternehmen weiter „hineinregiert" wurde. Beispielsweise war den Firmen eine den Erfordernissen angemessene Preisgestaltung und die freie Aufnahme von notwendigen Krediten kaum möglich. Dies führte dazu, daß die Akkumulation weiterer Verluste nicht verhindert werden konnte.

---

[142] Siehe dazu auch den Abschnitt „Umweltschutz"

1995 wurden schließlich elf Dachgesellschaften gegründet, um die öffentliche Wirtschaft branchenspezifisch neu zu gruppieren. Unter der Leitung des *Conseil nationale des partizipations de l'Etat (CNPE)* ging es – unter dem Vorsitz des Premierministers – darum, die öffentlichen Unternehmen in erster Linie zu restrukturieren und auch Privatisierungen vorzunehmen. Bis Ende 1999 wurden etwa 1.000 kleinere Unternehmen bzw. Geschäftseinheiten geschlossen, und – unter Ergreifung einschneidender Maßnahmen – insgesamt 450.000 Beschäftigte entlassen. Dementsprechend ist die Ansiedelung von arbeitsintensiven neuen Unternehmen mit Hilfe von privaten (ausländischen) Investoren äußerst erwünscht. Ungeachtet der Tatsache, daß sich die finanzielle Lage vieler öffentlicher Unternehmen tendenziell gebessert hat, sind insbesondere einige der großen Firmen nach wie vor Grund zur Sorge und bedürfen immer noch einer Restrukturierung. Nach wie vor befinden sich 70 %[143] der Unternehmen in Staatsbesitz.

„We are well placed geographically, and labor is keeny priced".

„We have rich and flexible energy sources, with easy-to-use gas and electrification across the country. Most importantly, we have complex and developed industry that offers economy of scale not available elsewhere in the Maghreb".

(Hamid Temmar, Minister for Participation and Coordination of Reform)[144]

Freilich war der Rückzug des Staates aus den industriellen Aktivitäten mit der Notwendigkeit eines umfassenden gesetzlichen Rahmens zur Privatisierung öffentlicher Unternehmen verbunden. Im Zuge dessen wurde 1995 ein Privatisierungsgesetz erlassen, das 100 %-iges Privateigentum an den öffentlichen Unternehmen zuläßt. Ausgenommen davon ist der Finanzsektor, die Erdölwirtschaft, der Bergbau und die Telekommunikation. In diesen strategisch wichtigen Bereichen behält sich der Staat entsprechende Mitspracherechte vor. Um mehr Flexibilität zu

---

[143] vgl. Bundesstelle für Außenhandelsinformation – BfAI (Hrsg.): Neuer Anlauf für Privatisierungen in Algerien, http://www.bfai.com, 13.03.2001

[144] zit. in: Moynahan, Brian: Algeria – An Economy Reawakened, in: Newsweek 12.02.2001, Special Advertising Section

ermöglichen, wurde das Gesetz 1997 novelliert. Seit dem stehen verschiedene Privatisierungsmöglichkeiten zur Verfügung. So etwa die Begebung von Aktien über die neugegründete Börse in Algier, der Verkauf von Vermögenswerten oder Unternehmensanteilen im Wege der öffentlichen Versteigerung oder direkte Verkäufe an Investoren.

Fortschritte ...

Algerien beabsichtigt die Beschleunigung des Privatisierungsprozesses und plant, bis 2004 184 Unternehmen privatisiert zu haben. Nachdem vorangegangene Versuche nicht die gewünschten Erfolge gebracht haben, soll nun eine neue Privatisierungsstrategie zum Einsatz kommen. Dabei sollen jene Unternehmen unterstützt werden, deren Privatisierung den Reformprozeß vorantreiben würde. 75 % der potentiellen „Privatisierungskandidaten" kommen aus dem Bereich der Dienstleistungen, dem Bausektor und dem Agro-Business. Zu den ersten zu privatisierenden Unternehmen gehören acht Ziegelhersteller. Im Mai 2000 bildete der deutsche Waschmittelhersteller Henkel mit dem bislang staatlich kontrollierten Entreprise Nationale des Détergents & Produits d'Entretien ein Joint Venture. Im Juni folgte die Bildung eines Joint Ventures zwischen der saudi-arabischen Savola Group und dem staatlichem Entreprise Nationale des Corps Gras.[145]

Trotz aller Bemühungen kann bisher allerdings auf keine Mehrheitsprivatisierung verwiesen werden, obwohl in den letzten Jahren nahezu 100 Unternehmen mit etwa 350 Tochterfirmen zur Privatisierung standen. Die zu diesem Zweck gegründete Privatisierungsagentur *Agence de Promotion, de Soutien & de Suivi des Investissement (APSI)*[146] wikkelt die Privatisierungen im Rahmen von öffentlichen Ausschreibungen ab. Gründe für den schleppenden Fortschritt sind in vielen Fällen nach

---

[145] vgl. o.V.: Privatisation process given new boost, in: MEED, 19.01.2001, 28

[146] Unterstützung bei der Etablierung der APSI leistete die UNIDO, die in Algerien auch Programme im Rahmen zur Förderung der Industriepolitik und der Klein- und Mittelbetriebe betreut (http://www.unido.org). Einen guten diesbezüglichen Überblick gibt der UNIDO-Bericht: Organisation des Nations Unies pour le Developpement Industriel – ONUDI (Hrsg.): Le climat des investissements en Algérie – Les changements intervenus depuis 1993, Vienne 1999

wie vor ungeklärte Eigentumsverhältnisse wie auch der Mangel an entsprechend solventen inländischen Interessenten. Ein Engagement ausländischer Investoren mag sich im Nicht-Erdölsektor aufgrund der politisch unsicheren Situation in Grenzen halten. Dennoch waren einige namhafte (Teil-)Privatisierungen – teilweise über die Börse – zu verzeichnen:

- Eriad-Sétif (Nahrungsmittelindustrie)
- Saidal (pharmazeutische Industrie)
- El Aurassi Hotel
- über 100 der rund 1.200 (öffentlichen) Apotheken.

Der staatlichen Investitionsagentur APSI lagen zeitweise 30.000 Projekte von Kleinunternehmen im Umfang von mehreren Milliarden USD vor, durch die über hunderttausend Arbeitsplätze hätten geschaffen werden können. Allerdings wurde nur ein geringer Teil dieser Projekte tatsächlich realisiert[147], was u.a. auf fehlende Kredite und das Fehlen eines ordentlichen Katastersystems zurückzuführen ist.[148]

Für die Zukunft ist in Hinblick auf weitere Privatisierungen geplant bzw. zu beachten:

- die Management-Basis der öffentlichen Unternehmen in bezug auf Marktorientierung und Kundenorientierung zu verbessern;
- den Privatisierungsprozeß insgesamt zu beschleunigen;
- im wesentlichen den gesamten Sektor der öffentlichen Wirtschaft für die Privatisierung zu öffnen[149];
- davon soll auch der Telekommunikationsbereich, die öffentliche Versorgung (z.B. Wasserwirtschaft) und schließlich auch Sonatrach erfaßt sein;

---

[147] Im Bezirk Tizi Ouzou wird auf einen Erfahrungswert von 3 % verwiesen.
[148] vgl. o.V.: Marktwirtschaftliches Credo in Algier, in: Neue Zürcher Zeitung, 05./06.08.2000
[149] Dies ist insofern bemerkenswert, als derartiges in der Vergangenheit praktisch Tabu war.

- die teilweise schwer angeschlagenen großen Unternehmen überdies prioritär zu behandeln und

- dabei zu berücksichtigen, daß die im Zuge dessen entstehenden Kosten nicht primär auf die (ebenfalls) zu restrukturierenden Banken zurückfallen;

- bei der Auswahl von Investoren soll die Maximierung des Verkaufserlöses – mit Blick auf Nachhaltigkeit – nicht das einzige Kriterium sein;

- Rechtssicherheit in bezug auf Eigentumsverhältnisse zu gewährleisten (vgl. Landwirtschaft, Wohnungswesen, Betriebsanlagen).

Insgesamt ein anspruchsvolles Vorhaben, bei dem das größte Problem letztlich doch die Balance ist, die zwischen verschiedenen Interessen und auch Widersprüchlichlichkeiten – sicherlich nicht leicht – zu finden sein wird.

„In an economy that is increasingly global, we need the sort of efficient management that only the private sector can provide."

(Mohamed Terbeche, Präsident und Generaldirektor der Banque Expérieure d'Algérie)[150]

Unabhängig von diesen Überlegungen existiert in Algerien bereits ein sich tendenziell ausweitender privater Sektor, dem etwa 160.000 Firmen meist kleinster Größe zugeschrieben werden, die wiederum insgesamt 640.000 Menschen beschäftigen sollen.[151]

	1994	1999
Landwirtschaft	99,1	99,6
Hydrokarbonsektor	0,4	5,0
Industrie	16,5	33,6
Bauwesen	60,7	68,0
Transport/Telekommunikation	53,9	72,8

---

[150] zit. in: Moynahan, Brian: Algeria – An Economy Reawakened, in: Newsweek 12.02.2001, Special Advertising Section
[151] vgl. Wimpissinger, Heinz: Einer wächst, der andere wird wachsen, in: Internationale Wirtschaft 7/2001, 24

Handel	84,2	97,0
Dienstleistungen	85,3	89,1
Gesamt	**46,6**	**51,8**
Gesamt ohne Hydrokarbonsektor	**64,8**	**76,6**

Tabelle 2-3 Private Wertschöpfung nach Wirtschaftssektoren in % (vgl. International Monetary Fund (IMF): IMF Staff Country Report No. 01/162, Algeria – Staff Report for the 2001 Article IV Consultation and Post-Programm Monitoring Discussion, Washington, D.C. 2001, 9)

Obige Tabelle zeigt, daß die Privatisierung in den letzten Jahren schon auf Fortschritte verweisen kann. Besonders betrifft dies – im Rahmen der Industrie – die Branchen Nahrungsmittel, Textil und Pharmazeutika. Im gewichtigen Hydrokarbonsektor befindet sich allerdings nach wie vor nur ein kleiner Anteil in privaten Händen, wenngleich auch hier bereits einiges in Bewegung gekommen ist.

Angesichts der im Zuge der genannten Privatisierungsbemühungen sicherlich stark rückläufigen Beschäftigung in den betroffenen großen Unternehmen liegen im Bereich der Klein- und Mittelbetriebe große Hoffnungen auf künftige Arbeitsplätze. Entsprechende Fördermaßnahmen müßten den Entwicklungen allerdings schon jetzt Rechnung tragen, wobei damit eventuell auch der Problematik der (umfangreichen) Schattenwirtschaft begegnet werden könnte.

Gleichheit, Markt, Profit, Wachstum

Gleichheit und wirtschaftliches Wachstum schließen einander nicht aus. Wohl gibt es Alternativen zu den Anpassungsprogrammen der internationalen Finanzinstitutionen. Denn erst Verteilungsgerechtigkeit schafft Märkte für arbeitsintensive Produkte, die kleine und mittelständische Unternehmen der Dritten Welt meist gut in der Lage sind, zu produzieren. Die Steigerung der Masseneinkommen führt zum Wachstum dieses Sektors, zur Steigerung der Beschäftigung, zur Verbesserung technischer Fertigkeiten und zum Aufbau einer lokalen Produktion, die längerfristig in der Lage sein mag, das große Importvolumen – insbesondere auch im Lebensmittelbereich – zu reduzieren.

Auf der Grundlage einer Erhebung bei algerischen Klein- und Mittelbetrieben[152] zeigt sich die Bedeutung der Nachfrage für die Produktion einfacher Konsumgüter des täglichen Bedarfs. Dabei sind derartige Unternehmen bei der Befriedigung dieser Nachfrage durchaus konkurrenzfähig.

Natürlich hängt in diesem Zusammenhang viel von einer prosperierenden Landwirtschaft und einem Zugang der Massen zu billigen Lebensmitteln ab. Gerade in diesem Bereich liegen künftig viele Möglichkeiten in einer solidarischen Zusammenarbeit gerade der Mittelmeeranrainerstaaten mit Europa.

2.5 Suche nach Investoren

Bouteflikas Bemühungen um wirtschaftliche Reformen werden im Ausland jedenfalls begrüßt. So konnte er bereits Investitionszusagen aus Ägypten und den Golfstaaten einholen. Auch scheint es, daß Investitionen arabischer Staaten in wichtigen Sektoren wie der Telekommunikationsbranche und im Hotel- und Gastgewerbe und in anderen Bereichen außerhalb des Erdölsektors Investitionen aus anderen Ländern nach sich ziehen werden. Im Rahmen der kürzlich ins Leben gerufenen Maghreb-Initiative sind auch die USA bestrebt, ihre Beziehungen zu Algerien auszubauen, was sich auch auf die europäischen Staaten, insbesondere auf Frankreich, auswirken wird.[153]

Allerdings scheint die Regierung mit ihren wirtschaftspolitischen Absichten der Situation im Land um einige Schritte voraus zu sein. Viele ausländische Investoren zögern noch und warten ab, welche Erfolge die Regierungspolitik tatsächlich bringt. Dabei wäre gerade das Engagement ausländischer Investoren ein Zeichen für den Erfolg der neuen

[152] Elsenhans, Hartmut; Kleiner, Elmar; Dreves, Reinhart J.: Gleichheit, Markt, Profit, Wachstum – Kleinindustrie und die Expansion des Massenmarktes mit einer Untersuchung aus Algerien, Hamburg 2001
[153] vgl. Economist Intelligence Unit, Algeria: Country outlook, 01.06.2000, http://www.eiu.com

Politik.[154] Das mangelnde Interesse ist u.a. auch darauf zurückzuführen, daß vornehmlich kleinere und zudem durchwegs in Schwierigkeiten befindliche Staatsunternehmen angeboten werden.[155]

Das ehemalige Planungsministerium wurde zum „Ministerium für Reformen" umgewandelt und zeichnet damit auch verantwortlich für Privatisierungsmaßnahmen und Joint Ventures. Doch obwohl die Privatisierungen seit längerem vorbereitet werden, findet sich kein Käufer. Abgesehen vom Erdölsektor ist kein bedeutender Aufschwung zu verzeichnen, der aber für eine erfolgreiche Diversifizierung der Wirtschaft unerläßlich wäre.

Finanzminister Benachenhou ist in diesem Zusammenhang der Ansicht, die Regierung habe alles getan, um günstige Rahmenbedingungen zu schaffen. Er glaubt, daß der Staat nicht mehr tun müsse, allerdings das, was er in Angriff nimmt, besser. Die Finanzpolitik Algeriens sollte nach Benachenhou drei Ziele verfolgen:

1. Mit einer nachhaltigen staatlichen Haushaltsdisziplin muß die Wirtschaft stabilisiert und weniger anfällig gegen Schwankungen des Erdölpreises gemacht werden.

2. Das Bankensystem muß reformiert werden.

3. Zudem ist es in Anbetracht der erfolgreichen Entwicklung der Auslandsverschuldung möglich, zusätzliche Kredite im Bankensektor aufzunehmen, wodurch ein weiterer Gang zum IWF vermieden werden könnte.[156]

Darüber hinaus schlug Benachenhou die Bildung eines Ausgleichsfonds vor. Dieser soll aus außerplanmäßigen Erdölsteuererträgen finanziert werden. Der Fonds soll dazu dienen, Schwankungen des Erdölpreises auszugleichen und kurzfristige, ungeplante Eingriffe ins Staatsbudget zu vermeiden. Die Mittel des Fonds könnten zur Deckung des Haus-

---

[154] vgl. o.V.: Marktwirtschaftliches Credo in Algier, in: Neue Zürcher Zeitung, 05./06.08.2000

[155] vgl. BfAI (Hrsg.): Neuer Anlauf für Privatisierungen in Algerien, http://www.bfai.com, 13.03.2001

[156] vgl. o.V.: Marktwirtschaftliches Credo in Algier, in: Neue Zürcher Zeitung, 05./06.08.2000

haltsdefizits oder auch ins nächste Haushaltsjahr übertragen und für soziale Belange verwendet werden. Durch die starke Abhängigkeit Algeriens vom Erdölexport wirkt sich bereits eine Schwankung von USD 1 per Barrel in Mehr- bzw. Mindereinnahmen bis zu DA 30 Mrd. aus.[157] Dies gibt selbstredend Auskunft über die realen wirtschafts- und finanzpolitischen Spielräume des Landes ...

2.6 Wirtschaftssektoren

Den größten Anteil am algerischen Bruttoinlandsprodukt (BIP) hat mit 47 % (1999) die Industrie (einschließlich Kohlenwasserstoffsektor), gefolgt vom Dienstleistungssektor mit 35,2 %. Die Landwirtschaft, in der etwa 24 % aller Beschäftigten tätig sind, trug 1999 lediglich mit 10,6 % zum BIP bei.

Algeriens Wirtschaft ist in großem Maße vom Hydrokarbonsektor abhängig, der 2000 mit 30,2 % zum BIP beitrug. Nahezu zwei Drittel aller Staatseinnahmen und fast 100 % der Exporteinnahmen stammen aus dem Hydrokarbonsektor. Aus diesem Grund wirken sich Schwankungen der Erdöl- und Erdgaspreise auf die gesamte volkswirtschaftliche Situation Algeriens aus.[158]

(in % des BIP)	1995	1996	1997	1998	1999
Hydrokarbonsektor	25,6	28,6	29,6	23,0	28,2
Landwirtschaft	9,7	10,8	9,4	11,1	10,6
Industrie	10,6	8,7	8,5	9,7	8,9
Bau	10,2	9,6	10,0	10,8	9,9
Öffentliche Dienstleistungen	11,7	12,2	12,5	13,5	12,7
Sonstige Dienstleistungen	23,0	21,8	22,0	23,8	22,5
Sonstige	9,2	8,3	8,0	8,1	7,2

Tabelle 2-4 Anteil der Wirtschaftssektoren am BIP 1994-99 (eigene Berechnungen basierend auf: International Monetary Fund (IMF): IMF Staff Country Report No. 00/105, Algeria – Recent Economic Developments, Washington, D.C. 2000c, 55)

---

[157] vgl. ebd.
[158] vgl. International Monetary Fund (IMF): IMF Staff Country Report No. 01/162, Algeria – Staff Report for the 2001 Article IV Consultation and Post-Programm Monitoring Discussion, Washington, D.C. 2001

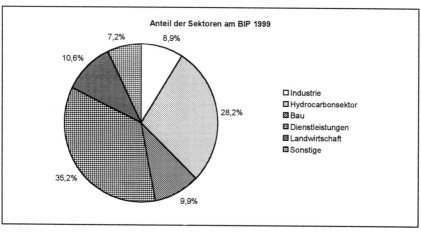

Abbildung 2-1 Anteil der Wirtschaftssektoren am BIP 1999 (erstellt nach: International Monetary Fund (IMF): IMF Staff Country Report No. 00/105, Algeria – Recent Economic Developments, Washington, D.C. 2000c, 55)

(in %)	1998	1999
Landwirtschaft	11,4	2,7
Industrie	3,9	4,8
Dienstleistungen	3,9	2,8

Tabelle 2-5 Durchschnittliches jährliches Wachstum der Sektoren (World Bank (Ed.): Algeria at a glance, http://www.worldbank.org, 12.10.2000)

1999 sollte die Weltbank über die Bereitstellung von USD 1 Mrd. zur Unterstützung verschiedener Wirtschaftssektoren entscheiden. „Not a dollar was taken up until June, when a loan was granted to the telecommunications sector."[159] Ebenso wenig nutzte Algerien die Fonds der EU, die, zumindest theoretisch, seit 1996 angeboten worden waren. Nur wenige private Investitionen von größerem Ausmaß sind bislang bekanntgegeben worden, obwohl eine gewisse Anzahl derzeit zur Diskussion steht.

---

[159] Uitenhagen, Pierre van: Algeria: attracting investors, in: Middle East International, 28.07.2000, 23

Projekt	Umfang*	Sektor	Status	Jahr
Transport Technical Assistance Project	8,72	Transport	Laufend	2001
Financial System Infrastructure Development	16,5	Finanzen	Laufend	2001
Energy and Mining Technical Assistance Loan Project	18	Bergbau	Laufend	2001
Budget Systems Modernization Project	23,7	Public Management	Laufend	2001
Institutional Strengthening of the Statistical Information System Project	0	Public Management	Laufend	2000
Telecommunications and Postal Sector Reform Project	9	Telekommunikation und Informatik	Laufend	2000
Privatization Assistance Project	5	Entwicklung des privaten Sektors	Laufend	2000
Ain Temouchent Emergency Earthquake Recovery Project	83,46	Multisektor	Laufend	2000
Modernization of Accounting Project	0	Public Management	Laufend	1999
Low-Income Housing Project	150	Stadtentwicklung	Laufend	1998
Civil Service	0	Public Management	Laufend	1997
Rural Employment Project	89	Landwirtschaft	Laufend	1997
Improving the Social Statistics Project	0	Multisektor	Beendet	1996
Industrial Pollution Control Project	78	Umwelt	Laufend	1996
Structural Adjustment Loan Project	300	Wirtschaftspolitik	Beendet	1996
Social Safety Net Support	50	Soziale Sicherheit	Beendet	1996
Highway Project	130	Transport	Laufend	1995
Economic Rehabilitation Support Loan Project	150	Wirtschaftspolitik	Beendet	1995
Mascara Emergency Reconstruction Project	51	Stadtentwicklung	Beendet	1994
Strengthening the Institutional Capacity of the National Public Health Institute (INSP)	0	Gesundheit, Ernährung & Bevölkerung	Beendet	1994

* IBRD/IDA amount at Board in USD$ millions. Does not reflect any cancellations; excludes grant funding.

Tabelle 2-6 Weltbank-Projekte in Algerien während der letzten fünf Jahre – Auswahl (erstellt nach World Bank (Ed.): World Bank Projects Database – Algeria, http://www.worldbank.org, 11.12.2001)

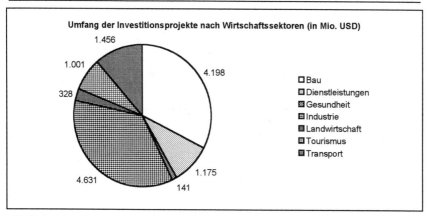

Umfang der Investitionsprojekte nach Wirtschaftssektoren (in Mio. USD)

1.456
1.001
328
4.198
4.631
141
1.175

☐ Bau
▨ Dienstleistungen
▨ Gesundheit
⊞ Industrie
▤ Landwirtschaft
⊞ Tourismus
▨ Transport

***Abbildung 2-2** Umfang der Investitionsprojekte nach Wirtschaftssektoren (Moynahan, Brian: Algeria – An Economy Reawakened, Newsweek 12.02.2001)*

2.6.1 Landwirtschaft

Mit 2,4 Mio. m² ist Algerien das zweitgrößte Land Afrikas. Doch nur knapp 4 % seiner Gesamtfläche – ein etwa 1.200 km langer und bis zu 200 km breiter Streifen entlang der Mittelmeerküste – können landwirtschaftlich genutzt werden. Dennoch besitzt die Landwirtschaft einen hohen Stellenwert in Algeriens Wirtschaft.

Knapp die Hälfte der Ackerflächen wird zum Anbau von Getreide genutzt. Weiter Hauptanbauprodukte sind Wein, Südfrüchte, Frühgemüse, Tabak, Datteln und Oliven. Zudem ist Algerien der weltgrößte Korklieferant. Große Teile des Ackerlandes leiden unter stetem Wassermangel. Die landwirtschaftliche Produktion ist demgemäß stark von den unterschiedlichen Wetterverhältnissen abhängig. Nur 7 % der Ackerfläche können künstlich bewässert werden. So konnte zum Beispiel 1998, nach einer strengen Trockenperiode im Vorjahr, ein Wachstum von mehr als 11 % verzeichnet werden. Im Folgejahr jedoch ging die bisherige Wachstumsrate auf 2,7 % zurück. Der Ausbau bzw. die Erweiterung der bewässerten Flächen sind entsprechend auch ein Vorhaben der Behörden, dem hohe Priorität eingeräumt wird.

		Algerien	Naher Osten und Nordafrika	Staaten mit mittlerem Einkommen	Staaten mit hohem Einkommen
Land mit Dauerkulturen (in % der Landfläche)	1980	0.3	0.4	1.0	0.5
	1997	0.2	0.7	1.0	0.5
Bewässertes Land (in % der Kulturfläche)	1979-81	3.4	25.8	23.9	9.8
	1995-97	6.9	35.5	19.4	11.2
Bebautes Land (Hektar pro Kopf)	1979-81	0.37	0.29	0.18	0.46
	1995-97	0.26	0.21	0.23	0.41
Landwirtschaftliche Maschinen (in Traktoren pro Tausend landwirtsch. Arbeiter)	1979-81	27	12	..	520
	1995-97	41	25	..	906
Landwirtschaftliche Produktivität (Landw. Wertschöpfung pro landwirtsch. Arbeiter in USD von 1995)	1979-81	1,411	..	..	..
	1995-97	1,943	..	..	..

Tabelle 2-7 Bodennutzung und landwirtschaftliche Produktivität (vgl. Weltbank (Hrsg.): Weltentwicklungsbericht 2000/2001 – Bekämpfung der Armut, Bonn 2001, 340f)

Wie seine nordafrikanischen Nachbarn auch, ist Algerien zur Absicherung der Versorgung der Bevölkerung auf umfangreiche Lebensmittelimporte angewiesen. Nahrungsmittel nehmen etwa ein Viertel aller Importe ein. 1997 beispielsweise konnten, auch bedingt durch die Trockenperiode, nur rund 10 % des Getreidebedarfes im eigenen Land produziert werden.

1999 betrug der Anteil der Landwirtschaft rund 11 % am BIP und beschäftigte 24 % der arbeitenden Bevölkerung.[160] Die landwirtschaftliche Produktion unterliegt in Algerien großen Schwankungen, die auf unterschiedliche Faktoren (insbesondere Trockenheit) zurückzuführen sind. Der gesamte Output ist insgesamt nicht ausreichend, um den Inlandsbedarf zu befriedigen. Der Beitrag der Landwirtschaft zur Ernäh-

---

[160] Tendenz in jeder Hinsicht rückläufig; auch die meisten Arbeitslosen kommen aus der Landwirtschaft.

rung der Bevölkerung soll nur 20 % betragen, die fehlenden 80 % bedeuten Abhängigkeit von Importen, die konstant rund ein Viertel der Gesamtimporte umfassen. Besonders knapp ist Getreide, mit dem nur 10 % der Nachfrage gedeckt werden können: „Die Kornkammer des Altertums ist heute einer der größten Weizenimporteure der Welt"[161]. Dies ist nicht zuletzt auf die mit 1.000 kg/ha relativ geringen Hektarerträge zurückzuführen (vgl. USA 5.115 kg/ha). Getreide wird hauptsächlich in den Gegenden um Ammada, Sétif, Constantine und Tiaret angebaut. Die Getreidesaat wird aus Frankreich, Kanada und USA importiert[162]. Aufgrund der fehlenden Niederschläge ist im Landesinneren der Anbau von Getreide sehr schwierig bzw. unmöglich. Die Getreideproduktion war zudem 1999 durch eine heftige Trockenperiode während des Frühjahrs stark betroffen. Nicht unbedeutend ist der Weinbau in den Küstengegenden, dessen Produkte auch exportiert werden. So entfallen etwa 60 % des Exportwerts von Agrarprodukten auf Wein und Trauben, ihre Ausfuhr hat zudem lange Tradition.

50 % der landwirtschaftlichen Produktion resultiert aus der Viehwirtschaft, deren Bestand mit etwa 22 Mio. Tieren beziffert wird. Der Viehbestand setzt sich aus Schafen (rund 80 %), Ziegen (rund 14 %) und Rindern (rund 6 %) zusammen. In diesem Bereich ist das Land auch in der Lage, seinen Bedarf aus eigener Produktion nahezu zu dekken.

Im letzten Jahrzehnt kann auf eine – besonders in den letzten Jahren – starke Steigerung der Milchproduktion zurückgeblickt werden.

Die Fischereiwirtschaft ist mit rund 3 % der landwirtschaftlichen Produktion marginal. Überwiegend werden Sardinen gefangen; der Fang von Krustentieren ist mengenmäßig gering, wertmäßig aber ertragreich. Trotz des aufgrund der 1.200 km langen Meeresküste großen Fischfangpotentials und des Einsatzes verschiedener Fördermaßnahmen in jüngerer Zeit wird die Fischerei in Algerien nach wie vor fast aus-

---

[161] Wimpissinger, Heinz: Einer wächst, der andere wird wachsen, in: Internationale Wirtschaft 7/2001, 24
[162] Aus den USA importierte Algerien 2000 landwirtschaftliche Produkte für USD 250 Mio. (vgl. ArabDataNet, http://arabdatanet.com, 07.06.2001)

schließlich von kleinen privaten Unternehmen mit entsprechenden Fischerbooten betrieben. Man verfügt nur über wenige hochseetüchtige Fischerboote. Trotz modernisierter Häfen und der seit 1994 auch für Ausländer bestehenden Möglichkeit, in algerischen Gewässern zu fischen, besteht derzeit lediglich eine größere Fischereigesellschaft, die 1999 von privaten Investoren gegründete *Union Pêche*. Der nach wie vor gegebene Mangel an geeigneten Lagerungs-, Transport- und Vermarktungsmöglichkeiten stellt nach wie vor den wichtigsten Engpaß für den Ausbau der Fischereiwirtschaft dar.

Bis 1987 waren sämtliche landwirtschaftlich genutzten Flächen in öffentlichem Eigentum, rund ein Drittel sind dies nach wie vor. Zwei Drittel der landwirtschaftlich genützten Fläche (etwa 5 Mio. km²) befindet sich gänzlich in Privateigentum. Bisher wurden davon – mit Hilfe der Weltbank – etwa die Hälfte grundbücherlich erfaßt. Die ursprünglich gänzlich staatlichen *Domaines agricoles socialistes* wurden 1987 in kleinere Einheiten geteilt, die heute entweder gemeinschaftlich als *Enterprises agricoles collectives (EAC)* oder induividuell als *Enterprises agricoles individuelles (EAI)* auf der Basis von 99-jährigen Pachtverträgen geführt werden. Dabei unterliegen die Bauern sowohl was den Anbau als auch die Vermarktung anbelangt, keinen staatlichen Regulierungen. Für die Nutzung ist an den Staat lediglich die Grundsteuer abzuführen. In den letzten Jahren ist festzustellen, daß die EAC's gewissen Erosionstendenzen unterliegen und ihr kollektiver Charakter zunehmend zugunsten von individueller geführten Einheiten aufgeht.

Seit 1998 besteht ein Programm zur Förderung der Erweiterung der kultivierten Flächen auf Konzessionsbasis. Dabei werden entsprechende Vorhaben sowohl auf ihre Profitabilität als auch auf ihre Umwelt- und Sozialverträglichkeit geprüft. Zunächst stehen etwa 600.000 ha für die Vergabe von rund 50.000 Konzessionen zur Disposition. Längerfristig wird auf dieser Basis die Kultivierung von 1,5 Mio. ha angestrebt. Darüber hinaus gibt es schon seit längerem Überlegungen, die Landwirtschaft in der Sahara (weiter) zu entwickeln. Die Resultate blieben aufgrund von sehr hohen Bewässerungs- wie auch Transportkosten bisher freilich bescheiden.

Die Kanalisierung der finanziellen Unterstützung für den Sektor erfolgt in jüngster Zeit über den neugeschaffenen *Fonds nationale de la régulation et du développement agricoles (FNRDA)*. Dieser wird direkt aus dem staatlichen Budget dotiert und über die *Caisse nationale de mutualité agricole* geführt wird. Im Rahmen der direkten Förderungen sind die Ermöglichung eines erleichterten Zuganges zu Krediten, Zinsstützungen und Preissubventionen zu nennen. Für Preisstützungen wurden 1999 DA 8 Mrd. aus dem Budget aufgewendet.

In den letzten Jahren erfolgte ungeachtet der Bedeutung des Sektors – die auch den Behörden wohl bewußt ist – eine Einschränkung der Hilfen für die Landwirtschaft. Die Erweiterung der landwirtschaftlich genützten Flächen, die Bekämpfung der Desertifikation und die Erhöhung der Produktivität im allgemeinen sind allerdings nach wie vor virulente Themen.

Vor diesem Hintergrund kündigte die algerische Regierung am 26.04.2001 an, daß sie in den Jahren 2001-2004 im Rahmen des „Programme of Support to Boost the Algerian Economy" unter anderem in die Landwirtschaft USD 900 Mio. investieren wird. Geplant sind im Rahmen dessen[163]:

- 500.000 neue Arbeitsplätze zu schaffen;

- ein Wachstum der Landwirtschaft von 10 % zu erreichen;

- die kultivierte Fläche um 700.000 Hektar zu vergrößern;

- die bewässerte Fläche um 200.000 Hektar zu vergrößern;

- 500.000 Hektar aufzuforsten;

- die Ansiedelung von Hunderten Kleinbetrieben (z.B. Ölmühlen).

---

[163] vgl. Embassy of the People's Democratic Republic of Algeria in Washington, D.C 2001

2.6.2 Bergbau

Algerien verfügt – abgesehen von den Öl- und Gaslagerstätten – über nicht unbeträchtliche Bodenschätze wie etwa Gold, Zink, Eisenerz und Phosphate. Diese machen das Land potentiell zu einem der reichsten Länder Afrikas. Dennoch ist der Bergbausektor nicht stark ausgebaut, das Engagement ausländischer Investoren ist (zumal in den letzten Jahren) erwünscht, aber bis auf wenige Ausnahmen noch nicht realisiert. Für die Gewinnung ausländischer Investoren ist in jüngster Zeit das *Office Nationale de la Recherche Géologique et Minière* (ORGM) verantwortlich. Bergbau und Förderung liegen in den Händen der staatlichen Bergbauholding, die gegenwärtig 32 Minen, 26 Steinbrüche und acht Verarbeitungsanlagen sowie eine Reihe von Zuliefer- und Servicebetrieben für die Branche verwaltet.

Die wichtigsten Vorkommen sind[164]:

- die Goldminen in Tirek und Amesmessa (geschätzte Vorkommen: insgesamt 3 Mio. oz);

- die Phosphatmine in Djebel Onk (geschätztes Vorkommen: 2400 Mio. t);

- Eisenerzvorkommen in Quenza und Bou Khrada (insgesamt 5000 Mio. t);

- Zinklagerstätten in Ghazaouet und Oued (Zink und Blei, 30 Mio. t);

- Diamanten im Gebiet von Reggane;

- verschiedene Salzminen.

Aktuelle Vorhaben sind die weitere Aufschließung der Goldvorkommen in Tirek und Amesmessa und die Gewinnung von Partnern, mit deren Hilfe man mittelfristig jährlich 50.000 oz (Tirek) und 100.000 oz (Amesmessa) gewinnen möchte. Große Erwartungen werden zudem in das Gebiet von Hoggar gesetzt, wo Gold in einer geschätzten Menge von 400.000 oz lagern soll. Eine Kooperation des Schweizer Unternehmens Glencore mit der algerischen Firma Metanof plant die weitere

---

[164] vgl. Mbendi: Profile Algeria, http://www.mbendi.co.za, 19.08.2001

Ausbeutung der Zinklagerstätten in Ghazaouet. Der Weltmarktführer De Beers zeigt sich an den Diamantenvorkommen interessiert.

2.6.3 Industrie

Seit den 1970er Jahren verfolgt Algerien in Hinblick auf seine Industriepolitik eine Import-Substitutions-Strategie. Sie soll die Abhängigkeit von Warenimporten eindämmen und die Möglichkeit schaffen, diese im eigenen Land zu produzieren. Diese Politik führte zu einer relativ starken Entwicklung der industriellen Kapazitäten, die allerdings nach wie vor großteils dem öffentlichen Sektor zugehören. Probleme der algerischen Industrie sind die ausländische Konkurrenz, die immer noch gegebene Abhängigkeit von importierten Materialien, Ausrüstungen und Ersatzteilen. Im letzten Jahrzehnt waren infolge dessen zwei wesentliche Änderungen in der Industriepolitik zu verzeichnen: Zum einen die Einschränkung der Importe, die allerdings Input-Knappheiten verursachte; zum zweiten eine Liberalisierung des Außenhandels, die allerdings gleichzeitig in einer Intensivierung des internationalen Wettbewerbs mündete. Als Resultat dieser Entwicklungen schrumpfte der industrielle Sektor (ohne Erdölwirtschaft) – gemessen an seinem Anteil am BIP – nicht unbeträchtlich von 12 % (1993) auf 9 % (1999). Nach dem nicht unbeträchtlichen Rückgang Mitte der 1990er Jahre konnte die Industrieproduktion in den letzten Jahren wieder gesteigert werden, besonders 1998 mit 8,4 %. Die chemische und Nahrungsmittelindustrie, nicht zuletzt aber die nach wie vor im öffentlichen Sektor tätigen Unternehmen trugen dazu wesentlich bei.

Den wichtigsten Zweig der algerischen Industrie stellt der Kohlenwasserstoffsektor – Erdgas, Erdöl, Kondensate, Raffinerie-Erzeugnisse – dar. Dies mündet nicht allein im hohen Anteil am BIP (30,2 %) und an den Staatseinnahmen (etwa zwei Drittel), sondern vielmehr in einem fast 100 % betragenden Anteil an den Exporterlösen.

Algerien ist eines der rohstoffreichen Länder Afrikas. Die wirtschaftlich größte Rolle spielen dabei Erdöl und Erdgas. Mit 159,7 Mio. Kubikfuß Erdgas verfügt Algerien über die achtgrößten Reserven der

Welt. Die nachgewiesenen Erdölreserven belaufen sich auf rund 9,2 Mrd. Barrel (per 01.01.2000) und stellen damit nach Libyen und Nigeria die drittgrößte Reserve Afrikas dar.[165] Bislang wird erst rund ein Viertel der bekannten Erdöl- und Erdgasvorkommen genutzt.[166] Die beiden bedeutendsten Förderorte sind Hassi Messaoud (Erdöl) und Hassi R'Mel (Erdgas). Terminals befinden sich in Algiers, Annaba, Arzew, Béjaïa, Oran, Skikda und La Skhirra (Tunesien).[167] Hauptabnehmer algerischen Erdöls und Erdgases sind Italien, Spanien, Frankreich, Belgien, die USA und die Türkei.

Algerien besitzt ebenfalls bedeutende Quecksilber- und Phosphatlagerstätten sowie Vorkommen an Eisenerz (mit einer bedeutenden Stahlindustrie), Zink, Blei, Uran, Kupfer, Silber, Salzen, Kaolin und Schwefel. Obwohl sich die Regierung bereits längerer Zeit um die Erschließung der anderen Rohstoffreserven bemüht, werden derzeit immer noch vorrangig Erdöl und Erdgas gefördert und exportiert.[168]

Nicht unbedeutend ist – nicht zuletzt auch wegen der nennenswerten Rohstoffvorkommen – die Stahlindustrie, die in der Vergangenheit nach dem Erdölsektor ein wichtiger Wachstumsmotor war. Die wichtigsten Anlagen sind der Komplex von El Hadjar und ein größeres Werk in Oran.

Die einheimische Investitionsgüterindustrie wurde lange Zeit vernachlässigt. Planungen gingen davon aus, daß die lokal produzierten Investitionsgüter auf dem Weltmarkt ohnehin nicht mithalten könnten und orientierten auf einen „Seiteneinstieg" in Technologie über den Import von Maschinen. Die auf diese Weise auf den algerischen Markt gelangte Technologie kann jedoch von den wenigen qualifizierten Arbeitskräften häufig nicht nachgebaut werden. Für technologisch weniger komplizierte Produkte hat es in den Zeiten vor der Krise keinen

---

[165] United States Energy Information Administration (EIA), Algeria, http://www.eia.doe.gov, 12.12.2000, 2

[166] Gsteiger, Fredy: Warten auf die Mutigen, in: Die Zeit, 06.12.1996, 29

[167] vgl. United States Energy Information Administration (EIA), Algeria, http://www.eia.doe.gov, 12.12.2000, 2

[168] Bundesstelle für Außenhandelsinformation – BfAI (Hrsg.): Geschäftspartner Algerien, Köln 1992, 18f

Markt gegeben. In wirtschaftlich guten Zeiten wurden Qualifizierungs-
maßnahmen zur lokalen Produktion von Investitionsgütern abgeblockt,
in schlechten Zeiten fehlten die finanziellen Mittel.[169]

Nach wie vor dominieren im industriellen Sektor die staatlichen Unternehmen, die etwa 75 % der algerischen Industrieproduktion herstellen.
Eine positive Entwicklung der Privatwirtschaft ist erst in jüngster Zeit
zum bemerken. Bis 1994 war die Ressourcenverteilung in Algerien
weitgehend staatlich administriert; Preise, Produktionsmengen und Entscheidungen über Kreditvergaben standen unter direkter staatlicher
Kontrolle.

2.6.4 Chemie

Im Zusammenhang mit dem starken algerischen Erdölsektor hat sich
auch eine – zumindest teilweise nachgelagerte – nicht unbedeutende
und expansive chemische Industrie entwickelt, die auch erheblich zur
Wirtschaftsleistung des Landes beiträgt. Diese trägt auch die Hoffnungen des Landes auf eine Stärkung des Nicht-Hydrokarbonsektors und
dessen (künftiges) Vermögen, namhaft zu exportieren und nicht zuletzt
den diesbezüglichen Inlandsbedarf nachhaltig decken zu können. Zumindest indirekt bestimmt auch in der chemischen Industrie Sonatrach
das Geschehen, zumal das wichtigste Chemieunternehmen des Landes
Entreprise nationale d'industrie pétrochimique (ENIP) ein Toch-
terunternehmen ist. Insbesondere werden Düngemittel produziert, die
den Inlandsbedarf im wesentlichen decken können.

Obwohl Algerien über eine substantielle petrochemische Industrie verfügt, sind derzeit aufgrund ungenutzter Kapazitäten mitunter in nicht
unbeträchtlichem Ausmaß dennoch Importe notwendig.

Ein Großteil der petrochemischen Anlagen Algeriens befindet sich in
Annaba, Arzew und Skikda:

---

[169] Elsenhans, Hartmut: Algerien, in: Nohlen, Dieter; Nuscheler, Franz (Hrsg.):
Handbuch der Dritten Welt, Bd. 6: Nordafrika und Naher Osten, Bonn 1993, 200f

Standort	Anlagen	Kapazität
Annaba	Ammoniumphosphat-Düngemittel-Anlage Ammoniumnitrat- und Salpeter-säure-Komplex	550.000 t/Jahr
Arzew	Anlagen zur Herstellung von Ammonium, Harnstoff und Ammoniumnitrat	365.000 t/Jahr Ammonium 146.000 t/Jahr Harnstoff 182.500 t/Jahr Ammoniumnitrat
Skikda	High-density-Polyethylen-Anlage Ethylen-Cracker Aromastoffe-Komplex	130.000 t/Jahr 120.000 t/Jahr

Tabelle 2-8 Die größten petrochemischen Anlagen (United States Energy Information Administration (EIA), Algeria, http://www.eia.doe.gov, 12.12.2000, 4)

2.6.5 Erdöl und Erdgas

Der Erdölsektor dominiert die algerische Wirtschaft mit etwa 30 % des BIP (2000) – ähnlich wie in den Golfstaaten. Der Sektor war in den letzten Jahren – mit einer durchschnittlichen Wachstumsrate von 5,5 % – *der* Wachstumsmotor schlechthin. Rund ein Viertel der gesamten Investitionen und der Großteil der Auslandsinvestitionen entfallen auf die Branche. Gleichzeitig umfassen die Exporte aus der Erdölwirtschaft rund 95 % der Gesamtexporte Algeriens. Die Erträge tragen 60 % zu den Staatseinnahmen bei und sind gleichzeitig die wichtigste Deviseneinnahmequelle. Entsprechend vertritt Algerien als OPEC-Mitglied – nicht zuletzt auch aufgrund der hohen Qualität des Öls – eine Hochpreispolitik. Große Hoffnungen bzw. Zukunftsperspektiven werden zudem an die Gewinnung des ökologisch sauberen Erdgases geknüpft.

In bezug auf die noch verfügbaren Ölreserven liegt Algerien mit geschätzten Vorräten von 10 Mrd. Barrel weltweit an 15. Stelle. Deren Vorhaltezeit wird auf 35 Jahre geschätzt. In Hinblick auf die Ergasreserven rangiert das Land mit etwa 36 Mrd. Barrel (Öl-Äquivalent) an 8. Stelle, die für mindestens 70 Jahre vorhalten sollen.

Auf dem Erdölsektor sind von algerischer Seite eine sehr beschränkte Anzahl von Unternehmen tätig. Der wichtigste *player* ist die Firma *SONATRACH (Société nationale pour le transport et la commerciali-*

sation des hydrocarbures), mit etwa 35.000 Beschäftigten gleichzeitig das größte algerische Unternehmen und zwölftgrößte Ölgesellschaft weltweit. Die Aktivitäten von Sonatrach erstrecken sich auf Exploration, Öl- und Gasproduktion, Vermarktung und Transport. *NAFTEC (Entreprise nationale de raffinage des produits pétroliers)* ist für alle Angelegenheiten der Raffinierung verantwortlich, *NAFTAL (Entreprise nationale de commercialisation et de distribution de produits pétroliers)* für die Distribution im Inland. Ein Netzwerk von 1.648 Tankstellen, der größte Teil davon in privater Hand, versorgt Pkw und Lkw.[170] Die inländische Vermarktung von Erdgas und Strom wird von *SONELGAZ (Société nationale d'électricité et de gaz)* wahrgenommen. Darüber hinaus sind verschiedenste im öffentlichen Eigentum stehende Unternehmen in Aktivitäten im Rahmen des Erdölsektors involviert (z. B. Engineering, Bohrtechnik, Produktion, Seetransport). Ausländische Beteiligungen im Erölsektor sind seit 1986 im Form von Konzessionen, *Production-Sharing-Agreements* und Serviceverträgen möglich. In jedem Fall behält sich der Staat das Recht vor, an derartigen Aktivitäten – z.B. in Form von Joint Ventures – zu partizipieren. Die ausländischen Unternehmen sind jedenfalls berechtigt, die erzielten Gewinne in ihr Stammland zu transferieren.

> *„The potential for drilling is enormous, given the incomplete exploration of large areas of the sahara".*
>
> *„We are interested in partnerships that will bring new drilling technology as well as investment funds".*
>
> (Daoud Sahbi, Director General of Entreprise Nationale des Forage/Sonatrach)[171]

Folgende Produkte der Erdölwirtschaft, bestimmt für Export und Inlandskonsum (ca. 20 %) werden unterschieden:

- Rohöl, dessen Förderung im Rahmen der OPEC-Quote Algeriens mit 788.000 b/d (Stand: März 2000) limitiert ist;

---

[170] vgl. Moynahan, Brian: Algeria – An Economy Reawakened, in: Newsweek 12.02.2001, Special Advertising Section
[171] zit. in: ebd.

- Raffinierte Rohölprodukte;

- Erdgas (zu transportieren mit Pipelines oder transformiert als Flüssiggas);

- Kondensate, ein Nebenprodukt der Erdgasproduktion;

- Flüssiggas *(liquefied natural gas)*, zu separieren in Butan und Propan.

Grund für die erfolgreiche Entwicklung des Kohlenwasserstoffsektors war und ist die hohe Auslandsnachfrage. Algerien selbst kann die notwendigen Investitionen in diesem Bereich allerdings nicht aus eigener Kraft durchführen. Durch die stärkere Öffnung dieses Sektors für ausländisches Kapital und die Verabschiedung entsprechender Gesetze können sich nun ausländische Unternehmen noch stärker auf diesem Gebiet engagieren.

Eine Reihe neuer Erdöl- und Erdgasfunde in jüngerer Zeit haben Algeriens Status als eines der vielversprechenden Hydrokarbongebiete, das auf internationale Investoren wartet, bestätigt. Die von der staatlichen Ölgesellschaft Sonatrach geplante Erhöhung der Förderungsmenge steht jedoch grundsätzlich in Konflikt mit dem an die OPEC gegebenen Versprechen zur Verringerung des Fördervolumens.[172]

Vom Kohlenwasserstoffsektor abgesehen, wies die algerische Industrie in den vergangenen Jahren nur geringe Zuwachsraten auf. Ein Ausbau der verarbeitenden Industrie bzw. eine Diversifikation der Wirtschaft werden deshalb angestrebt.

---

[172] o.V.: Special report oil and gas – Algeria, in: MEED, 24.07.1998, 13

Überblick über den Energiesektor		
Nachgewiesene Erd- ölreserven	1.1.2000[**]	9,2 Mrd. Barrel
Erdölproduktion	1999[*]	1,36 Mio. b/d (davon 772.301 b/d Rohöl, 430.000 b/d Kondensate, 155.000 b/d NGL)
Erdölproduktionska- pazität	2000[**]	1,5 Mio. b/d
OPEC-Quote Erdöl- produktion	3/2000	788.000 b/d
Erdölverbrauch	1999[*]	235.000 b/d
	2000[**]	240.000 b/d
Raffineriekapazität	1.1.2000[**]	502.665 b/d
Erdölexporte (netto)	1999[*]	967.999 b/d
	2000[**]	985.000 b/d
Erdgasreserven	1.1.2000[**]	159,7 Tcf (Bio. Kubikfuß)
Erdgasproduktion	1998[*]	2,6 Tcf
Erdgasverbrauch	1998[*]	0,7 Tcf
Erdgasexporte	1998[*]	1,9 Tcf
	2000[**]	2,1 Tcf
Liquified Natural Gas (LNG)-Abnehmer	1998	Frankreich, Spanien, USA, Italien, Belgien, Türkei
Natural Gas- Abnehmer (Pipeline)	1998	Italien, Spanien, Tunesien, Slowenien, Portugal
Exportkapazitäten Natural Gas	1999[*]	2,44 Tcf (1,24 Tcf per Pipeline, 1,20 Tcf per Tanker)
	2000[**]	2,6 Tcf (1,38 per Pipeline, 1,22 Tcf per Tanker)
Kohlereserven	1998[*]	44 Mio. Short Tons
Kohleproduktion	1998[*]	0,02 Mio. Short Tons
Kohleverbrauch	1998[*]	0,84 Mio Short Tons
Kohleimporte (netto)	1998[*]	0,82 Mio. Short Tons
Kapazitäten Elektro- energieerzeugung	1998[*]	6,0 Gigawatt
[*] geschätzt; [**] Prognose		

Tabelle 2-9 Überblick über den Energiesektor (vgl. United States Energy Information Administration (EIA), Algeria, http://www.eia.doe.gov, 12.12.2000, 8)

Überblick über den Erdöl- und Erdgassektor	
Organisationen	*Entreprise nationale pour la recherche, la production, le transport, la transformation et la commercialisation des hydrocarbures (**Sonatrach**)* • staatliches Unternehmen für Exploration, Transport und Vermarktung von Erdöl, Erdgas und Hydrokarbonprodukten *Entreprise nationale de raffinage des produits pétroliers (**Naftec**)* • betreibt und managt alle Raffinerien; *Entreprise nationale de commercialisation et de distribution des produits pétroliers (**Naftel**)* • Vertrieb im Inland *Société nationale d'électricité et de gaz (**Sonelgaz**)* • Vermarktung von Erdgas und Elektrizität im Inland *Société de conditionnement, commercialisation & transport de gaz industriels (**Cogiz**)* • Herstellung von Erdgasnebenproduktion
Terminals	Algiers, Oran, Annaba, Skikda (LNG), Arzew (LNG) (Kondensate), La Skhirra/Tunesien (Rohöl) Béjaïa,
Natural Gas Export Pipelines	TransMed (Hassi R'Mel-Tunisia-Sicily-Italy (Minerbo), Maghreb-Europe Gas (MEG) (Hassi R'Mel-Morocco-Spain (Cordoba)-Portugal (Leiria)
Rohöl-Raffinerien (Kapazität in b/d); 1999*	Skikda (351,800), el-Djazair (63,323), Arzew (58,632), Hassi Messaoud (28,910)
LNG Facilities (Design/Refurbished Capacity – billions cubic feet per year); 1997	Arzew GL4Z (54), Arzew GL2Z (341.3), Arzew GL1Z (429), Skikda GL1K (287)
Ausgewählte in Algerien tätige ausländische Ölgesellschaften	Agip, Louisiana, Sasol, Anadarko, Maersk, Samsung, Arco, Mobil-Exxon, Sun Oil, BP-Amoco, Neste Oy, Talisman, BHP, Oryx, Total, Cepsa, PetroCanada, Wintershall, Daewoo, Phillips, YPF Lasmo, Ranger, Lundin, Repsol,

*geschätzt

Tabelle 2-10 *Überblick über den Erdöl- und Erdgassektor (vgl. United States Energy Information Administration (EIA), Algeria, http://www.eia.doe.gov, 12.12.2000, 9)*

Erstmals gefunden wurde Erdöl in Algerien bereits 1956 im Hassi Messaoud-Ölfeld. Dennoch gilt Algerien als *under-explored*. Algeriens Öl gilt mit als eines der besten der Welt.

Die derzeit nachgewiesenen Erdölreserven (per 01.01.2000) belaufen sich auf 9,2 Mrd. Barrel. Die algerischen Energieverantwortlichen gehen jedoch von viel größeren Mengen aus; dies auch aufgrund der Tatsache, daß in den letzten Jahren vor allem ausländische Ölgesellschaften große Mengen Erdöl und Erdgas gefunden haben. Im Rahmen eines Programmes für den Zeitraum 1996-2000 wurde geplant, daß Sonatrach gemeinsam mit den ausländischen Partnern des Unternehmens die Erdölförderung auf 1,5 Mio. b/d erhöht. Dabei wurde die Erschließung von 300 weiteren Quellen ins Auge gefaßt.

Angeregt durch die kürzlichen Funde wurden neue Pläne für weitere Explorationsarbeiten, eine Verbesserung der über entdeckte Felder vorhandenen Daten sowie den Einsatz eines modernen „Ölerkundungssystems" erarbeitet. Im Zusammenhang mit den neuen Funden und der Erhöhung der Fördermenge läßt sich für die Zukunft schließen, daß Algeriens Rohölexporte im Laufe der nächsten Jahre zunehmen werden. Rund 90 % aller Rohölexporte Algeriens gehen nach Westeuropa. Dabei stellt Italien, vor Deutschland, Frankreich, den Niederlanden, Spanien und Großbritannien, den Hauptabnehmer dar.[173]

Erdölförderung

Nach dem drastischen Ölpreisrückgang 1998 stimmte die OPEC einer Verringerung ihrer täglichen Produktion um 2,6 Mio. Barrel zu. Algeriens Förderquote wurde dadurch um 80.000 b/d auf 731.000 b/d reduziert. 1999 wurden in Algerien durchschnittlich 772.301 b/d Erdöl gefördert. Hinzu kamen 430.000 b/d Kondensate und 155.000 b/d Erdgas, was insgesamt eine Fördermenge von 1,36 Mio. b/d ergibt. Für 2000 wurde mit einer Gesamtfördermenge von 1.4 Mio. b/d gerechnet, was aber durch eine Reduktion der Quote seitens der OPEC auf 741.000

---

[173] vgl. United States Energy Information Administration (EIA), Algeria, http:// www.eia.doe.gov, 12.12.2000, 2f

b/d (-4,1 %) nicht realisiert werden konnte. Man beabsichtigt, diese Fördermenge mittelfristig dennoch auf konstant etwa 1,5 Mio. b/d auszubauen. Damit steht man aber beständig im Konflikt mit der OPEC-Quote, die man damit regelmäßig um nahezu das Doppelte überschreiten würde. Nachdem die Differenz sicherlich nicht im Inland verwertet wird, kann von künftig zunehmenden Druck auf die Quotenregelung ausgegangen werden.

Hassi Messaoud ist Algeriens größtes Ölfeld. Die geschätzten Reserven des Feldes belaufen sich auf etwa 6,4 Mrd. Barrel, das entspricht 65 % der Reserven des Landes. Täglich werden hier rund 400.000 Barrel 46° API-Rohöl gefördert. Weitere Ölfelder sind Tin Fouyé Tabankort Ordo, Zarzaitine, Haoud Berkaoui/Ben Kahla, Rhourde el-Baguel, el-Gassi el Agreb und Ait Kheir. Im Hassi R'Mel-Feld werden täglich rund 18.000 Barrel 46,1° API Rohöl gefördert.

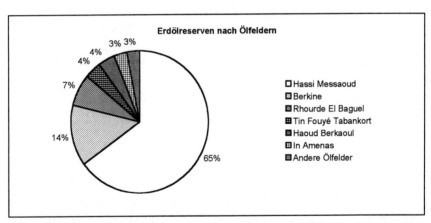

Abbildung 2-3 Erdölreserven nach Ölfeldern (Sonatrach, in: Richards, Catherine: Detente bodes well for new investment, in: MEED, 29.10.1999, 13f)

Anders als bei den meisten anderen OPEC-Staaten sind Algeriens Ölfelder seit mehreren Jahren bereits offen für ausländische Investoren. Derzeit sind ca. 25 Ölgesellschaften aus 19 Ländern in Algerien tätig. Neben Anadarko (teilweise im Eigentum von Sonatrach), die zwei neue Ölfelder mit geschätzten Reserven von insgesamt 2 Mio. Barrel entdeckt hat, sind etwa Agip, Arco, BP-Amoco, Cepsa, Lundin, Maersk,

Mobil-Exxon, Phillips Petroleum, Petro-Canada, Petronas, Plus Petrol, Repsol, Lasmo, Burlington Resources, Talisman Energy und Occidental Petroleum Corporation in Algerien tätig. Die Regierung beabsichtigt, daß in etwa fünf Jahren doppelt so viele Gesellschaften tätig sein sollen.

Als eines der größten Joint Ventures in Algerien gilt das von Anadarko, Lasmo und Maersk Oil, die gemeinsam das südliche Hassi Berkine-Ölfeld erschließen. Derzeit werden dort etwa 65.000 b/d gefördert. Man rechnet mit einer Vervierfachung der Fördermenge bis zum Jahr 2002. Anfang 1999 unterzeichnete die Oryx Energy Company einen Fünfjahresvertrag über USD 28,8 Mio. mit Sonatrach. Oryx' Aufgabe ist die Durchführung seismischer Untersuchungen und von Bohraktivitäten im Timissit-Gebiet in Südostalgerien.[174]

Abbildung 2-4 *Anzahl der gewonnenen internationalen Investoren im Erdölsektor (nach Sonatrach, in: MEED, 16.02.2001, 5)*

Umstrukturierung von Sonatrach

Algeriens Energieminister Chakib Khelil gab kürzlich bekannt, daß eine Umstrukturierung der staatlichen Ölgesellschaften Sonatrach und Sonelgaz geplant sei, um verstärkt ausländische Investoren anzuziehen. Sonatrach würde zwar nach wie vor die staatliche Ölgesellschaft blei-

---

[174] United States Energy Information Administration (EIA), Algeria, http://www.eia.doe.gov, 12.12.2000, 2f

ben, würde aber gezwungen werden, sich dem Wettbewerb zu stellen. Der Staat muß im Rahmen seiner Maßnahmen gegen die Auslandsverschuldung, die das Wachstum behindert, andere Finanzierungsquellen nutzen, gleichzeitig aber seine Position als Mehrheitseigentümer sicherstellen.

Im Rahmen eines fünfjährigen Entwicklungsplanes soll sich die staatliche Ölgesellschaft zu einem internationalen Unternehmen entwickeln. Vorgesehen sind in diesem Rahmen die Beteiligung von (internationalen) Partnern und eine Konzentration auf das Kerngeschäft. Geplant ist im Zusammenhang damit auch der Verkauf von nicht dazu gehörigen Aktivitäten (z.B. Versorgung, Bau, Finanzgeschäft), nicht zuletzt zur Sanierung der Unternehmensfinanzen. Gleichzeitig soll die bisherige Monopolstellung des Unternehmens aufgehoben werden. Kritiker bezweifeln allerdings das Vermögen von Sonatrach, sich in einem freien Wettbewerb ohne Hilfe des Staates behaupten zu können. Darüber hinaus wird der Verkauf von „Familiensilber" vehement diskutiert, die Gewerkschaften haben zudem – unter dem Titel des Verlusts der nationalen Souveränität über die strategischen Ressourcen – heftigen Widerstand angekündigt und konkret mit Streiks gedroht.

Die gegenwärtig sehr ambitioniert wirkenden Deregulierungsbestrebungen habe viele Jahre benötigt, um vom grundsätzlichen „if" zur jetzigen Frage des „when" zu kommen.[175] In Kürze sollen auch die formellen Grundlagen in Form eines neuen Erdölgesetzes verabschiedet werden, das Ende 2001 erlassen werden soll. Dieses soll insgesamt den Rahmen schaffen, um künftig Marktkräfte wirken lassen zu können. In bestehende Verträge soll allerdings nicht eingegriffen werden, was auch für Sonatrach noch eine gewisse Zeit des Übergangs zum unbeschränkten Wettbewerb gewährleistet. Die internationale Branche drängt jedenfalls – unter dem Hinweis, daß die Gelder der Investoren auch anderswo hinfließen können – zu schnellem Handeln. Der sicherlich sensible Prozeß wird realistisch betrachtet allerdings noch einige Zeit benötigen, um allen Wünschen – und gewiß auch Begehrlichkeiten – gerecht zu werden.

---

[175] Richards, Christine: About change, in: MEED, 16.02.2001, 4

Dabei ist der Staat sehr interessiert, geeignete Partner zu finden, auch um die großen finanziellen Aufwände für künftige Investitionen nicht alleine tragen zu müssen. Dabei möchte man an die rund 40 im letzten Jahrzehnt abgeschlossenen erfolgreichen Kooperationsverträge mit ausländischen Konzernen anknüpfen. 62 % des Gesamtbudgets von USD 19,2 Mrd. sind für die Erschließung von Ölfeldern, 17 % für den Bau von Pipelines, 13 % für die Erschließung und Aufbereitung von Rückständen bei der Verflüssigung von Gas sowie für andere Projekte vorgesehen.

Sonatrach ist seinerseits um Investitionen im Ausland bemüht, so beispielsweise im Jemen und eventuell im Irak. Auch im Downstreamsektor will sich Sonatrach im Ausland verstärkt engagieren, wie bereits mit BASF beim Bau einer Dehydrieranalage in Tarragona/Spanien. Die Anlage wird später Flüssiggas aus Algerien verwenden.[176] Ein interessantes Zukunftspotential bzw. entsprechende Chancen erwartet man für Sonatrach auch im Zusammenhang mit der Liberalisierung der Gas- und Strommärkte in der EU. Dabei will man auch die traditionellen Verbindungen zu Südeuropa nützen.[177]

In jüngerer Zeit verfolgte Sonatrach eine Diversifizierungsstrategie; das Resultat war ein entsprechender Produkt-Mix mit einem sinkenden Anteil von Rohöl zugunsten von raffinierten Produkten und Gas. Die Gründe für die Verfolgung dieser Strategie waren zum einen die Beschränkung der Rohöl-Fördermengen durch die OPEC, verbesserte Möglichkeiten des Gastransports (vgl. Pipelines, Verflüssigung) sowie ein gestiegener Inlandskonsum von raffinierten Produkten.[178]

[176] United States Energy Information Administration (EIA), Algeria, http://www.eia.doe.gov, 12.12.2000, 2f
[177] Richards, Christine: About change, in: MEED, 16.02.2001, 4
[178] siehe auch West Mediterranean Economic Forum (WMEF): The Euro Med Economic Report, 28.02.2001, 3

Raffinerien

Algerien verfügt über vier Raffinerien mit einer Gesamtkapazität von rd. 530.000 b/d[179]. Diese Raffinerien können die Inlandsnachfrage im wesentlichen befriedigen. Lediglich kleinere Mengen an Benzin und Kerosin werden aufgrund des gegenwärtig noch nicht ausreichenden Entwicklungsstandes weiterverarbeitender Prozesse noch importiert.

Standort	Hauptabnehmer
Hassi Messaoud	Südalgerien
In Amenas	Südalgerien
Algier	Mittelalgerien, USA (Nafta)
Arzew	Algerien, Export

Tabelle 2-11 Raffinerien (United States Energy Information Administration (EIA), Algeria, http://www.eia.doe.gov, 12.12.2000, 3f)

Terminals

Algerien verfügt über sieben an der Küste gelegene Terminals in Algier, Annaba, Arzew, Béjaïa, Oran, Skikda und La Skhirra. Über diese Terminals werden Rohöl, Raffinerieprodukte, NGL und LNG exportiert. Das wichtigste Terminal ist Arzew (40 % aller sektorspezifischen Exporte, alle Kondensate).

Standort	Zweck
Algier	k.A.
Annaba	k.A.
Arzew	Hydrokarbon (40 % der algerischen Exporte) LNG NGL (100 % der algerischen Exporte)
Béjaïa	k.A.
Oran	k.A.
Skikda	LNG
La Skhirra (Tunesien)	Rohöl

Tabelle 2-12 Terminals (United States Energy Information Administration (EIA), Algeria, http://www.eia.doe.gov, 12.12.2000, 4)

---

[179] Mbendi: Profile Algeria, http://www.mbendi.co.za, 19.08.2001

Die Produktion, der Export sowie der Verbrauch im Zusammenhang mit dem Erdöl- und Erdgassektor stellen sich in den letzten Jahren wie folgt dar:

(in millions of tons)	1994	1995	1996	1997	1998
Crude petroleum and substitutes					
Production	56.5	56.8	59.8	60.9	62.3
Crude petroleum and substitutes	34.9	35.4	37.5	37.7	38.3
Condensate*	16.7	16.5	16.9	16.7	16.6
Liquefied petroleum gas (LPG)	4.9	5.0	5.4	6.5	7.4
Imports	0.3	0.5	0.5	0.3	2.0
Refinery products	20.0	21.0	20.2	20.8	18.9
Direct exports	34.6	34.6	38.4	38.4	40.7
Crude	15.5	15.4	18.2	17.3	19.3
Condensate	15.7	15.7	16.3	16.0	15.5
Liquefied petroleum gas (LPG)	3.5	3.5	3.9	5.1	5.9
LPG consumption	1.4	1.4	1.4	1.4	1.5
Discrepancy**	0.7	0.3	0.3	0.7	1.4
Refined products					
Production	18.8	19.5	18.4	19.6	18.9
Exports	13.3	13.3	12.6	14.4	12.8
Domestic consumption	6.0	5.8	5.7	5.6	5.5
Discrepancy**	-0.1	0.3	0.1	-0.3	0.6
Memorandum item:					
Total exports	47.6	47.9	51.0	52.7	53.5

* by-product of gas production; ** reflects change in inventories and errors of measurement

Tabelle 2-13 Produktion, Export und Verbrauch von petrochemischen Produkten, 1994-1998 (International Monetary Fund (IMF): IMF Staff Country Report No. 00/105, Algeria – Recent Economic Developments, Washington, D.C. 2000c, 57)

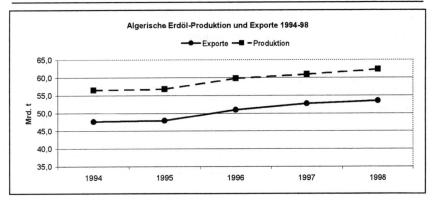

Abbildung 2-5 *Algerische Erdöl-Produktion und Exporte 1994-98*

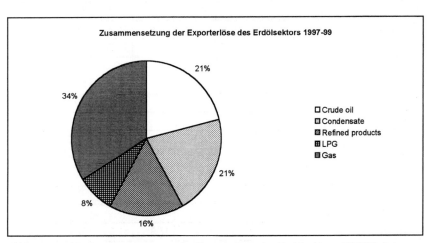

Abbildung 2-6 *Zusammensetzung der Exporterlöse des Erdölsektors 1997-99 (International Monetary Fund (IMF): IMF Staff Country Report No. 00/105, Algeria – Recent Economic Developments, Washington, D.C. 2000c, 46)*

Die Förderung von Erdgas begann in Algerien 1961. Algerien verfügt derzeit über rund 160 Bio. Kubikfuß nachgewiesene Reserven an Erdgas und nimmt damit weltweit Rang 10 ein. Die von Sonatrach geschätzten Reserven belaufen sich auf über 200 Bio. Kubikfuß. Algerien zeichnet für ein Viertel aller Gasimporte der EU verantwortlich.

Wichtige im Gasgeschäft in Algerien tätige internationale Unternehmen sind neben Anadarko Amerada Hess, Burlington Resources, Eni, Lasmo und Maersk.

Standort	Ressourcen
Hassi R'Mel	85 Bio. Kf; 1,35 Mrd. Kf/Tag
Rhourde Nouss-Region (Rhourde Nouss, Rhourde Nouss Sud-Est, Rhourde Adra, Rhourde Chouff und Rhourde Hamra-Felder)	13 Bio. Kf
Salah-Region (verschiedene kleinere Felder)	5-10 Bio. Kf
Tin Fouyé Tabankort	5,1 Bio. Kf
Alrar	4,7 Bio. Kf
Ouan Dimeta	1,8 Bio. Kf
Oued Noumer	
Nachgewiesene Reserven insgesamt	159,7 Bio. Kf
Geschätzte Reserven insgesamt	204 Bio. Kf

Tabelle 2-14 Erdgasfelder (United States Energy Information Administration (EIA), Algeria, http://www.eia.doe.gov, 12.12.2000, 4)

Pipelines

Der Gastransport zu den Hauptabnehmern in Europa wird im wesentlichen mittels zweier Pipelines durchgeführt:

- die Maghreb-Europa Gaspipeline (GME) nach Marokko, Spanien und Portugal wurde 1996 fertiggestellt und hat eine Kapazität von 10 Mrd. m^3/p.a.;

- die Trans-Mediterranean Gaspipeline (TME) nach Italien wurde in jüngster Zeit auf eine Kapazität von 25 Mrd. m^3/p.a. erweitert.

Der Bau der GME, der Ausbau der TME und verbesserte Möglichkeiten des Flüssigkeitstransports machten eine Steigerung der algerischen Gasexporte von 32 Mrd. m^3 1994 auf 76 Mrd. m^3 1999, also mehr als eine Verdopplung, möglich.

146 Wirtschaft

Pipelines	verbindet ... mit ...	Länge	Kapazität
Trans-Mediteranean-Gas-Pipeline (TME)	Hassi R'Mel-Feld – Mazzara del Vallo in Sizilien – Slowenien	667 Meilen (gesamt) 342 Meilen (in Algerien) 230 Meilen (in Tunesien) 96 Meilen (im Mittelmeer)	1,5 Mrd. Kf/Tag 1,15 Mrd. Kf
Maghreb-Europe-Gas-Pipeline (MEG)	Hassi R'Mel – Portugal	1.013 Meilen (gesamt)	
	Hassi R'Mel – marokkanische Grenze	324 Meilen (Algerien)	695 Mio. Kf/Tag
	marokkanische Grenze – marokkanische Küste	326 Meilen (Marokko)	
	marokkanische Küste – spanische Küste	28 Meilen (Straße von Gibraltar)	
	spanische Küste – Cordoba	168 Meilen (Spanien)	
	Cordoba – Portugal	168 Meilen (Spanien/ Portugal)	

Tabelle 2-15 Pipelines (United States Energy Information Administration (EIA), Algeria, http://www.eia.doe.gov, 12.12.2000, 5)

Liquefied Natural Gas (LNG) – Export

Mit dem Bau der GL4Z-Anlage in Arzew 1964 wurde Algerien weltweit der erste LNG-Produzent. In den letzten Jahren verschlechterte sich die algerische Wettbewerbsposition aufgrund des Auftretens asiatischer Anbieter sowie günstigerer Preise alternativer Energien. Dennoch ist Algerien der zweitgrößte LNG-Exporteur der Welt mit einem Marktanteil von 22 % Hauptabnehmerländer sind Westeuropa und die USA.

(in billions of cubic meters)	1994	1995	1996	1997	1998
Gross production	138,2	144,6	151,8	155,8	151,7
Input into oil production	70	67,3	71,5	67,1	64
Net production*	68,2	77,3	80,3	88,7	87,7
Volume transported**	49,1	55,2	59,4	68	72,2
Domestic consumption	11,3	11,6	11,9	13,2	11,4
Sales to liquefaction plants	24,5	24,9	26,5	32,2	32,5
LNG production	18	17,9	19,8	24,4	24,8

of which: LNG exports	18,1	17,8	19,8	24,3	24,7
Exports by pipeline	13,5	19,7	21,2	24,2	24,7
Discrepancy	-0,3	-0,6	-0,3	-1,7	3,6
Memorandum item:					
Total exports	31,6	37,5	41,1	48,5	49,5

* Net of gas reinjected into producing oil wells; ** Equal to net production minus gas flared, gas used for lifting and for fuel gas, and other losses in the fields; [3]Reflects errors in measurement

Tabelle 2-16 Produktion, Export und Verbrauch von Gas und Gasprodukten, 1994-1998 (International Monetary Fund (IMF): IMF Staff Country Report No. 00/105, Algeria – Recent Economic Developments, Washington, D.C. 2000c, 58)

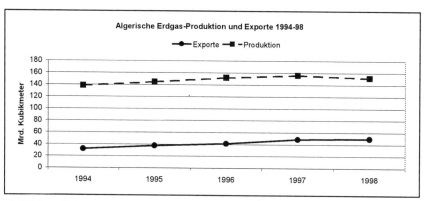

Abbildung 2-7 Algerische Erdgas-Produktion und Exporte 1994-98

Abnehmerland	Volumen (1998)
Frankreich	0,93 Mrd. Kf/Tag
Belgien	0,41 Mrd. Kf/Tag
Spanien	0,36 Mrd. Kf/Tag
Italien	0,19 Mrd. Kf/Tag
USA	0,19 Mrd. Kf/Tag
Türkei	0,28 Mrd. Kf/Tag

Tabelle 2-17 LNG-Exporte (United States Energy Information Administration (EIA), Algeria, http://www.eia.doe.gov, 12.12.2000, 6)

Ungeachtet der lang andauernden politischen Instabilitäten im Land kann Algerien in den letzten Jahren auf signifikante Auslandsinvestitionen, unterstützt auch durch namhafte Investitionen von heimischer Seite, verweisen. Sonatrach plant darüber hinaus mit verschiedenen Partnern bis 2003 Investitionen im Ausmaß von USD 20 Mrd., um die Produktionskapazität des Sektors von derzeit 900.000 b/d sukzessive auf 1,3 bis 1,5 Mio. b/d zu erhöhen. Investitionen in entsprechende Raffineriekapazitäten sind ebenso geplant. In den letzten 15 Jahren kann zudem auch auf eine steigende Zahl von Entdeckungen von – insgesamt über 100 – neuen Ölvorkommen zurückgeblickt werden.

Insgesamt ist festzustellen, daß Algerien von seiner Erdölwirtschaft in außerordentlich starker Weise abhängig ist. Besonderes Gewicht hat dabei zum einen die internationale Preisentwicklung für Mineralölprodukte, zum anderen die Entwicklung des Währungsgefüges. Beide Faktoren wirken sich – wie auch die von der OPEC gesteuerten Fördermengen – in erheblicher Weise unmittelbar auf den Staatshaushalt des Landes aus. Konkret heißt dies, daß in günstigen Jahren relativ großer budgetärer Spielraum besteht, im schlechteren Zeiten nicht selten annähernd desaströse Auswirkungen auf die staatlichen Finanzen zu verkraften sind.

Aktuelle Projekte und Vorhaben – Öl und Gas

Die deutsche Firma Messer Griesheim begründete mit *Entreprise nationale des gaz industriels (ENGI)* ein Joint-Venture zur Errichtung einer Gasanlage in Skikda.[180]

Nach einer Investition von insgesamt rund USD 500 Mio. und der Entdeckung von bisher 14 Ölquellen beginnt Anadarko erstmals mit der Förderung in Hassi Berkine.[181]

Für die Vermarktung und den Transport von Gas gründet Sonatrach gemeinsam mit Air Products & Chemicals (USA) und Air Liquide (F) die Gesellschaft *Société de conditionnement, commercialisation &*

---

[180] vgl. o.V.: Messer signs gas venture, in: MEED, 30.01.1998, 14
[181] vgl. o.V.: First Anadarko production due in May, MEED, 08.05.1998, 19

transport de gaz industriels (COGIZ), die für 20% des weltweiten *out-puts* von Gas verantwortlich zeichnen wird.[182]

Groupement TFT, ein Konsortium von Sonatrach, Repsol und Total hat in Tabankort die Gasförderung aufgenommen und dafür USD 700 Mio. investiert.[183]

Agip beteiligt sich mit 41 % an den bisher von BHP Petroleum bewirtschafteten Blöcken 401a und 402a in Berkine.[184]

Elf Aquitaine erwirbt über Elf Hydrocarbures Algérie einen 40%-igen Anteil eines Production Sharing Agreements, daß die Firma Arco (USA) mit Sonatrach hat. Ziel ist die weitere Entwicklung des Rhourde El-Baguel Ölfeldes, das seit 1962 ausgebeutet wird.[185]

Sonatrach evaluiert Angebote zum Bau des Pipeline-Systems OZ2, um die Kapazität des Transportkorridors für Rohöl von Haoud el-Hamra nach Arzew zu erweitern. Die geplanten Baukosten belaufen sich auf USD 1 Mrd.[186]

Amerada Hess (USA) investiert USD 550 Mio. in die Exploration bzw. Aufschließung der El-Gassi und El-Agreb Ölfelder nahe Hassi Messaoud.[187]

Sonelgaz möchte künftig aufgrund einer Adaption des bestehenden, langjährigen Vertrages mit Gaz de France über die gemeinsame Exploration und Förderung von Gas hinaus 1.000 Mio. m³ in den Mittelmeeranrainerstaaten und Südeuropa vermarkten.[188]

BHP Petroleum (Australien) will gemeinsam auf der Basis eines *Risk Service Contracts* mit Ohanet Oil & Gas (Japan) und PetroFac Resour-

---

[182] vgl. o.V.: Sonatrach sets up gas products affiliate, in: MEED, 23.10.1998, 18

[183] vgl. o.V.: Gas flows from Tin-Fouye Tabankort field, in: MEED, 02.04.1999, 21

[184] vgl. o.V.: Agip completes Berkine basin farm-ins, in: MEED, 23.07.1999, 16

[185] vgl. o.V.: Elf farms-in to Rhourde El-Baguel, in: MEED, 24.09.1999, 14

[186] vgl. o.V.: Bidders await decision on $1 billion pipeline, in: MEED, 24.12.1999, 20

[187] vgl. o.V.: Amerada Hess signs upstream deals with Sonatrach, in: MEED, 28.04.2000, 16

[188] vgl. o.V.: Sonatrach, GdF get together, in: MEED, 23.06.2000, 14

ces (USA) über USD 1 Mrd. investieren, um das Ohanet-Gasfeld künftig auszubeuten.[189]

BP Amoco und Sonatrach schlossen einen Vertrag über 2,5 Mrd. USD, auf dessen Grundlage künftig die Gasreserven von In Salah, dem zweitgrößten algerischen Gasfeld nach Hassi R'Mel, ausgebeutet werden sollen. Algeriens Gasproduktion wird sich dadurch um 15 % erhöhen. Das Projekt gehört zu den weltweit größten Engagements von BP Amoco.[190]

Am 14.08.2000 stimmte das Regierung dem Transfer eines 55%igen Anteils an den Rhourde el-Lough- und Sif Fatma-Blöcken im Berkine-Bassin, die von BHP Petroleum (Australien) betrieben werden, an Agip zu. Agip schloß den Vertrag über USD 42,3 Mio. letztes Jahr ab. Agip hat die Anteile von Anadarko Petroleum Corporation (USA, Anteil 27,5 %), Lasmo (Großbritannien, Anteil 13,75 %) sowie Maersk Oil & Gas (Dänemark, Anteil 13.75 %) übernommen. BHP will seinen Anteil von 45 % an den Blöcken halten und weiterhin bewirtschaften.[191]

Sonatrach gab am 11.09.2000 bekannt, daß in Block 439a, 50 km südlich des Haupförderzentrums Hassi Messaoud, neue Öllagerstätten entdeckt worden sind. Bei Testbohrungen wurde festgestellt, daß die neue Ölquelle im Feld Hassi D'zabat pro Stunde 8,3 m^3 Öl sowie 1.472 m^3 Gas fördert.[192]

Die spanisch-japanische JGC Corporation/Initec hat den Zuschlag für den Vertrag für die Entwicklung des Ourhoud-Ölfelds im Berkine-Bassin erhalten. Der Turnkey-Vertrag wird auf USD 715 Mio. geschätzt. Das Ölfeld wird von der Ourhoud-Organisation, bestehend aus Sonatrach, Anadarko Petroleum Corporation, Burlington Ressources (beide USA), Cepsa (Spanien, Lasmo (Großbritannien), Maersk (Dänemark) und Talisman Energy (Kanada), die alle ein Production Sha-

---

[189] vgl. o.V.: BHP signs Ohanet gas development, in: MEED, 14.07.2000, 8
[190] ArabDataNet, http://www.arabdatanet.com, 13.08.2001
[191] vgl. MEED, 25.08.2000, 12
[192] vgl. MEED, 22.09.2000, 10

ring Agreement mit Sonatrach unterzeichnet haben, bewirtschaftet. Im Ourhoud-Feld sollen 230.000 b/d Erdöl gefördert werden.[193]

TotalFinaElf endeckte vor der Küste von Bonny neue Ölreserven. Nach Meßbohrungen der Gesellschaft schätzt man die Reserven im Feld auf etwa 1 Mrd. Barrel Öl und 4 Bio. Kubikfuß Gas.[194]

Im November 2000 gab Sonatrach technische Informationen sowie die wichtigsten Vertragsbedingungen für sechs Öl- und Gasblöcke bekannt. Die betreffenden Blöcke befinden sich in den Bassins Berkine, Illizi, Ahnet, Timimoun und South East Constantine. Dies war das erste Mal, daß derartige Konzessionen öffentlich vergeben wurden.[195]

Sonatrach plant den Bau eines OZ2-Pipelinesystems im Umfang von USD 1 Mrd. Mit Hilfe des Pipelinsystems soll die Kapazität des Rohölkorridors vom zentralen Ölfeld Haoud el-Hamra bis zum Terminal in Arzew erweitert werden. Die Ausschreibung gliedert sich in drei Lose: die ersten beiden Lose beinhalten den Bau der Pipeline, das dritte Los die Errichtung von sechs Pumpstationen. Drei dieser Pumpstationen werden nur Öl in die neue Pipeline pumpen, die restlichen drei pumpen Öl sowohl in die neue OZ2 als auch in die alte OZ1.[196] Die Ausschreibung um den Bau der Pipelines gewannen Cosider BRC (lokales Unternehmen, Auftragswert USD 86 Mio.) und Stroytransgaz (Rußland, Auftragswert USD 81 Mio.). Den Zuschlag für den Bau der Pumpstationen (Auftragswert USD 335 Mio.) erhielt das französisch-italienische Konsortium Spie Capag und Saipem.[197]

Sonatrach konnte im Jahr 2000 einen Rekordumsatz in Höhe von USD 22.400 Mio. verbuchen. Dies bedeutet eine fast 70%ige Steigerung gegenüber dem Vorjahr. Die Nettogewinne haben sich gegenüber 1999

---

[193] vgl. o.V.: JGC, Initec win Ourhoud EPC, in: MEED, 06.10.2000, 12

[194] vgl. West Mediterranean Economic Forum (WMEF): The Euro Med Economic Report, 03.11.2000, 3

[195] vgl. MEED, 10.11.2000, 1

[196] vgl. o.V.: Sonatrach reschedules $1 billion pipeline project, in: MEED, 13.10.2000, 13 und MEED, 03.11.2000, 13

[197] vgl. o.V.: French/Italian group takes pumping station contract, in: MEED, 05.01.2001, 10

von USD 1.500 Mio. auf USD 2.800 Mio. fast verdoppelt. Die Investitionen stiegen um 30 % auf USD 3.400 Mio. Die Kohlenwasserstoffproduktion erreichte 202 Mio. t, die Gasproduktion 20,1 Mio. t (liquified natural gas) bzw. 8,4 Mio. t (liquified petroleum gas).[198]

BP (Großbritannien), Endesa (Spanien), Eni (Italien), Gaz de France und TotalFinaElf (beide Frankreich) sind an der Durchführung einer Feasibility Study für eine dritte Pipeline von Algerien nach Europa beteiligt. Diese fünf Unternehmen erhielten je einen Anteil von 12 % am eigens dafür von Sonatrach und Cepsa (Spanien) gegründeten Unternehmen Medgaz. Die geplante 450 km lange Pipeline soll vom algerischen Hafen Beni Saf zum spanischen Hafen Almeira führen. Die bereits existierenden Unterwasserpipelines nach Europa transportieren jährlich 20.000 Mio. m³ Gas über Tunesien nach Italien (TransMed Pipeline) bzw. 10.000 Mio. m³ über Marokko nach Spanien (Maghreb-Europe Pipeline).[199]

Ende 2000 wurde von Sonatrach im Oued Mya-Bassin eine neues Ölfeld entdeckt. Das neue Feld, Hassi Terfa North-1, befindet sich 4 km nordöstlich der Bohrung Hassi Terfa-1 und stellt den 6. Ölfund des Jahres dar.[200]

Anfang 2001 eröffnete das Ministerium für Energie und Bergbau eine Ausschreibung für den Bau und Betrieb einer neuen Raffinerie im südwestlichen Adrar-Gebiet. Die Anlage wird im Sbaa-Bassin, 270 km westlich des In Salah Gasfeld-Projektes liegen. Der Auftrag soll an ein oder eine Gruppe von Unternehmen vergeben werden, die die Anlage allein oder gemeinsam mit Sonatrach, Naftec (staatliche Raffineriegesellschaft) und/oder Naftal (stattliche Distributionsgesellschaft) betreiben sollen.[201]

Im Januar 2001 unterzeichneten Sonatrach, Gaz des France und Petronas (Malaysia) einen Vertrag über die Exploration und Entwicklung eines Gasfeldes in Südalgerien. Die Gesamtinvestitionssumme beläuft

---

[198] vgl. MEED, 23.02.2001, 10
[199] vgl. o.V.: Companies named for pipeline study, in: MEED, 05.01.2001, 11
[200] vgl. MEED, 19.01.2001, 16
[201] vgl. o.V.: Tender issued for new refinery, in: MEED, 19.01.2001, 13

sich auf USD 2.000 Mio. Sonatrach ist mit 30 % beteiligt, Gaz des France mit 25 %, Petronas mit 45 %. Im Rahmen des Abkommens sollen sieben Blöcke im Ahnet-Gebiet, dessen Gasreserven auf 140.000 Mio. m³ geschätzt werden, entwickelt werden. In der ersten Phase des Projektes sollen seismische Daten gesammelt und Erkundungsbohrungen durchgeführt werden. Wenn die drei Firmen zustimmen, in das Projekt zu investieren, werden Petronas mit USD 900 Mio., Sonatrach mit USD 600 Mio. und Gaz de France mit USD 500 Mio. beteiligt sein.[202]

In Salah Gas, ein von BP und Sonatrach gebildetes Joint Venture, hat ein Projekt im Umfang von rund USD 2.300 Mio. zur Errichtung von Gas-Infrastruktur ins Leben gerufen. Die Fertigstellung ist für 2003 vorgesehen. In Salah Gas plant, jährlich 9.000 Mio. m³ Gas nach Südeuropa zu liefern.[203]

Gas Natural (Spanien) unterzeichnete mit der lokalen Behörden von Valencia einen Vertrag über Investitionen in Pipelines. Man hat vereinbart, eine insgesamt 369 km lange Pipeline zu errichten, die die Mittelmeerküste vor Valencia mit der Maghreb-Pipeline verbindet. Einen Großteil der Kosten (USD 32 Mio. von insgesamt rund USD 46 Mio.) der neuen Pipeline, die 28 neue Standorte mit Gas versorgen wird, übernimmt Gas Natural.[204]

Ende Januar 2001 gewann ABB Lummus Global die Ausschreibung um den Bau von Ölanlagen im Hassi Berkine-Ölfeld (Auftragswert USD 69 Mio.). Das als OH3 bekannte Projekt beinhaltet den Ausbau der Pipeline, die Hassi Berkine und die Terminal-Anlagen in Haoud El Hamra verbindet. Dabei sollen ein Öllager und eine Pumpstation in Nezla errichtet werden. Durch die Erweiterung der Pipeline kann die derzeitige Kapazität um 500.000 b/d erhöht werden.[205]

---

[202] vgl. o.V.: Sonatrach in $2 billion gas deal, in: MEED, 02.02.2001, 10

[203] vgl. o.V.: In Salah nears construction phase, in: MEED, 23.02.2001, 9

[204] vgl. West Mediterranean Economic Forum (WMEF): The Euro Med Economic Report, 28.02.2001, 4

[205] vgl. o.V.: ABB wins Hassi Berkine contract, in: MEED, 02.02.2001, 10

Ende Februar 2001 unterzeichnete ein Konsortium bestehend aus JGC Corporation und Itochu Corporation (beide Japan) einen Vertrag über die Förderung von Erdgas im Hassi R'Mel-Feld. Das Projekt soll auch helfen, den fehlenden Druck in Hassi R'Mel zu beheben. Die Gesamtkosten werden auf USD 91 Mio. geschätzt.[206]

Anadarko erhielt bei einer öffentlichen Ausschreibung den Block 406b im Berkine-Bassin. Block 245 im Ilizi-Bassin ging an die beiden russischen Gesellschaften Rosneft und Stroytransgas. Gulf Keystrone Petroleum (VAE) erhielt Block 126 im östlichen Gebiet von Constantine.[207]

Energie- und Bergbauminister Chakib Khelil gerät wegen seiner „radikalen" Politik der Reform des Energiesektors mit den Gewerkschaften in Konflikt. Nach der Entlassung von Sonatrachs Vorstandsvorsitzendem Abdelhak Bouhafs im Februar planten Arbeiter verschiedener Gewerkschaften für den 20.03.2001 einen eintägigen Streik, um ihre Position zur vorgeschlagenen Öffnung des Kohlenwasserstoffsektors für ausländische Investitionen zu verdeutlichen. Viele Algerier befürchteten, Khelils Liberalisierungsbemühungen könnten das Land eines seiner wichtigsten Wirtschaftsfaktoren berauben, der 35 % zum BIP beiträgt. Ein von Khelil befürworteter neuer Gesetzesentwurf schlägt vor, daß Sonatrachs Beteiligung an den Erdölerträgen auf 25 % reduziert wird. Die Gewerkschaften reklamieren diesbezüglich allerdings 50 %. Khelil machte mehrfach deutlich, daß Sonantrach nicht völlig privatisiert werden soll.[208]

Sonatrach und das Ministerium für Energie und Bergbau starteten im Frühjahr 2001 die zweite Ausschreibungsrunde für 15 Erdöl- und Erdgasblöcke. Im Februar 2001 waren bereits sechs Blöcke ausgeschrieben worden, die u.a. an das russische Konsortium Rosneft und

---

[206] vgl. o.V.: Hassi R'Mel project valued at $950 million, in: MEED, 09.03.2001, 10

[207] vgl. West Mediterranean Economic Forum (WMEF): The Euro Med Economic Report, 28.02.2001, 5

[208] vgl. o.V.: Strike threatens Khelil's calm, in: MEED, 23.03.2001, 9

Stroytransgas sowie das US-VAE Joint Venture Gulf Keystone vergeben worden sind.[209]

Eine Ausschreibung zur Erweiterung des im Hassi Berkine-Bassins
gelegenen Ölterminals Medsar, der zum Transport von Kohlenwasser-
stoffen von den Feldern Rhoud el-Baguel, El-Borma, Bordj Rbaa North
und Medsar genutzt wird, ging im Frühjahr 2001 an das französische
Unternehmen Sofresid. Finanziert wird das USD 36 Mio.-Projekt durch
die Islamic Development Bank.[210]

Nach eigenen Angaben wollen Sonatrach und Anadarko die Ölförde-
rung in den südöstlichen Ölfeldern von Hassi-Berkine bis zum Jahr
2002 auf 300.000 b/d vervierfachen. Die neue Fördermenge wird nach
der Fertigstellung der zweiten Ausbauphase, die auch drei Ölverarbei-
tungsanlagen mit einer Kapazität von jeweils 75.000 b/d beinhaltet,
erreicht werden.[211]

2.6.6   Elektrizität

Über das Gasgeschäft hinaus ist das staatliche Unternehmen Sonelgaz
auch für die Agenden der Elektrizitätswirtschaft verantwortlich. Diese
umfassen Stromerzeugung, Umspannung und Vertrieb. Als Herausfor-
derungen stellen sich im Sektor derzeit einerseits ein stark steigender
Stromverbrauch und andererseits – wie im den Bereichen Erdöl und
Gas – die Tendenz zu Liberalisierung und Privatisierung. Entsprechend
forciert wurde der Sektor auch in der jüngeren Vergangenheit.

---

[209] vgl. o.V.: Sonatrach launches second bid round, in: MEED, 04.05.2001, 8
[210] vgl. o.V.: Sofresid wins pipeline contract, in: MEED, 20.04.2001, 10
[211] vgl. West Mediterranean Economic Forum (WMEF): The Euro Med Economic
Report, 28.02.2001, 3

		Algeria	Libya	World	Industrial Countries (OECD)	Least Developed Countries
Electricity consumption per capita (kilowatt-hours)	1980	265	1,588	1,449	4,916	58
	1998	563	3,677	2,074	6,969	76
Traditional fuel consumption (as % of total consumption)	1980	1.9	2.3	7.3	1.3	76.1
	1997	1.5	0.9	8.2	3.3	75.1

Tabelle 2-18 Indikatoren Energieverbrauch (vgl. United Nations (Hrsg.): Bericht über die menschliche Entwicklung, Bonn 2000, 2001)

Insbesondere beim Stromverbrauch, der in der letzten Dekade um jährlich 6 % gestiegen ist, erwartet man einen weiterhin konstanten Anstieg um ca. 30 % in den nächsten fünf Jahren. Aus diesem Grund werden die Stromversorgungskapazitäten von derzeit 5800 MW kontinuierlich ausgebaut. Zur Stromerzeugung dienen überwiegend mit Gas beheizte Wärmekraftwerke, die größten befinden sich in der Nähe von Algier, Annaba und Oran. Bis 2010 plant man, über Kapazitäten von weiteren rd. 5000 MW verfügen zu können. Gegenwärtig befindet sich konkret eine 2000 MW-Anlage in Erstellung. Bis 2005 soll das Leitungsnetz zudem auf 350.000 km ausgeweitet werden.

Als Kosten für die Erweiterung wird eine Größenordnung von insgesamt USD 4 Mrd. veranschlagt. Um diese aufbringen zu können, bietet sich für die Regierung kaum eine andere Möglichkeit, als internationale wie lokale private Investitionen. Zu ihrer Verwirklichung ist vorgesehen, daß Investoren zum Bau und Betrieb von entsprechenden Anlagen sowie zum eigenständigen Stromvertrieb auf nationaler wie internationaler Ebene ermächtigt werden sollen. Die rechtlichen Rahmenbedingungen dafür müssen allerdings noch geschaffen werden.[212]

Sonelgaz versorgt etwa 6 Mio. Kunden mit Gas und Energie. Selbst verbraucht die Gesellschaft etwa 10 Mrd. m³ Gas pro Jahr, drei Viertel

---

[212] Richards, Christine: About change, in: MEED, 16.02.2001, 4f

davon für die Stromproduktion, das verbleibende Viertel für den Verkauf auf dem einheimischen Markt. Ihre Gasturbinen-Kraftwerke verfügen über eine Kapazität von fast 6.000 MW. Entsprechende Leitungen verbinden Algerien mit dem tunesischen und dem marokkanischen sowie dem spanischen Netz.[213]

Aktuelle Projekte und Vorhaben – Elektrizität

In Zuge der Aufhebung des Strommonopols werden folgende Kraftwerksprojekte privaten Investoren übertragen, die von diesen künftig auch betrieben werden sollen:

- das 1200 MW-Kraftwerk Hajret Ennous nahe Tipaza (geplante Fertigstellung 2003/04);

- zwei 600 MW-Anlagen Koudiat Draouch nahe Annaba (geplante Fertigstellung 2003/04);

- zwei 600 MW-Anlagen Terga nahe Oran (geplante Fertigstellung 2005/06).[214]

Darüber hinaus baut Ansaldo (Italien) in Hamma (Algier) ein Kraftwerk mit zwei 230 MW-Anlagen, das von saudischen und kuweitischen Investoren finanziert wird.[215] Ein weiteres 300 MW-Kraftwerk wird von General Electric Nuovo Pignone (Italien) in Hassi Berkine errichtet.[216]

Die Ausschreibungen für Planung und Bau des unabhängigen Wasserkraftwerks in Arzew, wurden im November 2000 bis Ende Februar 2001 verlängert. Sechs Monate nach Ablauf der Frist sollten die Verträge vergeben werden. Der Baubeginn ist für Anfang 2002 geplant. Grund für die Verlängerung der Ausschreibungsfrist waren auch Verzögerungen bei der Bildung eines Joint Ventures zwischen algerischen Behörden und der südafrikanischen Tochtergesellschaft des US-Unternehmens Black & Veatch. Black & Veatch soll einen Anteil von

---

[213] vgl. Moynahan, Brian: Algeria – An Economy Reawakened, in: Newsweek 12.02.2001, Special Advertising Section
[214] vgl. MEED, 18.09.2001, 8
[215] vgl. o.V.: Hamma power project moves ahead, in: MEED, 17.09.1999, 23
[216] vgl. o.V.: Nuovo Pignone to build power plant for Ghadames, in: MEED, 01.10.1999, 16

80 % am IWPP halten, die verbleibenden 20 % gehen zu gleichen Teilen an Sonatrach und Sonelgaz. Umstrukturierungen innerhalb der beiden algerischen Unternehmen hatten bislang die Errichtung eines Konsortiums verhindert. Die Unternehmen Ansaldo Energia (Italien), Weir Group (Großbritannien) und Itochu Corporation (Japan) wollten Angebote für das Projekt im Gesamtumfang von USD 200-250 Mio. unterbreiten.[217]

Anfang März 2001 wurde die geplante Produktion des unabhängigen Wasserkraftwerks in Arzew von ursprünglich 40.000 bzw. 60.000 m³ pro Tag auf 20.000 m³ reduziert. Das Wasser wird von der Stadt Arzew für den Verbrauch vor Ort sowie von Sonatrach für industrielle Zwecke verwendet. Die Menge der produzierten Energie wurde auf 300 MW begrenzt und soll ausschließlich an Sonelgaz geliefert werden.[218]

Sonelgaz hat wiederholt die Angebotsfrist für den Bau einer oder mehrerer *built-own-operate* Kraftwerke mit einer Gesamtkapazität von bis zu 2.000 MW verschoben. Zu den möglichen Bietern gehören Edison, Enel (beide Italien), Tractebel (Belgien), Electricité de France (Frankreich), Enron Corporation (USA) sowie Iberdola und Endessa (beide Spanien). Den gewählten Kandidaten wird das Recht eingeräumt, die erzeugte Energie im Land und an Nachbarländer zu verkaufen.[219]

Sonatrach und Sonelgaz unterzeichneten im Frühjahr 2001 ein Abkommen mit Enelpower (Italien) über kurz- bis mittelfristige Kooperationsprojekte im Bereich der Energieerzeugung sowie der Elektrizitäts- und Gasversorgung.[220]

---

[217] o.V.: Developers line up for IPP, in: MEED, 29.09.2000, 22 und vgl. o.V.: Bids for Arzew IWPP delayed until February, in: MEED, 10.11.2000, 23

[218] vgl. o.V.: Arzew EPC bids expected mid-year, in: MEED, 06.04.2001, 17

[219] vgl. MEED, 13.10.2000, 19 und o.V.: Bids for Arzew IWPP delayed until February, in: MEED, 10.11.2000, 23

[220] vgl. o.V.: Enelpower to assist in energy projects, in: MEED, 23.03.2001, 16

2.6.7 Transport und Telekommunikation

Aufgrund der enormen Ausdehnung des Landes und der starken Aus-
landsabhängigkeit der Wirtschaft nimmt das Verkehrswesen eine über-
durchschnittlich wichtige Stellung ein. Der stete Ausbau der Ver-
kehrsinfrastruktur ist ein dementsprechend wichtiges Thema der algerischen Politik. Alle Verkehrsbereiche werden kontinuierlich ausgebaut
bzw. modernisiert. Bedingt durch die Größe des Landes sind die Ver-
kehrsprobleme allerdings nicht gänzlich gelöst. Während der Norden
gut erschlossen ist, nimmt dies mit zunehmender Entfernung in Richtung Süden ab. Nur die Bergbaugebiete sind auch hier gut erschlossen.
Dementsprechend bedeutend ist im Gebiet der Sahara der Flugverkehr.

Der Eisenbahn kommt mit einem Schienennetz von über 4.000 km insgesamt große Bedeutung zu, die wichtigste Bahnverbindung verläuft
parallel zur Küste von Grenze zu Grenze und verbindet die großen
Städte miteinander. Mehrere neue Strecken zur besseren Erschließung
des Landesinneren sind in Bau, die bestehenden wurden modernisiert.
Nach Süd-Afrika verfügt Algerien über das zweitlängste Schienennetz
in Afrika. Ein Großteil des Netzes geht noch auf die Kolonialzeit zurück und umfaßt Schmalspurstrecken. Die einzige elektrifizierte Strek-
ke des Landes verläuft von den Eisenerzminen von Ounza nach Annaba.[221]

Die Pkw-Dichte ist in Algerien nach wie vor sehr gering, auf 100 Einwohner kommen lediglich fünf Autos. Derzeit sind auf Algeriens Straßen etwa 1,7 Mio. Fahrzeuge unterwegs, wovon schätzungsweise 70 %
älter als 10 Jahre alt sind.[222] Das Straßennetz umfaßt ca. 100.000 km.
Die Häfen Algier, Oran, Annaba, Béjaïa, und Arzew wurden in den
letzten Jahren umfassend ausgebaut und modernisiert.[223] Schiffe aller
Größen stehen zu wenige zur Verfügung, technologisch sind sie weitgehend unzureichend. Zwei Drittel des Flugverkehrs, der sich auf neu-

---

[221] vgl. Temlali, Yassin: Algerian rail on track to privatisation (09.04.2001),
http://www.algeria-interface.com, 23.09.2001
[222] vgl. ArabDataNet, http://www.arabdatanet.com, 21.07.2001
[223] Algerien hat 12 internationale Seehäfen.

em Stand befindet, werden über Algier abgewickelt.[224] Eine wichtige Transporteinrichtung ist in Algerien darüber hinaus das Pipeline-Netz, daß etwa 8.000 km umfaßt und ständig weiter ausgebaut wird.

Das Telekommunikationswesen liegt in Algerien nach wie vor zentralisiert in der Hand des *Ministère des Postes et Télécommunications (MPT)*. Das entsprechende Netz ist – zumindest was die Technologie betrifft – auf modernem Stand. Mit 1,5 Mio. Telefonen (Festnetz), das sind 5 Telefonanschlüsse für 100 Einwohner, ist dessen Verfügbarkeit allerdings nicht hoch. Ein Mobilnetzwerk (MNT900-Technogie) ist mit derzeit 60.000 Mobiltelefonkunden ist im Aufbau[225]. Generell ist das Telekom-Netz in den großen Städten bzw. im Norden am besten ausgebaut. Im Internet-Bereich ist geplant, privaten Anbietern den Weg zu ebnen und die bisherige staatliche Aufsicht zu reduzieren.

		Algerien	Naher Osten und Nordafrika	Staaten mit mittlerem Einkommen	Staaten mit hohem Einkommen
Tageszeitungen pro 1.000 Einwohner	1996	38	33	..	286
Radios pro 1.000 Einwohner	1997	241	274	359	1,286
Fernsehgeräte pro 1.000 Einwohner	1998	105	135	257	661
Telefonhauptleitungen pro 1.000 Einwohner	1998	53	81	109	567
Mobiltelefone pro 1.000 Einwohner	1998	1	8	31	265
Personal-Computer pro 1.000 Einwohner	1998	4.2	9.9	22.9	311.2
Internet-Hostrechner pro 1.000 Einwohner	2000	0.01	0.55	9.96	777.22

---

[224] Darüber hinaus gibt es 31 offizielle Flugplätze.
[225] vgl. ArabDataNet, http://www.arabdatanet.com, 21.07.2001

Hochtechnologieexporte in % der Fertigexporte		1998	1	1	18	33
Angemeldete Patente	Inländer	1997	34	509	133,150	648,093
	Ausländer	1997	206	1,207	748,961	2,137,327

Tabelle 2-19 Indikatoren Informationstechnologie (vgl. Weltbank (Hrsg.): Weltentwicklungsbericht 2000/2001 – Bekämpfung der Armut, Bonn 2001, 330f)

Aktuelle Projekte und Vorhaben – Transport und Telekommunikation

Die Regierung beabsichtigt, die Telekommunikation (teilweise) zu privatisieren und spricht diesbezüglich internationale Investoren und Banken an. Darüber hinaus werden derzeit entsprechende Anbieter für die Vergabe von GSM-Lizenzen sondiert. Die Ausschreibungen basieren auf einer Gesetzesänderung zur Privatisierung der staatlichen Post- und Telekommunikationsdienste. Die Reaktionen von internationalen Institutionen fallen durchwegs positiv aus. Das Post- und Telekommunikations-Ministerium managt mehr als 1,5 Mio. Festnetzkunden sowie 60.000 Mobilfunknutzer. Aufgrund der äußerst geringen Dichte verspricht man sich angesichts der großen Bevölkerung längerfristig ein enormes Potential.[226]

Algerien plant in Etappen die Vervierfachung seiner Telefondichte auf 20 Telefone pro 100 Einwohner bis 2010. Derzeit verfügt Algerien bei einer Bevölkerungszahl von 30,8 Mio. Einwohnern 1,5 Mio. Festnetzanschlüsse.[227]

Mit der Bildung einer neuen Aktiengesellschaft, *Algérie Télécoms*, hat die Regierung einen weiteren Schritt in Richtung der Öffnung des Telekommunikationsmarktes unternommen. *Algérie Télécoms* übernimmt vom Ministerium für Post und Telekommunikation das Festnetz sowie die bereits vorhandenen GSM-Lizenzen.[228]

---

[226] vgl. o.V.: Banks invited for advice on sale plans, in: MEED, 16.06.2000, 17 und o.V.: Algiers approves sell-off proposals, in: MEED, 25.08.2000, 20
[227] vgl. MEED, 05.01.2001, 18
[228] vgl. o.V.: Algerie Telecoms has new role, in: MEED, 16.03.2001, 20

Die Fluglinie *Air Algérie* bestellt – ungeachtet finanzieller Schwierigkeiten – 10 neue Flugzeuge Boeing 737 als Ersatzanschaffung zur Erneuerung der 40 Maschinen umfassenden Flotte.[229]

Die Teilprivatisierung von *Air Algérie* wird als erster wichtiger Schritt in Richtung des globalen Marktes betrachtet. Die seit einiger Zeit als privates Unternehmen agierende *Khalifa Airways* hat sich zum Ziel gesetzt, als Konkurrent von *Air Algérie* Marktanteile zu gewinnen. Obwohl *Air Algérie* noch den Großteil der internationalen Flüge abwikkelt, ist ihr Anteil an Inlandsflügen bereits auf 54,1 % gesunken.[230]

Zur Finanzierung und Abwicklung der Erneuerung und den Ausbau der Flughäfen wurde die Société investissement & exploitation gestion aéroport (SIEGA) gegründet.[231] Die internationale Ausschreibung zur Erweiterung des Flughafens Algier über rund USD 300 Mio., die auch den Bau eines neuen Terminals für 6 Mio. Passagiere p.a. umfaßt, erweckt weltweit großes Interesse. Die Flughafenbehörde Entreprise nationale de navigation aérienne (ENNA) beauftragt Alenia Marconi Systems (Italien) mit der Lieferung von neuen Radarsystemen für verschiedene Flughäfen, die ebenfalls modernisiert bzw. ausgebaut werden sollen.[232]

Die Eisenbahnen sollen bis 2010 mit einen Gesamtaufwand von ATS 10 Mrd. umfassend modernisiert werden.[233] Ein neuer Gesetzesentwurf sieht die Privatisierung der algerischen Eisenbahn vor, womit gleichzeitig das Monopol der algerischen Eisenbahngesellschaft (SNTF) beendet wird. Dem Entwurf zufolge will der Staat im Rahmen von Franchise-Verträgen rollendes Material, Management, Instandhaltung und Signalwesen, Sicherheitssysteme sowie die Verwaltung des eisenbahneigenen Landes an Partner vergeben. Begründet wird die geplante Privatisierung damit, daß die Monopolstellung der staatlichen Eisenbahn-

---

[229] o.V.: Special report aerospace, in: MEED, 04.09.1998, 17

[230] vgl. Temlali, Yassin: Air Algérie shortlist announced (25.05.2001), http:// algeria-interface.com, 23.09.2001

[231] vgl. o.V.: Special report aerospace, in: MEED, 12.11.1999, 17

[232] vgl. o.V.: Alenia Marconi signs airport deal, in: MEED, 19.11.1999, 15

[233] vgl. Wimpissinger, Heinz: Einer wächst, der andere wird wachsen, in: Internationale Wirtschaft 7/2001, 24

gesellschaft zu einem Rückgang des Standards und der Leistungen geführt habe.[234]

Auf dem Gebiet des Eisenbahnsektors unterhält Algerien traditionell Beziehungen zu Österreich.[235] Allerdings waren die diesbezüglichen Kontakte Verkehrsminister Lounaouci zufolge nicht immer zufriedenstellend. Wünschenswert wäre seiner Ansicht nach, wenn sich die Kontakte nicht nur auf kommerzieller Basis abspielen, sondern auch in Joint Ventures niederschlagen würden. Ein von Österreich 1980 eingeräumter Kreditrahmen über ATS 30 Mrd. wurde beispielsweise nicht ausgeschöpft, weil gemeinsame Projekte nicht realisiert wurden. Der österreichische Nationalratspräsident Fischer sieht im Verkehrssektor eine bedeutende Möglichkeit für österreichisch-algerische Kooperationen. Er hebt dabei besonders das österreichische Know-how auf dem Eisenbahnsektor hervor. Darüber hinaus zeigt sich Österreich auch an Straßenverkehrsabkommen interessiert.[236]

Fiat entscheidet, das 1997 etablierte Projekt in Ain Bouchekif nahe Tiaret zum Assembling von jährlich 30.000 Fiat Palio erst zu beginnen, wenn eine entsprechende Nachfrage besteht. Die ursprüngliche Markteinschätzung erwies sich als nicht zutreffend, derzeit ist in Algerien tatsächlich praktisch keine Nachfrage nach (neuen) Pkw zu verzeichnen.[237]

Dacia produziert künftig jährlich im Birtouta (Algier) ebenfalls 30.000 Autos, teilweise für den Export.[238]

Sonelgaz möchte in Zukunft seine Kabelinfrastruktur für einen Einstieg in die Telekommunikationsbranche nutzen. Die Gesellschaft verfügt

---

[234] vgl. Temlali, Yassin: Algerian rail on track to privatisation (09.04.2001), http://www.algeria-interface.com, 23.09.2001

[235] vgl. „Abkommen über die Zusammenarbeit auf dem Gebiet des Eisenbahnwesens 1983" mit Österreich

[236] vgl. Fischer, Heinz: Protokoll des Besuchs von Dr. Heinz Fischer, Präsident des Nationalrates der Republik Österreich, in Algerien 02.02.-04.02.2001

[237] vgl. MEED, 13.03.2001, 16

[238] vgl. o.V.: Romanian car deal signed, Italian project founders, in: MEED, 04.06.1999, 17

über ein Netzwerk von 200.000 km, das fast ganz Algerien abdeckt. Mit Blick auf eine Öffnung der Wirtschaft und die Privatisierung des Telekommunikationssektors könnte hier ein großes Potential genutzt werden.[239]

2.6.8 Wohnungswesen

Traditionell liegt die Wohnungswirtschaft in den Händen des öffentlichen Sektors. Trotz großer Investitionen in der Vergangenheit besteht nach wie vor akute Wohnungsnot. Ende 2000 wurde geschätzt, daß mindestens 1 Mio. Wohnungen im Land fehlen. Gründe dafür sind insbesondere das Bevölkerungswachstum, damit verbunden die große Zahl junger Menschen sowie der aus einer enormen Landflucht resultierende Zuzug in die Städte.

		Algeria	Libya	World	Industrial Countries (OECD)	Least Developed Countries
Urban population (as % of total)	1975	40.3	60.9	37.8	70.5	14.2
	1998	57.9	86.8	46.6	76.9	24.3
	1999	59.5	87.2	46.5	77.2	25.4
	2015 (est.)	68.5	90.3	53.2	81.3	35.1
Urban population annual growth rate (%)	1975-1999	2.6	3.1	1.6	0.8	2.6
	1999-2015	1.5	1.9	1.2	0.5	2.4

Tabelle 2-20 Urbanisierung (vgl. United Nations (Hrsg.): Bericht über die menschliche Entwicklung, Bonn 2000, 2001)

Selbst für Familien mit regelmäßigem Einkommen ist es schwer, eine bezahlbare Wohnung zu finden. Für eine durchschnittliche Wohnung müßte nicht selten das Vierfache des Mindestlohnes gezahlt werden.

---

[239] vgl. Moynahan, Brian: Algeria – An Economy Reawakened, in: Newsweek 12.02.2001, Special Advertising Section

Man hofft daher, in den Genuß einer Sozialwohnung zu kommen.[240] Anfang 2000 war ein Bestand von rund 4 Mio. Wohneinheiten für über 30 Mio. Menschen[241] zu verzeichnen. Die dieserart gegebene durchschnittliche Belegung von 7,5 Personen je Wohneinheit plaziert Algerien im weltweiten Vergleich im Spitzenfeld. Besonders in den städtischen Neubaugebieten stellt eine starke Überbelegung der Wohnungen den Normalfall dar. Große Teile des Wohnungsbestandes sind in schlechtem Zustand, die Instandhaltung ist nicht ausreichend. Alternativen gibt es nicht, Finanzierungsmöglichkeiten für die Bevölkerung sind – aus verschiedenen Gründen – praktisch nicht gegeben.

Wohnungsnot[242]

Wohnungen sind in Algerien schon fast zu einem unerreichbaren Luxus geworden. Diese Erfahrung mußte auch Frau A. machen. Seit ihrer Scheidung vor einem Jahr sucht sie nach einer Wohnung für sich und ihre beiden Kinder. Bis jetzt wohnen sie zu dritt in einem kleinen Zimmer bei der Schwester der Frau. Obwohl sie seit ihrer Scheidung als Sekretärin bei einer ausländische Firma arbeitet, konnte sie noch immer keine Wohnung finden.

Derzeit müßten fast zwei Millionen neue Wohnungen gebaut werden, um die Nachfrage nach Wohnraum zu decken. Zugleich gibt es aber auch einen Lehrstand von ca. 60.000 staatlich geförderten Wohnungen. Die Kaufpreise, welche dafür verlangt werden, kann praktisch niemand aufbringen. Sie sind fast so hoch wie die Preise auf dem freien Markt.

Bedeutende öffentliche Investitionen in der Vergangenheit konnten zwar die gravierendsten Notstände lindern, eine befriedigende Situation in bezug auf des Wohnungsangebot konnte jedoch nicht hergestellt

---

[240] vgl. Robert, David: Wohnungsnot in Algerien wird zum sozialen Sprengstoff (September 2000), in: Konrad-Adenauer-Stiftung, http://www.kas.de, 10.10.2001 und Ouzani, Cherif: Vous habitez chez vos parents?, in: Jeune Afrique L'intelligent, 25.04.-08.05.2000, 104f

[241] Für das Jahr 2025 wird eine Bevölkerung von 47 Mio. Menschen erwartet (Smith, Dan: Der Fischer Atlas zur Lage der Welt, Frankfurt/M. 1999, 104).

[242] Dorsch, Monique; Schenke, Fanny: Normalité algérienne?, in: International 1-2/ 2001, 6

werden. Mitte der 1990er-Jahre begann die Regierung schließlich mit einer Reform des Wohnungswesens, die auch eine Neugestaltung der institutionellen Rahmenbedingungen vorsieht. Insgesamt hat man versucht, die Wohnungswirtschaft zu liberalisieren, weitere diesbezügliche Schritte sind geplant.[243]

Importrestriktionen wurden aufgehoben, der Grunderwerb erleichtert und die Preise freigegeben. Darüber hinaus wurden die öffentlichen Bauunternehmen sowie Immobilien- und Verwaltungsgesellschaften umstrukturiert. Rund 70 % der örtlichen Baufirmen wurden privatisiert, jene der Baustoffzulieferer ist vorgesehen.[244] Die Agenden der Hausverwaltung und -instandhaltung wurden ebenfalls privatisiert.

Restrukturiert wurde auch die Finanzierung des Wohnungswesens. Die staatliche Finanzierungsinstitution für das Wohnungswesen wurde in eine Bank umgewandelt, ihr Monopol aufgehoben. Auf dem Sektor sind nun zusätzlich die *Société de refinancement hypothécaire*, die mit der Refinanzierung von Hypothekardarlehen befaßt ist, und die *Société de garantie des crédits immobiliers*, die Risiken aus Hyothekartransaktionen absichert, tätig. Das Förderungswesen wurde ebenfalls umgestellt; die Unterstützung der involvierten Institutionen wurde zugunsten von gestützten Hypothekardarlehen für Familien mit niedrigem Einkommen zurückgenommen.

Zu den künftigen Vorhaben der Regierung gehören:

- der Auf- und Ausbau von Finanzierungsmöglichkeiten für den Wohnbau (vgl. Hypothekardarlehen etc.);

---

[243] vgl. International Monetary Fund (IMF): IMF Staff Country Report No. 00/105, Algeria – Recent Economic Developments, Washington, D.C. 2000c, 38

[244] Ein großes Problem bestand in der Vergangenheit in häufigem Unvermögen, die vorhandenen Kapazitäten im Bausektor auszulasten. Insbesondere im Baustoffbereich waren diese in der Vergangenheit zeitweise nur zu 50 % ausgelastet, andererseits mußten Baustoffe importiert werden (vgl. Statistisches Bundesamt 1995, 66). Dies ist sicherlich mit ein Grund für die bei weitem nicht in ausreichendem Maß erfolgte Bereitstellung von Wohnungen.

- die Absicherung von Eigentumsrechten (vgl. Grundbuch), damit verbunden ein umfassender Verkauf von in staatlichem Eigentum befindlichem Grund;

- eine Aufschließung von Wohngebieten sowie die ausreichende Sicherstellung der notwendigen Infrastruktur;

- Verbesserung des Preis- Leistungsverhältnisses bei Bau, Instandhaltung und Verwaltung, unterstützt durch effizienteres Management;

- langfristig ein (budgetschonender) schrittweiser Rückzug des Staates aus dem bisher praktisch ausschließlich öffentlichen Wohnungssektor.

2.6.9 Wasserwirtschaft

Wie in den anderen nordafrikanischen Staaten ist die Wasserversorgung auch in Algerien problematisch. Ein Grund dafür sind die ungleichmäßigen Niederschläge. Während in Ostalgerien jährlich etwa 1.000 mm Niederschlag fallen, ist es in Westalgerien lediglich ein Zehntel davon. Mögliche Ansätze zur Lösung des Wasserproblems wären die Entsalzung von Meerwasser, die Anhebung des Grundwassers in der Sahara oder der Transport des Wassers von Osten nach Westen.[245]

Während der französischen Kolonialherrschaft lieferten zwei Staudämme Wasser zur Bewässerung einer Fläche von 80.000 ha. Seit der Erlangung der Unabhängigkeit wurden acht weitere Staudämme gebaut, die jedoch nur noch 19.000 ha Land bewässern.

Ein weiteres Problem stellt die Wasserverschmutzung dar. Abwässer fließen ungeklärt in Flüsse und ins Meer. In Algier beispielsweise existieren vier Kläranlagen, von denen allerdings keine mehr voll funktionstüchtig ist. Gelder werden häufig nur für den Bau, nicht aber für die Unterhaltung von Anlagen bereitgestellt. Die Anlagen wurden deshalb oft vernachlässigt, teilweise wurden sie auch von Terroristen gesprengt.

---

[245] vgl. (auch im folgenden) Schmitz, Charlotte: Pfropfen im Wassersystem, in: Akzente 3/2000, 12-14

Vorhandene Ökofilter – die Kiesbänke in den Flüssen – werden durch illegalen Kiesabbau zerstört.

Das Tarifsystem der Wasserversorgung deckt die Kosten schon lange nicht mehr. Aus Angst vor Protesten der Bevölkerung werden die Tarife allerdings auch nicht angehoben. Öffentliche Abnehmer wie Schulen oder Krankenhäuser ignorieren ihre Wasserrechnung einfach. Nicht alle Haushalte verfügen über eine Wasseruhr; selbst wenn eine existiert, kann es sein, daß diese in Zeiten des Wassermangels aufgrund des Unterdrucks in den Leitungen rückwärts läuft. Ein großer Teil des Wassers versickert aufgrund von undichten Leitungen und erreicht die Verbraucher gar nicht. Ergebnis ist ein zwei- bis dreimal so hoher Wasserverbrauch pro Kopf wie in Deutschland.

Mithilfe der deutschen Gesellschaft für Technische Zusammenarbeit (GTZ)[246] wurden mittlerweile Labors zur Wasserkontrolle aufgebaut. Illegale Einleitungen von Abwässern konnten den Verursachern bereits nachgewiesen und teilweise verhindert werden.[247]

Aktuelle Projekte und Vorhaben – Wasser

Die *African Development Bank* stellt ein Darlehen von rund USD 70 Mio. für ein Projekt zur Trinkwasseraufbereitung in Sidi Bel Abbès bereit, mit dessen Hilfe auch die Wasserversorgung von Oran besser sichergestellt werden soll.[248]

Vivendi Water (Frankreich) legt der zuständigen *Agence nationale de l'eau potable & industrielle & de l'assainissement (AGEP)* einen umfassenden Vorschlag für die Erneuerung und das Management der Trinkwasserversorgung von Algier und Constantine vor.[249] Quellen aus der Industrie zufolge hatten Vivendi Water sowie auch die Société des Eaux de Marseille (Frankreich) gute Chancen auf den Abschluß diesbezüglicher Verträge. Die beiden Verträge werden von der Weltbank finanziert, die USD 30 Mio. für das Projekt in Algier und USD 25 Mio.

---

[246] siehe dazu auch http://www.gtz.de

[247] vgl. Schmitz, Charlotte: Pfropfen im Wassersystem, in: Akzente 3/2000, 13

[248] vgl. o.V.: AfDB lends $70.4 million for water project, in: MEED, 25.12.1998, 16

[249] vgl. o.V.: French water giant returns, in: MEED, 17.12.1999, 23

für das Projekt in Constantine bereitstellt. Die Bank genehmigte nunmehr die Wahl von Société des Eaux de Marseille. Die beiden Zweijahresverträge beinhalten den Ausbau eines Netzes der Wasserver- und -entsorgung, technische Unterstützung und Einrichtung eines Verwaltungssystems und im Falle von Algier eine umfassende Erneuerung des Trinkwassernetzes. Das Ziel ist, den Prozentsatz der Rohrbrüche bzw. undichten Stellen von 45 % auf 20 % zu reduzieren. Das Wassernetz in Algier versorgt rund 2,6 Mio. Einwohner, in Constantine sind 950.000 Einwohner an die Wasserversorgung angeschlossen.[250]

In der Nähe von Constantine wird der Bau einer Pumpstation an der Beni-Haroun-Staumauer geplant (Auftragsvolumen USD 150 Mio.). Zum Projekt der geplanten Pumpstation, die 23 m³ pro Sekunde befördern soll, gehören auch der Bau eines 80 m hohen Wasserturmes mit einem Durchmesser von 30 m sowie die Lieferung und Installation zweier 90-MW-Pumpen und zweier 100-MVA-Motoren. Man rechnet damit, daß etwa 469.000 m³ Boden ausgehoben werden müssen und daß 39.300 m³ Beton sowie 111.000 m³ Füllmaterial benötigt werden.[251]

In Zusammenhang mit der Errichtung des Beni-Haroun-Projektes wurde der Bau eines Damms für die Zubringer am Athmania River ausgeschrieben. Im Zusammenhang damit sollen 13 neue Quellen erschlossen werden. Entsprechende Pump- und Pipelineanlagen sollen den Wassertransport nach Beni Haroun sicherstellen. Für die Realisierung des Projekts, das aus dem *Arab Fund for Economic & Social Development* finanziert wird, sind 30 Monate vorgesehen. Der Beni-Hanoun-Damm wird Mila, Constantine, Jijel, Knechala und Batna mit Trinkwasser versorgen.[252]

2.6.10 Tourismus

Angesichts der politischen Verhältnisse mag man sich Algerien vielleicht nur schwer als Urlaubsdestination vorstellen können. Dabei bie-

---

[250] vgl. o.V.: France homes in on water contracts, in: MEED, 06.10.2000, 20
[251] vgl. o.V.: Groups form for Beni Haroun project, in: MEED, 02.03.2001, 13
[252] vgl. o.V.: Bidders line up for water project, in: MEED, 27.04.2001, 16

tet das Land neben seinen historischen Stätten und beeindruckenden Wüstenlandschaften auch kilometerlange Stände, die durchaus für eine Vielzahl von Touristen reizvolle Reiseziele wären. In den Nachbarländern Tunesien und Marokko – und natürlich auch in praktisch allen anderen Mittelmeeranrainerstaaten – bilden die Einnahmen aus dem Tourismus einen entscheidenden Teil der Zahlungsbilanzen.

Marokko konnte 1999 mit einem qualitativ hochwertigen Tourismusangebot Gesamteinnahmen in Höhe von USD 1,96 Mrd. (bei 3.824 Mio. Touristenankünften) verbuchen. Tunesien, das vorwiegend auf Massentourismus ausgerichtet ist, erreichte Gesamteinnahmen in Hö-he von USD 1,56 Mrd. (bei 4.832 Mio. Touristenankünften). Ägypten konnte sich von den Folgen der Terroranschläge 1998 scheinbar erholen und erzielte im betrachteten Zeitraum mit einem diversifizierten Angebot Gesamteinnahmen in Höhe von USD 3,9 Mrd. (bei 4.489 Mio. Touristenankünften). In Algerien konnte der Tourismussektor – vergleichsweise gering – nur EUR 850 Mio. (1998) an Einnahmen vorweisen.

	1995			1998			Veränderung 98/95 %		
	Credit	Debit	Saldo	Credit	Debit	Saldo	Credit	Debit	Saldo
Ägypten	2.052	977	1.075	2.288	1.024	1.264	11,5	4,8	17,6
Algerien	24	142	-118	66	240	-174	169,8	68,7	-47,7
Israel	2.266	1.620	646	2.370	2.120	250	4,6	30,9	-61,3
Jordanien	505	325	180	690	315	375	36,5	-3,3	108,5
Libanon	534	..	..	974	..	..	82,4	..	..
Malta	505	163	341	585	172	413	16,0	5,4	21,0
Marokko	889	231	658	1.528	378	1.150	71,9	63,5	74,9
Palästina	186	119	66	284	217	66	52,8	82,4	-0,1
Syrien	1.023	381	642	1.061	517	544	3,8	35,9	-15,3
Tunesien	1.165	191	974	1.477	209	1.268	28,8	9,5	30,2
Türkei	3.790	697	3.092	6.402	1.565	4.837	68,9	124,4	56,4
Zypern	1.374	252	1.122	1.538	366	1.172	12,0	45,2	4,5

Tabelle 2-21 *Tourismus in den Zahlungsbilanzen ausgewählter Mittelmeeranrainerstaaten in Mio. ECU/EUR (European Commission; Eurostat: Tourism Trends in Mediterranean Countries, Luxembourg 2001, 5)*

Eine ähnliche Entwicklung wie in den oben dargestellten anderen Ländern könnte langfristig auch in Algerien erreicht werden. Voraussetzungen dafür sind allerdings eine politische Lage, die potentielle Gäste nicht abschreckt und eine explizite Öffnung des Landes für den Tourismus.[253]

Im Land selbst ist man sich der Chancen im Tourismussektor erst seit jüngerer Zeit bewußt. Der Bedeutung des Sektors Rechnung getragen hat man u.a. mit der Gründung des *Ministère du Tourisme et de l'Artisanat*. Durch verstärkte Investitionen im Tourismusbereich verspricht man sich auch einen Beitrag zum wirtschaftlichen Aufschwung. Der Anteil des Hotel- und Gaststättengewerbes am BIP fällt mit durchschnittlich 2 % (1985-1998) noch verhältnismäßig gering aus.

Seit 1991 nahm die Zahl der Übernachtungen ausländischer Gäste beständig ab und erreichte 1996 weniger als ein Zehntel der Übernachtungen des Jahres 1985. Französische Touristen nehmen generell eine Spitzenposition ausländischer Gäste ein. Doch auch hier war Anfang der 1990er Jahre ein deutlicher Rückgang zu verzeichnen.

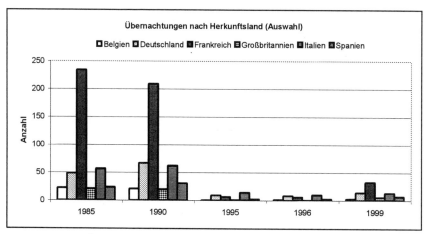

Abbildung 2-8 Übernachtungen nach Herkunftsland (erstellt nach European Commission; Eurostat: Tourism Trends in Mediterranean Countries, Luxembourg 2001, 41)

---

[253] vgl. European Commission; Eurostat: Tourism Trends in Mediterranean Countries, Luxembourg 2001, 31ff

Mit den zurückgehenden Touristenzahlen nahmen auch die Umsätze im Tourismussektor stark ab und steigen derzeit nur langsam wieder an. 1998 erreichte man etwa drei Viertel des Ausgangsniveaus von 1985. Während die Bettenzahl in diesem Zeitraum beständig anstieg, nahm die Zahl der Beschäftigten bis Mitte der 1990er Jahre ab und pegelte sich Ende des Jahrzehnts auf etwa dem alten Niveau ein.

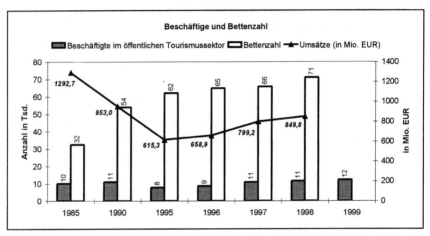

Abbildung 2-9 Beschäftigte und Umsätze im Tourismussektor 1998-1999 (erstellt nach European Commission; Eurostat: Tourism Trends in Mediterranean Countries, Luxembourg 2001, 33f)

Insgesamt stellt sich das Hotelangebot im Zeitverlauf wie folgt dar:

Kategorie	1985	1990	1991	1992	1993	1994	1995	1996	1997	1998
5 Sterne	5	5	5	5	7	7	8	9	9	9
4 Sterne	12	17	20	22	21	29	31	33	33	34
3 Sterne	59	87	87	89	89	90	91	91	91	104
2 Sterne	48	63	68	72	73	73	83	85	87	87
1 Stern	36	55	66	68	69	69	70	70	70	70
Nicht klassifiziert	110	153	234	237	251	337	370	371	450	477
Gesamt	270	380	480	493	510	605	653	659	740	781

Tabelle 2-22 Zahl der Hotels und ähnlichen Einrichtungen nach Kategorie (European Commission; Eurostat: Tourism Trends in Mediterranean Countries, Luxembourg 2001, 37)

Zu den bevorzugten Destinationen zählen städtische und an der Küste gelegene Standorte, wie die Bettenzahlen dortiger Hotels und ähnlicher Einrichtungen zeigen:

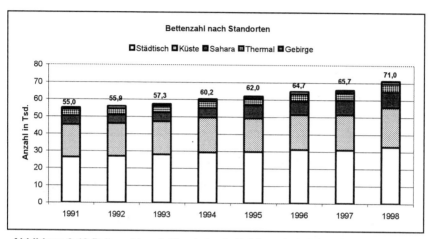

Abbildung 2-10 *Bettenzahl nach Standorten in Hotels und ähnlichen Einrichtungen (erstellt nach European Commission; Eurostat: Tourism Trends in Mediterranean Countries, Luxembourg 2001, 39)*

Der private Sektor gewinnt auch im Tourismusbereich zunehmend an Bedeutung. Von 1985 bis 1998 hat sich die Bettenzahl privater Anbieter von 5.086 auf 30.886 mehr als versechsfacht.

Aufgrund grundsätzlicher nicht ungünstiger Bedingungen könnte sich der Tourismus in Algerien langfristig gut entwickeln; entsprechende Bemühungen und Rahmenbedingungen freilich vorausgesetzt. Ein starker Tourismussektor könnte in Zukunft auch einen wichtigen Beitrag zur notwendigen Diversifizierung der algerischen Wirtschaft leisten und damit die Abhängigkeit des Landes vom Erdölsektor abfedern helfen.[254]

---

[254] In Libyen gibt es diesbezüglich bereits konkrete Planungen, denen ein gewaltiges Vorhaben zum Ausbau des Tourismus zugrunde liegt (Reiter, Ewald F. A.: Tourismus, in: Oesterreichische Kontrollbank (Hrsg.): Libyen – Chancen für österreichische Exporteure in den Sektoren Industrie, Verkehrswesen, Wasserwirtschaft und Tourismus – Multi-Sektor-Studie, Wien 2001, 141-181).

Aktuelle Projekte und Vorhaben – Tourismus

Die *Société d'investissement Hôtelière* (SIH) baut zwei Hotels in Oran und Hassi Messouad, die von der Sheraton-Kette[255] betrieben werden sollen.

2.6.11 Andere Sektoren

Über die verschiedenen dargestellten Wirtschaftssektoren hinaus stehen derzeit diverse weitere Projekte und Vorhaben in verschiedenen Bereichen der Wirtschaft im allgemeinen wie im speziellen zur Diskussion.

Weitere wirtschaftliche Projekte und Vorhaben

Südafrika und Algerien wollen sich gemeinsam für die Förderung von Frieden, Sicherheit, Stabilität und Entwicklung in Afrika einsetzen. Zur Stärkung der Beziehungen zwischen beiden Ländern unterzeichneten die Präsidenten beider Staaten, Thabo Mbeki und Abdelaziz Bouteflika, sechs Kooperationsvereinbarungen bezüglich Verteidigung, Investitionsförderung, Handel, Bergbau und Energie, Technologie, Kommunikation und Telekommunikation.

Gesucht werden private Investoren, die in der Lage sind, kürzerfristig etwa 800.000 Wohneinheiten, teilweise staatlich gefördert, zu errichten.[256]

48 kleinere Minen sollen im Wege der Ausschreibung an lokale Investoren verkauft werden.[257]

Nachdem Algerien und Kanada Anfang Oktober 2000 bereits neun Kooperationsabkommen über ein Gesamtvolumen von CAD 570 Mrd. unterzeichneten hatten, folgten wenig später weitere zwölf Kooperationsabkommen im Gesamtwert von CAD 700 Mio.[258]

---

[255] vgl. MEED, 07.04.2000, 20

[256] vgl. MEED, 17.04.1998, 10

[257] vgl. MEED, 14.04.2000, 20

[258] vgl. West Mediterranean Economic Forum (WMEF): The Euro Med Economic Report, 03.11.2000, 4

Am 26.04.2001 kündigte die algerische Regierung an, daß sie in den Jahren 2001-2004 im Rahmen des „Programme of Support to Boost the Algerian Economy" insgesamt USD 7,2 Mrd. investieren wird. Die Mittel sollen hauptsächlich der Infrastruktur (USD 2,9 Mrd.), der Regionalentwicklung (USD 1,5 Mrd.) und der Landwirtschaft (USD 900 Mio.) zugute kommen.[259]

Algerien unterzeichnete mit dem Irak einen Vertrag im Rahmen des Oil-for-Food-Programmes über USD 100 Mio. Dem Abkommen gehen bereits ähnliche Lieferungen voraus.[260] Mit Angola unterzeichnete Algerien einen langfristigen Vertrag, der eine Kooperation auf den Gebieten der gemeinsamen Öl- und Gasexploration sowie Stromerzeugung vorsieht.[261]

Die Algerian Cement Company (ACC) plant die Errichtung eines neuen Werkes. Zunächst war als Standort der Bezirk Béjaïa vorgesehen. Jährlich sollen dort zunächst 1,8 Mio. t Zement, bis 2005 bis zu 3,6 Mio. t hergestellt werden. Errichtet werden soll die Produktionsstätte durch die ägyptische Orascom Construction Industries (OCI) gemeinsam mit lokalen Subauftragnehmern. Die Ausstattung des Werks soll von Krupp Polysius (Frankreich) geliefert werden. Die Arbeiten sollten beginnen, sobald OCI von der algerischen Regierung die Erlaubnis zum Landkauf erhält. Die Fertigstellung war innerhalb von 36 Monaten geplant.[262] Da die Regierung die Erlaubnis zum Landkauf im geplanten Gebiet nicht erteilte, analysierte OCI Anfang 2001 Möglichkeiten zur Errichtung der Anlage in Djelfa. Sollte Djelfa als Standort ausgewählt werden, wird OCI ein von Entreprise des Ciments & Servies Centre (ERCC) initiiertes Projekt übernehmen. Aufgrund finanzieller Schwierigkeiten war das Projekt zum Stillstand gekommen. ERCC ist allerdings bereits im Besitz des Landes und hat die notwendigen Umwelt-Genehmigungen erhalten.[263]

---

[259] vgl. http://www.arabdatanet.com, 07.06.2001

[260] vgl. http://www.arabdatanet.com, 01.08.2001

[261] http://www.arabdatanet.com, 22.04.2001

[262] vgl. o.V.: OCI awaits Algiers move on cement company, in: MEED, 20.10.2000, 18

[263] vgl. o.V.: Orascom studies new plant site, in: MEED, 19.01.2001, 22

BNP Paribas bestätigte die Unterzeichnung eines Finanzierungsab-
kommens mit Sonatrach in Höhe von EUR 100 Mio. Der zwei Jahre
laufende Buyer-Kredit wird verwendet werden, um 85 % der Kosten
der Exporte von Waren und Dienstleistungen nach Frankreich zu finan-
zieren.[264]

Der Außenminister Youcef Yousfi appelliert an die EU, Algerien Hilfe
beim Wiederaufbau des Landes nach zehn Jahren Bürgerkrieg zu leisten. „The EU needs to understand Algeria's special need for recover-
ing its industrial base, for technical and financial support"[265].

2.7 Arbeitsmarkt

Die Bevölkerung Algeriens umfaßt rund 30 Mio. Menschen, etwa die
Hälfte der Bevölkerung ist unter 20 Jahre alt. Aufgrund dessen ist ein
äußerst starker Andrang auf den Arbeitsmarkt zu verzeichnen. Die
letzte verfügbare Arbeitslosenstatistik[266] zeigt eine in Beschäftigung
stehende Bevölkerung von 7,75 Mio.[267] (27 % der Bevölkerung). Diese
relativ niedrige Beschäftigungsrate kann zum einen mit dem großen
Anteil der jugendlichen, in schulischer Ausbildung befindlichen Bevölkerung begründet werden. Zum anderen mit der nach wie vor eher geringen Involvierung der weiblichen Bevölkerung in die außerhäusliche
Beschäftigung. Derzeit ist von einer Arbeitslosigkeit von sicherlich
rund 30 % auszugehen[268].

---

[264] vgl. MEED, 15.12.2000, 6

[265] MEED, 26.05.2000, 23

[266] von September 1997

[267] 1996 waren die 4,6 Mio. Beschäftigten folgenden Bereichen zuzuordnen (in
Mio.): Landwirtschaft 1,2; Industrie 0,5; Bau 0,7; öffentlicher Dienst 1,3 (Interna-
tional Monetary Fund (IMF): IMF Staff Country Report No. 00/105, Algeria –
Recent Economic Developments, Washington, D.C. 2000c, 68).

[268] In den ländlichen Gebieten ist die Arbeitslosigkeit sicher noch höher; so wird
z.B. im Zusammenhang mit der Kabylei von 38 % gesprochen (Schmid, Bernhard:
Moralisierung der Gesellschaft, in: Volksstimme, 06.08.2001a).

		Algerien	Naher Osten und Nordafrika	Staaten mit mittlerem Einkommen	Staaten mit hohem Einkommen
Erwerbstätige insgesamt (in Mio.)	1980	5	54	970	357
	1999	10	97	1,374	433
Frauen in % der Erwerbstätigen	1980	21	24	40	38
	1999	27	27	42	43
Kinder 10-14 Jahre (in % dieser Altersgruppe)	1980	7	14	21	0
	1999	1	5	7	0
Durchschnittliche jährliche Wachstumsrate (%)	1980-90	3.7	3.1	2.1	1.1
	1990-99	4.0	3.1	1.5	0.9

Tabelle 2-23 *Erwerbstätigkeit (vgl. Weltbank (Hrsg.): Weltentwicklungsbericht 2000/2001 – Bekämpfung der Armut, Bonn 2001, 330f)*

Weitere Gründe für die hohe Arbeitslosigkeit sind:

- hohes Bevölkerungswachstum;

- schrumpfender Anteil der Landwirtschaft, die nicht nur die meisten Beschäftigten, sondern auch die meisten Arbeitslosen stellt;

- erheblicher Stellenabbau in den Staatsbetrieben im Zuge ihrer Vorbereitung auf die Privatisierung;

- der relative kleine private Sektor, auf dem große Hoffnungen in Hinblick auf die Schaffung künftiger Arbeitsplätze ruhen, kann dies bislang nicht annähernd leisten;

- ein großer Anteil schattenwirtschaftlicher Aktivitäten.

Als Reaktion auf die permanent hohe Arbeitslosigkeit – deren Bekämpfung selbstredend zu den wichtigsten politischen Themen gehört – wurden zahlreiche Beschäftigungsprogramme entwickelt und implementiert. Viele davon richteten sich speziell auf das drückende Problem der Jugendarbeitslosigkeit. Insbesondere zu erwähnen ist in diesem Zusammenhang das Programm *Emplois salariés d'initiative locale (ESIL)* zur Beschäftigung für gering qualifizierte Jugendliche. Unternehmen werden dabei entsprechende Incentives zu ihrer Anstellung gegeben, auf bisher rund 150.000 Begünstigte kann verwiesen werden. *Contrats pré-emploi (CPE)* fördert den Einsatz von ausgebildeten Jugendlichen; dabei wird einem Unternehmen im Falle der Beschäftigung eines qualifizierten Jugendlichen die Höhe eines Mindestlohnes refundiert. Das Programm *Indemnité d'activités d'intérêt général (IAIG)* ist auf die Eindämmung der Armut gerichtet. Entsprechende Personen können im Rahmen dessen um den halben Mindestlohn (DA 2.800,--/Monat)[269] überwiegend für kommunale Tätigkeiten (z.b. Aufforstung, Straßenreinigung) beschäftigt werden. Mehrere hunderttausend Begünstigte in den letzten Jahren sind derzeit zu verzeichnen. Das Programm *Travaux d'utilité publique à haute intensité de main d'œuvre (TUP-HIMO)* richtet sich auf unqualifizierte Arbeitslose. Diese können ebenfalls bei beschäftigungsintensiven kommunalen Tätigkeiten (z.B. Straßenerhaltung) Einsatz finden. Darüber hinaus verfügt Algerien über ein ausgebautes Weiterbildungssystem. Insgesamt stehen nahezu 300.000 Plätze zur Weiterbildung von qualifizierten Arbeitern und technischem Personal zur Verfügung.

Seit 1994 wird – in Gefolge der Massenentlassungen im Zusammenhang mit der Restrukturierung der öffentlichen Wirtschaft – auf die Instrumente Arbeitslosenversicherung und Frühpensionierung zurückgegriffen. Derzeit sind davon rund 250.000 Betroffene erfaßt. Die Arbeitslosenversicherung wird durch Beiträge der Arbeitgeber (2,5 %) und Arbeitnehmer (1,5 %) dotiert. Im Falle einer Entlassung ist zudem vom Arbeitgeber ein Betrag i.H.v. bis zu einem Jahresgehalt an die Arbeitslosenversicherung zu entrichten. Betroffene erhalten eine Abfindung von drei Monatsgehältern. Nach drei Monaten beginnt die Phase der Arbeitslosigkeit mit einer Vergütung von 80 % des Gehalts. Wieder

---

[269] Im Vergleich dazu die Gehälter in öffentlichen Unternehmen (1996), in DA brutto/netto: Manager 16.897/14.362; untere Führungsebene/technisches Personal 13.155/11.655; Arbeiter 9,549/8,603. Die gesamten Einkommen der Haushalte betrugen 1999 DA 820 Mrd. (Unselbständige) und DA 795 Mrd. (Selbständige); dazu kamen noch Transferleistungen i.H.v. DA 384 Mrd. (vgl. International Monetary Fund (IMF): IMF Staff Country Report No. 00/105, Algeria – Recent Economic Developments, Washington, D.C. 2000c, 66f). 2001 wurden die monatlichen Mindestlöhne um rund ein Drittel auf DA 8.000 erhöht (vgl. International Crisis Group (Hrsg.): Algeria's Economy – The vicious circle of oil and violence, ICG Africa Report No. 36, Brussels 2001, 6).

Arbeit zu finden, erweist sich allerdings zunehmend als schwierig. Nicht nur deshalb sind immer mehr Menschen gezwungen, mit oft weniger als dem Existenzminimum auskommen zu müssen und werden zudem in die Schattenwirtschaft abgedrängt. Aufgrund des nach wie vor andauernden Transformationsprozesses und den daraus resultierenden Schwierigkeiten, mit denen sich die – vormals stark subventionierte – Wirtschaft (unter den neuen Bedingungen) konfrontiert sieht, ist ein Ende der problematischen Arbeitsmarkt- und Lebenssituation realistisch betrachtet derzeit nicht in greifbarer Nähe.

Für die Vermittlung von Arbeitssuchenden zeichnet die *Agence nationale pour l'emploi (ANEM)* verantwortlich. Trotz der relativ vielfältigen genannten Beschäftigungsprogramme ist es in den letzten Jahren nicht gelungen, genügend Arbeitsplätze insbesondere für die zahlreich auf den Arbeitsmarkt drängende Jugend zu schaffen sowie die Betroffenen der Massenentlassungen wieder in den Arbeitsmarkt zu integrieren. Faktisches Ergebnis ist eine Steigerung der Arbeitslosigkeit von 10 % (1985) auf 26,4 % (1997). In diesem Jahr waren 5,7 Mio. Algerier beschäftigt und 2 Mio. arbeitslos. Jüngere Daten sind gegenwärtig nicht verfügbar. Es kann allerdings davon ausgegangen werden, daß die Arbeitslosigkeit seither weiter gestiegen ist.

Zur Unterstützung von Rentnern ohne Pensionsanspruch und Behinderten dient das Programm *Allocation forfaitaire de solidarité (AFS)* mit insgesamt rund 830.000 Begünstigten (drei Viertel aus der erstgenannten Gruppe), die monatlich DA 900,--/Monat plus DA 120,-- für jeden Angehörigen (max. drei) erhalten.

Über die verschiedenen Programme hinaus ist mittel- bis langfristig sicher eine strukturelle Reform notwendig. Diese sollte eine flexiblere Gesetzeslage ebenso schaffen wie neue Arbeitsplätze in der privaten Wirtschaft. Dies setzt aber wiederum die Entwicklung eines stärkeren Non-Hydrokarbonsektor voraus und letztlich auch die Zurückdrän-gung des großen informellen Sektors. Eine entsprechende Qualifizierung insbesondere der jugendlichen Bevölkerung muß ebenso ein zentrales Anliegen künftiger struktureller Änderungen sein.

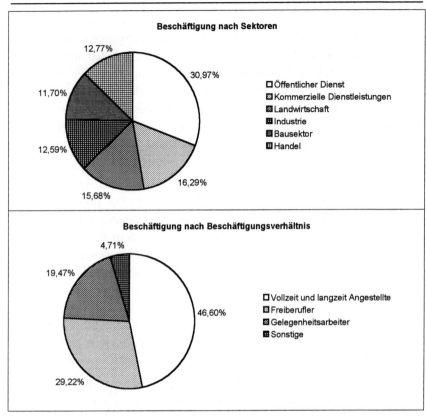

Abbildung 2-11 *Beschäftigung nach Sektoren und Beschäftigungsverhältnis (erstellt nach Temlali, Yassin: Algeria jobless at 30 % (13.06.2001), http://www.algeria-interface.com, 23.09.2001)*

2.8 Inflation

Lange Zeit wurden in Algerien die Preise systembedingt konstant gehalten. Einhergehend mit dem Transformationsprozeß kam es in der jüngeren Vergangenheit zu hohen Preissteigerungen[270], die für einen derartigen Prozeß typisch sind. Ein (noch) nicht existierender bzw. funktionierender Marktmechanismus und eine gleichzeitig nicht befrie-

---

[270] jährlich im zweistelligen Bereich

digte Nachfrage führen in dieser Phase naturgemäß zu (vorübergehenden) Preisverzerrungen.

Algerien konnte auf ein umfassendes System öffentlicher Subventionen zurückgreifen, die in den letzten Jahren jedoch schrittweise eliminiert wurden. Eine Folge davon war zum einen die Liberalisierung der Preise, andererseits aber – um entsprechende Effekte wieder abzufedern – eine Zunahme der Preisregelungen in speziellen Bereichen. Dies betrifft vor allem die Einsatzgüter im Rahmen der Landwirtschaft und im Bauwesen. Demgegenüber wurden die Einzelhandelspreise und auch die Gewinnspannen für die meisten Güter und Dienstleistungen freigegeben. Gestützt werden weiterhin Grundnahrungsmitttel, Energie und die Tarife für den öffentlichen Verkehr. Diese Stützungen wurden in den letzten Jahren allerdings – zumindest teilweise – wieder zurückgenommen, was in den betroffenen Bereichen zu Preissteigerungen von beinahe 200 % führte. Die Preise der für den Export bestimmten Waren – überwiegend Öl und Gas – entwickeln sich gemäß dem Trend auf den Weltmärkten.

Die Veränderung der Preise von geregelten Gütern und Dienstleistungen führte in Verbindung mit verschiedenen Abwertungen des Algerischen Dinars zu Steigerungen des Verbraucherpreisindex von jeweils 30 % in den Jahren 1994 und 1995. In den folgenden Jahren waren an Erhöhungen des Verbraucherpreisindex zu verzeichnen: 19 % (1996), 5 % (1997, 1998) sowie 2,6 % (1999) und lediglich 0,3 % (2000). Die geringeren Steigerungsraten in den letzten Jahren waren insbesondere auf die Preisentwicklung von Nahrungsmitteln zurückzuführen, die mit einer Gewichtung von 44 % in den Verbraucherpreisindex eingehen.

Insgesamt stieg der Verbraucherpreisindex seit 1995 um 66 %, die Löhne im gleichen Zeitraum allerdings nur um 44 %.[271]

---

[271] vgl. International Crisis Group (Hrsg.): Algeria's Economy – The vicious circle of oil and violence, ICG Africa Report No. 36, Brussels 2001, 6

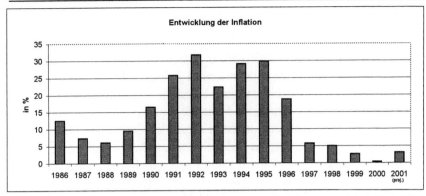

Abbildung 2-12 *Entwicklung der Inflation (vgl. International Monetary Fund (IMF): IMF Staff Country Report No. 98/87, Algeria – Selected Issues and Statistical Appendix, Washington, D.C. 1998, 5 und 37; Bank of Algeria: Current Financial Situation and Medium-Term Outlook for the Republic of Algeria, Algier 2000, 21)*

Geht man von einem in Algerien insgesamt verfügbaren Einkommen von ca. DA 1.800 Mrd.[272] bei einer Bevölkerung von etwa 30 Mio. Menschen aus, ergibt dies durchschnittlich DA 60.000 jährlich pro Einwohner. Bei einem überschlagenen Wechselkurs von 80 DA = 1 USD sind dies 2 USD pro Person am Tag. Ausgehend davon, daß die Einkommen in keiner Weise gleich verteilt sind, läßt sich für große Teile der Bevölkerung völlige Armut feststellen. Die verfügbaren Einkommen reichen in den meisten Fällen nicht aus, um auch nur die Grundbedürfnisse annähernd zu decken.

Nach Berechnungen der algerischen Regierung benötigt eine fünfköpfige Familie etwa 40.000 Dinar (EUR 634) pro Monat, um überleben zu können.[273] Dem Nationalen Wirtschafts- und Sozialbeirat (CNES) zufolge ist 1 Mio. Algerier (ohne Arbeit und ohne eigenes Einkommen, wovon 80 % eine eigene Familie versorgen müssen) auf Sozialleistungen angewiesen. Dies ist entweder Arbeitslosengeld (rund 1.000 DA monatlich) oder eine staatliche Sozialhilfe, die allerdings meist mit gro-

---

[272] International Monetary Fund (IMF): IMF Staff Country Report No. 00/93, Algeria – Staff Report for the 2000 Article IV Consultation, Washington, D.C. 2000b, 66

[273] vgl. Schulze, Ralph: In Algerien regiert seit Jahren der „ganz normale Terror", in: Die Presse, 18.05.1998

ßer Verzögerung gezahlt wird und nicht zum Leben reicht. 40 % der Bevölkerung lebten 1998 unter der Armutsgrenze.[274] Allein in und um Algier leben beispielsweise 200.000 Menschen in Elendssiedlungen.[275]

		1988	16,6
Bevölkerung unterhalb der Armuts- grenze in %	Städtisch	1995	30,3
	Ländlich	1998	7,3
		1995	14,7
	Landesweit	1998	12,2
		1995	22,6
Bevölkerung mit weniger als 1 $ pro Tag in %		1995	< 2
Armutslücke bei 1 $ pro Tag in %		1995	< 0,5
Bevölkerung mit weniger als 2 $ pro Tag in %		1995	15,1
Armutslücke bei 2 $ pro Tag in %		1995	3,6

Tabelle 2-24 Armut unter der algerischen Bevölkerung (vgl. Weltbank (Hrsg.): Weltentwicklungsbericht 2000/2001 – Bekämpfung der Armut, Bonn 2001, 332)

Schwierige Zeiten

Algerien ist heute auf dem besten Weg, eine zwei Klassengesellschaft zu werden. Schon überwunden geglaubte Infektionskrankheiten, die sich in vielen ländlichen Gebieten ausbreiten, Wohnungsnotstand, hohe Arbeitslosigkeit, ständig steigende Lebenshaltungskosten zwingen die Familien dazu, die Schulausbildung für ihre Kinder zu vernachlässigen – das ist eine Seite Algeriens. Die andere Seite stellt ihren Reichtum offen zur Schau. Luxuriöse Hotels und private Paläste mit einer großen Dienerschaft, Banken, die riesige Gewinne machen, teure Geschäfte und Restaurants. Spekulieren, handeln, kaufen und verkaufen – hinter allem steht das Ziel, hohe Profite für Einzelpersonen hervorzubringen. Ein seltsamer Kontrast zur derzeitigen immer stärker werdenden Verarmung in der breiten Bevölkerung.[276]

---

[274] vgl. Hadjadj, Djillali: Das Leben in Algerien wird unerträglich, in: Le Monde Diplomatique, 11.09.1998

[275] vgl. o.V.: Ein Land in der sozialen Krise, in: taz, 02.04.2001

[276] Dorsch, Monique; Schenke, Fanny: Normalité algérienne?, in: International 1-2/2001, 6

2.9 Staatshaushalt/Budget

Traditionell ist der algerische Staatshaushalt von den Erlösen aus dem Öl- und Gasgeschäft, der starken Importabhängigkeit und durch eine relativ hohe Schuldenlast bestimmt. In Jahren hoher Ölpreise kann mit Haushaltsüberschüssen gerechnet werden und umgekehrt.

Der Beginn der 1990er Jahre war gekennzeichnet durch hohe Ausgaben im Zusammenhang mit Infrastrukturinvestitionen für den Ausbau des Transportnetzes, des Elektrizitätsnetzes, Bewässerungsprojekte und den Wohnbau. Darüber hinaus belasteten Ausgaben für Subventionen und Preisstützungen[277] (z.B. Agrarpreisstützungen, Preissubventionen für importierte Lebensmittel und Energie, Sozialhilfe) das Budget. Ein Anstieg der Staatsschulden und gleichzeitig ein häufiger Zugriff auf die Reserven der Zentralbank waren die Folgen.

Im Zeitraum zwischen 1994 und 1997 war eine bemerkenswerte Konsolidierung des Staatshaushaltes zu verzeichnen, die nach wie vor anhält. Durch eine umsichtige Finanzpolitik und Budgetdisziplin, insbesondere aber durch die günstige Entwicklung des Ölpreises konnte beispielsweise das Budgetdefizit 1993 i.H.v. 8,7 % des BIP in einen Budgetüberschuß von 10 % des BIP 2000 umgewandelt werden. In den Jahren dazwischen stellte sich – je nach Ölpreis – die Lage freilich unterschiedlich dar. Die Regierung konnte die Balance mit einem Sparkurs und Abwertung des Dinars jedoch halten. Aufgrund der Abhängigkeiten ist es prioritär, bei der Budgeterstellung nicht nur kurzfristig zu handeln, sondern auch die mittelfristigen Zeithorizonte nicht aus den Augen zu verlieren und entsprechend zu steuern.

---

[277] Der IWF hat dafür naturgemäß wenig Verständnis: „Algeria's quasi-fiscal deficits originated primarily from losses of public enterprises and public agencies, reflecting a legacy of state economic planning and the burdening of public enterprises with social objectives." (International Monetary Fund (IMF): IMF Staff Country Report No. 98/87, Algeria – Selected Issues and Statistical Appendix, Washington, D.C. 1998, 27)

(in billions DA)	1995	1996	1997	1998	1999	2000	2001[2]
Total budget revenue	600.8	825.2	926.7	774.5	950.5	1,578	1,662
Hydrocarbon revenue	358.8	520.0	592.5	425.8	588.2	1213	1182
Export taxes	305.2	451.0	514.8	328.6	510.1	n.a.	n.a.
Domestic profit transfers	30.9	45.0	50.0	50.0	50.0	n.a.	n.a.
Sonatrach dividends	22.7	24.0	27.7	47.3	28.1	n.a.	n.a.
Nonhydrocarbon revenue	242.0	305.2	334.2	348.7	358.4	365	475
Tax revenue	233.2	290.6	314.0	329.8	314.8	350	396
Taxes on income and profits	53.6	67.5	81.8	88.1	72.2	82	91
Taxes on goods and services	99.9	129.5	148.1	154.9	149.7	165	189
Customs duties	73.3	84.4	73.5	75.5	80.2	86	98
Registration and stamps	6.4	9.2	10.6	11.3	12.7	16	18
Nontax revenues	8.9	14.6	20.2	18.9	43.6	15	79
Fees	8.7	11.5	15.8	14.7	16.5	n.a.	n.a.
Bank of Algeria dividends	0.2	3.1	4.4	4.2	27.1	n.a.	n.a.
Grants	0.0	0.0	0.0	0.0	3.9	0	5
Total budget expenditure	589.1	724.6	845.2	875.7	961.7	1,178	1,380
Current expenditure	444.4	550.6	643.6	663.9	774.7	856	984
Personnel expenditure	187.5	222.8	245.2	268.6	286.1	290	347
Mudjahidins' pensions	15.6	18.9	25.0	37.9	59.9	58	79
Material supplies	29.4	34.7	43.6	47.5	53.6	55	66
Current transfers[1]	149.7	185.3	220.5	199.1	248.7	292	346
Debt service	62.2	89.0	109.4	110.8	126.4	162	146
Capital expenditure	144.7	174.0	201.6	211.9	187.0	322	395
Budget balance	11.7	100.6	81.5	-101.2	-11.2	400	282

[1]incl. family allowances, social assistance, food subsidies, agricultural price support, housing, youth employment, support fund and other transfers; [2]projection

Tabelle 2-25 Zusammensetzung des Staatshaushalts (International Monetary Fund (IMF): IMF Staff Country Report No. 00/105, Algeria – Recent Economic Developments, Washington, D.C. 2000c, 69f und International Monetary Fund (IMF): IMF Staff Country Report No. 01/162, Algeria – Staff Report for the 2001 Article IV Consultation and Post-Programm Monitoring Discussion, Washington, D.C. 2001, 36)

Die Staatseinnahmen der Jahre 1998 und 1999 waren stark durch den während dieser Zeit schwachen Ölpreis beeinträchtigt. Dies bedingte auch ein geringeres Steueraufkommen. 2000 trat eine diesbezügliche

Erholung ein. 1998/99 betrugen die Staatseinnahmen 28 % des BIP. Rund 60 % davon sind auf Zuflüsse aus der Erdölwirtschaft zurückzuführen (Steuern, Profite, Dividenden). Das staatliche Budget ist naturgemäß von der Ölpreisentwicklung und den Schwankungen der Wechselkurse stark abhängig. So führt etwa eine 10 %-ige Veränderung des Wechselkurses zwischen DA und USD zur einer Schwankung von rund 2 % des Anteils der Staatseinnahmen am BIP. Eine Veränderung des Ölpreises um 1 USD/b führt zu einer äquivalenten Veränderung von 1 %. Des weiteren sind von solchen Veränderungen auch die nicht unerheblichen Dividenden von Sonatrach betroffen.

Der aus den Steuern des Nicht-Erdölsektors stammende Anteil an den Staatseinnahmen am BIP sank von 16,2 % (1997) auf 13,5 % (1999), den niedrigsten Wert des letzten Jahrzehnts. Dies kann allerdings auf die Einführung einer Reihe von neuen Steuern vor 1997[278] zurückgeführt werden. Diese Maßnahmen zur Verbreiterung der Steuerbasis wurden 1998 mit einer Steuersenkung im Rahmen einer Steuerreform konterkariert. So wurde etwa die Körperschaftssteuer von 38 % auf 30 % gesenkt, der Spitzensatz der Einkommensteuer von 50 % auf 40 %. Ebenfalls wurden verschiedene Maßnahmen auch zur Senkung des Durchschnittssteuersatzes implementiert.

---

[278] Im Zuge einer umfassenden Steuerreform 1992 wurden Mehrwertsteuer, Einkommenssteuer, Körperschaftssteuer und die Kapitalbesteuerung eingeführt (vgl. International Monetary Fund (IMF): IMF Staff Country Report No. 98/87, Algeria – Selected Issues and Statistical Appendix, Washington, D.C. 1998, 22)

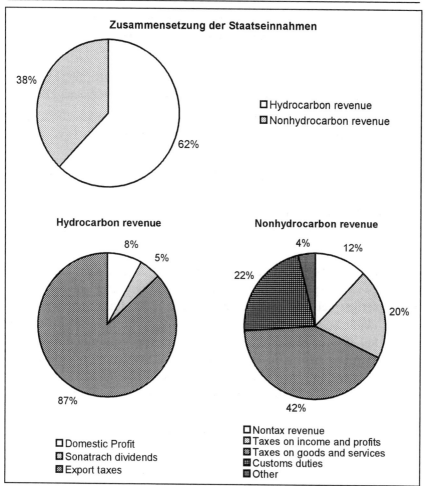

Abbildung 2-13 *Zusammensetzung der Staatseinnahmen (erstellt nach International Monetary Fund (IMF): IMF Staff Country Report No. 00/105, Algeria – Recent Economic Developments, Washington, D.C. 2000c)*

Weitere Gründe für die geringeren Steuereinnahmen waren:

- die nach wie vor schwache finanzielle Situation der öffentlichen Unternehmen, die rund 75 % zum Körperschaftssteueraufkommen beitragen;

- Steuerhinterziehungen im Zuge von Gerüchten in Hinblick auf eine mögliche Steueramnestie im Gefolge der Präsidentschaftswahlen 1999;

- zahlreiche Ausnahmeregelungen im Zusammenhang mit Maßnahmen zur Wirtschaftsförderung und Senkung der Arbeitslosigkeit;

- die Reduktion des Mehrwertsteuersatzes für verschiedene Güter und Dienstleistungen (reduzierter Mehrwertsteuersatz 7 % bzw. 14 %, regulär 21 %).

Angesichts des hohen Anteils des Hydrokarbonsektors im Rahmen der Einnahmen sind eine konsequente Vorgangsweise beim Inkasso der Steuern und Abgaben ebenso wichtig, wie mittelfristig wohl auch Überlegungen in Hinblick auf eine abermalige Ausweitung der Steuerbasis.

Die Staatsausgaben unterliegen in ihrer Zusammensetzung nach funktionalen Gesichtspunkten nur geringfügigen Veränderungen. Budgetdefizite werden bei Bedarf über den Bankensektor finanziert. Möglichkeiten, dafür in- und ausländische Finanzmärkte heranzuziehen, stehen bisher nur in sehr eingeschränktem Ausmaß zur Verfügung. Vor dem Hintergrund der Abhängigkeit von den Einnahmen aus dem Erdölsektor kommt dem ständigen Überdenken der Ausgabenseite bzw. einer entsprechenden Reform erhöhte Bedeutung zu. Wichtige Themen in diesem Zusammenhang sind:

- Personalkosten vs. Produktivität des öffentlichen Dienstes und damit verbunden Kostensenkungsmöglichkeiten;

- die Notwendigkeit höherer Investitionen im Bildungswesen und der medizinischen Versorgung, die insbesondere in den ländlichen Regionen unzureichend ist;

- das Problem des Wohnungswesens – in Algerien herrscht akuter Wohnungsmangel bei gleichzeitig relativ großer Armut der Bevölkerung. Notwendig ist der Ausbau der 1997 eingeführten Förderungsinstrumente und gleichzeitig die Überprüfung der Anspruchsgruppen und der grundsätzlichen Sinnhaftigkeit;

- die Erhöhung der Treffsicherheit des Sozialwesens, zumal die finanzielle Lage des Sozialversicherungssystems prekär ist; das bestehende System der sozialen Sicherung wurde 1994 ergänzt und ist nun relativ umfassend, entsprechend haben sich die Defizite der einzelnen Träger erhöht.

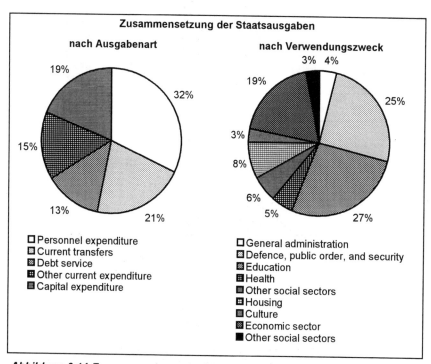

Abbildung 2-14 *Zusammensetzung der Staatsausgaben (International Monetary Fund (IMF): IMF Staff Country Report No. 00/105, Algeria – Recent Economic Developments, Washington, D.C. 2000c, 27 und 35)*

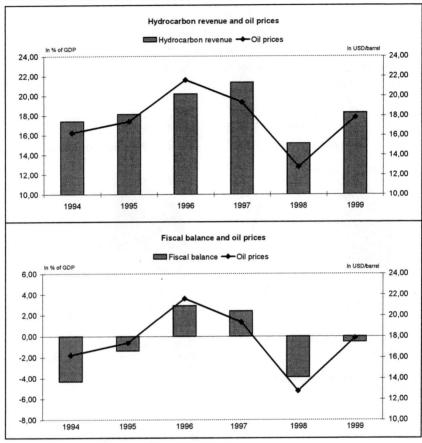

Abbildung 2-15 Zusammenhänge zwischen Ölpreisentwicklung und Staatshaushalt (International Monetary Fund (IMF): IMF Staff Country Report No. 00/105, Algeria – Recent Economic Developments, Washington, D.C. 2000c, 27)

2.10 Geldpolitik, Bankensektor und Finanzmarkt

Die Grundlage für die Geldpolitik bildet das zuletzt 1990 novellierte *Law on Money and Credit*. Grundsätzlich wird die Geldpolitik im Rahmen marktwirtschaftlicher Grundsätze unter Heranziehung der üblichen Instrumente gestaltet. Dies wird nicht zuletzt vom IWF und den im Pariser Club vereinten Gläubigerstaaten erwartet. Insbesondere stehen eine schnelle Anpassung des Banken- und Finanzsystems an marktwirtschaftliche Mechanismen einschließlich einer professionellen Ausrichtung des Managements im Vordergrund. Dennoch ist zu bemerken, daß auch in der jüngsten Vergangenheit insbesondere bei den geldpolitischen Operationen die Einflüsse der Marktkräfte mitunter nicht ausreichend berücksichtigt werden.

Ende 1999 bestand der Bankensektor aus der *Banque d'Algérie*, die als Zentralbank mit den Agenden der Geldpolitik betraut ist, 17 Geschäftsbanken und zehn anderen Finanzinstitutionen. Dabei spielen auch ausländische Banken, so z.B. die *Banque National de Paris (BNP)*, *Crédit Lyonnais* und *Société Général*, eine Rolle.

Mit rund 95 % Marktanteil (gemessen an den Vermögenswerten und Einlagen) dominieren die sechs öffentlichen Banken:

- *Banque nationale d'Algérie (BNA)*
- *Banque extérieur d'Algérie (BEA)*
- *Banque de l'agriculture et du développement rural (BADR)*
- *Crédit populaire d'Algérie (CPA)*
- *Banque de développement local (BDL)*
- *Caisse nationale d'épargne et de prévoyance (CNEP)*

Diese Banken verfügen über ein großes Netzwerk mit insgesamt rund 1.050 Zweigstellen und sind Arbeitgeber für etwa 30.000 Personen – 5 % aller Beschäftigten. Die bestehenden in- und ausländischen privaten Banken wurden in Laufe der 1990er Jahre etabliert, eine davon – die *El Baraka Bank* – verfolgt die Prinzipien des islamischen Bankwesens.

Algeriens öffentliche Banken sind in einem kritischen Zustand und stellen für viele das Haupthindernis bei der Umsetzung der wirtschaftlichen Reformen dar. Von den herrschenden Clans werden sie als deren Privateigentum betrachtet und vor der freien Marktwirtschaft „geschützt". Abdelatif Benachenhou beschreibt das Bankensystem gar als „threat to national security".

Finanzskandale

Skandale wie der folgende sind nicht selten: Die Rural Development Bank leiht dem Geschäftsmann Zahed USD 500 Mio., ohne nach Sicherheiten zu fragen. Als die Rückzahlung fällig wird, verschwindet der Geschäftsmann – mit Deckung durch den Geheimdienst. Die Behörden schweigen sich über den Vorfall aus. Die staatlichen Banken haben ausstehende Kreditforderungen in Höhe von mehr als USD 4,6 Mrd., Schuldner sind meist eng mit der Politikriege verbundene Privatunternehmen. Dem Finanzminister sind die Hände gebunden; er kann lediglich an die Geheimdienste appellieren, bei der Eintreibung der Schulden behilflich zu sein. Die Banken können praktisch nur so weiterarbeiten wie bisher, was den herrschenden Clans gerade recht kommt.[279]

Sämtliche öffentliche Banken wurden in der Vergangenheit mehrfach restrukturiert, hinsichtlich ihrer Effizienz, Profitabilität und Liquiditätssituation besteht allerdings nach wie vor Kritik. Die künftigen Pläne für den Bankensektor sehen folgende Maßnahmen vor:

- Bereinigung des Kredit-Portfolios;

- Anpassung des Risk-Managements an internationale Standards;

- Erhöhung der Effizienz (z.B. Verbesserung des veralteten Zahlungsverkehrs);

- Beseitigung von Management-Schwächen (vgl. klare Rollenverteilungen zwischen Management und Eigentümern);

- Verbesserung der Bankenaufsicht, die in den letzten Jahren im Zuge der bisherigen Umgestaltung des Bankensektors schon verstärkt wurde;

- eine (zumindest teilweise) Privatisierung der öffentlichen Banken, was zuvor allerdings erhebliche Zuschüsse der öffentlichen Hand zur Abdeckung alter Verbindlichkeiten erforderlich machen wird.

---

[279] vgl. Tozer, Hamid: Banks are publicly owned private property (02.02.2001), http://www.algeria-interface.com, 23.09.2001

Ein *National Council for Banking Reform* unter Vorsitz des Premier-ministers wurde bereits eingerichtet und ist mit der Strategiefindung und dem *monitoring* der Implementation der Maßnahmen betraut.

Ein Sekundärmarkt für Wertpapiere wurde erst 1998 etabliert, zur Teil-nahme berechtigt sind ausschließlich Banken und institutionelle Anle-ger. Die Börse in Algier wurde im Juli 1999 eröffnet und bewegt sich derzeit noch in bescheidener Größenordnung.

Die Zinsentwicklung hat sich in den letzten Jahren rückläufig entwik-kelt. Der Diskontzinssatz wurde von 13 % (1996), auf 11 % (1997), 9,5 % (1998) auf schließlich 8,5 % (1999) und 6 % (2000) zurückge-nommen. Die Zinsen für Einlagen lagen 1999 bei 7,5 % bis 9 %, für Privatkredite 8,5 % bis 10,3 %. In bezug auf die Zinspolitik ist kritisch anzumerken, daß Marktüberlegungen bei der Festsetzung des Zinsni-veaus bisher kaum eine bedeutende Rolle gespielt haben.

2.11 Zahlungsbilanz

Der Handelsbilanz schloß 1999 mit einem positiven Ergebnis von USD 3,4 Mrd. (vgl. 1998 USD 1,5 Mrd.) Dies resultiert aus einem relativ hohen Exportüberschuß bei gleichzeitig eingeschränkten Importen.[280] Der Saldo der Leistungsbilanz wies 1999 – nach gleichbleibend niedri-gerer Entwicklung in den Vorjahren – ein Defizit von USD 4,1 Mrd. aus. Dies war auf einen stagnierenden Dienstleistungsexport und -importe, die höher als erwartet ausfielen (vgl. Transportkosten, Versi-cherungen, Auslandsreisen), zurückzuführen. Auch die Überweisungen von im Ausland (hauptsächlich Europa) lebenden Algeriern in die Hei-mat waren rückläufig. Für 2000 und 2001 liegen derzeit noch keine endgültigen Werte vor, es ist aber von einer deutlichen Verbesserung auszugehen.

---

[280] Die eingeschränkten Importe führen zu negativen Konsequenzen in bezug auf die Versorgung der Bevölkerung, zumal die angestrebte Substitution der Importe durch Produkte aus dem eigenen Land derzeit noch nicht ausreichend möglich ist. Nicht zuletzt die gegebenen Preissteigerungen der letzten Jahre sind ein Indiz für die Knappheit von Gütern und Dienstleistungen.

Im Gefolge von zwei Umschuldungen zwischen 1995 und 1998 war in den folgenden Jahren ein relativ starker Rückgang der Kapitalaufnahme im Ausland zu verzeichnen. Ende der 1980er Jahre und Anfang der 1990er Jahre wurden jährlich etwa USD 6 Mrd. aufgenommen – mit der Konsequenz steigender makroökonomischer Ungleichgewichte. Zwecks Erreichung einer Restabilisierung wurde die Kapitalaufnahme zwischen 1996 und 1998 auf jährlich rund USD 1,8 Mrd. stark reduziert. Als Konsequenz verringerte sich der negative Saldo der Kapitalverkehrsbilanz jährlich auf schließlich USD 0,8 Mrd. 1998. Zu dieser Entwicklung positiv beigetragen haben auch die ausländischen Direktinvestitionen in den Erdölsektor. 1999 war eine Ausweitung des negativen Saldos auf USD 2,4 Mrd. zu verzeichnen, wobei eine – abermals reduzierte – Kapitalaufnahme von USD 1,1 Mrd. dafür nicht unwesentlich verantwortlich ist.

Die Zahlungsbilanz verbesserte sich gemäß der geschätzten Werte für 2000 gegenüber den Vorjahren erheblich. Diese Entwicklung hielt auch 2001 an. Gründe dafür sind Rekordexporte auf dem Hydrokarbonsektor und nur geringe Steigerungen der Importe (vgl. auch folgende Tabelle).

Über den Zeitraum der letzten Jahre hinweg stellt sich die algerische Zahlungsbilanz in jüngster Zeit überwiegend positiver als am Beginn der betrachteten Periode (1995) dar:

(in billions USD)	1995	1996	1997	1998	1999	2000[1]	2001[2]
Current account	-2.24	1.25	3.45	-0.91	0.0	8.9	6.9
Trade balance	0.16	4.13	5.69	1.51	3.4	12.3	10.1
Exports (fob)	10.26	13.22	13.82	10.14	12.3	21.7	21.2
Hydrocarbons	9.73	12.65	13.18	9.77	11.9	21.1	20.7
Other exports	0.53	0.57	0.64	0.37	0.4	0.6	0.5
Imports (fob)	-10.10	-9.09	-8.13	-8.63	-9.0	-9.3	-11.2
Service account (net)	-3.52	-3.76	-3.30	-3.48	-4.1	-4.2	-4.0
Nonfactor services (net)	1.33	-1.40	-1.08	-1.48	-1.8	-1.5	-1.5
Credit	0.68	0.75	1.07	0.74	0.7	0.9	1.0
Debit	-2.01	-2.15	-2.15	-2.22	-2.6	-2.4	-2.5
Factor services	-2.19	-2.36	-2.22	-2.00	-2.3	-2.7	-2.5
Credit	0.12	0.21	0.26	0.37	0.2	0.4	0.6
Debit	-2.31	-2.56	-2.48	-2.37	-2.5	-3.1	-3.1
Interest payments	-2.31	-2.24	-2.11	-1.95	-1.9	-1.9	-1.8

Other	0.00	-0.32	-0.37	-0.42	-0.66	n.a.	n.a.
Transfers (net)	1.12	0.88	1.06	1.06	0.8	0.8	0.8
Capital account	**-4.08**	**-3.34**	**-2.29**	**-0.83**	**-2.4**	**-1.4**	**-0.8**
Medium- and long-term capital	-3.89	3.13	-2.25	-0.83	-1.5	-1.5	-1.0
Direct investment (net)	0.00	0.27	0.26	0.50	0.5	0.4	1.1
Official capital (net)	-3.89	-3.40	-2.51	-1.83	-2.0	n.a.	n.a.
Drawings	3.22	1.82	1.69	1.83	1.1	n.a.	n.a.
Total amortization	-7.11	-5.22	-4.20	-3.16	-3.0	n.a.	n.a.
Short-term capital and errors and omissions	-0.20	-0.21	-0.04	0.00	-0.9	0.2	0.2
Overall balance	**-6.32**	**-2.09**	**1.16**	**-1.74**	**-2.4**	**7.6**	**6.1**
Financing	**6.32**	**2.09**	**-1.16**	**1.74**	**2.4**	**-7.6**	**-6.1**
Change in official reserves	0.53	-2.98	-4.42	1.20	2.4	-7.5	-6.0
Fund repurchases	-0.26	-0.14	-0.35	-0.45	-0.4	-0.1	-0.1
Exceptional financing	6.05	5.21	3.61	0.99	0.4	0.0	0.1
Rescheduling	4.94	3.53	2.22	0.52	0.0	0.0	0.0
Multilateral balance of payments support	0.63	0.94	0.80	0.13	0.1	0.0	0.1
Fund purchases	0.47	0.74	0.59	0.34	0.3	0.0	0.0
Memorandum items							
Gross official reserves	2.1	4.2	8.0	6.8	4.4	11.9	17.9
In months of total imports	2.1	4.5	9.4	7.6	4.6	12.2	15.8
As % of debt service	22.3	56.3	126.8	133.1	84.6	248.9	365.3
Algerian crude oil price (USD/barrel)	17.6	21.7	19.5	12.9	17.9	28.5	26.6
Gross external debt[3]	31.6	33.7	31.2	30.5	28.3	25.5	23.3
Debt service/exports (in %)	40.5	28.7	29.3	44.8	39.6	20.9	21.6
External debt to exports ratio (in %)	288.9	241.3	209.5	280.1	217.1	113.0	105.1
Debt/GDP (in %)	76.7	71.9	65.1	64.3	59.1	47.9	40.7
Current account (in % of GDP)	-5.4	2.7	7.2	-1.9	0.0	16.8	12.0
GDP	41.2	46.9	47.9	47.4	47.6	53.3	57.3
Exchange rate (DA/USD, average)	47.7	54.7	57.7	58.7	66.5	75.3	n.a.

[1]estimated; [2]projections; [3]according to the information provided by the Bank of Algeria all official reserves are liquid

Tabelle 2-26 Zahlungsbilanz Algeriens 1995-2001 (International Monetary Fund (IMF): IMF Staff Country Report No. 00/105, Algeria – Recent Economic Developments, Washington, D.C. 2000c, 84 und International Monetary Fund (IMF): IMF Staff Country Report No. 01/162, Algeria – Staff Report for the 2001 Article IV Consultation and Post-Programm Monitoring Discussion, Washington, D.C. 2001, 38)

Der Stand der Währungsreserven betrug Ende 1999 USD 4,4 Mrd. und verringerte sich – angesichts der schwierigen Lage des Staatshaushaltes im Gefolge des aktuell gesunkenen Ölpreises – gegenüber 1998 um USD 2,4 Mrd. Aufgrund der günstigen Entwicklung konnten die Reserven wieder beträchtlich aufgestockt werden. Sie betrugen Ende Dezember 2000 USD 11,9 Mrd. und Ende Juli 2001 USD 16,4 Mrd.

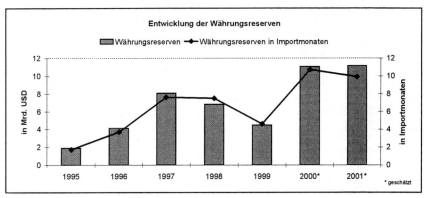

Abbildung 2-16 *Entwicklung der Währungsreserven (vgl. Richards, Christine: Algeria awakes; in: MEED, 17.03.2000a, 3f; Bank of Algeria: Current Financial Situation and Medium-Term Outlook for the Republic of Algeria, Algier 2000, 39)*

2.12 Auslandsverschuldung

Die Auslandsverschuldung Algeriens entwickelte sich in den letzten Jahren rückläufig von 1996 USD 33,4 Mrd. auf 1998 USD 30,7 Mrd. und schließlich USD 28,3 Mrd. 1999 sowie – nochmals einigermaßen verbessert – auf USD 25,5 Mrd. 2000. Für 2001 wird eine abermalige Senkung erwartet. Von diesem Betrag sind USD 15,2 Mrd. umgeschuldet. Diese Maßnahme wurde von den Gläubigern (vgl. Pariser Club und Londoner Club[281]) angesichts der fallenden Ölpreise gewährt, die Algerien in den letzten Jahren finanziell teilweise in eine bedrohliche Situation gebracht haben. Gemessen am BIP stellt die Auslandverschuldung 2000 einen Anteil von 48 % dar. Die erfolgreiche Bedienung

---

[281] Der „Pariser Club" repräsentiert die öffentlichen Gläubiger (z.B. Staaten), der „Londoner Club" die Geschäftsbanken.

der Verschuldung ist – nicht zuletzt um die internationale Bonität zu erhöhen – auch vor dem Hintergrund der limitierten Kapitalverfügbarkeit im Inland eine der Prioritäten für die nächsten Jahre.

Die Regierung hat zudem vor, Algerien künftig von internationalen Rating-Agenturen bewerten zu lassen, auch um einen besseren Zugang zu den internationalen Finanzmärkten zu erhalten. Bisher wurde kein Rating veröffentlicht; gemessen an den Bewertungen anderer Länder dürfte für Algerien ein Rating im Bereich von A bis BBB zu erwarten sein, wobei dabei der jeweilige Ölpreis sicherlich Einfluß hat.[282]

Gläubiger sind öffentliche Kreditgeber[283], davon multilaterale Institutionen (z.b. Weltbank, IWF) mit rund 20 % und bilaterale Gläubiger (andere Staaten) mit ca. 50 % sowie private Institutionen (z.b. Geschäftsbanken) mit etwa 30 %. Bezüglich der Währungen sind rund 42 % der Staatsschulden in USD zurückzuzahlen, 38 % in Euro, 13 % in Yen und der Rest in anderen Währungen.

Etwa die Hälfte der Kapitalaufnahme erfolgte zu variablen Zinsen, die Fälligkeit beträgt vorwiegend zehn Jahre. Der Schuldendienst (Tilgungen und Zinszahlungen) umfaßte 1998 USD 5,1 Mrd. sowie USD 4,9 Mrd. 1999, wobei das Verhältnis von Tilgungen und Zinsen jeweils etwa 60:40 beträgt.

---

[282] vgl. z.B. Standard & Poor's (http://www.standardandpoors.com Maximum – AAA, Minimum – C; bewertet werden derzeit beispielsweise Ägypten, Tunesien, Marokko, Katar und Südkorea mit BBB, Kuwait mit A (Stand 09/2001); siehe auch http://www.moodys.com, http://iimagazine.com

[283] z.B. (in Mrd. USD): IMF 1,9; Weltbank 1,9; Frankreich 1,2; Italien 0,9; USA 0,6 (Stand: Ende 1997)

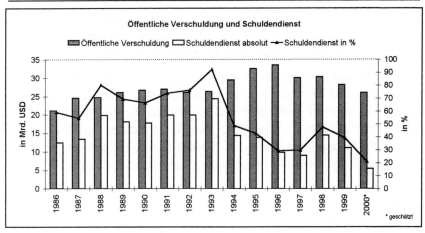

Abbildung 2-17 *Öffentliche Verschuldung und Schuldendienst (vgl. International Monetary Fund (IMF): IMF Staff Country Report No. 98/87, Algeria – Selected Issues and Statistical Appendix, Washington, D.C. 1998, 55f; Bank of Algeria: Current Financial Situation and Medium-Term Outlook for the Republic of Algeria, Algier 2000, 40 und 44)*

2.13 Wechselkursregime

1998, 1999 und 2000 entschied man sich angesichts schwindender Währungsreserven für eine – nach mehreren Devaluationen in der Vergangenheit – abermalige Abwertung des Dinars, die zuletzt gegenüber dem USD ca. 12 % betrug. Erst im Zuge der Ölpreisentwicklung in letzter Zeit stabilisierte sich die Währung wieder. Gegenüber den europäischen Währungen verlor der Dinar aufgrund der anhaltenden Schwäche des Euro weniger an Wert (z.B. gegenüber dem französischen Francs 1999 8,5 %). Grundsätzlich verfolgt man eine Balance insbesondere zwischen internationaler Wettbewerbsfähigkeit und Preisstabilität in Inland. Mit dem momentanen Kurs von (ca.) 80 DA = 1 USD glaubt man, ein ausgewogenes Niveau erreicht zu haben.

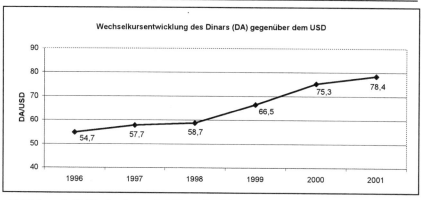

Abbildung 2-18 *Wechselkursentwicklung des Dinars (DA) gegenüber dem USD*

2.14 Wirtschaftliche Szenarien

Wirtschaftskrise ohne Ende?

Seit 1976 geriet sowohl das wirtschaftliche Entwicklungsmodell als auch die politische Machtstruktur Algeriens zunehmend in die Krise. 1978, nach dem Tod Boumediennes, war es nicht mehr zu übersehen: eine hohe Inflationsrate, Mangel an Konsumgütern, Wohnungsnot, Defizite in der Infrastruktur und im Transportwesen und ein rapides Ansteigen der (Jugend-)Arbeitslosigkeit. In den schnellen Ausbau der Erdöl- und Erdgasindustrie wurden enorme Summen investiert – für Forschung, Bau von Pipelines nach Europa, Tanker, Gasverflüssigunganlagen sowie die Ausbildung von Spezialisten. Die Auslandsverschuldung stieg in der Folge stark an. Da die neuen Produktionsanlagen nicht die gewünschte Produktivität brachten und der Erdöl- und Erdgasexport in Absatz- und Preisschwierigkeiten geriet, verschärfte sich die Krise. Angesichts stark steigender Preise wurden zunächst Lohnerhöhungen gefordert; zunehmend protestierten die Streikenden aber auch gegen ungleiche Verteilungsstrukturen im allgemeinen.

Mitte der 90er Jahre sprach man vom algerischen *Wirtschaftswunder* – es schien mit Algerien – zumindest rein ökonomisch betrachtet – aufwärts zu gehen.

Algerien stellt sich nach wie vor als *Rentierstaat* dar. Fast 100 % der Devisen stammen aus dem Export von Erdöl und Erdgas. Der Optimismus in Hinblick auf einen dauerhaften wirtschaftlichen Aufschwung ist groß. Hinter den statistischen Daten verbirgt sich allerdings eine Entwicklung, im Rahmen derer sich die herrschende Klasse – insbesondere das Militär – umwandelt in eine Klasse von privaten „Unternehmern". Während der Bürgerkrieg tobt, läuft die *Transition* unter Aufsicht des IWF auf vollen Touren.

Durch die Auflagen des Internationalen Währungsfonds wird Algerien zu einer Liberalisierung und Privatisierung der Wirtschaft gezwungen. Dadurch verbessern sich zwar die Möglichkeiten der Gewinnabschöpfung für ausländische Firmen, was eine erhöhte Investitionsbereitschaft nach sich zieht. Die prekäre Versorgungslage der Bevölkerung ändert sich dadurch aber kaum.[284]

Wirtschaftsreformen oder Demokratie?

„The authorities have opted for an economic recovery programme while closing down the political sphere, smearing existing parties, banning new ones, curtailing freedom of expression and stifling the freedom of association. It's a contradictory approach and Algerian youth have spotted they're getting a raw deal. Organisation and expertise are crucial to the success of the economic growth package. But the authorities are wrong to think its political feasibility is a closed matter.

To get housing and jobs there first has to be democracy and the rule of law. Young people have been violently showing that they understand this all too well ... They've been demanding that the rules of the game change. They want to build democracy and breath clean air into the system. Only a brand new context will give any meaning to the programme of economic growth and will open up any real perspective.

There has been a youth employment scheme since 1994 that still hasn't used up its budget and the president has ordered that all young entrepreneurs' funding applications be examined. There have been social

---

[284] vgl. Gruppe Demontage: Postfordistische Guerrilla – Vom Mythos nationaler Befreiung, Münster 1999, 111ff

housing programmes for a long time but the number of empty homes grows by the months. The government has put substantial expenditure into a minimum subsistence benefit. But young people never get it. Only the well-connected do."[285]

Der von der algerischen Zentralbank für die nächsten Jahre (2002-2004) erstellte *forecast* zeigt ein grundsätzlich nicht unerfreuliches Bild.

(in Mrd. USD)	2002	2003	2004
Ölpreis (USD/b)	19	19	19
Exporte Erdöl und Erdgas	14,7	17	18,4
Exporte gesamt	16,6	19	20,5
Importe gesamt	14,6	16	17,4
Handelsbilanz	+2	+3	+3,1
Zahlungsbilanz	+0,9	+1	+0,8
Schuldentilgung	3,1	3,1	3,1
Zinszahlung	1,6	1,4	1,4
Schuldendienst gesamt	4,7	4,5	4,5
Öffentliche Verschuldung (absolut)	22,5	20,6	18,9
Öffentliche Verschuldung (in % BNP)	40,7	35,6	31
Währungsreserven (+/-)	-0,1	-0,3	-0,2
Währungsreserven (inkl. Gold)	12,7	13	13,2
Währungsreserven (in Monaten/Importe)	10,4	9,7	9,1

Tabelle 2-27 Forecast 2002-2004 für ausgewählte ökonomische Indikatoren (vgl. Bank of Algeria: Current Financial Situation and Medium-Term Outlook for the Republic of Algeria, Algier 2000, 32ff)

Zu bedenken ist dabei allerdings, daß die volkswirtschaftliche Entwicklung in einem hohen Maß vom jeweiligen Ölpreis abhängig ist. Dieser wurde mit USD 19,-- prognostiziert. Angesichts der stark

---

[285] Auszug eines Interviews mit Abdelmadjid Bouzidi, Wirtschaftsberater des früheren Präsidenten Zéroual, geführt mit Yassin Temlali am 27.06.2001 für http://www.algeria-interface.com

schwankenden Preisentwicklung 2001[286] scheint die für die Zukunft getroffene Annahme zwar nicht unrealistisch. Es kann jedoch nur mit einer gewissen Wahrscheinlichkeit davon ausgegangen werden, daß die Erwartungen tatsächlich auch eintreffen. Die Berechnungen für die kommenden Jahre wird – eine Ölpreisentwicklung unter die USD 19-Marke unterstellt – die Zahlen aufgrund der dann geringeren Exporterlöse für Hydrokarbonate entsprechend relativieren bzw. verschlechtern.[287] Treffen die Annahmen zu bzw. würden übertroffen, ist von einem jeweils positiven Saldo der Handels- wie auch Zahlungsbilanz auszugehen. Im *forecast* würde dies – bei einem Ausmaß der Schuldentilgung (inkl. Zinszahlungen) in Höhe des Vorjahres – zu einem relativ geringen Zugriff auf die Währungsreserven führen. Wie gesagt, das Zutreffen der Projektionen ist direkt abhängig vom jeweiligen Ölpreis, der damit jeglichen ökonomischen Spielraum des Landes bestimmt.

Empfehlungen[288]

... an die Regierung

• Erfüllung des Versprechens, ein unabhängiges und effektives Justizwesen zu schaffen

---

[286] Notierte der Preis für 1 Barrel Rohöl (159 Liter) im Mai 2001 noch mit USD 30,-- – ein für die erdölexportierenden Länder außerordentlich günstiger Preis –, fiel dieser bis zum November 2001 nahezu kontinuierlich auf unter USD 17,--. Ankündigungen der OPEC, zur Gegensteuerung die Produktion zu drosseln, erwiesen sich als wirkungslos; zum einen, weil nicht der OPEC angehörige Förderländer (z.B. Rußland) nicht bereit sind, derartige Maßnahmen mitzutragen, zum anderen, weil die Nachfrage in jüngster Zeit konjunktur- und krisenbedingt (vgl. Airlines) rückläufig war (vgl. Rosenkranz, Clemens: Vor neuer Spritpreissenkung, in: Der Standard, 17./18.11.2001).

[287] Andere Prognosen gehen von Ölpreisen zwischen USD 21,-- bis 24,50 (best case) und USD 15,-- (worst case) für den Zeitraum 2002-2006 aus (vgl. International Monetary Fund (IMF): IMF Staff Country Report No. 01/162, Algeria – Staff Report for the 2001 Article IV Consultation and Post-Programm Monitoring Discussion, Washington, D.C. 2001, 40).

[288] vgl. International Crisis Group (Hrsg.): Algeria's Economy – The vicious circle of oil and violence, ICG Africa Report No. 36, Brussels 2001, ii und 18f

- Fortsetzung der Privatisierungsbemühungen
- Eindämmung der Arbeitslosigkeit samt Schaffung geeigneter Programme
- Durchführung einer Steuerreform
- Steigerung der Leistungsfähigkeit des Bankensektors, insbesondere durch Schaffung geeigneter Rahmenbedingungen

... an das Militär

- Respektierung der demokratisch gewählten Instanzen und ihrer Organe

... an den Internationalen Währungsfonds und die Weltbank

- Vertrauen in die Fähigkeit der Regierung, die notwendigen ökonomischen Reformen bzw. Veränderungsprogramme selbständig zu definieren und umzusetzen

... an die Europäische Union[289]

- Vorantreiben des EUROMED-Dialogs in Hinblick auf eine künftig wesentlich engere wirtschaftliche Kooperation wie auch Unterstützung politischer Reformen

---

[289] Mit der EU verhandelt Algerien ein Assoziierungsabkommen, dessen Abschluß unmittelbar erwartet wird. Sehr interessiert ist man auch an den mit der WTO geführten Beitrittsverhandlungen.

3 Marktbearbeitung

Der folgende Abschnitt beschäftigt sich mit der Analyse und Interpretation der internationalen Wirtschafts- und Handelsbeziehungen Algeriens. Anhand statistischen Materials wird untersucht, wie sich die außenwirtschaftlichen Verflechtungen des Landes weltweit gestalten. Konkret werden die Beziehungen zu den wichtigsten Handelspartnern im Export und Import sowie jene zu Österreich untersucht. Im Anschluß an die Datenanalyse und -interpretation wird ein Überblick zu den jüngsten Entwicklungen, die für ausländische Exporteure und Investoren von Relevanz sind, gegeben. Die leitende Frage in diesem Zusammenhang stellt sich nach der Gestaltung und den Determinanten der weltweiten algerischen Wirtschafts- und Handelsbeziehungen sowie ihren Problemfeldern.

Konkret wird folgenden Fragen nachgegangen:

- Wie gestalten sich Algeriens Wirtschafts- und Handelsbeziehungen weltweit?

- Welche Haltung nimmt die algerische Regierung in bezug auf die Gestaltung seiner internationalen Wirtschaftsbeziehungen ein?

- Wie gestalten sich die Handelsbeziehungen zu den wichtigsten Handelspartnern?

- Wie gestalten sich die Beziehungen zum Handelspartner Österreich?

- Welche wirtschaftlichen Großvorhaben und Infrastrukturmaßnahmen sind gegenwärtig zu verzeichnen und künftig geplant?

- Welche Auswirkungen haben die diesbezüglichen Projekte auf die wirtschaftliche Entwicklung des Landes?

- Welche Perspektiven für Wirtschafts- und Handelsbeziehungen mit Algerien ergeben sich für die Zukunft?

Im Rahmen der strategisch wichtigen Angelegenheiten stellt sich die Frage, unter welchen Voraussetzungen ein Exporteur oder ausländischer Investor auf dem algerischen Markt nachhaltig erfolgreich operieren kann. Im folgenden werden die Grundsätze und wichtige Details zur Bearbeitung des algerischen Marktes und zur entsprechenden Geschäftsabwicklung erörtert.

Darüber hinaus sollen die allgemeinen Potentiale für kurz-, mittel- und langfristige wirtschaftliche Aktivitäten auf dem algerischen Markt eingeschätzt werden und dabei die Chancen für ausländische Unternehmen bzw. Wirtschaftspartner – unter Einbeziehung der gegenbenen Risiken evaluiert werden.

In diesem Zusammenhang sollen aus den politischen und ökonomischen Szenarien der Transformation auch der künftig zu strukturell zu erwartende Bedarf in Hinblick auf Kooperationen mit dem Ausland und ebensolche Investitionen in Algerien abgeschätzt werden. Ausblickend sollen mögliche Strategien, die sich für – insbesondere österreichische – Unternehmen aus den gegebenen Chancen und Risiken auf dem algerischen Markt anbieten, erörtert werden. In diesem Rahmen wird auf die Bereiche Marketing, Standortwahl, Finanzierung sowie kulturelle Aspekte, insbesondere in Zusammenhang mit der Entsendung geeigneten Personals eingegangen. Darauf bezogene Empfehlungen schließen die Betrachtung ab.

Konkret soll auf folgende Fragen eingegangen werden:

- Welche Bestimmungsgründe definieren für Unternehmen die Attraktivität des algerischen Marktes?

- Anhand welcher Kriterien läßt sich die Marktattraktivität/Standortattraktivität für Algerien einschätzen?

- Inwieweit läßt sich dies auch für bestimmte Branchen bewerten?

- Welche Chancen (Kooperations-, Investitions- und Lieferpotentiale) ergeben sich für ausländische Exporteure und Investoren (kurz-, mittel- und langfristig)?

- Unter welchen Bedingungen können Unternehmen auf dem algerischen Markt dauerhaft erfolgreich agieren?

- Mit welchen Problemen sind Unternehmen bei der Erschließung und Bearbeitung des algerischen Marktes konfrontiert?

- Wie läßt sich eine erfolgreiche Strategie unter Einbeziehung der Aspekte Marketing, Finanzierung, Logistik und Kultur für Algerien beschreiben?

- Welche Empfehlungen können einem am algerischen Markt interessierten Unternehmen bzw. für die Bearbeitung dieses Marktes unmittelbar gegeben werden?

3.1 Wirtschaftsbeziehungen und Außenhandel

Algerien ist insgesamt stark vom Außenhandel abhängig. Rund die Hälfte der Staatseinnahmen stammen aus dem Exportgeschäft. Etwa 90 % der Exporterlöse werden allein durch die Ausfuhr von Erdöl und Erdgas bzw. Kohlenwasserstofferzeugnissen erzielt. Zwei Drittel aller benötigten Lebensmittel müssen importiert werden. Rund zwei Drittel aller Waren werden aus den EU-Ländern bezogen, hauptsächlich aus Frankreich, Italien und Spanien. Die algerische Regierung ist um eine Reduzierung des Importvolumens sowie eine Diversifizierung der Exporte bemüht.[290] In letzter Zeit ging der Trend dahin, nur noch jene Lieferungen und Leistungen im Ausland nachzufragen, die Algerien nicht selbst produzieren kann. Gründe dafür waren einerseits die weiterhin bestehende Politik der Importsubstitution, andererseits die aus dem Rückgang der Ölpreise resultierende Devisenknappheit.[291]

Im Außenhandel begünstigt wurden auch in jüngerer Zeit Unternehmen aus Staaten, die großzügige Kreditkonditionen einräumten oder Technologietransfers aufgeschlossen gegenüber standen. Besonders bevor-

---

[290] Bundesstelle für Außenhandelsinformation – BfAI (Hrsg.): Geschäftspartner Algerien, Köln 1992, 21 u. 39

[291] Al-Ani, Ayad; Gneisz, Bettina; Kaufmann, Alexander; Kostner, Markus; Palme, Herwig; Strunz, Herbert: Österreichisch-arabische Wirtschaftsbeziehungen – Entwicklung und Perspektiven, Berlin 1995, 62

zugt wurden dabei Länder, mit denen Algerien einen Handelsbilanzüberschuß aufwies.[292]

Im Zuge des Strukturbereinigungsprogramms Mitte der 1990er Jahre kam es auch in der Handelspolitik zu Neuerungen. Insbesondere widmete man sich den Abbau von Handelsbarrieren, zahlreiche nichttarifäre Handelshemmnisse wurden beseitigt. Die Zolltarife bewegen sich je nach Ware zwischen 5 % und 40 %, nachdem 2000 eine Senkung des ursprünglichen Spitzentarifs von 45 % vorgenommen wurde. Trotz Liberalisierungen lassen sich in jüngster Zeit allerdings wieder gelegentlich protektionistische Tendenzen feststellen. Demzufolge wird international auch eine weitere Senkung der Zölle[293] und die Eliminierung von Barrieren reklamiert. In den nächsten Jahren sollen vor allem eine Stärkung der internationalen Wettbewerbsfähigkeit, die Förderung von ausländischen Investitionen und die Exportdiversifikation weiterhin im Vordergrund stehen. Die Zusammenarbeit mit der WTO und der EU (vgl. Assoziierungsabkommen) haben ebenfalls Priorität. Auch Integrationsbemühungen in Hinblick auf eine verstärkte Kooperation mit den Nachbarländern sollten im Vordergrund stehen.

3.1.1 Außenhandel weltweit

Als direkte Konsequenz der in den letzten Jahren stark schwankenden Ölpreise gingen die Exporte aus dem Erdölsektor vom sehr günstigen Wert 1997 i.H.v. USD 13,2 Mrd. drastisch auf USD 9,7 Mrd. (1998) zurück. Durch den Anstieg der Ölpreise in der 2. Jahreshälfte 1999 verbesserten sich die entsprechenden Exporte für das Gesamtjahr 1999 wieder auf USD 11,9 Mrd. Für 2000 wird ein Wert von signifikant verbesserten USD 21,1 Mrd. geschätzt, der im wesentlichen auch für 2001 wieder erwartet wird. Dies spiegelt die Preisentwicklung für algerisches Rohöl (Sahara Blend) von USD 12,9/b (1998) auf USD 17,9/b

---

[292] Al-Ani, Ayad; Gneisz, Bettina; Kaufmann, Alexander; Kostner, Markus; Palme, Herwig; Strunz, Herbert: Österreichisch-arabische Wirtschaftsbeziehungen – Entwicklung und Perspektiven, Berlin 1995, 62
[293] Ein durchschnittlicher Zollsatz von unter 15 % wird dabei genannt.

(1999) und USD 28,5/b (2000) wieder. Demgegenüber war 1999 ein Preisverfall für Gas von 14,5 % gegenüber 1998 zu verzeichnen. Mit einer Steigerung der exportierten Gasmenge um 46 % gegenüber 1998 konnte dieser allerdings kompensiert werden. Dazu trug auch die Realisierung zweier neuer Projekte bei – Tin Fouyé Tabankort und Hassi R'Mel Sud. Dadurch wird auch künftig ein größerer Exportanteil aus dem Gasgeschäft resultieren.

Trotz vielfältiger Anstrengungen in Hinblick auf die Restrukturierung und Förderung der übrigen Wirtschaft trägt dieser Sektor mit USD 0,4 Mrd. (1999) nicht mehr als 5 % zu den Gesamtexporten bei. Pro Kopf sind dies USD 14 (vgl. Marokko und Tunesien USD 250-600) und damit einer der niedrigsten Werte der Schwellen- und Entwicklungsländer. Als wichtigste Nicht-Erdölexporte werden Halbfertigprodukte, landwirtschaftliche Produkte und Phosphate an die Hauptabsatzmärkte Spanien (22 %), Italien (16 %) und Frankreich (12 %) geliefert. Insgesamt bietet besonders Europa für Algerien traditionell einen wichtigen und aufnahmefähigen Absatzmarkt, idealerweise „vor der Haustüre".

Nach einer Phase von Importbeschränkungen stiegen die Importe Algeriens 1998 gegenüber dem Vorjahr um 6,4 % auf USD 8,6 Mrd. und 1999 weiter auf USD 9 Mrd. Eine ähnliche Entwicklung mit leicht steigender Tendenz wird für die nähere Zukunft erwartet. Davon wurden 27 % für Nahrungsmittel und 15 % für Konsumgüter aufgewendet. Gesamt betrachtet waren die Importe in der 2. Hälfte der 1990er Jahre durchschnittlich etwa 10 % höher als in der ersten Hälfte des Jahrzehnts und um 65 % höher als in den 1980er Jahren (wobei dies auch auf den damals überbewerteten offiziellen Kurs des Dinars zurückzuführen ist).

Bei der Betrachtung der Exporte zeigt sich Algeriens totale Abhängigkeit vom Erdölsektor. Rund 90 % der Exporterlöse werden durch die Ausfuhr von Erdöl und Erdölprodukten erzielt. Nur ein geringer Anteil verteilt sich dementsprechend auf die übrigen Sektoren.

(in Mrd. USD)	1995	1996	1997	1998	1999
Importe					
Nahrungsmittel	2762	2601	2544	2657	2609
Energie	115	110	132	110	127
Rohstoffe	790	498	499	558	526
Halbzeuge	2390	1788	1564	1732	1665
Landwirtschaftliche Ausrüstungsgegenstände	41	41	21	45	81
Industrielle Ausrüstungsgegenstände	2934	3023	2831	2907	3155
Gesamt	10789	9098	8686	9323	9586
Exporte					
Nahrungsmittel	111	136	37	28	22
Energie	9730	12595	13210	9664	11910
Rohstoffe	39	44	40	50	44
Halbzeuge	284	496	387	268	272
Landwirtschaftliche Ausrüstungsgegenstände	4	3	1	1	24
Industrielle Ausrüstungsgegenstände	18	46	23	22	36
Konsumerzeugnisse	74	156	23	19	18
Gesamt	10260	13476	13721	10052	12326
davon: Nicht-hydrokarbon	530	881	511	388	416
Als Anteil an den Gesamtimporten (in %)					
Nahrungsmittel	26	29	29	28	27
Investitionsgüter	27	33	33	31	33
Konsumgüter	16	11	13	14	15
Als Anteil an den Gesamtimporten (in %)					
Nicht-hydrokarbon-Produkte	5	7	4	4	3

Tabelle 3-1 Exporte und Importe Algeriens 1995-1999 (Quelle: International Monetary Fund (IMF): IMF Staff Country Report No. 00/105, Algeria – Recent Economic Developments, Washington, D.C. 2000c, 91)

Speziell für den Bereich der Kohlenwasserstoffe gestalten sich die algerische Exporte wie folgt:

	1995	1996	1997	1998	1999*
Crude petroleum					
Value (in mio. USD)	2,156.2	3,118.7	2,661.7	1,942.9	2,735.0
Of which: profit repatriation	0.0	264.1	312.8	387.4	521.2
Volume (mio. barrels)	122.7	143.8	136.6	150.2	152.1
Volume (mio. metric tons)	15.6	18.3	17.4	19.0	19.4
Unit price (USD/barrel)	17.6	21.7	19.5	12.9	17.9
Condensate					
Value (in mio. USD)	2,375	3,025	2,806	1,953	2,422
Of which: profit repatriation	0.0	51.8	35.0	38.7	52.1
Volume (mio. barrels)	137.0	142.6	140.0	139.1	134.7
Volume (mio. metric tons)	15.7	16.3	16.0	15.9	15.3
Unit price (USD/barrel)	17.3	21.2	20.0	13.9	17.9
Refined petroleum products					
Value (in mio. USD)	1,861	2,206	2,272	1,487	1,995
Volume (mio. barrels)	103.1	97.8	111.4	99.3	106.2
Volume (mio. metric tons)	13.3	12.6	14.4	12.7	13.5
Unit price (USD/barrel)	18.1	22.6	20.4	15.0	18.8
Liquified petroleum gas (LPG)					
Value (in mio. USD)	582.9	818.7	987.0	766.6	1,155.0
Of which: profit repatriation	0.0	6.3	19.6	35.8	48.1
Volume (mio. barrels)	40.8	45.9	59.6	68.1	79.7
Volume (mio. metric tons)	3.5	3.9	5.0	5.7	6.7
Unit price (USD/barrel)	14.3	17.9	16.6	11.3	14.4
Liquified natural gas (LNG)					
Value (in mio. USD)	1,401	1,818	2,440	1,925	1.831
Volume (mio. m³ LNG)	29.1	32.7	39.9	24.5	43.8
Volume (mio. BTUs)	686.7	771.5	934.5	955.1	1,637.0
Unit price (USD/1000 m³ LNG)	76.3	88.3	97.2	74.8	67.3
Unit price (USD/mio. BTUs)	2.0	2.4	2.6	2.0	1.8
Natural gas (NG)					
Value (in mio. USD)	1,352	1,647	1,991	1,700	1,768
Volume (mio. m³ of LNG)	19.6	21.2	24.1	27.5	32.2

212   Marktbearbeitung

Volume (mio. BTUs)	730.8	787.7	903.1	1,026.6	1,204.0
Unit price (USD/1000 m³ LNG)	69.2	78.2	81.9	62.1	54.2
Unit price (USD/mio. BTUs)	1.9	2.1	2.2	1.7	1.5
Total hydrocarbon receipts (USD mn)	9,735	12,653	13,181	9,774	11,906
Part de assiciés de Sonatrach	...	...	370.3	462.0	621.5
(in percent of total exports)					
Crude petroleum	22.1	24.6	20.2	19.9	23.0
Condensate	24.4	23.9	21.3	20.0	20.3
Refined petroleum products	19.1	17.4	17.2	15.2	16.8
Liquified petroleum gas (LNG)	6.0	6.5	7.5	7.8	9.7
Gas	28.3	27.4	33.6	37.1	30.2
Liquified natural gas (LNG)	14.4	14.4	18.5	19.7	15.4
Natural gas (NG)	13.9	13.0	15.1	17.4	14.8

*estimated

Tabelle 3-2 Exporte von Hydrokarbonaten 1995-1999 (International Monetary Fund (IMF): IMF Staff Country Report No. 00/105, Algeria – Recent Economic Developments, Washington, D.C. 2000c, 86)

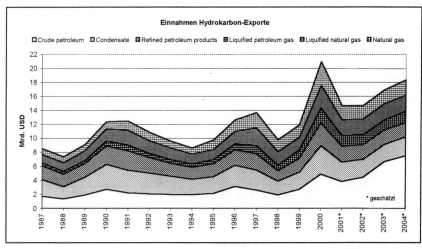

Abbildung 3-1 Einnahmen Hydrokarbon-Exporte (vgl. International Monetary Fund (IMF): IMF Staff Country Report No. 98/87, Algeria – Selected Issues and Statistical Appendix, Washington, D.C. 1998, 70ff; Bank of Algeria: Current Financial Situation and Medium-Term Outlook for the Republic of Algeria, Algier 2000, 34)

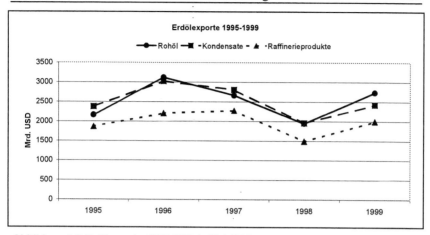

Abbildung 3-2 *Erdölexporte 1995-1999 in Mrd. USD*

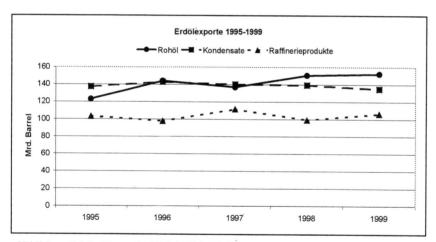

Abbildung 3-3 *Erdölexporte 1995-1999 in Mrd. Barrel*

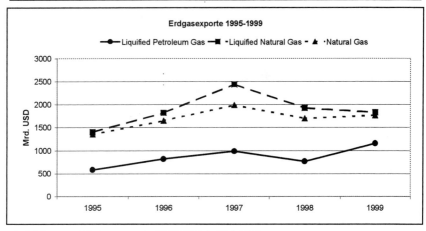

Abbildung 3-4 *Erdgasexporte 1995-1999 in Mrd. USD*

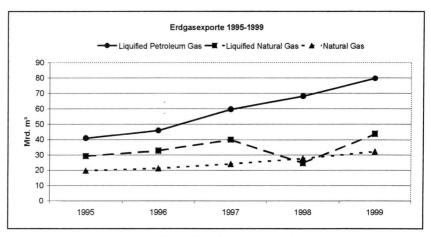

Abbildung 3-5 *Erdgasexporte 1995-1999 in Mrd. m³*

Die nachfolgenden Abbildungen und Tabellen zeigen die 20 wichtigsten Handelspartner sowie alle Handelspartner Algeriens im Export und Import mit dem jeweiligen Handelsvolumen der letzten Jahre. Die Exporte werden von Erdölexporten nach Italien, USA, Frankreich und Spanien dominiert. Die Importe von Waren vielfältiger Art werden hauptsächlich aus Frankreich bezogen, mit großen Abstand folgen Italien, Deutschland, Spanien und die USA.

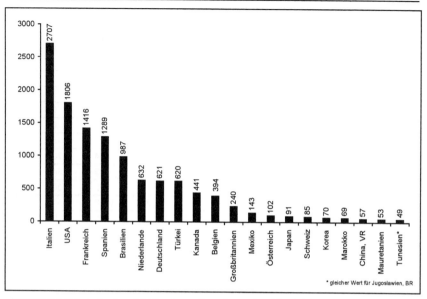

Abbildung 3-6 *Außenhandel Algeriens, Exporte zu den 20 wichtigsten Handelspartnern 1999 im Mio. USD (erstellt nach International Monetary Fund (IMF): Direction of Trade Statistics Yearbook 2000, Washington, D.C. 2000a, 98f)*

	1993	1994	1995	1996	1997	1998	1999
Ägypten	14	5	5	3	5	6	13
Argentinien	0	0	15	0	19	24	11
Belgien	0	0	0	0	0	443	394
Belgien-Luxemburg	628	528	367	328	504	0	0
Brasilien	444	195	225	566	747	645	987
Bulgarien	33	40	63	15	3	1	22
China, VR	11	4	8	0	12	0	57
Dänemark	4	10	0	0	5	10	4
Deutschland	504	525	171	276	309	623	621
Ecuador	15	5	10	4	14	13	0
Finnland	0	11	14	0	0	8	0
Frankreich	1689	1326	1316	1458	2189	1411	1416
Griechenland	45	25	36	21	8	14	22
Großbritannien	192	140	204	258	252	124	240
Indien	2	28	3	1	4	4	4
Indonesien	3	0	1	0	4	6	4
Italien	2220	1535	2099	2209	2866	2319	2707

Japan	48	79	67	59	78	74	91
Jordanien	0	0	7	4	3	3	3
Jugoslawien, BR	0	24	9	32	48	50	49
Kanada	158	174	221	404	470	373	441
Korea	34	21	122	116	45	51	70
Kroatien	0	0	11	0	5	7	6
Liberia	10	10	14	2	0	0	0
Libyen	3	7	2	2	3	0	0
Malta	4	3	45	19	6	0	0
Marokko	71	101	81	106	94	70	69
Mauretanien	31	16	20	0	52	54	53
Mexiko	0	0	0	0	52	109	143
Niederlande	785	885	972	966	1170	591	632
Norwegen	6	6	16	4	6	0	7
Österreich	67	161	116	160	185	95	102
Paraguay	47	27	13	20	29	30	30
Polen	2	15	33	71	22	41	4
Portugal	285	285	142	131	74	34	28
Rumänien	1	6	9	0	0	1	0
Rußland	126	40	132	479	22	76	13
Schweden	20	23	4	5	5	19	23
Schweiz	3	4	110	71	13	122	85
Senegal	0	3	0	0	10	1	2
Singapur	154	60	46	15	140	1	2
Slowenien	0	0	0	0	18	58	32
Spanien	679	650	625	846	1247	1128	1289
Thailand	17	0	0	16	0	0	19
Tschechische Republik	0	0	0	0	14	25	48
Tunesien	62	113	108	102	60	40	49
Türkei	7	50	314	575	811	588	620
USA	1609	1414	1563	1702	2222	1635	1806
Venezuela	1	0	0	9	5	0	6
Zypern	9	14	3	0	0	0	1

Genannt sind nur diejenigen Staaten, deren Handelsvolumen im betrachteten Zeitraum über USD 15 Mio. lag.

Tabelle 3-3 Außenhandel Algeriens, Exporte nach Handelspartnern in Mio. USD – Auswahl (erstellt nach International Monetary Fund (IMF): Direction of Trade Statistics Yearbook 2000, Washington, D.C. 2000a, 98f)

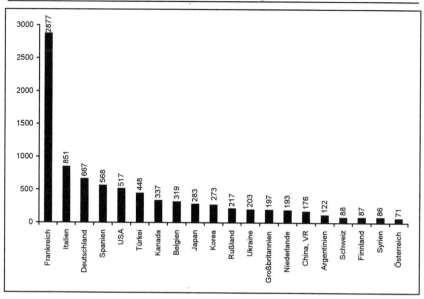

Abbildung 3-7 *Außenhandel Algeriens, Importe von den 20 wichtigsten Handelspartnern 1999 im Mio. USD (erstellt nach International Monetary Fund (IMF): Direction of Trade Statistics Yearbook 2000, Washington, D.C. 2000a, 98f)*

	1993	1994	1995	1996	1997	1998	1999
Ägypten	48	62	59	39	23	11	13
Argentinien	8	37	67	92	53	84	122
Australien	32	10	32	14	19	38	44
Bahrain	0	1	3	5	5	6	6
Belgien	0	0	0	0	0	450	319
Belgien-Luxemburg	165	215	248	215	229	0	0
Brasilien	79	126	136	170	87	41	70
Bulgarien	10	16	25	31	24	11	9
China, Hong Kong	5	2	5	5	6	19	13
China, VR	120	156	253	203	164	128	176
Côte d'Ivoire	14	6	12	27	55	39	38
Dänemark	21	22	19	25	29	36	32
Deutschland	469	517	737	597	483	622	667
Ecuador	0	0	12	4	0	0	0
Finnland	31	21	60	65	78	77	87
Frankreich	2241	2376	2687	2227	2010	2918	2877
Gabun	4	6	11	2	1	1	1

Marktbearbeitung

Griechenland	20	69	31	23	25	19	13
Großbritannien	119	132	156	202	281	206	197
Guatemala	0	5	8	3	5	5	5
Indien	20	28	16	23	19	25	24
Indonesien	217	240	117	86	76	33	67
Irland	11	33	18	44	19	68	61
Italien	952	931	1039	835	751	967	851
Japan	376	254	366	240	319	164	283
Jordanien	2	19	14	9	17	19	18
Jugoslawien, BR	11	0	21	0	17	18	17
Kambodscha	0	4	9	2	0	0	0
Kamerun	0	8	2	8	11	0	0
Kanada	248	383	453	356	489	404	337
Kolumbien	5	0	12	18	0	0	3
Korea	43	38	47	86	99	207	273
Kroatien	0	0	4	2	1	13	2
Kuba	49	31	50	19	4	4	4
Lettland	0	0	0	3	10	7	1
Libanon	5	3	3	3	3	4	4
Libyen	6	5	2	2	2	2	3
Madagaskar	0	3	7	16	14	1	1
Malaysia	37	11	15	14	22	14	25
Marokko	85	121	51	41	7	12	11
Mexiko	6	16	61	40	40	3	13
Neuseeland	97	77	78	57	42	40	42
Niederlande	159	110	145	149	205	216	193
Nordkorea	2	3	3	2	2	2	2
Norwegen	23	26	32	9	9	7	6
Österreich	173	287	220	120	91	60	71
Pakistan	1	4	2	1	3	3	3
Peru	12	3	1	1	0	13	17
Philippinen	2	5	8	0	1	1	2
Polen	37	48	43	32	95	59	37
Portugal	38	48	31	20	25	32	17
Rumänien	6	20	64	48	81	41	40
Rußland	9	53	76	62	111	109	217
Saudi Arabien	16	14	16	25	32	14	15
Schweden	72	68	82	53	101	78	63
Schweiz	70	92	87	76	68	77	88
Singapur	13	3	7	6	17	9	10

Slowenien	0	0	1	1	1	26	24
Spanien	926	901	923	1116	604	668	568
Südafrika	1	2	6	3	22	14	39
Syrien	11	27	31	36	240	89	86
Taiwan	0	0	32	0	31	20	24
Thailand	13	7	0	10	5	20	17
Tschechische Republik	27	10	28	13	11	20	17
Tunesien	122	138	143	80	16	26	48
Türkei	108	250	305	318	314	531	448
Uganda	0	0	0	9	2	3	2
Ukraine	0	0	4	13	58	119	203
Ungarn	8	12	26	6	10	26	18
Uruguay	0	0	0	1	0	11	9
USA	1311	1372	1418	931	921	715	517
VAE	0	1	6	14	17	16	18
Vietnam	13	39	45	26	30	32	31
Weißrußland	0	0	0	0	0	26	53

Genannt sind nur diejenigen Staaten, deren Handelsvolumen im betrachteten Zeitraum über USD 15 Mio. lag.

Tabelle 3-4 Außenhandel Algeriens, Importe nach Handelspartnern in Mio. USD – Auswahl (erstellt nach International Monetary Fund (IMF): Direction of Trade Statistics Yearbook 2000, Washington, D.C. 2000a, 98f)

3.1.2 Außenhandel mit Österreich

Algerien ist nach wie vor einer der wichtigsten österreichischen Handelspartner in Afrika. Im Jahr 2000 betrugen die österreichischen Exporte ATS 986 Mio. (gegenüber rund ATS 800 Mio. im Vorjahr) sowie die Importe ATS 2.738 Mio. (gegenüber rund ATS 1.600 Mio. im Vorjahr). Damit kann mit einer nicht unbeträchtlichen Steigerung der Exporte auf eine für Österreich günstige Entwicklung verwiesen werden, die insbesondere auf einen beträchtlichen Zuwachs der Lieferungen im Bereich Fahrzeuge und Maschinen zurückgeführt werden kann. Der große Einbruch 1996, zur Zeit der schlimmsten Terrorakte, der mit Exporten von lediglich ATS 336 Mio. zu verzeichnen war, scheint endgültig überwunden zu sein. Algerien konnte als Lieferant von Erdölprodukten an Österreich ebenfalls stärker in Erscheinung treten als in den letzten Jahren und damit wieder an frühere Volumina anknüpfen. Die österreichischen Exporte haben in Algerien einen Marktanteil von rund 1,5 %.

Die Exporte Algeriens nach Österreich konzentrieren sich nahezu ausschließlich auf mineralische Brennstoffe, d.h. Erdöl und Erdgas. Die Importe Algeriens zeigen dagegen eine gleichmäßigere Verteilung. Österreich hat in Algerien vor allem als Exporteur von Maschinen, verschiedensten bearbeiteten Waren und Chemikalien einen guten Namen. Besonders erfolgsträchtig war bisher das österreichische Engagement im algerischen Eisenbahnsektor in den 1970er und 1980er Jahren. Die Lieferungen sind überwiegend vom Zuschlag öffentlicher Ausschreibungen abhängig.

Die politische Lage hat sich durch die Wahl von Abdelaziz Bouteflika Mitte 1999 ebenfalls spürbar verbessert, so daß insgesamt mit einem Aufschwung zu rechnen ist. Dieser wird sich natürlich auch in einer wesentlich gesteigerten Nachfrage nach verschiedensten Importen, aber auch in einer massiven Modernisierungs- und Investitionspolitik niederschlagen. Zu schließen ist zweifellos eine nicht unbeträchtliche technologische Lücke, was Einschätzungen zufolge einen Zeitraum bis zu 15 Jahren in Anspruch nehmen könnte.[294]

Zu betonen ist in diesem Zusammenhang allerdings auch, daß der angestrebte Transformationsprozeß nicht uneingeschränkt erfolgreich verläuft und bisher nicht jene tiefgreifenden Veränderungen mit sich brachte, die sich die Regierung erhofft. Insbesondere das Tempo der Privatisierung ist dementsprechend auch ein zentrales Anliegen der Wirtschaftspolitik.

Zwischen Österreich und Algerien existieren seit Jahrzehnten ausgezeichnete politische und auch wirtschaftliche Beziehungen. Diese reichen bis in die Zeit des algerischen Befreiungskrieges zurück, der in Österreich auf große Sympathie gestoßen ist. Das unabhängige Algerien baute sehr gute direkte Beziehungen zu Österreich auf, zumal Algerien eines der Gründungsländer der Organisation der Blockfreien Staa-

---

[294] vgl. Wimpissinger, Heinz: Einer wächst, der andere wird wachsen, in: Internationale Wirtschaft 7/2001, 24

ten war und Österreich auf Initiative von Bruno Kreisky als eines der ersten europäischen Länder schon sehr frühzeitig zu den regelmäßigen Beobachtern bei den Blockfreien zählte. Aus dieser Zeit existieren auch heute noch gute persönliche Beziehungen einiger österreichischer Politiker zu Präsident Bouteflika, der ja lange Zeit algerischer Außenminister war.

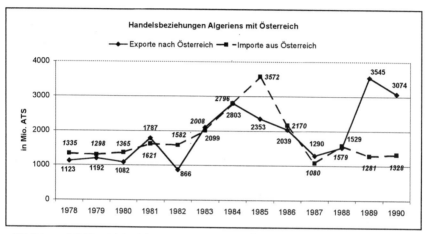

Abbildung 3-8 *Handelsbeziehungen Algeriens mit Österreich in der Vergangenheit (erstellt nach Al-Ani, Ayad; Gneisz, Bettina; Kaufmann, Alexander; Kostner, Markus; Palme, Herwig; Strunz, Herbert: Österreichisch-arabische Wirtschaftsbeziehungen – Entwicklung und Perspektiven, Berlin 1995, 184f)*

Leider werden die politischen und wirtschaftlichen Beziehungen zwischen Österreich und Algerien seit geraumer Zeit ziemlich vernachlässigt. Der letzte Schritt war die Schließung der österreichischen Außenhandelsstelle in Algier und die Verlagerung der Vertretung österreichischer Wirtschaftsinteressen zur Außenhandelsstelle in Tunis. Diese Entscheidung wurde mittlerweile revidiert, die Außenhandelsstelle in Algier ist seit 01.10.2001 wieder eingerichtet. Jene in Tunis wurde geschlossen.[295]

---

[295] vgl. o.V.: Verlegung der AHSt. Tunus nach Algier, in: AWO-Kurznachrichten, 18.10.2001, 12

Algerien stellt für Österreich einen der wichtigsten Absatzmärkte in Afrika dar[296] und zählt auch zu den bedeutendsten Exportmärkten Österreichs überhaupt. Obwohl Algerien – auch aufgrund der bestehenden guten Regierungskontakte – als ausbaufähiger Markt beurteilt wird, zeigten die österreichischen Firmen bislang ein eher zögerliches Verhalten in bezug auf eine Markterschließung. Probleme bereitet derzeit noch die politische Instabilität des Landes.

> „Lange Zeit war das Geschäft mit Algerien aufgrund politischer Unsicherheit und mangelnder Liquidität des Handelspartners so gut wie tot. Jetzt bietet die Kontrollbank wieder Garantien, die Geschäftsbeziehungen kommen wieder in Schwung".
>
> (Martin Baur, geschäftsführender Gesellschafter der Baur Meß- und Prüftechnik GmbH, Vorarlberg)[297]
>
> „Die zunehmende Privatisierung und das verstärkte Agieren algerischer Klein- und Mittelbetriebe bietet Österreich die Chance, das bislang auf relativ wenige Unternehmungen beschränkte Außenhandelsgeschäft auf eine breitere Basis zu stellen. Auch das Bild einer Abhängigkeit von Großaufträgen könnte damit entscheidend verändert werden."
>
> (Heinz Wimpissinger, für Algerien zuständiger Handelsdelegierter der Wirtschaftskammer Österreich)[298]

Die Exporte Algeriens nach Österreich konzentrieren sich nahezu ausschließlich auf mineralische Brennstoffe, d.h. Erdöl und Erdgas.

---

[296] Nach Südafrika und Ägypten liegt Algerien als Handelspartner Österreichs in Afrika an 3. Stelle.

[297] zit. in: Hennrich, Daniela: Algerien – Es geht langsam bergauf, in: Die Presse, 14.04.2001

[298] zit. in: ebd.

SITC	Warenkategorien	1997	1998	1999	2000
0	Nahrungsmittel	224	52	97	2287
1	Getränke und Tabak	99	-	134	-
2	Rohstoffe	1780	1681	1317	62
3	Mineralische Brennstoffe	3138705	1289206	1566626	2730153
5	Chemische Produkte	3754	3913	3863	2267
6	Bearbeitete Waren	-	1775	1059	936
7	Fahrzeuge, Maschinen	7	858	912	1998
8	Verschiedene Fertigwaren	23	1790	611	154
	Gesamt	3144592	1299275	1574619	2737857

Tabelle 3-5 Exporte Algeriens nach Österreich 1997-2000, in TATS (erstellt nach: ÖSTAT/Statistik Austria (Hrsg.): Der Außenhandel Österreichs, Wien 1997-2001)

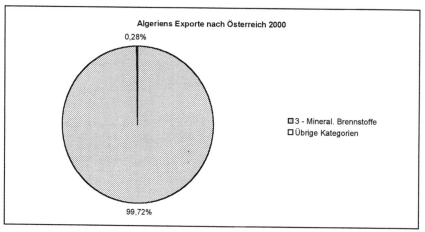

Algeriens Exporte nach Österreich 2000

0,28%

☒ 3 - Mineral. Brennstoffe
☐ Übrige Kategorien

99,72%

Abbildung 3-9 Exporte Algeriens nach Österreich 2000

Die Importe Algeriens zeigen dagegen eine gleichmäßigere Verteilung. Hauptsächlich eingeführt werden chemische Produkte, bearbeitete Waren sowie Fahrzeuge und Maschinen.

SITC	Warenkategorien	1997	1998	1999	2000
0	Nahrungsmittel	970	301	26394	10541
1	Getränke und Tabak	15	17	120	99
2	Rohstoffe	4887	18733	63052	32422
3	Mineralische Brennstoffe	-	-	-	37
5	Chemische Produkte	131894	148328	163579	199252
6	Bearbeitete Waren	211010	278668	295919	344138
7	Fahrzeuge, Maschinen	84894	215069	207372	384662
8	Verschiedene Fertigwaren	9542	9313	15645	14533
	Gesamt	**453212**	**670429**	**772081**	**985684**

Tabelle 3-6 Importe Algeriens aus Österreich 1997-2000, in TATS (erstellt nach: ÖSTAT/Statistik Austria (Hrsg.): Der Außenhandel Österreichs, Wien 1997-2001)

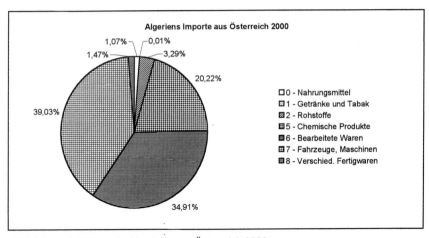

Abbildung 3-10 Importe Algeriens aus Österreich 2000

3.1.3 Informationen zur Geschäftsabwicklung[299]

Bis Ende 1988 war Algerien ein reines Staatshandelsland; und auch heute noch spielen die öffentlichen Betriebe, die ihren Bedarf vor allem über öffentliche bzw. beschränkte Ausschreibungen decken, eine wichtige Rolle. Die Bedeutung der Privatwirtschaft nimmt allerdings zu. Doch der algerische Markt wird noch immer von monopolartigen Strukturen beherrscht. Der Markt ist gekennzeichnet durch ein Beziehungsgeflecht einflußreicher Kreise, das für alle Maghrebländer typisch ist. In Algerien zeigt sich dies in Form strikt organisierter „Clans". Bei größeren Ausschreibungen fallen die Entscheidungen regelmäßig „hinter den Kulissen". Der persönliche Kontakt zum Kunden und entsprechende Beziehungen sind meist ausschlaggebend.

Einige der Unternehmen, die sich aufgrund der politischen Lage aus dem algerischen Markt zurückgezogen hatten, sind mittlerweile ins Land zurückgekehrt. Zahlreiche ehemalige Büros von Firmen sind nunmehr wieder besetzt, ein Umdenken im Algerien-Geschäft ist zwischenzeitlich allerdings notwendig geworden: Partnerfirmen wurden aufgelöst, privatisiert oder in ihrem Geschäftsgebaren umstrukturiert. Zunehmend sind viele private Unternehmen neu entstanden, die als gegenwärtige Kunden in Erscheinung treten.

Die *Angebotsstellung* bzw. der Vertragsabschluß sollte möglichst in der Währung des ausländischen Handelspartners oder in USD/EUR erfolgen. Übliche Konditionen sind FOB europäischer Hafen bzw. CFR algerischer Hafen, je nach Anforderung des Kunden.

Als günstigste *Zahlungsbedingung* erweist sich das bestätigte, unwiderrufliche Akkreditiv. Durch die nunmehr gegebene teilweise Konvertibilität des Dinars werden Importgeschäfte mit Privatfirmen auch in bar abgewickelt. Voraussetzung dazu sollte die persönliche Kenntnis des Kunden und dessen Seriosität sein. Von der Oesterreichischen

---

[299] vgl. Wirtschaftskammer Österreich (Hrsg.): Länderblatt Algerien, Wien 2001, 6ff und Bundesstelle für Außenhandelsinformation – BfAI (Hrsg.): Verkaufen in Algerien, http://www.bfai.com, 06.10.2000

Kontrollbank werden nur von einer Bank besicherte Forderungen versichert.

Distribution: Immer häufiger werden Provisionsvertreter und Importeure eingesetzt. Dem algerischen Wirtschafts- und Sozialrat CNES zufolge stieg die Anzahl der privaten algerischen Importfirmen von rund 6.000 im Jahr 1995 bis 1998 auf rund 36.000, vorwiegend sehr kleine Unternehmen, an. Und: die Gründungswelle ist noch lange nicht vorbei. Man erkennt diese neuen Firmen an ihrer Rechtsform SARL (vgl. GmbH). Laut CNES befinden sich unter diesen Unternehmen zahlreiche „schwarze Schafe", die oft eine breite, heterogene Produktpalette importieren, meist aber nicht die dafür notwendige Professionalität aufweisen können und bezüglich ihrer Geschäftspraktiken nicht unbedingt transparent agieren. Die ehemaligen, dominierenden Staatsfirmen wurden aufgelöst, gesplittet, haben ihre Rechtsform geändert oder stehen vor der Privatisierung. Ihr Einfluß ist allerdings ungebrochen. Algerische Experten sprechen in diesem Zusammenhang bereits von „chaotischen Verhältnissen in Außenhandel und Distribution".[300] Eine weitere gangbare Möglichkeit zur Bearbeitung des algerischen Marktes ist die Gründung einer eigenen Vertriebsfirma, auch in Kooperation mit algerischen Partnern.

Zur erfolgreichen Erschließung des algerischen Marktes, insbesondere bei der Kooperation mit Staatsbetrieben, empfiehlt sich Direktkontakt. Darüber hinaus sollten vor Ort lokale Kontaktpersonen für die Betreuung der Kunden eingesetzt werden.

(Öffentliche) Ausschreibungen: Vor allem öffentliche Unternehmen setzten öffentliche Ausschreibungen bzw. Konsultationen als Beschaffungsweg ein. Öffentliche Ausschreibungen veröffentlicht einmal wöchentlich das *Bulletin Officiel des Annonces de l'Opérateur Public (BOMOP)*, in jüngster Zeit auch verschiedene Tageszeitungen. Konsultationen finden in interessierten Unternehmen statt, das potentielle

---

[300] vgl. Bundesstelle für Außenhandelsinformation – BfAI (Hrsg.): Algerien meldet sich als Geschäftspartner zurück, http://www.bfai.com, 13.11.2000

Lieferanten bzw. Auftragnehmer direkt zur Angebotslegung einlädt.[301] Auffallend sind kurze Ausschreibungsfristen, die Offerten sind in der Regel in französischer Sprache zu legen.

Bonitätsauskünfte können über die Außenhandelsorganisationen der Kammern, kommerzielle Auskunfteien oder eventuell Banken eingeholt werden.

Forderungseintreibung: In der Regel begleichen algerische Firmen ihre Forderungen in zufriedenstellender Weise. Sollten sich dennoch Verzögerungen ergeben, sind diese meist auf nicht vertragskonforme Lieferungen zurückzuführen.

Die *Werbung* gewinnt in Algerien immer mehr an Gewicht. Die verbreitetste Form der Werbung stellt nach wie vor die Zeitungswerbung dar, doch auch Fernseh- und Plakatwerbung kommen zunehmend zum Einsatz.

Auch die Bedeutung der *Messen* nimmt wieder zu. Vom wichtigsten Messeveranstalter, *Société Algérienne des Foires et Exportations* – SAFEX, wird einmal jährlich, jeweils im Juni, die Internationale Messe Algier (*Foire International d'Alger* – FIA) organisiert. Darüber hinaus existieren verschiedene, von der SAFEX, dem *Chambre National de Commerce* oder privaten Veranstaltern organisierte, Sonderschauen und -messen.

Zahlungsverkehr und Bankwesen: Die staatlichen Banken sind derzeit nur bedingt in der Lage, entsprechende liquide Mittel in den gewünschten Volumina zur Verfügung zu stellen. Die wichtigsten Wirtschaftspartner in Algerien sind Staatsunternehmen, die bis auf einige Ausnahmen unter finanziellen Engpässen leiden. In der Vergangenheit haben diese Firmen allerdings zur Abdeckung ihrer finanziellen Verpflichtungen häufig Kredite aufgrund politischer Überlegungen erhalten.[302]

---

[301] Informationen über aktuelle Ausschreibungen werden in der Datenbank der Wirtschaftskammer Österreich veröffentlicht.

[302] vgl. Bundesstelle für Außenhandelsinformation – BfAI (Hrsg.): Verkaufen in Algerien, http://www.bfai.com, 06.10.2000

3.1.4 Informationen zum Zoll- und Außenhandelsregime[303]

Importbestimmungen: Aufgrund von Devisenknappheit wurden die Banken – von der Zentralbank, der die Devisenbewirtschaftung obliegt – angewiesen, für bestimmte Waren keine Auslandszahlungen in Devisen zu genehmigen. Die Begleichung von Rechnungen über algerische Banken ist aber Voraussetzung für ihre Verzollung.

Für *Montagearbeiten* erforderliche Aufenthalts- und Arbeitsgenehmigungen werden nur nach Vorlage der diesbezüglichen Verträge erteilt.

Zölle: Die Zölle dienen weniger dem Schutz der ohnehin vergleichsweise geringen industriellen Produktion, sondern vielmehr der Staatsfinanzierung. Basis der Verzollung bildet der CIF-Wert. Mit den Mitgliedsstaaten der *Union du Maghreb Arabe* (Libyen, Tunesien, Marokko und Mauretanien) existiert ein Präferenzzollabkommen.

Die *Mehrwertsteuer* (*Taxe à la Valeur Ajouté* – TVA) beträgt je nach Warenart 7 %, 13 %, 21 % oder 40 %.

Für die *vorübergehende Einfuhr* von Gütern werden immer noch hohe Kautionen gefordert. Das Verfahren gestaltet sich aufwendig. Für bestimmte Produkte (z.B. Autos) bzw. Kunden (z.B. Verteidigungsministerium) gelten Sonderregelungen.

Geschenke sind bei Geschäftskunden sehr beliebt. Deren Einfuhr ist bei angemessenen Mengen und geringen Werten möglich, die Behandlung als solche unterliegt aber dem Ermessen der Zollbeamten. Waren, deren Import verboten ist, sollten keinesfalls eingeführt werden.

Für Warenlieferungen sind, wenn im Akkreditiv nicht anders vorgeschrieben bzw. vom Käufer nicht anderslautend verlangt, folgende *Begleitpapiere*, die in französischer Sprache ausgestellt sein sollten, erforderlich:

1. 12 Fakturen mit Angabe der Zolltarifnummer; inkl. nachfolgender, durch die zuständige Handelskammer beglaubigter Ursprungsklau-

---

[303] vgl. Wirtschaftskammer Österreich (Hrsg.): Länderblatt Algerien, Wien 2001, 11ff

sel: „*Nous certifions que les marchandises dénommées dans cette facture sont de fabrication et d'origine ... et que les prix indiqués ci-dessus s'accordent avec les prix courants sur le marché d'exportation*".

2. 12 Packlisten;

3. kompletter Transportdokumentensatz;

4. Ursprungszeugnis (falls verlangt);

5. sonstige vorgeschriebene Papiere (z.B. Abnehmerzertifikat, Gewichtszertifikat, phytosanitäre Zeugnisse usw.);

6. Kopie des vom Ausfuhrzollamt abgestempelten EX 1 – Formulars (für EU – Waren) bzw. einer Ausfuhrzollwertbestätigung (für sonstige Ursprungswaren).

Beim *Post- und Kurierversand* muß damit gerechnet werden, daß die Zuverlässigkeit der lokale Post unterschiedlich ist: Es können sich Verzögerungen ergeben; außerdem besteht bei Paketen ein gewisses Diebstahlrisiko.

In bezug auf die *Verpackung und Markierung* sollten die Vorschriften des Kunden (beispielsweise in Ausschreibungs- und Vertragsbedingungen) genauestens beachtet werden.

Aus gesundheitlichen, technischen, wirtschaftlichen oder religiösen Gründen können für die Einfuhr bestimmter Waren (z.B. lebende Tiere, Pharmazeutika usw.) besondere Bestimmungen gelten. Diese sollten auf jeden Fall berücksichtigt werden.

3.1.5 Rechtsinformationen[304]

Das algerische Recht beruht teilweise auf französischer, aber auch auf arabischer bzw. islamischer Tradition. Infolge der Anpassung gesetzlicher Vorschriften an laufende Entwicklungen (vgl. Handelsrecht, Investitionsrecht, Privatisierung) ist ausländischen Unternehmen in jedem Fall zu raten, rechtlichen und wirtschaftlichen Beistand zu konsultieren. Verhand-

---

[304] vgl. Wirtschaftskammer Österreich (Hrsg.): Länderblatt Algerien, Wien 2001, 14

lungssprache vor Gericht ist ausschließlich Arabisch. Das allgemeine Niveau der Rechtspflege kann mit mitteleuropäischer Rechtsprechung nicht verglichen werden.

Vertreterrecht: Im Rahmen des algerischen bürgerlichen Gesetzbuches können Aktivitäten, Rechte und Pflichten eines Vertreters und seines Auftraggebers durch Vereinbarung eines Vertrages festgelegt werden. Dabei ist darauf zu achten, daß der Vertreter für die Begleichung von Steuern, Abgaben, Sozialversicherung usw. selbst verpflichtet wird und keine Regressansprüche entstehen.

Angesichts der algerischen Art und Weise der Handhabung des *Wechsel- und Scheckrechts* sollte diesen Zahlungsmitteln mit entsprechender Vorsicht begegnet werden. Algerische Wechsel und Schecks sollten nur mit Bankaval bzw. in Form von Bankschecks akzeptiert werden.

Ein *Eigentumsvorbehalt* ist sowohl bei Anwendung des Rechts des Lieferanten als auch algerischen Rechts möglich. Eine öffentliche Registereintragung ist nicht erforderlich.

Konkursrecht: Durch das neue Handelsrecht ist es möglich, daß auch öffentliche Firmen Konkurs anmelden und demzufolge auch Forderungen gegenüber öffentlichen Firmen verloren gehen können.

Devisenrecht: Ein- und Ausfuhr von Algerischen Dinar sind verboten, allerdings unterliegt dies keiner strikten Kontrolle. Kapital- und Gewinntransfers in Zusammenhang mit Investitionen ausländischer Unternehmen bedürfen einer formellen Genehmigung durch die Zentralbank. Ausländischen Unternehmen ist es gestattet, auf Algerische Dinar oder Devisen lautende Konten zu eröffnen (gegebenenfalls besondere Bedingungen beachten).

3.1.6   Interkulturelle Aspekte

Menschen werden in ihrem Denken und Handeln von ihrer Kultur beeinflußt und agieren in Übereinstimmung mit den in ihrem Land vorherrschenden Werten und Normen. Sofern jemand die Wahl zwischen mehreren potentiellen Geschäftspartnern hat, wird er denjenigen auswählen, der ihm am sympathischsten erscheint, dem er glaubt, vertrauen zu können und zu dem er eine Beziehung aufbauen kann. Geschäfte werden demgemäß – so auch in Algerien – in wesentlich größerem Ausmaß zwischen Individuen abgeschlossen, als man dies auf den ersten Blick vermuten mag.

Geschäftsverhandlungen erfordern weit mehr Toleranz, Aufmerksamkeit, Einfühlungsvermögen und Flexibilität als auf dem Heimatmarkt. Wenn man dabei nicht gleichzeitig auf geschäftlichem *und* sozialem Niveau kommunizieren kann, die verschiedenen Auffassungen von Geschäftstätigkeit nicht toleriert und gesellschaftliche Unterschiede nicht akzeptiert, wird man höchstwahrscheinlich nicht erfolgreich sein. Auch der Umstand, ob eine Geschäftsbeziehung bei Eintreten unvorhergesehener Ereignisse – wie z.B. Streiks, Unruhen, Rohstoffknappheit oder Ölkrisen – aufrechterhalten wird, hängt ebenfalls wesentlich von der persönlichen Beziehung zwischen Lieferant und Abnehmer ab. Flexibel genug zu sein, um sich anderen Handlungsweisen und Auffassungen anpassen zu können, gleichzeitig aber die eigene Identität zu wahren, erfordert eine gehörige Portion Geschick und Gespür.[305]

Kriterien für einen erfolgreichen Auftritt von Exporteuren und Investoren in Algerien[306]

- **Geschäftssprache**: Kenntnisse der französischen Sprache sind unbedingt erforderlich. Auch Unterlagen sollten stets ins Französische übersetzt sein.

- **Pünktlichkeit** wird vom ausländischen Partner regelmäßig erwartet, wenngleich dies von seiten des algerischen Gesprächspartners nicht unbedingt gewährleistet ist.

---

[305] vgl. Strunz, Herbert; Dorsch, Monique: Internationale Märkte, München/Wien 2001
[306] vgl. Hennrich, Daniela: Sinnvolle Investition: ein exclusives Hotel, in: Die Presse, 14.04.2001 und Bundesstelle für Außenhandelsinformation – BfAI (Hrsg.): Verkaufen in Algerien, http://www.bfai.com, 06.10.2000

- **Dresscode**: Für Männer ist Geschäftskleidung obligat, Frauen sollten ein Kostüm mit langem Rock oder einen Hosenanzug wählen. Knie- und schulterfreie Kleidung gelten als unangemessen.

- **Umgangsformen** setzen insbesondere Höflichkeit, aber auch Freundlichkeit und eine gewisse Herzlichkeit voraus. Wünsche direkt abzulehnen ist seitens des algerischen Geschäftspartners ungebräuchlich: Statements wie „Ich werde Ihr Anliegen prüfen" oder „Ich werde mich bemühen" sind als Ablehnung zu werten.

- **Geschenke**: Als Mitbringsel eignen sich Geschenke aus dem Gastland immer gut. Insbesondere Süßigkeiten – allerdings ohne Alkohol oder Schweinefett – sind sehr beliebt. Es ist darauf zu achten, daß Geschenke nicht in Gegenwart des Schenkenden ausgepackt werden. Die Praxis zeigt, daß finanzielle Zuwendungen nicht unüblich sind. Je nach zu erwartendem Auftragsvolumen können Beträge zwischen 500 und 1.000 Euro angemessen sein.

- **Geschäftsessen** finden mittags oder abends in Restaurants statt. Gegeneinladungen seitens des ausländischen Partners finden idealerweise in dessen Hotel statt. Da dieses als „Visitenkarte" angesehen wird, ist es von Bedeutung, eine angemessene Unterkunft zu wählen.

- **Einladungen**: Abendessen in privaten Häusern sind eher selten und als besonderer Vertrauensbeweis anzusehen. Einladungen in das Land des Geschäftspartners sind – nicht zuletzt aufgrund von Reisebeschränkungen in der Vergangenheit – sehr bevorzugt.

- **Gesprächsthemen**: Tabu sind Gespräche über Frauen, Religion und Politik. In Gesprächen ist die notwendige Sensibilität und in jedem Fall Zurückhaltung angebracht.

- **Sicherheitsmaßnahmen**: Aufgrund der seit längerer Zeit sehr angespannten Sicherheitslage sind Fahrten über Land nicht empfehlenswert. Fahrten im Konvoi sind zu bevorzugen, diese können der Polizei gemeldet werden, im Idealfall wird ein Konvoi vom Militär eskortiert.

- **Unternehmenskultur/Entscheidungsträger**: In algerischen Unternehmen herrscht eine relativ hierarchische Aufbau- und Ablauforganisation. Verhandlungen sollten am besten an höchster Stelle – gleiche Ebene der Verhandlungspartner vorausgesetzt – aufgenommen werden.

- **Verhandlungsführung**: Verhandlungen erfordern auch in Algerien Geduld und Flexibilität. Algerische Geschäftspartner sind üblicherweise in Sachen Verhandlung gewiefte Taktiker. Erfolg steht dann in Aussicht, wenn im Gefolge einer langsamen Annäherung eine persönliche Beziehung entstanden ist. Ungeduldiges Verhalten sollte auf jeden Fall vermieden werden. Eine schnelle Unterbreitung eines standardisierten, fertigen und aus der Sicht des ausländischen Partners für beide Seiten profitablen Angebotes ist nicht opportun. Häufige Präsenz, Fingerspitzengefühl und auch Respekt vor den kulturellen Spezifika führen eher zum Erfolg.

- **Verträge**: Im Gefolge umfangreicher Verhandlungen ist es ratsam, die getroffenen Vereinbarungen möglichst detailliert und umfassend schriftlich zu fixieren. Trotzdem ist mit Nachverhandlungen und gegebenenfalls eigenwilligen Interpretationen zu rechnen.

- **Umgang mit Konflikten**: Kritik ist unbedingt zu vermeiden. Jede Argumentation sollte sich im Konfliktfall ausschließlich auf die Sachebene beziehen.

Psychische Distanz zu Auslandsmärkten

Ein interessantes Instrument zur Untersuchung der Vertrautheit eines Auslandsmarktes ist die psychische Distanz. Verglichen mit dem Heimmarkt eines exportierenden Unternehmens unterliegen Märkte im Ausland – u.U. stark – abweichenden generellen Bedingungen politischer, wirtschaftspolitischer, wirtschaftlicher, rechtlicher, sozialer, technischer und geographischer Natur. Diese länderweise unterschiedlichen Restriktionen führen zu einer unterschiedlichen Vertrautheit mit den entsprechenden Ländern. Ausgangspunkt ist die Annahme, „daß unter den sonst gleichgehaltenen Bedingungen die Neigung, mit einem distanziert wahrgenommenen Land Geschäftsbe-ziehungen aufzunehmen, geringer ist, als wenn Gefühle der Nähe, Gleichartigkeit, Vertrautheit etc. vorliegen".[307]

Ziel der Erhebung ist die Ermittlung eines subjektiven Abbildes räumlicher Beziehungen und sein Verhältnis zu den objektiven Gegebenheiten in Form der tatsächlichen Entfernungen. Weichen nun die Bilder der Befragten von der Realität in Hinblick auf ein bestimmtes Land ab, so können daraus Rückschlüsse auf die Beurteilung dieses Landes als Markt gezogen werden.

Die Vorgangsweise wurde auch in der Studie „Österreichisch-arabische Wirtschaftsbeziehungen"[308] angewandt. Aus dem Vergleich der mit Hilfe der Einheitslängen in Kilometer umgerechneten subjektiven Distanzangaben und den realen Entfernungen konnten dann Über- oder Unterschätzungen der psychischen Distanz abgelesen werden. Der Vergleich von subjektiv eingeschätzten Distanzen und realen Entfernungen zu den einzelnen Ländern zeigt ein interessantes Bild (siehe folgende Seite).

Die Befragung erbrachte auffallend hohe Fehlschätzungen (Abweichungen der psychischen Distanz von der jeweiligen realen Entfernung). Die höchste Abweichung war in der Einschätzung Libyens zu verzeichnen (647 %), die geringste Überschätzung bei Saudi-Arabien (259 %). Nur bei zwei Ländern kam es zu einer Unterschätzung der realen Distanzen: Japan (90 %) und die USA (64 %).

Besonders interessant ist die geringe Vertrautheit (bzw. große Überschätzung der Distanz) mit den arabischen Ländern. An sich sollten Länder, mit denen man in Geschäftsbeziehung steht bzw. eine solche aufnehmen möchte, doch einen höheren Grad von Vertrautheit aufweisen, was offenbar aber nicht der Fall ist ...

---

[307] Holzmüller, Hartmut H.; Kasper, Helmut: Empirische Analyse personaler und organisationaler Einflußgrößen zur Erklärung des Exporterfolges österreichischer Unternehmungen, Wien 1988, 74

[308] Al-Ani, Ayad; Gneisz, Bettina; Kaufmann, Alexander; Kostner, Markus; Palme, Herwig; Strunz, Herbert: Österreichisch-arabische Wirtschaftsbeziehungen – Entwicklung und Perspektiven, Berlin 1995

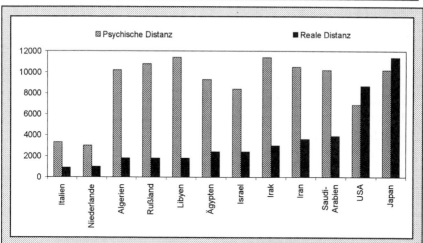

Abbildung 3-11 *Vergleich psychischer und realer Distanzen (Al-Ani, Ayad; Gneisz, Bettina; Kaufmann, Alexander; Kostner, Markus; Palme, Herwig; Strunz, Herbert: Österreichisch-arabische Wirtschaftsbeziehungen – Entwicklung und Perspektiven, Berlin 1995, 109)*

3.2 Markteinschätzung

„*Where there are problems, there are opportunities. Algeria is the most promising country in the region, the last Eldorado of the Mediterranean basin, and for large companies willing to move in fast there is much to gain*".

„*The opportunities are certainly there. Economic reforms are effecting all sectors of the economy and there are excellent returns for anyone prepared to take a risk*".

(Kamal Lazaar, President/CEO & David Rey, Executive Partner, Swicorp/CH)[309]

---

[309] in: Richards, Christine: Algeria awakes, in: MEED, 17.03.2000a, 3 und Richards, Christine: The jury is out, in: MEED, 01.09.2000b, 5

> *„It's just a matter of time. There's no doubt that the will to privatise exists, but until an effective regulatory system is in place, and legal issues clarified, the firms are unwilling to commit themselves".*
> (A London-based Energy Specialist)[310]

Im Anschluß an die obigen Betrachtungen soll eine allgemeine Einschätzung vorgenommen werden, inwieweit der algerische Markt für ausländische Unternehmen aller Branchen interessant ist. Dabei sollen insbesondere die Chancen und Unwägbarkeiten eingeschätzt werden, die sich den Unternehmen bieten bzw. mit denen auf den gegenständlichen Märkten tätige Unternehmen konfrontiert sind.

Grundlegende Faktoren, die bei der Einschätzung des algerischen Marktes eine bedeutende Rolle spielen sind:

Potentiale

- Algerien ist mit einer stark wachsenden Bevölkerung mit derzeit über 30 Mio. Menschen ein großer, nicht gesättigter Markt mit einem entsprechend großen Zukunftspotential.

- Die Solvenz des Handels- und Wirtschaftspartners Algerien ist vom Ölreichtum bestimmt, die Handlungsspielräume werden allerdings praktisch ausschließlich dadurch bestimmt.

- Die Liberalisierungs- und Privatisierungbemühungen sind unbestritten, wenngleich der Prozeß bislang aber nicht allzu schnell vorankommt.

- Das Potential für Lieferungen ist – auch wenn man manche Probleme bedenkt – sehr hoch. Viele algerische Unternehmen befinden sich allerdings in einer hartnäckigen Strukturkrise. Über verschiedene organisatorische Maßnahmen hinaus ist insbesondere eine technologische Lücke zu schließen, die nach Einschätzung von Experten im Durchschnitt 15 Jahre beträgt. Entsprechend umfangreich ist der Modernisierungsbedarf.

---

[310] zit. in: Richards, Christine: The jury is out, in: MEED, 01.09.2000b, 5

- Als Wachstumsmärkte gewinnen neben dem bisher dominierenden Erdöl- und Erdgassektor verstärkt auch die Bereiche Chemie, Pharmazeutik, Transport und Telekommunikation sowie die Energie- und Wasserwirtschaft an Bedeutung. Hinzu kommt der Bedarf an damit verbundenen Dienstleistungen. Auch die Zahl der Aufträge an ausländische Berater wird zukünftig in jeder Hinsicht stark zunehmen.

- Für den Absatz ausländischer Waren bieten sich traditionell zwei klar abgegrenzte Teilmärkte. Kenner des Landes sprechen in diesem Zusammenhang von „zwei Algerien". Einmal handelt es sich um den „reichen", gesicherten und dünn besiedelten Süden, wo die Erdöl- und Erdgasförderung samt erster Verarbeitungsstufen seit längerer Zeit boomt. Dem gegenüber steht der „arme" Norden mit seinen Ballungszentren, dessen verarbeitende Industrie und tertiärer Sektor, die sich allerdings nach wie vor in der genannten Strukturkrise befinden.

- Die Kunden aus dem öffentlichen Sektor des Landes stellen immer noch das größte Potential für ausländischen Lieferanten dar. Dies gilt vor allem für die Industrie, wenngleich manche alten Kunden in neuen „privaten Gewändern" auftreten.[311]

Probleme

- Wesentliche Voraussetzungen für jede wirtschaftliche Tätigkeit sind politische Stabilität und Sicherheit. Insbesondere zweitere ist nicht im üblicherweise gewünschten Maß gewährleistet.

- Der Staat hat in der Wirtschaft nach wie vor einen sehr bedeutenden Einfluß, dies gestaltet marktwirtschaftliches Handeln tendenziell schwierig.

- Rechtsunsicherheit, insbesondere was die Absicherung der Eigentumsrechte betrifft, hält viele Investoren von einem Engagement ab.

---

[311] vgl. Bundesstelle für Außenhandelsinformation – BfAI (Hrsg.): Verkaufen in Algerien, http://www.bfai.com, 06.10.2000

- Effektive Institutionen, die marktwirtschaftliche Akteure für eine erfolgreiche Tätigkeit benötigen (z.b. Investitionsschutz, Banken- und Versicherungssektor), sind gegenwärtig noch in unzureichendem Maß vorhanden.

- Die technische Infrastruktur ist trotz Bemühungen in der Vergangenheit ausbau- und modernisierungsbedürftig.

- Vielfach wird das Vorhandensein einer den Modernisierungs- und Transformationsbestrebungen gegenläufigen, stark an der (sozialistischen) Vergangenheit orientierten Mentalität beklagt.

Aktivitäten

- Das internationale Interesse konzentriert sich nach wie vor fast ausschließlich auf den Erdöl- und -gassektor und nur in geringem Maß auf andere Sektoren.

- Bislang läßt sich feststellen, daß die auf dem algerischen Markt tätigen ausländischen Unternehmen eher an Handelsgeschäften bzw. Exporten interessiert sind als an Investitionen.

- Viele Firmen absolvieren wegen der Chancen *fact-finding-missions*, warten mit konkreten Vorhaben angesichts der gegenwärtigen Situation mit konkreten Aktivitäten dann aber häufig ab: „Die europäischen Geschäftsleute, wird bitter bemerkt, kämen, sähen und gingen."[312]

3.3 Bewertung des algerischen Marktes

Im folgenden wird die Bewertung des algerischen Marktes durch ausgewählte internationale Kreditversicherer – der Oesterreichischen Kontrollbank, der deutschen Hermes Kreditversicherung und der französischen Coface – dargestellt. Es zeigt sich, daß Algerien im Vergleich der nordafrikanischen Länder von allen Institutionen etwa gleichermaßen im Mittelfeld eingestuft wird.

---

[312] vgl. o.V.: Marktwirtschaftliches Credo in Algier, in: Neue Zürcher Zeitung, 05./06.08.2000

Länder	Oesterreichische Kontrollbank*	Hermes Kreditver- sicherung*	Coface**
Algerien	5	5	B
Libyen	7	7	C
Marokko	4	4	A4
Tunesien	3	3	A4
Ägypten	4	4	A4

* Die OeKB (Österreich, http://www.oekb.at) und die Hermes Kreditversicherung (Deutschland, http://www.hermes.de) bewerten Algerien auf ihrer Rating-Skala von 1 (exzellent) bis 7 (hohes Risiko) gleichermaßen mäßig mit 5 und begründen dies insbesondere mit der Instabilität der Verhältnisse im Land.
** Coface (Frankreich, http://www.coface.fr) stuft Algerien auf einer A1, A2, A3, A4, B, C, D umfassenden Skala – in etwa vergleichbar mit OeKB und Hermes – mit B ein (vgl. z.B. Deutschland A1, Afghanistan D).

Tabelle 3-7 Länder-Rating zur Beurteilung des country risk – Nordafrika im Vergleich

Seit Ende 1999 kann eine Tendenz der Verbesserung der Risikoeinschätzung für Algerien festgestellt werden, wenngleich Algerien noch immer in den unteren Rängen der internationalen Kreditversicherer eingeordnet wird. Im Juli 2000 wurde das Land beispielsweise von Hermes und der Oesterreichischen Kontrollbank eine Stufe höher von Gruppe 6 in Gruppe 5 (Marokko zählt zur Kategorie 4) gereiht, wobei eine weitere Verbesserung für die Zukunft nicht ausgeschlossen wird.[313]

Im Zuge der vorliegenden Arbeit wurde von den Autoren über die zugänglichen Ratings hinaus eine eigene detaillierte Einschätzung vorgenommen. Dabei werden neben den üblichen politischen und volkswirtschaftlichen Indikatoren insbesondere auch zahlreiche betriebswirtschaftliche und für die konkrete Marktbearbeitung und Geschäftsabwicklung relevante Aspekte erfaßt.

Die Informationsbasis für die im folgenden vorgenommenen eigenen Einschätzungen wird aus Gesprächen mit Experten und Führungskräften der einschlägig tätigen Exportfirmen sowie aus verschiedenen aktuellen, öffentlich zugänglichen Materialien und Quellen gezogen.

---

[313] vgl. Bundesstelle für Außenhandelsinformation – BfAI (Hrsg.): Neuer Anlauf für Privatisierungen in Algerien, http://www.bfai.com, 13.03.2001

Die Basis der Einschätzung bilden zahlreiche, nach den oben genannten Gesichtspunkten erstellte Checklisten, die sich im Anhang „Bewertung des algerischen Marktes (Checklisten)" befinden. Die Checklisten sind nach einem einheitlichen Schema – möglichst unter Einbeziehung aller relevanten Aspekte – aufgebaut. Die ausgewählten Kriterien wurden gewichtet und jeweils anhand einer fünfstufigen Skala bewertet. Die auf diese Weise ermittelten Bewertungen der einzelnen Kriterien wurden für jede Checkliste summiert. Die Ergebnisse sind in der folgenden Tabelle zusammengefaßt.

Checklisten	Maximale Bewertung	Bewertung Algerien	In % des Maximal- wertes	Rating
Politisches Länderrisiko	410	272	66 %	3
Marktattraktivität	310	193	62 %	3
Exportprobleme I (Unternehmensinterne Risiken)	520	270	52 %	4
Exportprobleme II (Unternehmensexterne Risiken)	270	159	59 %	3
Investitionsrisiken	275	174	63 %	3
Standortattraktivität	420	219	52 %	4
Markt- und Standortsicherheit	210	119	57 %	3
Absicherungsnotwendigkeiten	160	93	58 %	3
Branchen-Rating Hydrokarbon- sektor	385	281	73 %	2
Branchen-Rating Industrie	390	284	73 %	2
Gesamt	**3345**	**2062**	**62 %**	**3**

Rating der prozentuellen Bewertung anhand einer Skala von 1 (sehr günstig) bis 7 (sehr ungünstig): 1 (100 % - 85 %), 2 (84 % – 71 %), 3 (70 % – 57 %), 4 (56 % – 43 %), 5 (42 % – 29 %), 6 (28 % – 15 %), 7 (unter 15 %)

Tabelle 3-8 Risikobewertung Algerien[314]

Als Ergebnis der Betrachtungen resultiert ein Rating mit der Gesamtnote 3, die auch das Ergebnis der Einzelbewertungen im wesentlichen widerspiegelt. Im Vergleich zu den oben dargestellten Ratings der internationalen Kreditversicherer fällt die Bewertung des algerischen

---

[314] siehe dazu den Anhang „Bewertung des algerischen Marktes" (Checklisten)

Marktes durch die Autoren günstiger aus: während beispielsweise die OeKB und Hermes Algerien mit „5" (unteres Mittelfeld) bewerten, kommen die Autoren zu einer Bewertung von „3" (oberes Mittelfeld) im Rahmen einer gleichermaßen siebenstufigen Skala. Der Grund für diese im Vergleich günstigere Einstufung mag darin liegen, daß über die übliche Betrachtung politischer und volkswirtschaftlicher Tatbestände hinaus im besonderen auch die konkreten Chancen und Risiken der Markterschließung, Marktbearbeitung und Geschäftsabwicklung detailliert einbezogen wurden. Dabei wird deutlich, daß sich die (geschäftlichen) Risiken im Detail überschaubar bzw. absicherbar darstellen und sich im einzelnen kurz-, mittel- und langfristig zahlreiche Chancen bieten.

Als Raster für die folgenden, gewissermaßen ergänzenden Überlegungen, die sich auf die Chancen und Risiken speziell österreichischer Unternehmen richten, werden die im Rahmen von Marktanalysen üblicherweise herangezogenen Kriterien verwendet. Konkret unterliegen der Betrachtung die allgemeinen politischen und wirtschaftlichen Rahmenbedingungen, die Strukturierung der Nachfrage und die Spezifika des Angebots seitens der Lieferanten sowie die Wettbewerbssituation. Als Skalierung dienen zehn Stufen, wobei sich die Stufe 10 als für auf dem jeweiligen Markt tätige Unternehmen „günstig", die Stufe 1 entsprechend „ungünstig" darstellt.

Betrachtet man das folgende Chancen-Risiken-Profil der österreichischen Exportwirtschaft auf dem algerischen Markt ist vor allem die Größe und das Wachstumspotential des Marktes als besonders vorteilhaft hervorzuheben, ebenso dessen Aufnahmefähigkeit für ein großes Produktspektrum. Weniger günstig für österreichische Firmen sind die nach wie vor nicht gänzlich gesicherte politische Stabilität des Landes und der aufgrund der dennoch gegebenen Attraktivität des Marktes auch für internationale Anbieter zu spürende starke Wettbewerb, samt allen damit in Zusammenhang stehenden Begleiterscheinungen.

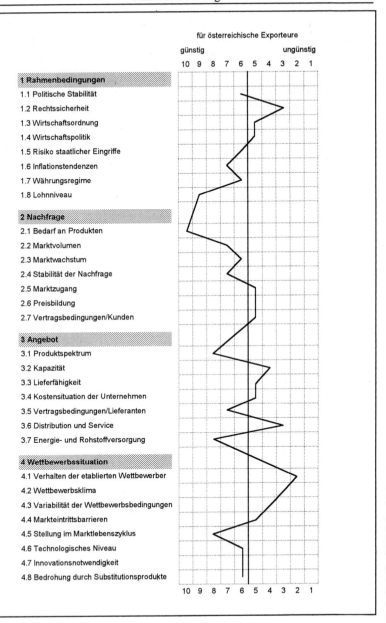

Abbildung 3-12 *Algerien als Markt – Chancen-Risiken-Profil*

Vergleicht man ausgehend vom dargestellten Chancen-Risiken-Profil Algerien als Markt mit jenen anderer arabischer Länder, ergibt sich folgende Einschätzung:

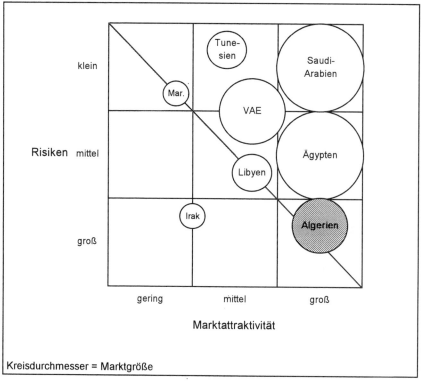

Abbildung 3-13 *Länderrisiken und Marktattraktivität im Vergleich*

Das die Länderrisiken und die Marktattraktivität ausgewählter arabischer Länder im Vergleich darstellende Diagramm zeigt Saudi-Arabien als mit Abstand größten und attraktivsten Markt. Die ebenfalls günstige Einschätzung der Vereinigten Arabischen Emirate unterstreicht die Bedeutung der Golfregion als wichtigen Markt für jegliche internationale Geschäftstätigkeit. Im Vergleich der nordafrikanischen Staaten zeigt sich Algerien als relativ großer und attraktiver Markt, der jedoch in bezug auf die Sicherheitssituation risikobehaftet ist.

3.4   Empfehlungen für Unternehmen

Eine Tätigkeit als Exporteur – oder mit Einschränkungen als Investor – im Zusammenhang mit dem algerischen Markt bringt im einzelnen zahlreiche und vielfältige Probleme mit sich.[315] Dies war Ausgangspunkt für Interviews, die mit Vertretern von Unternehmen geführt wurden, die eine Geschäftstätigkeit mit Algerien verfolgen. Ziel der Interviews war es, ausgehend von den genannten Problemen Empfehlungen bzw. Maßnahmen zu formulieren, die dazu dienen können, die einschlägige Geschäftstätigkeit von am algerischen Markt interessierten Unternehmen zu erleichtern.

Die nachstehenden, aus den bisher wahrgenommenen Problemen abgeleiteten Vorschläge sind gewissermaßen auch als Wünsche aufzufassen, die sich oft auch an die exportfördernden Stellen und Institutionen richten.

Allgemeine Empfehlungen

- Implementierung einer allgemein besseren Koordination der Exportaktivitäten (Cluster, Marketingunterstützung usw.)

- Verstärkt koordiniertes Auftreten in Hoffnungsmärkten und -branchen (s.a. Marktchance Branchen-Kleinbüros vor Ort)

- Bereitstellung besserer Informationen, insbesondere von Marktinformationen

Spezifische Empfehlungen

Die nachfolgenden Empfehlungen enthalten in den bisherigen Gesprächen mit Vertretern der in Algerien tätigen bzw. an einer derartigen Tätigkeit interessierten Unternehmen geäußerte Vorschläge und Wünsche der Befragten.

---

[315] Al-Ani, Ayad; Gneisz, Bettina; Kaufmann, Alexander; Kostner, Markus; Palme, Herwig; Strunz, Herbert: Österreichisch-arabische Wirtschaftsbeziehungen – Entwicklung und Perspektiven, Berlin 1995

Bereich	Problem	Empfehlungen
Marktbearbeitung	Hohe Einstiegskosten	Wenn die für die Bearbeitung des algerischen Marktes notwendigen finanziellen Mittel nicht vorhanden sind, ist von einer Aufnahme von einschlägigen Aktivitäten dringend abzuraten. *Maßnahmen:* Intensivierung der Beratung seitens der in Frage kommenden Stellen.
	Marktzugangsbeschränkungen	Einschlägige Information vorab unbedingt sicherstellen, um „böse Überraschungen" im Nachhinein zu vermeiden. *Maßnahmen:* rechtzeitige Informationsbeschaffung bei den in Frage kommenden Stellen (WKÖ, BMwA, OeKB, BMWi, AHK, BfAI, Hermes, Banken u.ä.) seitens der Unternehmen.
	zu wenig Marktinformationen	Generell gilt: Informationssammlung vor Ort ist unabdingbar, wenn auch z. T. mit hohen Kosten verbunden. Wiederholte Kontakte zum Kunden vor Ort sind wesentlich; unbedingte Einholung von Informationen vor Ort insbesondere zur Konkurrenzsituation. *Maßnahmen:* Wunsch von Firmen, Informationen im Besitz der entsprechenden Stellen leichter (d.h. verstärkt in schriftlicher Form) zugänglich zu machen, bzw. in kürzeren Abständen zu aktualisieren (z.B. Länderinformationen und Wirtschaftsberichte).
	Kontaktanbahnung	Kleinere Firmen haben naturgemäß weniger bzw. eingeschränktere Möglichkeiten, erfolgversprechende Kontakte anzubahnen. *Maßnahmen:* ebenso wurde der Wunsch geäußert, daß insbesondere auch kleineren und mittleren Firmen der Zugang zu höherrangigen Wirtschaftsdelegationen leichter ermöglicht werden sollte.
	Kontaktanbahnung	Darüber hinaus wurde eine Vertiefung und verstärkte Pflege von Beziehungen und Kontakten von Seiten der auch i.w.S. in Frage kommenden öffentlichen Stellen angeregt.
	Vertretersuche, Anbahnung von Kooperationen vor Ort	Die Suche nach geeigneten Vertretern vor Ort gestaltet sich häufig überaus schwierig und ist mit (zu) hohen Kosten verbunden. *Maßnahmen:* Einrichtung von einschlägigen Datenbanken (z.B. wer vertritt wen vor Ort?, mit welchem Erfolg?, wer wickelt Projekte und Aufträge ab?, Möglichkeiten für Kundendienst?). Beschaffung und Zurverfügungstellung von Background-Informationen zur Selektion von Kandidaten für die Übernahme von Vertretungen seitens der dafür in Frage kommenden Stellen.

Markt-bear-beitung	Kommunikationspolitik	Kontakt zum (insbesondere potentiellen) Kunden gestaltet sich schwierig. *Maßnahmen:* Forcierung von Gemeinschaftsaustellungen vor Ort. Gewünscht wäre die Einrichtung von (permanenten) „Informationszentren", die über Produkte leicht zugänglich Auskunft geben (z. B. im Rahmen der Außenhandelskammern). Gezielte Förderung (verstärkte Beratung und auch finanzielle Unterstützung) von Werbung im Internet und E-Business.
	Distribution/ Service, Lizenzen	Abgesehen von der Suche nach geeigneten ausländischen Partnern für Vertretung, Distributions- und Service treten häufig Probleme im Zusammenhang mit der Gestaltung der diesbezüglichen Verträge auf. *Maßnahmen:* Unterstützung durch vorgefertigte (Standard-) Musterverträge (auch in englischer Sprache), bzw. erleichterter Zugang zu derartigen Dokumenten.
Finanzierung	Komplexität vorhandener und Fehlen zusätzlicher Finanzierungsinstrumente	Vorher alles absichern und klären, nachträgliche Klärung bedeutet immer (zum Teil überaus hohe) zusätzliche Kosten. *Maßnahmen:* wünschenswert wären verstärkte Finanzierungsunterstützung (Beratung und finanzielle Unterstützung), erleichterter Zugang zu *soft loans* (auch für KMU), verstärkte Übernahme von Haftungen, Bereitstellung von Risikokapital, Einräumung von zusätzliche zinsgestützten Krediten bzw. gestützten Finanzprodukten.
Kooperationen		*Maßnahmen:* Förderung und Erleichterung von Kooperationen, insbesondere mit im branchenspezifischen Auslandsgeschäft bereits erfahrenen Firmen, um – auch bei entsprechender Risikobeteiligung – am Know-how des Partners partizipieren zu können.

Tabelle 3-9 *Wünsche von und Empfehlungen an Unternehmen, die an Aktivitäten in Algerien interessiert sind*

Mögen manche der genannten Probleme und die im Zusammenhang damit gegebenen Empfehlungen selbstverständlich und mitunter relativ trivial erscheinen, sei auf die Praxis und zahlreiche Mißerfolge, die in den obigen Problemen und der Nichtbeachtung sowie im Übersehen von Tatsachen ihren Ursprung hatten, verwiesen.

4 Anhang

4.1 Chronologie

vor 1990[316]

01.11.1954	Auf Initiative der FLN beginnt der Aufstand in Algerien.
Jan.-Okt. 1957	Schlacht um Algier, in deren Verlauf die französische Armee wiederholt Foltermethoden einsetzt.
13.05.1958	Die Armee übernimmt die Macht in Algier und bildet das *Comité de salut public*.
16.09.1959	De Gaulle sichert Algerien in einer Runkfunkrede Selbstbestimmung zu.
24.01.1960	In Algier werden Barrikaden errichtet und ein Generalstreik ausgerufen.
01.02.1960	Kapitulation der aufständischen Kolonisten in Algier.
21.04.1961	Putschversuch drei Oppositionsgeneräle gegen de Gaulle in Algerien; scheitert nur drei Tage später.
18.03.1962	Mit dem Abkommen von Evian wird Algerien in die Unabhängigkeit entlassen.
03.07.1962	Algerien ruft die Unabhängigkeit aus.
1962	Wirren und Todesopfer vor der Machtergreifung von Ben Bella.
19.06.1965	Oberst Boumedienne stürzt Ben Bella.
1967	Umsturzversuch von Oberst Tahar Zbiri.
1971	Boumedienne verstaatlicht französische Erdölgesellschaften.
1971	Ausrufung der Agrarrevolution.
1973	Boumedienne leitet den 4. Gipfel der Blockfreien in Algier.
1976	Algerien gibt sich „nationale Charta" und neue Verfassung.
27.12.1978	Tod Boumediennes.
1982	Erste Zusammenstöße zwischen Fortschrittlichen und Fundamentalisten.
1984	Wiederwahl Chadli Benjedids.
1985	Sturz der Erdölpreise.
16.01.1986	Algerier nehmen erneute Charta an.
Nov. 1986	Studentenunruhen im Osten des Landes.
1978	Fundamentalistischer Bandenchef Mustafa Bouyali erschossen.

---

[316] vgl. Herzog, Werner: Algerien – Zwischen Demokratie und Gottesstaat, München 1995, 187f; o.V.: Sept années de guerre, in: Le Monde Diplomatique, Septembre 2000

05.10.1988 Ausbruch eines fünftägigen Volksaufruhrs gegen das Regime. Inoffizielle Bilanz: 500 Tote. Beginn des politischen Öffnungsprozesses.

23.02.1989 Stimmbürger nehmen neue Verfassung an.

14.09.1989 Die Regierung legalisiert die Fundamentalistische Heilsfront (FIS)

1990[317]

23.01.1990 Der Innenminister legalisiert die algerische Amnesty International-Organisation.

29.01.1990 Die Regierung erkennt die Democratic Islamic Arab Unity Party und die Popular Society for Unity and Action an. Nun existieren 20 politische Parteien in Algerien.

18.02.1990 Die Regierung erklärt einen 11 Tage andauernden Lehrer-Streik für illegal.

20.02.1990 Im westlichen Teil des Landes haben 7.000 private Unternehmen nach einer wochenlangen Schließung aus Protest gegen Rohmaterialknappheit wieder eröffnet.

28.02.1990 Das Innenministerium gab die Registrierung der *Socialist Labor Organisation* bekannt.

11.03.1990 Gerüchte über die Ursache einer Explosion im Gebiet von Oran, die im Umkreis von 100 km vernommen werden konnte, werden laut.

01.04.1990 *Radio Algier* berichtet über die Gründung der Islamischen Bewegung der algerischen Jugend

02.04.1990 Beginn eines Streiks algerischer Dozenten und Mitarbeiter an der Universität Algier.

20.04.1990 Zehntausende nehmen in Algier an einem stillen Protestmarsch teil, zu dem die *Nationale Befreiungsfront* (FLN) aufgerufen hatte. Gefordert wurde u.a. frühe Parlamentswahlen sowie die Anerkennung der Sharia durch den Präsidenten.

25.05.1990 *Al-Anba* (Kuwait) zufolge versuchten Mitglieder von Abu Nidals *Fatah-Revolutionary Council* (FRC), Abd al-Rahman Isa, Führer einer Splittergruppe, zu ermorden.

10.05.1990 Zehntausende nehmen in Algier an einem friedlichen Anti-Islamisten-Marsch teil.

06.06.1990 Im Auto und im Haus von Abdelkader Bouzar, Generalsekretär der Sozialdemokratischen Partei, explodierten zwei Bomben.

---

[317] Die Chronologie seit 1990 basiert auf den entsprechenden Ausführungen des Middle East Journal, Jahrgänge 1990ff.

09.06.1990   *Al-Anba* berichtet, daß ein von mehreren Offizieren organisierter Coup gegen Präsident Chadli Bendjedid im Präsidentenpalast fehlschlug, da sich Bendjedid zum Zeitpunkt des Anschlages in Oran aufhielt. Die beteiligten Offiziere wurden verhaftet und hingerichtet.

12.06.1990   Rund 60 % der wahlberechtigten Bevölkerung nehmen an den Gemeinde- und Distriktwahlen teil. Die *Front des Forces Socialistes* und die populistische Demokratiebewegung boykottierten die Wahlen.

13.06.1990   Abbassi al-Madani, dessen Islamische Heilsfront (FIS) mehr als die Hälfte der Stimmen bei den Gemeindewahlen vom 12.06.1990 erringen konnte, ruft zur Aufhebung der Wahlen und zur Auflösung des Parlaments auf.

14.06.1990   Laut endgültigem Wahlergebnis gewann die Islamische Heilsfront (FIS) die Wahlen in 32 von 48 Distrikten sowie in 853 von 1.535 Gemeinderäten. Die Nationale Befreiungsfront (FLN) gewann in 14 Bezirken und 487 Gemeinden.

15.06.1990   Das *Forum für Demokratie* wird ins Leben gerufen.

25.06.1990   Gewaltsame Ausschreitungen in Algier, nachdem ein gewählter Kandidat der *FLN* zum stellvertretenden Bürgermeister ernannt wird. Neun Menschen werden festgenommen.

28.06.1990   *Radio Algier* berichtet von der Gründung der Islamischen Gewerkschaftsbewegung in Tlemcen.

22.09.1990   *Radio Algier* meldet die Auflösung der *Kommission für Dokumentation und Sicherheit* (DGDS) und die Reorganisation der nationalen Sicherheitsstrukturen.

26.09.1990   Mehrere 100 Häftlinge, einschließlich 15 Islamisten, die in die Vorkommnisse 1989 am Gericht von Blida verwickelt waren, fliehen aus Blida.

27.09.1990   Der frühere Präsident Ahmend Ben Bella kehrt nach zehn Jahren des Exils nach Algerien zurück. Er ruft zu einem Regierungswechsel sowie einer freiwilligen Unterstützung des Irak durch Algerien auf.

25.10.1990   200 Menschen werden während der drei Tage andauernden Demonstrationen in Ténès gegen Arbeitslosigkeit, Lebensmittel- und Wohnungsknappheit verhaftet.

13.12.1990   2.000 Demonstranten beteiligten sich an einem Protestmarsch gegen die Behandlung von Familien, die Opfer im Unabhängigkeitskampf zu beklagen hatten, sowie um den Rücktritt von Premierminister Mouloud Hamrouche zu fordern.

28.12.1990   Bis dahin nicht identifizierte Flugzeugentführer bringen eine Maschine der Air Algérie auf dem Flug von Ghardaïa nach Algier unter ihre Kontrolle und nehmen 50 Menschen als Geiseln. Die Entführer werden gezwungen, in Annaba zu landen, wo sie Wasser und ausreichend Benzin fordern, um in ein anderes Land fliegen zu können.

29.12.1990	Die Entführer der Air Algérie-Maschine beginnen, in Annaba Geiseln freizulassen.
30.12.1990	Die Polizei nimmt die beiden Flugzeugentführer, die aus einer Kaserne in Ghardaïa geflohen waren, fest.

1991

01.03.1991	Philip Shehadi, für Reuters arbeitender US-Bürger, wird in seiner Wohnung in Algier erstochen.
13.03.1991	Ein zweitägiger Streik der Gewerkschaft UGTA (*Union générale des travailleurs algériens*) wegen zu hoher Wohnkosten endet.
01.04.1991	Die Regierung verabschiedet ein zweistufiges Wahlrecht zur Regelung der ersten Mehrparteien-Wahl des Landes. Die Wahlen werden für Sommer 1991 angesetzt. Ein 35jähriger Algerier bringt eine Maschine der Air Algérie auf dem Flug nach Algier unter seine Kontrolle. Er will damit auf die politische Situation in Algerien aufmerksam machen.
20.04.1991	Die *Washington Post* berichtet, daß US-Behörden China beschuldigten, Algerien beim Bau eines Nuklearreaktors zu unterstützen.
30.04.1991	Die Regierung legalisiert die 43. politische Partei, die *HAMAS* unter Leitung von Mahfoud Nahnah.
23.05.1991	Die *FIS* ruft zu einem landesweiten Streik, beginnend am 25.05.1991 auf, um gegen das Wahlrecht und die Fehler der Regierung bei der Vorbereitung der Präsidentschaftswahlen zu protestieren.
03.06.1991	Am 10. Tag des von der *FIS* unterstützten Streiks kommt es zu Zusammenstößen zwischen der Polizei und Streikenden. Präsident Bendjedid warnte die Streikenden, daß deren Aktionen die ersten Mehrparteien-Wahlen des Landes, geplant für den 27.06.1991 stören könnten.
04.06.1991	Die *FIS* ruft die Streikenden zum Aussetzen des Streiks auf, nachdem die Polizei auf die Streikenden geschossen und dabei mindestens sieben Personen getötet hat.
05.06.1991	In Reaktion auf die Auswirkungen des von der *FIS* organisierten Streiks wird ein viermonatiger Ausnahmezustand ausgerufen. Die geplanten Wahlen werden auf unbestimmte Zeit verschoben.
06.06.1991	Die *FIS* erneuert ihren Streikaufruf.
07.06.1991	Mitglieder der *FIS* stimmen einer Beendigung des Streiks zu und fordern gleichzeitig die Durchführung der Wahlen innerhalb der nächsten sechs Monate.
25.06.1991	In Algier kommt es zu Zusammenstößen zwischen Hunderten von *FIS*-Anhängern und der Polizei, als diese dabei ist, *FIS*-Symbole von *FIS*-kontrollierten Regierungsgebäuden zu entfernen.
26.06.1991	Die Armee berichtet, daß während Ausschreitungen am Vortag acht Menschen getötet und mehr als 24 verletzt worden sind.

27.06.1991   Madani gibt bekannt, daß seine Partei der Regierung den *jihad* erklärt, sofern Ausnahmezustand und Sperrstunde nicht wieder aufgehoben würden.

28.06.1991   Die Algerische Presse berichtet, daß der Präsident als Vorsitzender der FLN zurückgetreten sei.

30.03.1991   Nach 24 Stunden andauernden Konfrontationen in Algier, in denen mindestens drei Menschen getötet werden, nehmen Sicherheitskräfte *FIS*-Anführer Abassi Madani und seinen Stellvertreter Ali Belhadj fest.

               Es wird geschätzt, daß während der Zusammenstöße im Juni mindestens 70 Menschen getötet wurden.

30.06.1991   Die bis dahin unbekannte „Organisation zur Bekämpfung von Tyrannen in Algerien" droht, algerische und ausländische Flugzeuge zu entführen, Offizielle und deren Kinder zu attackieren und Medieneinrichtungen zu bombardieren, es sei denn, die Regierung gibt innerhalb der nächsten 20 Tage einen Termin für die Präsidentschafts- und Parlamentswahlen bekannt.

01.07.1991   Die Armee besetzt das Hauptquartier der *FIS*. Die Armee berichtet, daß am 30.06. und am 01.07. 1991 700 Personen wegen der Teilnahme an Demonstrationen festgenommen worden sind. Islamisten sprechen von 2.500 Festgenommenen.

04.07.1991   Die Regierung verabschiedet ein an Demokratie und Marktwirtschaft orientiertes Reformpaket, um Armut und Elend zu beenden.

07.07.1991   Die *Algerian League for the Defense of Human Rights* berichtet, daß seit dem 04.06.1991 in Zusammenstößen zwischen Islamisten und Sicherheitskräften 8.000 Personen verhaftet und 300 getötet worden seien.

09.07.1991   Die *Financial Times* berichtet, daß die Europäische Kommission Algerien ein 560 Mio. USD-Darlehen zur Unterstützung des nationalen Aufbauprogramms angeboten habe.

12.07.1991   Bei Zusammenstößen zwischen der Polizei und islamistischen Demonstranten in Algier wird mindestens eine Person getötet.

24.07.1991   Die *FIS* gibt bekannt, daß sie an Gesprächen mit der Regierung nicht teilnehmen werde, solange Madani und Belhadj inhaftiert sind.

30.07.1991   Die Regierung und viele politische Parteien berufen eine nationale Konferenz ein, um ökonomische und soziale Themen zu besprechen und um demokratische Reformen in Algerien voranzutreiben. Verschiedene Parteien, darunter auch die *FIS*, boykottierten diese Konferenz.

08.09.1991   *FIS*-Führer Madani und Belhadj beginnen einen Hungerstreik, um als politische Häftlinge anerkannt zu werden und um die Untersuchung der Ereignisse vom Juni voranzutreiben.

27.09.1991   Die Polizei stürmen *FIS*-Büros in Algier und nehmen den provisorischen Leiter Abdelkhader Hachani fest.

29.09.1991 Der im Juni verhängte Ausnahmezustand wird aufgehoben. Der Dinar wird als Teil der Anstrengungen zur Liberalisierungen der Wirtschaft um 22 % abgewertet.

04.10.1991 Das erste Mal seit Aufhebung des Ausnahmezustandes hält die *FIS* eine Kundgebung ab. Mehr als 40.000 Anhänger nahmen teil.

18.10.1991 Die *Financial Times* berichtet, daß die Regierung Pläne zur Erhöhung der Preise von Milch, Speiseöl, Zucker und Mais um 200 % per 19.10.1991 bekanntgegeben hat.

24.10.1991 Zehntausende nehmen an einem Protestmarsch der *Rassemblement pour la Culture et la Démocratie* (RCD) teil, um gegen den Einfluß der regierenden *FLN* zu protestieren.

29.11.1991 Etwa 60 Unbekannte töten drei Wachposten am Grenzposten in el-Oued.

02.12.1991 *Radio Algier* berichtet, daß die Armee 14 Personen, die angeblich in die Vorfälle in el-Oued verwickelt waren, in Untersuchungshaft genommen habe.

09.12.1991 Regierungsbeamte geben bekannt, daß in einer Militäroperation gegen Personen, die mit den Vorfällen in el-Oued in Zusammenhang gebracht werden, 17 Menschen getötet worden sind.

15.12.1991 *FIS* gibt bekannt, an den Parlamentswahlen teilnehmen zu wollen, auch wenn Madani und Belhadj noch immer inhaftiert seien.

26.12.1991 60 % der wahlberechtigten Bevölkerung nehmen an der ersten Runde der ersten Mehrparteien-Parlamentswahlen in Algerien teil.

30.12.1991 Der Verfassungsrat gibt die offiziellen Ergebnisse der ersten Wahlrunde bekannt: *FIS* 188 Sitze, *Front des Forces Socialistes* 25 Sitze, *FLN* 15 Sitze, unabhängige Kandidaten 3 Sitze. 199 Sitze bleiben zunächst unbesetzt und sollen im zweiten Wahlgang am 16.01.1992 verteilt werden.

1992

02.01.1992 Mehr als 135.000 Menschen nehmen an einer Protestdemonstration gegen eine mögliche islamische Übernahme Algeriens teil. Die Demonstranten fordern die Regierung auf, die Wahlen am 16.01.1992 abzusagen. Sicherheitskräfte nehmen 35 *FIS*-Anhänger wegen der Teilnahme an einer Gegendemonstration fest.

03.01.1992 Die Regierung gibt bekannt, daß mehr als 300 Beschwerden wegen Unregelmäßigkeiten bei den Wahlen eingegangen sind. Angeblich seien genügend Unregelmäßigkeiten aufgetreten, um 70 der 188 *FIS*-Sitze zu annullieren.

11.01.1992 Präsident Bendjedid gibt seinen Rücktritt bekannt. Gerüchten zufolge wurde Bendjedid von der Armee zu diesem Schritt gezwungen, um ihr einen legalen Grund zur Intervention zu geben und damit zu verhindern, daß die *FIS* die Kontrolle übernimmt.

14.01.1992 Ernennung des fünf Mitglieder zählenden „Hohen Staatsrats" unter Leitung von Muhammad Boudiaf. Laut *Radio Algier* werden 133 Personen wegen provokativer Aktionen verhaftet.

16.01.1992 Muhammad Boudiaf kehrt aus Marokko zurück, wo er 28 Jahre im Exil verbracht hat.

18.01.1992 Die Regierung ruft ihre Botschafter aus Frankreich und Iran zurück und droht, die Beziehungen zum Iran abzubrechen, um gegen die Vorbehalte beider Länder gegen Algeriens neue (Militär-)Regierung zu protestieren.

19.01.1992 Erster Übergriff auf Regierungseigentum bzw. Regierungsmitarbeiter seit dem Regierungswechsel. Dabei wird ein Soldat getötet und ein weiterer verletzt. Er weiterer Soldat wird bei einer Bombenexplosion im Hauptquartier der Militärpolizei in Algier getötet, in Lakhdaria wird ein Polizist bei einem Zusammenstoß mit Jugendlichen erschossen.

22.01.1992 *FIS*-Führer Hachani wird von der Armee festgenommen. Außerdem inhaftiert werden der Herausgeber, sein Stellvertreter und der Leiter der arabischen Zeitung *al-Khabar*, die mit der *FIS* sympathisiert. Die Regierung verbietet alle nicht-religiösen Aktivitäten und Versammlungen in und vor Moscheen.

28.01.1992 Die Polizei führt im *FIS*-Hauptquartier eine Razzia durch, nimmt Rabah Kabir, einen Sprecher der *FIS*, fest.

29.01.1992 Innenminister Larbi Belkhair gibt ein Programm zum Umbau der Slums in und um Algier bekannt. Bei Zusammenstößen zwischen *FIS*-Anhängern und der Armee in Bachara, bei der die Armee versucht, einen Imam zu verhaften, wird mindestens eine Person getötet.

02.02.1992 An der Bab Ezzaour Universität außerhalb von Algier demonstrieren Hunderte von Studenten gegen die Militärregierung.

03.02.1992 Die Polizei hebt eine seit Juni 1991 bestehende Blockade des früheren *FIS*-Hauptquartiers auf.

04.02.1992 In Batna werden bei Zusammenstößen fünf Personen getötet und 28 verletzt, nachdem die Armee einen ansässigen Imam inhaftiert hat.

05.02.1992 In Algier demonstrieren 3.000 Studenten gegen die Militärregierung.

06.02.1992 In Batna dauern die Konflikte zwischen *FIS*-Anhängern und der Armee an, mindestens 12 Tote.

07.02.1992 Die Konflikte zwischen *FIS*-Anhängern und der Armee eskalieren im ganzen Land und führen zu mindestens 11 Todesopfern.

08.02.1992 Bei Demonstrationen von *FIS*-Anhängern gegen die Militärregierung greifen Sicherheitskräfte ein. Bei den kürzlichen Ausschreitungen starben insgesamt mindestens 35 Menschen. In der Kasbah von Algier wird ein Polizist getötet.

09.02.1992 Der Hohe Staatsrat ruft den Ausnahmezustand im ganzen Land aus. Der Hohe Staatsrat löst die *FIS* aus und übernimmt die Kontrolle über deren Hauptquartier in Algier.

10.02.1992   Islamisten töten sechs Polizisten aus dem Hinterhalt und zwei weitere während einer Verhaftung in Bordj Menaiel.

13.02.1992   Mindestens drei Menschen sterben bei Zusammenstößen zwischen Islamisten und der Polizei auf einer Werft in Algier.

14.02.1992   Schießereien zwischen Islamisten und Soldaten dauern an, als Regierungstruppen und Panzer eine von der *FIS* unterstützte Demonstration verhindern. Bei einer Explosion in der Kasbah sterben fünf Menschen.

16.02.1992   Präsident Boudiaf kündigt auf einer Pressekonferenz ein allgemeines Wirtschaftsprogramm an, das zur Stabilisierung der Wirtschaft dienen soll. Boudiaf berichtet außerdem, daß seit Ausrufung des Ausnahmezustandes 6.000 Personen inhaftiert worden seien. Außenminister Lakhdar Ibrahimi reist nach Saudi-Arabien, die erste Station einer Golf-Reise, die dem Land 2 Mrd. USD an wirtschaftlicher Hilfe sichern soll.

20.02.1992   *FIS* veröffentlicht einen Bericht, nach dem zwischen dem 06. und dem 13.02.1992 14.000 Personen durch die Regierung inhaftiert worden seien.

26.02.1992   Eine Gruppe franko-arabischer, französischer, italienischer, japanischer und US-amerikanischer Banken stellt Algerien Darlehen in Höhe von 1,5 Mrd. USD zur Verfügung.

04.03.1992   Offizielle Auflösung der FIS (de facto bis heute nicht vollzogen).

17.03.1992   In Boufarik werden zwei Polizisten erschossen.

25.03.1992   Sicherheitskräfte schließen die Universität Blida.

29.03.1992   Der Hohe Staatsrat löst ein Viertel der lokalen Gremien auf.

31.03.1992   Innenminister Belkhais gibt bekannt, daß 400 Häftlinge während der letzten drei Tage freigelassen worden seien.

06.05.1992   Bei der Explosion einer Bombe im Verwaltungsgebäude der Universität Constantine sterben drei Personen, drei werden verletzt.

10.05.1992   Laut *Washington Post* starben seit Verhängung des Ausnahmezustandes am 09.02.1992 mehr als 50 Soldaten, Polizisten und andere Regierungsbeamte während Zusammenstößen mit *FIS*-Anhängern.

20.05.1992   Konflikte zwischen der Regierung und deren Gegnern dauern im gesamten Land an. In Lakhdaria stirbt dabei eine Person, in Draria wird ein Polizist getötet. Polizisten töten vier Islamisten in Algier.

23.03.1992   In Blida nimmt die Polizei 43 Personen gefangen und tötet eine Person, als Islamisten versuchen, einen von der Regierung bestellten Imam vom Halten des Freitagsgebets abzuhalten. Bei Zusammenstößen mit der Armee werden in Djebel Zoubourbour drei Personen getötet.

09.06.1992   Beim Angriff unbekannter Personen auf einen Stützpunkt der Polizei werden drei Polizisten getötet.

11.06.1992   In der Hauptmoschee in Algier explodiert eine Bombe während sich dort die Regierungsspitze zu den Id al-Adha-Gebeten versammelt.

16.06.1992   Bei einer Schießerei mit Islamisten werden in Algier zwei Polizisten getötet.

29.06.1992   Präsident Boudiaf wird während einer Rede vor Geschäftsleuten in Annaba ermordet. Einer der Attentäter wird erschossen, ein zweiter unmittelbar nach dem Vorfall verhaftet.

01.07.1992   *AFP* berichtet, beim gestrigen Attentäter handele es sich um einen 26jährigen Offizier der Spionageabwehr, dessen Aufgabe der Schutz Boudiafs war.

02.07.1992   Ali Kafi wird vom Hohen Staatsrat zum Präsidenten ernannt.

04.07.1992   In Boumerdès werden vier Polizisten aus dem Hinterhalt erschossen.

12.07.1992   In Algier beginnen die Gerichtsverhandlungen von *FIS*-Führern Madani und Belhadj sowie fünf weiteren *FIS*-Mitgliedern.

15.07.1992   Das Militärgericht Algier verurteilt Madani und Belhadj zu zwölf Jahren Haft.

18.07.1992   Der mutmaßliche *FIS*-Aktivist Shaykh Azzidine wird in Lakhroussa von der Polizei erschossen. In den Wäldern im Osten des Landes dauern die Schießereien zwischen Soldaten und „unbekannten bewaffneten Gruppen" an.

25.07.1992   Bei der Explosion einer Bombe in al-Khroub sterben drei Menschen.

27.07.1992   Zum vierten Mal in der Woche explodiert in Algier eine Bombe, die höchstwahrscheinlich von *FIS*-Anhängern plaziert wurde.

01.08.1992   Es wird berichtet, daß zwei Polizisten bei verschiedenen Vorfällen in Algier getötet wurden.

09.08.1992   Behörden schließen die Büros der Zeitungen *Le Matin, La Nation* und *al-Djezair al-Youm* und konfiszieren die Auflagen, da die Zeitungen angeblich den Interessen des Landes schaden würden.

26.08.1992   Im internationalen Terminal des Houari-Boumedienne-Flughafens explodiert eine Bombe. Dabei werden mindestens acht Menschen getötet und mehr als 100 verletzt. Eine zweite Bombe explodierte im Büro von Air France in Algier. Der Polizei war es jedoch gelungen, das Gebäude vor der Explosion zu evakuieren. Eine dritte Bombe konnte im Büro von Swiss Air entschärft werden.

17.10.1992   Bei drei Schießereien zwischen der Polizei und Islamisten am Rande der Sahara werden zwei Zivilisten getötet und vier verwundet. 56 Waffenschmuggler werden verhaftet.

24.10.1992   Bei Muhammadia wird Almi Abd al-Nasir, bekannter Gehilfe von Islamistenführer Abd al-Kader Chebouti, von der Polizei erschossen.

26.10.1992   *Radio Algier* berichtet, daß die Polizei in den vergangenen Tagen fünf Personen erschossen und mindestens 27 wegen der Beteiligung an terroristischen Aktivitäten inhaftiert hat.

29.10.1992   In Tlemcen, Oum al-Bouaghi, Chlef, Djelfa, Médéa, Tiaret und Sidi Bel
              Abbès werden wegen Besitzes von Waffen und illegalen Flugblättern drei
              Personen von der Polizei getötet und 27 inhaftiert.

05.12.1992   Ein verdächtiges Mitglied der *FIS* wird von der Polizei zwischen Khemis al-
              Khechna und Les Eucalyptus getötet.

09.12.1992   Die Polizei tötet sechs von sieben Personen, die versucht haben, das Polizei-
              hauptquartier zu stürmen.

14.12.1992   In Kuba werden fünf Polizisten aus dem Hinterhalt erschossen, einer ver-
              wundet. Der Vorfall geschah unmittelbar nachdem die Regierung bekanntge-
              geben hatte, daß drei Sondergerichte für die Verhandlungen von mehr als
              1.200 Islamisten bereit wären.

15.12.1992   In der Nähe der Khouba-Moschee in Algier werden sechs Islamisten ermordet.

20.12.1992   Laut *Financial Times* wurden in der vergangenen Woche von algerischen
              Truppen 13 Islamisten getötet.

1993

01.01.1993   Islamisten attackieren eine Polizeistation in Ksar al-Hirane. Dabei werden
              fünf Polizisten getötet.

13.01.1993   Soldaten töten in der Nähe von Kadiria die „verdächtigen Terroristen" She-
              bani Amor, Alwan Yocef, Bechara Said und eine weiter Person.

06.02.1993   Drei bewaffnete Personen erschießen Muhammad Abdaoui, Kommandeur
              der Gendarmerieeinheit von Lazharia.

07.02.1993   Der Hohe Staatsrat verlängert den Ausnahmezustand, der im Februar 1992
              ausgerufen wurde.

12.02.1993   Im Bezirk Jijel töten Polizisten fünf verdächtige „Terroristen" während eines
              Überfalls.

13.02.1993   In Algier werden vier Polizisten aus dem Hinterhalt erschossen.

14.02.1993   In Blida töten Armeetruppen drei Menschen, die angeblich wegen Fahnen-
              flucht und Mord gesucht worden sind.

19.02.1993   In Blida werden zwei angeblich bewaffnete Terroristen von Soldaten er-
              schossen.

01.03.1993   *Amnesty International* berichtet, daß seit der Ausrufung des Ausnahmezu-
              standes in Algerien die Menschenrechtsverletzungen drastisch zugenommen
              hätten. Mehr als 9.000 verdächtige Islamisten würden ohne Gerichtsurteil in
              Lagern gefangengehalten und etwa 300 Personen sind durch Regierungs-
              kräfte getötet worden.

02.03.1993   In Damous tötet die Polizei neun verdächtige Islamisten während einer
              Schießerei. Neun weitere Personen werden von der Polizei in Tipaza erschos-
              sen. In Médéa wird ein Polizist erschossen.

03.03.1993	In El Bair wird Lahrani Sid Ahmed, der in Zusammenhang mir dem Überfall der „Admiralty" bereits zum Tode verurteilt war, gefangen genommen und ge-tötet. Aleg Muhammad, Leiter des Exekutivkomitees in Maghoura wird erschossen.
04.03.1993	Außerhalb von Algier erschießt die Polizei einen mutmaßlichen Terroristen.
06.03.1993	Im Bezirk Blida wird der Regierungsangestellte Sa'id Haouas erschossen.
08.03.1993	In Algier töten zwei bewaffnete Männer eine Person.
09.03.1993	Bei Sidi Bel Abbès töten Armeetruppen sechs verdächtige Personen.
14.03.1993	In Algier tötet die Polizei drei Personen, nachdem diese versucht hatten, die Polizisten zu entwaffnen. In L'Arbaa wird ein Polizist erschossen.
16.03.1993	In Ben Umar wird der frühere Kabinettsminister Djilali Liabis erschossen.
17.03.1993	In Algier wird Hedi Flissi, Mitglied des *National Consultive Committee*, erschossen. Während einer Schießerei in Algier werden zwei mutmaßliche Islamisten getötet.
18.03.1993	Hafid Senhardri, Mitglied des National Consultive Committee, stirbt infolge einer am 14.03.1993 erlittenen Schußverletzung. Die Polizei tötet zwei „Terroristen", als diese bei der Durchsuchung von Verstecken fliehen wollen.
20.03.1993	Eine unbekannte Gruppe setzt den Fernsehturm von Algier unter Beschuß und tötet dabei zwei Menschen. Im Bezirk Djelfa tötet die Polizei einen In-haftierten, der während seines Arrests angeblich die Waffe auf die Polizisten gerichtet haben soll.
22.03.1993	Rund 80.000 Algerier demonstrieren in der Innenstadt von Algier gegen die zunehmende Gewalt im Land. Ähnliche Proteste finden auch in anderen Tei-len des Landes statt. Die Bougzoul-Kaserne, 60 km südlich von Algier, wird – vermutlich von Islamisten – angegriffen. Dabei sterben 18 Soldaten.
23.03.1993	Im Bezirk Jijel werden zwei Polizisten aus dem Hinterhalt erschossen.
18.04.1993	In Msila werden neun Polizisten aus dem Hinterhalt erschossen.
19.04.1993	In Algier werden drei verdächtige „Terroristen", ein weiterer in Badjarah getötet.
20.04.1993	In Naama werden drei mutmaßliche Terroristen getötet.
25.04.1993	Bei einem Zusammenstoß zwischen Islamisten und der Polizei werden in al-Harrach vier Personen getötet.
26.04.1993	In al-Harrach werden bei einem angeblichen Fluchtversuch drei vermutliche Terroristen getötet.
28.04.1993	Slimani Kamel, Leiter der Kommunalvertretung wird in Les Eucalyptus er-schossen.
04.05.1993	Im Bezirk Sidi Bel Abbès wird ein Polizist erschossen.
05.05.1993	Bei Zusammenstößen zwischen der Polizei und Islamisten sterben vier Isla-misten.

10.05.1993	Die *Financial Times* berichtet, daß der Hohe Staatsrat zur Vereinfachung der „Rückkehr zur Demokratie" eine Veränderung des Parteienrechts, die verstärkte Einführung marktorientierter Wirtschaftspolitik sowie die Organisation eines Referendums beabsichtige.
12.05.1993	Im Bezirk Chlef werden zwei Polizisten erschossen.
15.05.1993	Regierungskräfte töten im Bezirk Chlef zwei Personen.
16.05.1993	Staatsanwalt Muhammad Sa'id wird in Tlemcen erschossen.
31.05.1993	In Algier erschießt die Polizei drei Islamisten, die angeblich für den Tod des Schriftstellers und Journalisten Tahar Djaout verantwortlich sind.
07.06.1993	Die deutsche Polizei nimmt Rabah Kabir, einen Führer der *FIS*, fest, der für die Explosion auf dem Flughafen Algier im August 1992 verantwortlich gemacht wird. Das deutsche Justizministerium gibt bekannt, daß es nicht bereit sei, eine Person, die die Todesstrafe erwarte, auszuliefern, daß man einer Auslieferung aber zustimmen könnte, wenn die Todesstrafe umgewandelt werden würde.
22.06.1993	Muhammad Boukhobza, Leiter des nationalen strategischen Instituts, wird in seiner Wohnung erstochen.
29.06.1993	Mehr als 1.000 Algerier versammeln sich zum ersten Todestag am Grab vom früheren Präsidenten Muhammad Boudiaf, um gegen die Verschleierung der Umstände seines Todes zu protestieren.
23.07.1993	Nahe Algier werden zwei Polizisten aus dem Hinterhalt erschossen. In einem Bus in Blida töten bewaffnete Männer einen weiteren Polizisten. In den Rathäusern von Médéa, Emir Abdelkader und Kaous werden Brandbomben gelegt, ebenso in einer Polizeistation in Tlemcen.
28.07.1993	Im Birmandries-Gebiet werden aus dem Hinterhalt zwei Buspassagiere erschossen. Bei der anschließenden Verfolgung der Täter durch die Polizei wird einer der Schützen getötet. Im selben Gebiet wird ein Polizist erschossen.
01.08.1993	Fünf Islamisten werden durch Soldaten bzw. Polizisten getötet.
03.08.1993	Im Bezirk Baraki wird der Fernsehkorrespondent Rabah Zenati erschossen.
09.08.1993	Journalist Benhamenli Abd al-Hamid wird erschossen.
10.08.1993	In Tashta und Mefta werden verdächtige Islamisten getötet.
12.08.1993	Bei Algier werden drei verdächtige Islamisten getötet. Bei einem Zusammenstoß in Sidi Bel Abbès werden der Angreifer und zwei Soldaten getötet.
17.08.1993	Bei Algier erschießt die Polizei zwei verdächtige Islamisten.
22.08.1993	Im Küstengebiet östlich von Algier wird der frühere Premierminister Kasdi Merbah zusammen mit seinem Sohn, Bruder, Leibwächter und Chauffeur erschossen.
23.08.1993	In Algier werden sechs Mitglieder einer bewaffneten Gruppe von Soldaten erschossen.

28.08.1993   In Algier töten Soldaten einen mutmaßlichen Terroristen.

09.09.1993   In Lakhdaria töten Soldaten 13 vermutlich bewaffnete Männer.

11.09.1993   Journalist Bakhtaoui Sa'ad wird in der Nähe von L'Arbaa in Blida tot aufgefunden. Am Tag zuvor war er gekidnappt worden.

14.09.1993   In Boufarik wird ein Polizist erschossen.

21.09.1993   Zwei französische Staatsbürger werden außerhalb von Sidi Bel Abbès tot aufgefunden. Beide sind einen Tag zuvor auf dem Weg zur Arbeit gekidnappt worden. In Chlef und in Tébessa werden insgesamt drei mutmaßliche Terroristen getötet.

25.09.1993   In Tipaza töten Soldaten acht Personen, die vermutlich fünf Soldaten einer Sicherheitspatrouille umgebracht haben.

26.09.1993   In Bordj Menaiel töten Soldaten vier bewaffnete Männer, nachdem diese das Feuer auf die Soldaten eröffnet hatten.

28.09.1993   Autor Abdelrahman Chergou wird in Muhammadia ermordet.

18.10.1993   Journalist Ismali Yisfah wird in Algier ermordet.

19.10.1993   Die russische Botschaft gibt bekannt, daß die russischen Militärberater Vladimir Valezhniy und Aleksandr Orlor am 15.10.1993 im Bezirk Lagouat erschossen worden sind.

20.10.1993   Japans Export-Import-Bank stimmt einem Kredit in Höhe von USD 400 Mio. an Sonatrach zu. Die EU bewilligt USD 35 Mio. zur Unterstützung von Landwirtschaftsprojekten in Algerien.

21.10.1993   Drei Techniker aus Kolumbien, Peru und den Philippinen werden in Algier tot aufgefunden. Sie waren seit dem 19.10.1993 vermißt gemeldet.

24.10.1993   Drei französische Diplomaten werden vor dem französischen Konsulat entführt. Ein Polizist, der das Gebäude bewachte, wird von den Entführern erschossen. Sicherheitskräfte töten sieben mutmaßliche Terroristen im östlichen Teil des Landes und nehmen fünf weitere wegen der Verursachung einer Zugentgleisung in Kadiria fest.

25.10.1993   *Radio France International* berichtet, daß in Kolea drei bewaffnete Männer einen Polizeidirektor und seinen Sohn getötet haben. Die algerische Nachrichtenagentur berichtet, daß während der letzten vier Tage bei Zusammenstößen mit Sicherheitskräften in der Nähe von Algier sieben Islamisten getötet worden sind.

30.10.1993   Verschiedenen Berichten zufolge sind in der Zeit vom 27.-29.10. in Boumerdès, Jijel und Blida drei Menschen und in der Zeit vom 26.-29.10 elf mutmaßliche Terroristen getötet worden.

31.10.1993   Die am 24.10. entführten französischen Diplomaten können von Sicherheitskräften bei einer Polizeirazzia gerettet werden. Dabei sterben sechs Menschen.

03.11.1993   In Mostaganem, Blida, Algier und Jijel werden 13 mutmaßliche Terroristen getötet und sieben weitere festgenommen.

04.11.1993   In Reaktion auf die Entführung der Diplomaten erhöhen die Sicherheitskräfte die Anzahl der Checkpoints und Einsatztruppen.

06.11.1993   Bei zwei Vorfällen in Ait-Rahmoun bzw. Blida sterben ein Polizist und zwei bewaffnete Männer.·

07.11.1993   Sicherheitskräfte geben bekannt, daß am 06. und 07.11. sieben mutmaßliche Terroristen getötet wurden.

10.11.1993   Im westlichen Teil des Landes werden sechs Zollbeamte ermordet.

13.11.1993   In Belcourt werden von Sicherheitskräften 200 angebliche Terroristen festgenommen.

14.11.1993   In Constantine und in Médéa werden ein Gendarm bzw. ein Mitarbeiter der Stadtverwaltung umgebracht. In Jijel werden vier mutmaßliche Terroristen getötet.

19.11.1993   Laut *France-Inter Radio Network* sterben bei Kämpfen zwischen Splittergruppen 27 Personen.

20.11.1993   Chachouch Radouane, Vorsitzender des Gerichtshofes von Ténès, wird ermordet. Bei Kämpfen mit Sicherheitskräften sind zwischen dem 11. und 20.11. in Mittel- und Ostalgerien 13 mutmaßliche Terroristen getötet worden.

23.11.1993   In Algier werden vier Menschen erschossen. Im Bezirk Tiaret töten Sicherheitskräfte fünf mutmaßliche Terroristen und nehmen 46 weitere fest. Bei letzterer Aktion sterben zwei Gendarmen.

25.11.1993   In al-Harrach werden bei einem Angriff neun Polizisten getötet und zwei verwundet. Zwei weitere Todesfälle werden aus der Nähe von Algier gemeldet.

28.11.1993   Zehn Personen, einschließlich zwei Wachmänner, werden in Algier, Boumerdès, Sidi Bel Abbès und Tiaret ermordet. Von Sicherheitskräften werden vier mutmaßliche Terroristen erschossen.

01.12.1993   Mahfoud Kerdali, Richter aus Blida, wird erschossen. Mit ihm sind seit dem 15.05. bereits fünf Richter ermordet worden.

02.12.1993   Ein spanischer Staatsbürger wird zwischen Khemis Miliano und Berrouaghia in seinem Auto ermordet. Der Hohe Staatsrat gibt bekannt, die Exekution von Islamisten aussetzen zu wollen. Gleichzeitig verhängt ein Sondergericht weitere fünf Todesstrafen.

05.12.1993   Ein russischer Staatsbürger wird in Algier erschossen.

06.12.1993   Rouaz Lakhdar, Vorsitzender des Tribunals in Oran, wird erschossen. Einer der drei Kidnapper der französischen Diplomaten wird bei einem Zusammenstoß mit der Polizei getötet.

07.12.1993   Ein Mitarbeiter des Außenministeriums wird in der Nähe von Algier erschossen.

08.12.1993   Ein französischer Staatsbürger wird tot in Larbaa aufgefunden. Ein briti-
              scher Erdöltechniker wird in Westalgerien erschossen.

09.12.1993   Bei zwei verschiedenen Vorfällen in Sidi Moussa und in Chlef werden insge-
              samt 21 Menschen getötet, darunter acht Polizisten. Abd al-Kader Chiad,
              Inspektor für religiöse Angelegenheiten des Bezirks Constantine, wird in al-
              Khroub ermordet.

11.12.1993   Zwölf bosnische und kroatische, für Hydroelektra tätige Techniker werden
              von etwa 50 Angreifern in der Nähe von Blida erstochen.

14.12.1993   Der inhaftierte FIS-Führer Ali Belhadj beginnt einen Hungerstreik, um gegen
              die schlechten Haftbedingungen zu protestieren.

15.12.1993   Sicherheitskräfte berichten, daß sie in Algier, Sidi Bel Abbès, Tébessa und
              Tiaret drei Menschen getötet und 25 weitere festgenommen haben.

25.12.1993   Fünf Polizisten und zwei Zuschauer werden in Annaba von Unbekannten
              erschossen.

28.12.1993   Dichter Youssef Sebti wird tot in seinem Haus in al-Harrach aufgefunden.
              Sicherheitskräfte berichten, daß sie zwischen dem 23. und 26.12. in Batna,
              Skikda, Blida und Algier sieben mutmaßliche Terroristen getötet haben.

29.12.1993   In Thamer wird ein belgisches Ehepaar ermordet.

31.12.1993   Radio Algier berichtet, daß am 30. und 31.12. in Batna, Blida und Médéa
              sieben mutmaßliche Terroristen getötet und fünf weitere festgenommen wor-
              den sind.

1994

02.01.1994   Radio Algier zufolge werden in Blida, Biskra, Relizane und Chlef sieben
              Menschen getötet. Aus neun Schulen in Blida, Oum al-Bouaghi, Chlef und
              Aïn Defla werden Brandstiftungen gemeldet.

04.01.1994   Djilali Zaabane, Gerichtspräsident von Mostaganem, wird in seinem Heim in
              Jdiouia getötet. Sicherheitskräfte berichten, daß sie sieben Personen in ver-
              schieden Gebieten Algeriens getötet haben. Radio Algier berichtet, daß vom
              02.-04.01. in den Bezirken Tipaza und Oran sechs mutmaßliche Terroristen
              getötet worden sind.

08.01.1994   Muhammad Belahcen, ein Verantwortlicher für religiöse Angelegenheiten im
              Bezirk Aïn Defla, wird ermordet. In den Bezirken al-Tarif, Oum al-Bouaghi
              und Mostaganem sterben sechs Zivilisten.

11.01.1994   20 bewaffnete Männer greifen Muhammad Bellal, Gouverneur der Region
              Tissemsilt an: Bellal, 15 Polizisten und zwei weitere Personen werden dabei
              tödlich verletzt.

13.01.1994   In der Nähe einer Schule in Algier werden vier Polizisten erschossen. Ein
              Schüler und ein Lehrer werden dabei verwundet.

25.01.1994	Die National Consensus Conference wird in Algier eröffnet. Ziel ist, einen Ersatz für die Übergangsregierung des Hohen Staatsrats zu finden, deren Amtszeit am 31.01.1994 auslaufen soll.
27.01.1994	Die National Consensus Conference endet, ohne daß ein neuer Präsident ernannt wurde.
28.01.1994	Rachid Tigziri, Nationalsekretär der *Rassemblement pour la Culture et la Démocratie* (RCD), wird vor seinem Hause ermordet. Muhammad Bouslimani, Vorsitzender der *Reform and Guidance Party*, der im September 1993 aus seinem Haus in Blida entführt wurde, wird tot in Aïn Naadja aufgefunden.
30.01.1994	Verteidigungsminister Liamine Zéroual wird vom Hohen Staatsrat für einen Zeitraum von drei Jahren zum Präsidenten ernannt.
31.01.1994	Sicherheitskräfte töten sieben angebliche Islamisten in Setif.
01.02.1994	In Algier wird ein französischer Journalist getötet, ein australischer Kollege verwundet.
02.02.1994	Touali Muhammad, Mitglied der *Ittihaddi Party*, und Yahia Bouguetaya, Vorsitzender des Mascara Sport Clubs, werden in Algier ermordet. Der katholische Sub-Präfekt von Ouled Mimoun wird erschossen. Eine weitere Person wird in Chefka getötet.
21.02.1994	Mitarbeiter der staatlichen Central Algiers Printing Company beginnen einen Streik, um gegen die Zensur durch die Regierung zu protestieren. Am Folgetag wird der Streik abgebrochen.
24.02.1994	*FIS*-Funktionäre Ali Djeddi und Abd al-Kader Boukhakkam werden aus der Haft entlassen. *FIS*-Präsident Abassi Madani und Vizepräsident Ali Belhadj werden angeblich aus dem Gefängnis in eine bewachte Villa außerhalb von Algier überführt.
27.02.1994	*Radio Algier* zufolge wurden Mourad Sid Ahmed (alias Djaafar al-Afghani), Führer der *Bewaffneten Islamischen Gruppen* (GIA), und neun Mitglieder von Sicherheitskräften getötet.
28.02.1994	Drei algerische Polizisten entführen ein algerisches Flugzeug mit 120 Passagieren auf dem Flug von Oran nach Annaba. Sie zwingen es zur Landung in Alicante in Südspanien. Nach der Landung ergeben sich die Entführer. Journalist Abd al-Kader Hireche wird östlich von Algier erschossen. Ali Kebir, Onkel des sich im Exil befindlichen *FIS*-Führers Kebir, wird bei einer Straßensperre im al-Qall Gebiet erschossen.
02.03.1994	Im Bezirk Blida und in Algier werden fünf Menschen getötet.
05.03.1994	Ahmed Asselah, Direktor der Algier School of Fine Arts, und sein Sohn Rabah werden erschossen. Journalist Hassan Benaouda wird in Algier erschossen.

12.03.1994 Nach einem Angriff durch etwa 150 bewaffnete Männer fliehen bei einem Massenausbruch aus dem Hochsicherheitsgefängnis Tazoult in der Nähe von Batna rund 940 Häftlinge. Dabei werden zwei Gefängniswärter getötet, vier verwundet, sieben gewaltsam entführt. 39 Häftlinge konnten wieder gefaßt werden, fünf wurden unmittelbar nach dem Ausbruch getötet. Das Justizministerium berichtet, daß zwei Gefängnismitarbeiter beim Ausbruch behilflich waren.

16.03.1994 *New York Times* zufolge haben Sicherheitskräfte zwischen dem 11. und 16.03. 57 mutmaßliche Islamisten getötet. Drei der Getöteten werden mit dem Mord an Hireche bzw. Benaouda in Verbindung gebracht.

17.03.1994 Sechs vermeintliche *FIS*-Mitglieder werden von der Polizei getötet.

20.03.1994 Sicherheitskräfte töten angeblich 40 der am 12.03. ausgebrochenen Häftlinge.

23.03.1994 Die Regierung gibt eine sofortige Erhöhung der Lebensmittelpreise von 25 % bis 100 % in Übereinstimmung mit einer Empfehlung des Internationalen Währungsfonds zur Reduzierung der Staatsausgaben bekannt. Ein französischer Geschäftsmann und sein Sohn werden in ihrem Haus in Algier erschossen. In Reaktion auf diesen Vorfall forderte Frankreich seine Staatsbürger auf, Algerien zu verlassen.

25.03.1994 Drei Mitglieder der Führung der *GIA* werden bei Médéa getötet.

28.03.1994 Belkacem Touati, Beamter der russischen Außenministeriums in der russischen Botschaft in Algier, wird in seinem Haus ermordet. Ein Chauffeur der russischen Botschaft wird vor der Botschaft tot aufgefunden. Die Polizei berichtet, sie habe vier der Tat verdächtige Personen getötet.

30.03.1994 Zwei Personen werden an einer Bushaltestelle in Algier erschossen.

01.04.1994 Im Boudoudu-Gebiet töten Sicherheitskräfte 13 mutmaßliche Islamisten.

06.04.1994 Sicherheitskräfte töten 18 vermutliche Islamisten. Weitere 43 werden festgenommen.

07.04.1994 Omar Khennouche, mutmaßliches *HAMAS*-Mitglied und Mitglied der *Reform and Guidance Association*, wird in Khemis el-Khechna ermordet.

08.04.1994 Belaid Meziane, Nationalsekretär für soziale Angelegenheiten der *Algerian Workers Union*, wird bei al-Harrach ermordet.

10.04.1994 Die Regierung stimmt einer Währungsabwertung um 40 % zu und erhöht die Zinssätze in Übereinstimmung mit dem Internationalen Währungsfond, der Algerien einen Kredit in Höhe von USD 1 Mrd. zur Verfügung stellen will. Im Zeitraum vom 06. bis 10.04. töten Sicherheitskräfte in den Bezirken Algier, Annaba, Batna, Bouira, Boumerdès, Sétif und Tizi Ouzou 32 mutmaßliche Islamisten und inhaftieren 97 weitere.

18.04.1994 Sicherheitskräfte töten in Algier, Batna, Blida, Chlef und Mlili 24 mutmaßliche Islamisten.

20.04.1994 *Radio Algier* zufolge wurden die Bürgermeister von Aouf und Chabat El Ameur ermordet.

24.04.1994   In Aïn Defla, Blida, und Jijel töten Sicherheitskräfte vier mutmaßliche Islamisten und nehmen 61 weitere fest. Bewaffnete Männer, die 600 Arbeiter einer Zementfabrik außerhalb von Algier als Geiseln genommen haben, können von Sicherheitskräften überwältigt werden.

25.04.1994   Sicherheitskräfte töten zwölf mutmaßliche Islamisten.

27.04.1994   In Blida wird ein Mensch erschossen.

04.05.1994   In verschiedenen Landesteilen werden 13 mutmaßliche Islamisten erschossen.

08.05.1994   Die Nationale Befreiungsfront, die *Rassemblement pour la Culture et la Démocratie* (RCD), die *Mouvement En-Nahda* und die *HAMAS* organisieren in Algier einen Marsch von 30.000 zur Unterstützung des nationalen Dialogs. Zwei französische Staatsbürger werden in Algier ermordet.

09.05.1994   Der Imam der Baghlia-Moschee in Boumerdès und der Muezin von El Rahouia werden tot aufgefunden.

15.05.1994   Der führende Politiker Laid Griere wird in Algier tot aufgefunden, nachdem er am Tag zuvor entführt worden war.

18.05.1994   Präsident Zéroual begnadigt 1.000 Häftlinge, deren Verbrechen nicht in Verbindung mit Terrorismus, Sabotage oder staatlicher Sicherheit stehen.

19.05.1994   Bewaffnete Männer nehmen bei Ziama Masouria einen Bus unter Beschuß und töten dabei acht Polizisten und drei russische Staatsbürger.

24.05.1994   Abdinour Naceri, Generaldirektor der Districh Company, wird tot in Algier aufgefunden.

25.05.1994   Sicherheitskräfte töten zwei Personen, die mit dem Tod des früheren Premierministers Kasdi Merbah in Verbindung gebracht werden.

27.05.1994   *Al-Harat* zufolge wurden 70 Armeeoffiziere in der Kaserne in Sidi Bel Abbès von bewaffneten Männern erschossen.

31.05.1994   Salah Djebeili, Direktor der Universität für Wissenschaft und Technologie in Bab Ezzouai, wird erschossen.

06.06.1994   Muhammad Moussouni, Direktor des Nationalen Computer- und Statistikzentrums, wird in Dergana erschossen.

07.06.1994   Journalist Cherguit Ferhat wird erschossen.

08.06.1994   In Algier werden drei Personen erschossen, die die Explosion einer Autobombe zu verhindern versuchten, wobei wiederum drei Menschen getötet werden.

17.06.1994   In El Hachimia werden zwei Kinder und die Frau eines pensionierten Polizisten erstochen.

18.06.1994   Yousef Fathallah, Präsident der algerischen Menschenrechtsliga, wird in seinem Büro in Algier erschossen.

19.06.1994   Rouibah Muhammad, Mitglied des Nationalrats, wird in Constantine erschossen.

20.06.1994   Sicherheitskräfte töten in Tagarmout 23 mutmaßliche Islamisten.

27.06.1994   Ein Imam wird in einer Moschee in Médéa ermordet.

29.06.1994   In Algier explodieren während einer Protestdemonstration zum zweiten To-
              destag des früheren Präsidenten Boudiaf zwei Bomben.

06.07.1994   In Jijel werden sieben italienische Seeleute ermordet auf ihrem Schiff aufge-
              funden.

11.07.1994   Als Polizisten verkleidete Abgreifer erschießen vier russische und einen ru-
              mänischen Mitarbeiter von Sonatrach in einem Bus bei Algier. Zwei jugo-
              slawische Mitarbeiter von Hydro-Elektra und zwei Mitarbeiter der Kosider
              Company werden vor der italienischen Botschaft ermordet.

12.07.1994   Ein französischer Lehrer wird in Rouiba tot aufgefunden.

20.07.1994   Ein APS-Journalist wird in Bou Saada erschossen. Sein Mörder wird einen
              Tag später von der Polizei gefaßt und getötet. Bei einem Überfall im al-Qall-
              Gebiet östlich von Algier werden 24 Soldaten erschossen.

01.08.1994   Mustapha Bounata, Vorsitzender der des Verwaltungsrates von Oud Korei-
              che, wird erschossen.

02.08.1994   Sicherheitskräfte töten in den Bezirken Blida, Skikda, Tizi Ouzou und Tlem-
              cen 22 mutmaßliche Islamisten und nehmen 23 weitere fest.

03.08.1994   Bei einem Angriff auf einen Wohnkomplex für französisches Personal wer-
              den fünf französische Staatsbürger getötet.

04.08.1994   Die Niederlande schließen ihre Botschaft in Algerien, Belgien rät seinen
              Staatsbürgern, Algerien zu verlassen.

06.08.1994   Die *Bewaffneten Islamischen Gruppen* raten algerischen Studenten, Schülern
              und Lehrern, von Schulen und Universitäten fernzubleiben, da jede noch
              geöffnete Schule bombardiert werden würde.

15.08.1994   Zwei chinesische Staatsbürger werden in Algier erschossen.

16.08.1994   Österreich schließt seine Botschaft in Algier.

22.08.1994   Stamblouli Rabah, Vorsitzender des studentischen Elternverbands von Tizi
              Ouzou, wird in seinem Haus in Tizi Ouzou erschossen.

23.08.1994   Kaci Abdallah Mohammed, Mitglied der Reformkommission, wird in Ben-
              zerga erschossen.

03.09.1994   Im Bezirk Bouira und in Batna werden 41 mutmaßliche Islamisten getötet.
              Khellafi Mohammed, Magistrat in Boufarik, wird in seinem Haus in Chlef
              erschossen.

08.09.1994   Sicherheitskräfte töten 13 Islamisten im Bezirk Boumerdès.

11.09.1994   Bei Jijel werden fünf Menschen ermordet.

13.09.1994   *FIS*-Führer Madani und Belhadj werden aus dem Gefängnis in Blida entlas-
              sen und unter Hausarrest gestellt.

15.09.1994	19 Menschen werden von mutmaßlichen Islamisten getötet.
17.09.1994	Scheich Boudjara Soltani, *HAMAS*-Mitglied und Gründer der klerikalen Konferenz, und Ali Layeb, Vorsitzender des Bezirksbüros der *HAMAS* in Skikda, werden in Constantine erschossen.
20.09.1994	Gespräche zum nationalen Dialog werden abgehalten, allerdings ohne Ergebnis.
22.09.1994	*FLN*-Mitglied Djamel Azzeddine wird in El Tarif tot aufgefunden. Er war am 20.09. aus seinem Büro entführt worden.
23.09.1994	Im Bezirk Biskra werden zwei mutmaßliche Islamisten von der Polizei getötet.
25.09.1994	Journalist Smail Zbagdi und Fotograf Baroudi Mouloud werden bei zwei verschiedenen Zwischenfällen in Bachdjarahi bzw. Tipaza ermordet.
26.09.1994	Cherif Gousmi, ein Führer der *Bewaffneten Islamischen Gruppen*, wird in Algier von der Polizei getötet. Ali Messaoud Kaci, Mitglied der *Front des Forces Socialistes*, wird in Thenia ermordet. Ein bosnischer Staatsbürger wird bei Skikda erschossen. Abdallah Fardeheb, Professor für Ökonomie an der Universität Oran und Ettahaddi-Mitglied, wird in Oran erschossen.
27.09.1994	Saidi Youcef, Rechtsanwalt aus Baraki, wird entführt und ermordet.
30.09.1994	Cheb Hasni, Raï-Sänger, wird in Oran erschossen.
04.10.1994	Sechs mutmaßliche Islamisten werden in den Bezirken Chlef, Mascara und Mila getötet.
06.10.1994	Sicherheitskräfte töten fünf mutmaßliche Islamisten in den Bezirken M'Sila und Oum El-Bouaghi.
08.10.1994	Ein französischer Staatsbürger wird bei Hamidi tot aufgefunden. Nourredine Chenoun, Beamter des Justizministeriums wird in Hussein Dey erschossen.
09.10.1994	Die Weltbank stellt Algerien ein Darlehen in Höhe von USD 200 Mio. für Importe und USD 100 Mio. für den Bau von Wasseraufbereitungsanlagen zur Verfügung. Polizei-Chefinspektor Redouane Lermal wird in Algier ermordet. Fünf mutmaßliche Islamisten werden in Bouira, Chlef und Tipaza getötet.
10.10.1994	Im Zeitraum vom 06.-09.10. werden 25 mutmaßliche Islamisten in Boufarik, Bouira, Chlef, El Harrach, Médéa und Skikda getötet. Ein französischer Ingenieur wird in Algier erschossen.
12.10.1994	Vor dem Justizministerium und der Universität Algier explodieren zwei Bomben, dabei wird ein Mitarbeiter des südkoreanischen Unternehmens Daewoo tödlich verletzt. Sicherheitskräfte töten vier mutmaßliche Islamisten in Djerma, Sidi Hadjeres und Soumaa. Lahcen Bensadallah, zweiter stellvertretender Vorsitzender der *HAMAS*, wird vor seinem Haus in Hai El Bard ermordet.

13.10.1994 Sicherheitskräfte töten in Aïn Defla, Boumerdès, Mekhatria und Tipaza sechs mutmaßliche Islamisten.

17.10.1994 Muhammad Redha 'Aslaoui, Ehemann der früheren Regierungssprecherin Leila Aslaoui, wird in seinem Büro in Algier erstochen.

19.10.1994 Ein französischer und ein italienischer Staatsbürger werden in Djelib erschossen. Farrah Ziane, Herausgeber von *Revolution Africaine*, wird in seinem Haus in Ouled 'Aych erschossen.

22.10.1994 Sicherheitskräfte töten im Zeitraum vom 16.-22.10. in Blida, Jijel, Mila, Souk Ahras und Tipaza 85 mutmaßliche Islamisten.

23.10.1994 Zwei spanische Nonnen werden beim Beschuß einer Kapelle in Algier tödlich verletzt.

25.10.1994 Sicherheitskräfte töten im Zeitraum vom 23.-25.10. in Algier, Bachjarah, Beau Fraisier, Blida, Boumerdès, Djebel Fettas, Médéa und Tipaza 75 mutmaßlich Islamisten.

26.10.1994 Sicherheitsoffiziere töten in Algier, Boumerdès, Médéa und Tipaza 17 mutmaßliche Islamisten.

27.10.1994 *Agence France Press*-Journalist Benachour Muhammad Salah wird in Boufarik von Islamisten ermordet.

31.10.1994 Sicherheitskräfte töten im Zeitraum vom 29.-31.10. 33 mutmaßliche Islamisten.

01.11.1994 Sicherheitskräfte töten am 31.10/01.11. in Aïn Defla und Batna sieben mutmaßliche Islamisten.

06.11.1994 Sicherheitskräfte töten im Zeitraum vom 02.-06.11. 112 mutmaßliche Islamisten.

07.11.1994 Die französisch-algerische Tageszeitung *al-Oumma* und die arabische Wochenzeitung *al-Wadjh al-Akhar* werden vom Innenministerium wegen der Veröffentlichung von Anti-Regierungs-Informationen für einen Monat eingestellt.

12.11.1994 Sicherheitskräfte töten im Zeitraum vom 06.-12.11. 49 mutmaßliche Islamisten.

13.11.1994 Flugzeugentführer bringen eine algerische Maschine auf einem Inlandsflug in ihre Gewalt und zwingen den Piloten, nach Mallorca/Spanien zu fliegen. Die Entführer ergeben sich dort und bitten um politisches Asyl.

14.11.1994 Sicherheitskräfte töten im Zeitraum vom 12.-14.11. in Constantine und Ghelizane sieben mutmaßliche Islamisten.

15.11.1994 800 Häftlinge des Berrouaghia-Gefängnisses, einschließlich 700 zum Tode verurteilte Islamisten, bringen das Gefängnis in ihre Gewalt. Zwischen acht und 30 Häftlinge werden dabei getötet, 60 Häftlinge sowie zwei Wächter verwundet. In al-Cherrakah, einem Vorort von Algier, werden sieben Armeeoffiziere von Unbekannten erschossen.

16.11.1994	Sicherheitskräfte töten im Zeitraum vom 14.-19.11. 64 mutmaßliche Islamisten.
21.11.1994	In Sidi Abdallah werden sieben Menschen ermordet.
25.11.1994	In Algier treffen sich UN-Generalsekretär Boutros Boutros-Ghali und Algeriens Präsident Liamine Zéroual, um die politische Lage im Land sowie Algeriens Teilnahme am geplanten UN-Gipfel zur sozialen Entwicklung zu besprechen.
01.12.1994	Die Journalisten Al-Saad Ahmed, Mokhtari Abdel Krim und Nesseredini Yasser sowie zwei Mitglieder des Stadtrates von Boufarik, die gewählte Fundamentalisten ersetzen sollten, werden ermordet. Sicherheitskräfte töten im Zeitraum vom 28.11.-01.12. neun mutmaßliche Islamisten.
03.12.1994	Ein französischer Staatsbürger wird in Aïn al-Turk, Oran erschossen.
04.12.1994	Said Mikbil, Herausgeber von *Le Matin*, stirbt infolge einer Schußverletzung vom 03.12.1994
05.12.1994	Sicherheitskräfte töten im Zeitraum vom 03.-05.12. 21 mutmaßliche Islamisten.
08.12.1994	Sicherheitskräfte töten in al-Harrach acht mutmaßliche Islamisten.
	Beim Beschuß einer Schule in Boufarik wird ein Schüler getötet, neun weitere werden verletzt.
10.12.1994	Die Polizei tötet in Souidania und in Oued Berkeche 13 mutmaßliche Islamisten.
12.12.1994	Die Polizei tötet zwei mutmaßliche Islamisten und nimmt einen weiteren fest.
17.12.1994	Sicherheitskräfte töten im Zeitraum vom 13.-17.12. in Algier, Boumerdès, Sidi Bel Abbès und Tizi Ouzou 29 mutmaßliche Islamisten.
19.12.1994	Die Tageszeitung *L'Opinion* wird ohne Nennung von Gründen für 40 Tage eingestellt.
20.12.1994	Sicherheitskräfte töten im Zeitraum vom 18.-20.12. in Algier, Chlef und Constantine zehn mutmaßliche Islamisten.
23.12.1994	Sicherheitskräfte töten im Zeitraum vom 20.-23.12. 40 mutmaßliche Islamisten.
24.12.1994	Vier mutmaßliche Islamisten übernehmen in der Air France-Maschine, Flug 8969, mit 283 Passagieren und Crewmitgliedern an Bord auf dem Flughafen Algier die Kontrolle, mindestens zwei Personen werden von den Entführern getötet. 55 Passagiere, meist Frauen und Kinder, werden freigelassen. Die Entführer fordern die Freilassung der *FIS*-Führer Madani und Belhadj.
25.12.1994	Ein Mitarbeiter der französischen Botschaft Algier, der sich unter den Passagieren der Air France-Maschine befindet, wird von den Entführern ermordet, acht weitere Passagieren freigelassen. Französische und algerische Beamte gestatten dem Flugzeug den Weiterflug nach Marseille. Bei Verhandlungen mit der französischen Polizei fordern die Entführer die Füllung des Flugzeugtanks und den Weiterflug nach Paris. Bisherige Forderungen nach der Freilassung von Madani und Belhadj werden fallengelassen.

26.12.1994 Französische paramilitärische Einheiten stürmen das Flugzeug, befreien die verbliebenen Passagiere und töten die Entführer. Dabei werden 13 Passagiere, drei Crewmitglieder und neun Polizisten verletzt. Polizeiberichten zufolge war im Flugzeug Sprengstoff plaziert, der von den Entführern über Paris gezündet werden sollte. Die *Bewaffneten Islamischen Gruppen* bekannten sich zur Flugzeugentführung.

27.12.1994 Frankreich stellt Flug- und Schiffslinien nach Algerien zeitweilig ein. Beim Angriff auf das Haus eines Geistlichen in Tizi Ouzou werden ein belgischer und drei französische Staatsbürger getötet.

30.12.1994 Sicherheitskräfte töten im Zeitraum vom 26.-30.12. 61 mutmaßliche Islamisten.

1995

02.01.1995 Im Zeitraum vom 31.12.1994-02.01.1995 werden 23 mutmaßliche Islamisten getötet.

03.01.1995 Die britische, französische, deutsche und US-amerikanische Botschaft erhalten von den *Bewaffneten Islamischen Gruppen* Drohungen, daß man deren Staatsbürger töten werde, es sei denn die Botschaften in Algier werden geschlossen.

04.01.1995 Sicherheitskräfte töten in Mostaganem, Oran, Relizane und Tlemcen 17 mutmaßliche Islamisten.

06.01.1995 Zine Eddine Aliou Salah, Herausgeber der französisch-sprachigen Tageszeitung *Liberté*, wird in der Nähe seines Hauses in Algier erschossen.

07.01.1995 Radiokorrespondent Ali Abboud wird in der Nähe seines Hauses in Birkhadim erschossen.

09.01.1995 Beim Beschuß einer Moschee in Baika werden vier Menschen getötet, einer verletzt.

10.01.1995 Sicherheitskräfte töten im Zeitraum vom 07.-10.01. in Blida, Tiaret und Tipaza 17 mutmaßliche Islamisten.

11.01.1995 Beim Angriff auf einen Bus in der Nähe von Batna werden zwölf Menschen getötet, fünf verletzt.

12.01.1995 Sicherheitskräfte töten in Algier und Msila 13 mutmaßliche Islamisten. Die Weltbank genehmigt ein Darlehen in Höhe von USD 150 Mio. für den wirtschaftlichen Wiederaufbau.

13.01.1995 Vertreter der Oppositionsparteien fordern anläßlich eines seit dem 09.01. andauernden Treffens in Rom die Regierung auf, der *FIS* entsprechende Anerkennung zuteil werden zu lassen. Ferner enthält das Memorandum Forderungen nach Pressefreiheit, der Beendigung der Folter in Militärgefängnissen, einem Ende der Gewalt gegen islamistische Gruppen und einer Untersuchung der Tötungen der jüngsten Zeit. Zur Vorbereitung von freien Wahlen soll zudem eine Übergangsregierung eingesetzt werden. Journalist Abd al-Hamid Yahiaoui wird in Algier erschossen.

15.01.1995 Nur Salah, Mitglied der *National Transition Council*, wird in Algier erschossen. Sicherheitskräfte töten im Zeitraum vom 12.-15.01. neun mutmaßliche Islamisten. Die *Bewaffneten Islamischen Gruppen* geben bekannt, die Gewalt zu beenden, wenn die Regierung den Vorschlag von Rom akzeptiert, forderte aber gleichzeitig die Bestrafung der militärischen Führer, ein Verbot kommunistischer und atheistischer politischer Parteien und die Freilassung der inhaftierten *FIS*-Führer.

16.01.1995 Frankreichs Außenminister fordert Algerien auf, den Vorschlag der Saint Egidio-Konferenz in Rom anzunehmen. Auf der Konferenz hatten die Oppositionsparteien zum Waffenstillstand und einer anschließenden Freilassung der 10.000 politischen Gefangenen sowie zur Bildung einer Übergangsregierung in Vorbereitung auf Neuwahlen aufgerufen.

18.01.1995 Der Sprecher des Außenministeriums Ahmand Attaf lehnt der Friedensplan der Opposition ab.

19.01.1995 Bei einer Explosion in Bougara sterben zwei Menschen. Bei einem weiteren Vorfall in Bougara werden wieder zwei Personen getötet und 20 verletzt. Miloud Badriar, Nationalsekretär der *National Federation of Algerian Youth* und Universitätsprofessor, wird ermordet.

21.01.1995 Rachid Haraigue, Vorsitzender des algerischen Fußballverbandes, wird erschossen.

22.01.1995 Ein französischer Geschäftsmann wird in Algier erschossen. Sicherheitskräfte töten im Zeitraum vom 15.-22.01. 46 mutmaßliche Islamisten.

23.01.1995 Im Bezirk Tlemcen werden zwei Religionsschulen bombardiert.

28.01.1995 Musa Mughni, Mitglied der Reformkommission wird ermordet.

30.01.1995 In Algier explodiert in der Nähe einer Polizeistation eine Bombe, wobei 42 Menschen getötet und 286 verletzt werden. Die *Bewaffneten Islamischen Gruppen* bekannten sich zu dem Anschlag.

31.01.1995 Sicherheitskräfte töten am 30./31.01. 28 mutmaßliche Islamisten.

01.02.1995 Fernsehkorrespondent Nasir Wali wird von bewaffneten Terroristen erschossen.

03.02.1995 Frankreichs Präsident François Mitterand schlägt eine Konferenz unter Schirmherrschaft der EU zur Diskussion des Algerienkonflikts vor.

04.02.1995 *FIS*-Führer Madani und Belhadj werden vom Hausarrest wieder ins Gefängnis nach Blida überführt. Die Regierung ruft ihren Botschafter aus Frankreich zurück, um über Mitterands Vorschlag zu beraten. Abd al-Qadir Tafir, Generalsekretär des Außenministeriums erklärt, daß die Regierung jegliche ausländische Einmischung in Algeriens interne Angelegenheiten ablehne.

05.02.1995 Frankreichs Premierminister Balladur lehnt Mitterands Vorschlag ab.

11.02.1995 Im Hafen von Algier rufen Dockarbeiter zu einem Streik auf.

12.02.1995 Fatma Zohra Ourais, Französischlehrerin, wird in Algier erschossen. Sicherheitskräfte töten im Zeitraum vom 05.-12.02. 73 mutmaßliche Islamisten.

13.02.1995 Izz al-Din Majdubi, Direktor des Algerischen Nationaltheaters, wird von *GIA*-Mitgliedern erschossen. Abd al-Hafiz al Said, Vorsitzender der Studentenunion, wird in Algier ebenfalls von *GIA*-Mitgliedern erschossen.

15.02.1995 Musiker Rachid wird erschossen.

17.02.1995 Journalist Djamel Ziater wird in Gdyel erschossen.

19.02.1995 Oberst Mrawi Jilali, Geheimdienstoffizier, wird in Algier erschossen. Sicherheitskräfte töten im Zeitraum vom 13.-19.02. 71 mutmaßliche Islamisten.

22.02.1995 Sicherheitskräfte töten in Algier 95 Häftlinge des Serkadji-Gefängnisses bei der Niederschlagung einer Gefängnisrevolte, bei der auch vier Wärter sterben.

24.02.1995 Sicherheitskräfte töten im Zeitraum vom 21.-24.02. 27 mutmaßliche Islamisten.

01.03.1995 Die Wochenzeitung *al-Wadjh al-Akhar* wird für sechs Monate eingestellt.

03.03.1995 Sicherheitskräfte töten im Zeitraum vom 26.02.-03.03. 44 mutmaßliche Islamisten.

04.03.1995 Saadan Salah, Führer der UGTA (*Union générale des travailleurs algériens*), wird erschossen. Sicherheitskräfte geben bekannt, daß 1994 6.388 Menschen von Islamisten getötete wurden.

05.03.1995 Die Regierung verbietet der französisch-algerischen Zeitung *La Tribune* wegen Mißachtung des Gesetzes, in Arabisch und Französisch zu drucken.

10.03.1995 In Algier explodiert vor einem Wohnhaus für Polizeiangestellte eine Bombe, wobei 33 bis 63 Personen verletzt werden.

11.03.1995 Sicherheitskräfte töten 40 mutmaßliche Islamisten.

15.03.1995 Sicherheitskräfte töten 20 mutmaßliche Islamisten, einschließlich den Führer der *Bewaffneten Islamischen Gruppen*, Ahmad Zenini, sowie den Führer der *Islamischen Heilsarmee*, Embarek Laboudi. In Aïn Farhat werden zwei Mädchen entführt und, wahrscheinlich von Terroristen, getötet.

20.03.1995 Bei einem Überfall wird die Fernsehjournalistin Rashida Hammadi verletzt, ihre Schwester Horiya getötet.

21.03.1995 Ali Boukerbacke, Manager der Media-TV Company, wird erschossen.

22.03.1995 Bei einem Zusammenstoß zwischen *FIS* und *GIA* westlich von Algier sterben 15 Personen. Abd al-Wahab Ben Boulaid, Sohn von Mustafa Ben Boulaid, einem Helden aus dem Algerienkrieg, wird im Bezirk Bouira erschossen.

24.03.1995 In Aïn Defla überfallen Sicherheitskräfte eine Truppe von 900 Personen der *Bewaffneten Islamischen Gruppen*, wobei Hunderte getötet werden. Sicherheitskräfte töten im Zeitraum vom 21.-24.03. 42 mutmaßliche Islamisten.

26.03.1995 Die Regierung unterzeichnet eine Vereinbarung mit Italien zur Umschuldung von USD 850 Mio. an Italien.

27.03.1995 Die Trinkwasserversorgung wird in Teilen des Bezirks Oum el Bouaghi aufgrund von etwa 300 Fällen von Verschmutzung durch Benzin eingestellt.

28.03.1995 Andauernde Kämpfe zwischen Sicherheitskräften und der *GIA* nach den Ereignissen vom 24.03. führten zum Tod von 200 *GIA*-Mitgliedern, wodurch die Gesamttodesrate auf 800 ansteigt. Sicherheitskräfte töten im Zeitraum vom 25.-28.03. 41 mutmaßliche Islamisten. Die deutsche Polizei nimmt in Frankfurt/M. und Aachen zwei Algerier wegen Waffenschmuggels an die *FIS* fest.

30.03.1995 Madani Merzak, Führer des militärischen Flügels der *FIS*, veröffentlicht einen offenen Brief an Präsident Zéroual, in dem er zu Verhandlungen mit dem Ziel der Beendigung der Gewalt aufruft und Übergriffe der Regierung und der Islamisten verurteilt. Fernsehjournalistin Rashida Hammadi stirbt infolge der am 20.03. erlittenen Verletzungen.

01.04.1995 Zwei Beamte des Ministeriums für religiöse Angelegenheiten werden in Blida ermordet.

04.04.1995 Sicherheitskräfte töten im Zeitraum vom 29.03.-04.04. 29 mutmaßliche Islamisten. Fernsehkorrespondent Mekhlout Boukhzar wird in Constantine ermordet.

09.04.1995 Präsident Zéroual trifft mit Abdallah Jaballah, Führer der *Islamischen En-Nahda Bewegung*, zusammen, um eine Beendigung der Gewalt zwischen Regierung und Islamisten zu diskutieren.

11.04.1995 Sicherheitskräfte töten im Zeitraum vom 08.-11.04. 45 mutmaßliche Islamisten.

20.04.1995 Sicherheitskräfte töten im Zeitraum vom 17.-20.04. 105 „Terroristen".

21.04.1995 Oukid Arezki, Mitglied des *Transitional National Council*, wird in Algier ermordet.

22.04.1995 In al-Harrach wird eine Lehrerin ermordet.

25.04.1995 Sicherheitskräfte töten im Zeitraum vom 22.-25.04. 52 „Kriminelle".

26.04.1995 Die algerische Regierung und Kanada unterzeichnen ein landwirtschaftliches Kooperationsabkommen.

02.05.1995 Die Polizei tötet im Zeitraum vom 26.04.-02.05. 63 „Terroristen". Die *Bewaffneten Islamischen Gruppen* geben bekannt, Frauen, die in irgendeiner Beziehung zu Regierungsbeamten stehen, töten zu wollen.

03.05.1995 In Aïn Defla werden angeblich sieben Führungsmitglieder der *Bewaffneten Islamischen Gruppen* durch Sicherheitskräfte getötet.

06.05.1995 Die *Bewaffneten Islamischen Gruppen* bekennen sich zu einem Anschlag, bei dem sechs ausländische Erdöltechniker getötet wurden.

09.05.1995 In Ghardaïa nehmen rund 22.000 Menschen an einem Protestmarsch gegen Gewalt und für Demokratie teil.

12.05.1995	Die Regierung unterzeichnet mit der EU ein Abkommen über ein Darlehen in Höhe von USD 200 Mio., das dem Ausgleich von Algeriens Zahlungsbilanzdefiziten dienen soll.
16.05.1995	In Tiaret wird ein Universitätsbcamtcr crschossen. Niger und Algerien unterzeichnen Kooperationsabkommen auf wirtschaftlichem und sozialem Gebiet und im Bereich der Sicherheit. Fernsehjournalist Azzedine Said wird in Algier ermordet.
20.05.1995	Sicherheitskräfte töten im Zeitraum vom 05.-20.05. 98 „Terroristen".
21.05.1995	Journalistin Malika Sabeur wird in Djaafria ermordet.
22.05.1995	Bakhti Benaouda, Herausgeber des Magazins *el-Tabyin* wird ermordet. Der Internationale Währungsfonds genehmigt ein Dreijahres-Darlehen in Höhe von USD 1,8 Mrd.
23.05.1995	Sicherheitskräfte können eine Autobombe vor einem Hotel in der Nähe des Verteidigungsministeriums entschärfen.
25.05.1995	In Algier explodiert in einem Gebäude eine Bombe, wobei 37 Menschen verletzt werden.
27.05.1995	Fernsehjournalist Hmaizi Mourad wird in Algier ermordet.
30.05.1995	Die Tageszeitung *Horizon* wird zeitweilig eingestellt.
07.06.1995	Sicherheitskräfte töten im Zeitraum vom 03.-07.06. 16 „Terroristen". In Algier werden zwei französische Staatsbürger ermordet. Die Zeitungen *al-Huriyya*, *la Nation* und *al-Umma* werden für einen Monat bzw. zwei Wochen suspendiert.
09.06.1995	In Mostaganem und Tlemcen findet eine Demonstration zur Unterstützung des Präsidenten Zéroual statt. In Algier nehmen etwa 9.000 Menschen an einer Kundgebung der moslemischen Jugend, der *Mouvement En-Nahda*, der Menschenrechtsliga, der *Bewegung für Demokratie in Algerien*, der *Nationalen Befreiungsfront*, der *Front des Forces Socialistes* und der *Parti des Travailleurs* teil.
12.06.1995	Ein vietnamesischer Staatsbürger wird in Cheib Muhammmad ermordet.
15.06.1995	Die Regierung nimmt Gespräche mit *FIS*-Führern Madani und Belhadj auf.
18.06.1995	Radiojournalist Ahmad Tacouchet wird in Constantine ermordet.
21.06.1995	In Constantine explodiert eine Autobombe, wobei 13 Menschen verletzt werden.
26.06.1995	Sicherheitskräfte töten im Zeitraum vom 20.-26.06. 39 „Terroristen".
01.07.1995	Sicherheitskräfte töten im Zeitraum vom 27.06.-01.07. 38 „Terroristen".
08.07.1995	Sicherheitskräfte töten im Zeitraum vom 02.-08.07. 111 „Terroristen". In Algier explodiert in der Nähe des Justizministeriums eine Autobombe.
09.07.1995	Eine Gaspipeline 90 km von Algier und ein Gasverteilungszentrum in Blida explodieren.

11.07.1995 Der mutmaßliche *FIS*-Füher Scheich Abd-al-Baqi Sahrawi wird ermordet.

15.07.1995 Sicherheitskräfte töten 29 „Terroristen".

17.07.1995 In Boufarik explodiert eine Autobombe in der Nähe einer Wohnsiedlung für Familien von Polizeiangehörigen, wobei 14 Personen verletzt werden. Ein italienischer Geschäftsmann wird in Algier durch Schüsse verletzt und stirbt wenige Tage später an diesen Verletzungen. Eine Algier und Tizi Ouzou verbindende Brücke wird von „Islamisten" gesprengt.

18.07.1995 *FIS*-Führer Izz al-Din Baa wird durch die *Bewaffneten Islamischen Gruppen* ermordet.

24.07.1995 Bei der Explosion einer Autobombe in Mitfah sterben fünf Menschen, sieben werden verletzt, Qadri Mukhtar, Beamter des Ministeriums für religiöse Angelegenheiten, wird in Quba ermordet.

25.07.1995 In Paris sterben bei der Explosion einer Bombe in einem Nahverkehrszug sieben Menschen, 14 weitere werden schwer verletzt. Es wird spekuliert, daß auswärtige algerische Oppositionsgruppen für den Anschlag verantwortlich sind.

26.07.1995 Sicherheitskräfte töten im Zeitraum vom 19.-26.07. 47 „Terroristen".

28.07.1995 Die französische Polizei erklärt, die Bombe, die am 25.07 in Paris explodierte, ähnele von den *Bewaffneten Islamischen Gruppen* gebauten Bomben.

30.07.1995 Sicherheitskräfte töten in Algier 13 Islamisten.

01.08.1995 Bei der Explosion einer Autobombe in Ouled Musa wird eine Person getötet, 30 weitere verletzt.

02.08.1995 Sicherheitskräfte töten im Zeitraum vom 29.07.-02.08. 35 „Terroristen".

04.08.1995 Amnesty International überreicht Präsident Zéroual eine Bericht, der hunderte Fälle von Exekutionen, Folter und Verschwinden von Personen enthält, die algerischen Sicherheitskräften zugeschrieben werden.

06.08.1995 In Boufarik tötet ein Selbstmordattentäter zehn Menschen, 25 weitere werden verletzt. Durch die Explosion in der Nähe eines Kraftwerks werden auch weitreichende Stromausfälle verursacht.

07.08.1995 Sicherheitskräfte töten im Zeitraum vom 03.08.-06.08. 19 „Terroristen". Beim Angriff auf einen Polizeibus in Quba werden zwei Polizisten getötet.

08.08.1995 Sicherheitskräfte töten im Zeitraum vom 02.-08.08. 100 Islamisten. Bei der Explosion einer Bombe in einem Zug in der Nähe von Médéa werden sieben Menschen getötet, 20 weiteren verletzt.

11.08.1995 In Bouinan wird eine fünfköpfige Familie ermordet, weil sie sich weigerte, mit Islamisten zu kooperieren.

12.08.1995 Sängerin Layla Amara und ihr Ehemann werden ermordet. Bei der Explosion einer Autobombe in Souidanai werden 12 Menschen verletzt. Sicherheitskräfte töten 26 „Terroristen".

14.08.1995	Die Regierung ratifiziert die von der UN geförderte Convention on Nonproliferation of Chemical Weapons.
17.08.1995	Bei der Explosion einer Autobombe in Paris in der Nähe des Arc de Triomphe werden 17 Menschen verletzt. Die *Bewaffneten Islamischen Gruppen* werden mit dem Anschlag in Verbindung gebracht.
18.08.1995	Bei der Explosion zweier Autobomben in Algier wird ein Kind getötet.
20.08.1995	Sicherheitskräfte töten neun „Terroristen". Salah Boutin, Imam der Sidi Abd al-Rahman-Moschee, wird ermordet.
27.08.1995	Sicherheitskräfte töten 25 „Terroristen".
30.08.1995	Bei der Explosion einer Bombe in Boufarik stirbt ein Sicherheitsbeamter, 27 Menschen werden verletzt.
02.09.1995	Bei der Explosion einer Autobombe in Algier werden neun Menschen getötet und weitere 104 verletzt.
03.09.1995	Journalist Said Tazrout wird in Algier ermordet. Bei der Explosion einer Bombe in Paris werden vier Personen verletzt.
04.09.1995	Radiojournalistin Yasmina Brikh wird in Algier ermordet. Bei der Explosion einer Autobombe in Algier werden sieben Menschen verletzt. Die französische Polizei entdeckt und entschärft in Paris eine Bombe, die den von der algerischen Opposition gebauten Bomben ähnelt.
06.09.1995	Sicherheitskräfte töten im Zeitraum vom 04.-06.09. 47 „Terroristen". Bei der Explosion einer Autobombe in Algier in der Nähe des Gebäudes des algerischen Fernsehens wird eine Person getötet, 11 weitere verletzt.
07.09.1995	Bei der Explosion einer Autobombe in Villeurbanne (Frankreich) in der Nähe einer jüdischen Schule werden 14 Menschen verletzt.
08.09.1995	Bei der Explosion einer Autobombe in Miliana wird ein Gerichtsgebäude beschädigt.
12.09.1995	Bei einem Zusammenstoß mit Sicherheitskräften in Algier werden 14 Islamisten getötet.
13.09.1995	Sicherheitskräfte töten im Zeitraum vom 10.-13.09. 63 „Terroristen".
25.09.1995	Bei der Explosion einer Bombe in Tizi Ouzou in einer Polizeistation werden drei Polizisten und ein Zivilist getötet.
26.09.1995	Sicherheitskräfte töten am 25./26.09. 53 „Terroristen".
27.09.1995	Die französische Polizei nimmt in der Nähe von Lyon drei Komplizen des Algeriers Khalid Kilkal fest, der aufgrund von auf einer nicht explodierten Bombe gefundenen Fingerabdrücken mit den Bombenexplosionen in Paris in Verbindung gebracht wird.
28.09.1995	Der frühere Innenminister Abu Bakr Bil Qaid wird in Algier ermordet.

29.09.1995	Khalid Kilkal wird in der Nähe von Lyon von der französischen Polizei erschossen. Das französische Innenministerium berichtet, es habe ein Netzwerk von Depots in Südfrankreich entdeckt, von denen algerische Islamisten mit Waffen beliefert worden seien.
30.09.1995	Bei der Explosion einer Autobombe in Tipaz werden zwei Personen getötet, zehn weitere verletzt.
01.10.1995	Beim Angriff auf einen Bus im Bezirk Lagouat werden 18 Menschen getötet, 15 weitere verwundet.
03.10.1995	Sicherheitskräfte töten im Zeitraum vom 01.-03.10. 43 „Terroristen". Umar Ouartilan, Herausgeber der Tageszeitung *al-Khabar*, wird in Algier ermordet.
05.10.1995	Bei der Explosion einer Autobombe in Dra Ben Khedda werden neun Menschen getötet und 19 verletzt.
06.10.1995	Bei der Explosion einer Bombe in Paris werden 12 Menschen verletzt. Die französische Polizei verdächtigt algerische Islamisten.
08.10.1995	Sicherheitskräfte töten im Zeitraum vom 03.-08.10. 62 „Terroristen".
09.10.1995	Umar Hamadi, Held aus dem Unabhängigkeitskrieg, und dessen Sohn werden in Algier ermordet. In Algier wird ein Imam ermordet.
11.10.1995	Sicherheitskräfte töten in einer Operation 100 „Terroristen".
14.10.1995	And al-Wahid, Chef der Zeitung *al-Shab* wird in Chatta ermordet. Sicherheitskräfte töten 60 „Terroristen".
16.10.1995	Journalistin Saida Jubayli und ihr Fahrer werden in Algier ermordet.
17.10.1995	Bei der Explosion einer Bombe in einem Pariser Nahverkehrszug werden 29 Menschen verletzt. Die französischen Behörden verdächtigen militante Algerier.
21.10.1995	Sicherheitskräfte töten im Zeitraum vom 17.-21.10. 51 „Terroristen".
22.10.1995	Bei der Explosion einer Autobombe in Relizan werden elf Menschen getötet, 79 verletzt.
24.10.1995	Sicherheitskräfte töten fünf „Terroristen".
29.10.1995	Bei der Explosion einer Autobombe in der Nähe einer Polizeistation und einem Wohnkomplex für Polizisten und deren Familien in Rouiba werden sechs Menschen getötet, 80 verletzt.
04.11.1995	Mahir Mubarak, Nationalsekretär der *Front des Forces Socialistes*, wird in Quba ermordet.
07.11.1995	Sicherheitskräfte töten im Zeitraum vom 30.10.-07.11. 58 „Terroristen".
09.11.1995	Sicherheitskräfte töten in Tizi Ouzou fünf „Terroristen".
10.11.1995	Eine französische Nonne wird in Algier erschossen.
11.11.1995	Bei der Explosion einer Autobombe in der Nähe eines Verwaltungsgebäudes in Uled Yaich werden fünf Menschen getötet und 30 verletzt.

12.11.1995   Sicherheitskräfte töten 24 „Terroristen".

14.11.1995   Bei der Explosion einer Autobombe in der Nähe einer Polizeistation in Suk
              al-Tenine werden drei Menschen getötet und sieben verletzt. Die Regierung
              verbietet die Wochenzeitschrift *La Nation*.

16.11.1995   75 % der wahlberechtigten Bevölkerung beteiligten sich an den Präsident-
              schaftswahlen. Das Innenministerium berichtet, Präsident Zéroual habe 61,3
              % der Stimmen erhalten.

18.11.1995   Khalid bin-Samin, Führer von der *Bewegung für Demokratie in Algerien*,
              überlebt einen Attentatsversuch.

20.11.1995   Rabah Kabir, Sprecher der Islamischen Heilsfront, erklärt, die *FIS* sei zu
              Verhandlungen mit der Regierung über die Beendigung der Gewalt bereit.

21.11.1995   In Oran tötet die Polizei neun bewaffnete Männer bei dem Versuch, einen
              Polizeioffizier und dessen Familie zu entführen.

28.11.1995   Küstenwachenkommandeur General Muhammad Butaghene wird in der Nähe
              von Algier ermordet.

29.11.1995   Sicherheitskräfte töten im Zeitraum vom 23.-29.11. 21 „Terroristen".

30.11.1995   Sicherheitskräfte töten in Algier fünf „Kriminelle".

02.12.1995   Journalist Hamid Mahyat und dessen Fahrer werden in Algier ermordet.

04.12.1995   Sicherheitskräfte töten 29 „Terroristen".

05.12.1995   Journalistin Khadija Dahmani wird in Algier ermordet.

10.12.1995   Sicherheitskräfte töten 37 „Kriminelle".

12.12.1995   Bei der Explosion einer Autobombe in der Nähe eines Militärkrankenhauses
              in Algier werden 15 Menschen getötet und mindestens 40 verletzt.

14.12.1995   Sicherheitskräfte töten 36 „Kriminelle".

20.12.1995   Bei der Explosion einer Bombe in Mostaganem werden 23 Menschen ver-
              letzt. Muhammad bil Qasim, leitender Angestellter des Fernsehens, wird in
              Algier gekidnappt und ermordet. Sicherheitskräfte töten 22 „Kriminelle".

23.12.1995   Sicherheitskräfte töten 33 „Kriminelle".

25.12.1995   Bei der Explosion einer Autobombe in Tizi Ouzou wird ein Mensch getötet,
              acht weitere Personen werden verletzt.

26.12.1995   Bei einem Zusammenstoß zwischen Islamisten und Sicherheitskräften in Tizi
              Ouzou werden zwei Islamisten und drei Sicherheitskräfte getötet.

27.12.1995   Sicherheitskräfte töten 17 „Kriminelle". In Sidi Sulayman entführen und
              ermorden Islamisten drei Menschen, die sich geweigert hatten, die Islamisten
              zu unterstützen.

31.12.1995   Boumaza Zidane, Imam der Sidi M'Sid-Moschee, wird ermordet.

1996

18.01.1996   Algerien und Spanien unterzeichnen ein Entwicklungs- und Handelsabkommen über USD 900 Mio.

20.01.1996   Bei der Explosion einer Autobombe in Jabaliya in der Nähe eines Stützpunktes der Nationalgarde werden zwei Menschen getötet und fünf weitere verletzt. Sicherheitskräfte töten im Zeitraum vom 17.-20.01. 14 „Kriminelle".

21.01.1996   Sicherheitskräfte töten 33 Islamisten.

24.01.1996   Die Islamische Heilsfront sendet eine Brief an Präsident Zéroual und schlägt darin Gespräche mit dem Ziel der Beendigung der Gewalt vor.

25.01.1996   Mulud Bazzaz, Führer der *HAMAS*, wird erschossen.

26.01.1996   In Ouagena werden sechs Frauen und ein Mädchen von Islamisten ermordet.

31.01.1996   Bei der Explosion zweier Autobomben in Algier werden 14 Personen getötet und 30 verletzt. Sicherheitskräfte töten im Zeitraum vom 22.-29.01. 87 „Kriminelle".

05.02.1996   Bei der Explosion einer Autobombe in Bouira werden fünf Menschen getötet und 22 verletzt.

10.02.1996   Journalist Abdallah Bouhachek wird im Bezirk Blida ermordet.

11.02.1996   Bei der Explosion einer Bombe in der Nähe eines öffentlichen Gebäudes in Algier werden 41 Personen verletzt. Bei einer weiteren Explosion in Algier werden 17 Menschen getötet, 52 verletzt.

12.02.1995   Sicherheitskräfte töten im Zeitraum vom 02.-06.02. 51 „Kriminelle".

14.02.1996   Zweitägiger Streik in Algier, zu dem UGTA (*Union générale des travailleurs algériens*) aufgerufen hatte.

18.02.1996   Bei der Explosion zweier Autobomben in Algier werden 17 Menschen getötet.

27.02.1996   Sicherheitskräfte töten im Zeitraum vom 25.-27.02. 71 „Kriminelle".

04.03.1996   Das Innenministerium ordnet an, die Ausgabe von *La Nation* vom 05.03. nicht zu publizieren, da das Editorial Informationen über Menschenrechtsverletzungen enthalte.

05.03.1996   Sicherheitskräfte töten im Zeitraum vom 03.-05.03. 57 „Kriminelle".

07.03.1996   Bei der Explosion einer Autobombe in Berrovaghia werden zwei Menschen getötet und zehn verletzt.

08.03.1996   In der Nähe von Wad Shasli wird ein Personenzug überfallen. Dabei werden zehn Menschen getötet, 16 verletzt.

12.03.1996   Arabidou Djalali, Fotograf von *Algérie Actualité*, wird ermordet.

16.03.1996   Bei der Explosion einer Bombe in Baraki sterben zwei Menschen, fünf werden verletzt.

18.03.1996   Bei der Explosion einer Autobombe in Tizi Ouzou in der Nähe eines Polizeihauptquartiers werden sechs Menschen getötet, 21 verletzt. Islamisten töten sechs Einwohner von Sidi Ali Musa, einem Dorf in der Nähe von Tizi Ouzou, was scheinbar als Vergeltungsschlag gegen eine Dorfgruppe, die gegen die Islamisten kämpfte, zu werten ist. Bei der Explosion einer Bombe in Zeboudj Karaao in der Nähe von Tizi Ouzou werden fünf Kinder verletzt.

20.03.1996   Islamisten greifen einen Bus auf der Fahrt von Oran nach Messaud an, wobei zehn Menschen getötet und 20 verletzt werden.

30.03.1996   Präsident Zéroual lädt 50 Führer politischer Parteien und Gewerkschaften zu einem für der 06.06. geplanten Gipfeltreffen ein. Hauptthema ist die Suche nach Wegen zu einer pluralistischen Demokratie. Bei der Explosion einer Autobombe in der Kabylei werden drei Menschen getötet und acht verletzt.

06.04.1996   Präsident Zéroual trifft mit 50 Partei- und Gewerkschaftsführern zusammen, um über ein Ende der Gewalt zu diskutieren.

07.04.1996   Kraftfahrer werden auf der Strecke Algier-Médéa von Unbekannten beschossen. Die Zahl der Todesopfer ist nicht bekannt.

18.04.1996   In Algier sterben sechs Islamisten bei einem Zusammenstoß mit einer unbekannten Gruppe .

02.05.1996   Bei einem Zusammenstoß mit den *Bewaffneten Islamischen Gruppen* in Blida sterben 20 Menschen.

04.05.1996   Bei der Explosion einer Bombe an einer Bushaltestelle in Tizi Ouzou werden zwei Menschen getötet, 14 verletzt. Muhammad Harbi, früherer Innenminister, wird in Oved Smar ermordet.

05.05.1996   Sicherheitskräfte töten 16 „Kriminelle".

06.05.1996   Bei der Befreiung dreier Geiseln aus der Gewalt von Islamisten werden 18 Menschen getötet.

07.05.1996   Die Behörden verbieten den Verkauf der *El-Watan*-Ausgabe vom 07.05.1996.

11.05.1996   Bei der Explosion einer Autobombe in Blida werden drei Personen getötet und 60 verletzt.

12.05.1996   Präsident Zéroual veröffentlicht einen Plan zur Beendigung der Gewalt durch institutionelle Veränderungen, die auch die legislative Gewalt einschließen würden. Zéroual bittet die politischen Parteien um Reaktionen innerhalb der folgenden zwei Wochen.

18.05.1996   Bei der Stürmung einer von Islamisten besetzten Wohnung in Algier werden mindestens drei der Verdächtigen getötet.

21.05.1996   Die *Bewaffneten Islamischen Gruppen* richten sieben Trappistenmönche hin, die am 27.03.1996 gekidnappt worden sind.

01.06.1996   Algerien und China unterzeichnen einen Vertragsentwurf über nukleare Kooperation.

11.06.1996   Sicherheitskräfte töten innerhalb von zwei Tagen 22 „verdächtige Islamisten".

12.06.1996   Bei der Explosion einer Autobombe in Boudouaou werden zwei Menschen
             getötet und 15 verletzt.

17.06.1996   Bei der Explosion einer Bombe in einem Fußballstadium in Boufarik werden
             18 Personen verletzt.

22.06.1996   Bei der Explosion einer Bombe in der Nähe eines Marktes in Blida werden
             sieben Menschen getötet und 20 verletzt.

24.06.1996   Bei einer Razzia in der Nähe von Tizi Ouzou töten Sicherheitskräfte acht
             Islamisten und nehmen einen von ihnen fest.

04.07.1996   Die Regierung stellt die Zeitung *La Tribune* wegen der Veröffentlichung
             einer regierungskritischen Karikatur zeitweilig ein.

09.07.1996   Bei der Explosion einer Bombe in Boufarik wird eine Person getötet.

10.07.1996   Bewaffnete Männer töten in Sétif 17 kommunale Wachmänner.

15.07.1996   Die *Algerische Erneuerungspartei* (PRA), die *HAMAS*, die *Rassemblement
             pour la Culture et la Démocratie* (RCD) und die *Alliance Nationale Répu-
             blicaine* (ANR) treffen im Rahmen der Regierungsinitiative zum multilate-
             ralen Dialog mit Präsident Zéroual zusammen.

17.07.1996   Bei der Explosion zweier Bomben in der Nähe von Blida werden sieben
             Menschen getötet.

20.07.1996   Bei der Explosion einer Bombe in einem Café in Kolea werden sieben Men-
             schen getötet und 28 verletzt.

21.07.1996   Bei der Explosion einer Bombe in einem Bus in Bouira werden zwölf Men-
             schen getötet. Anderen Berichten zufolge starben die zwölf Menschen, als
             Islamisten den Bus stoppten und wahllos in die Menge schossen.

23.07.1996   Journalistin Faria Bouciani wird ermordet.

24.07.1996   Bei der Explosion einer Bombe in Algier werden vier Polizeibeamte und ein
             Zivilist verletzt.

25.07.1996   In Oran nehmen Entführer ein noch am Boden befindliches Flugzeug unter
             ihre Kontrolle, können aber fünf Stunden später von Sicherheitskräften
             überwältigt werden.

27.07.1996   Berichten der *Bewaffneten Islamischen Gruppe* zufolge wurde deren Führer
             Jamil Zaytuni am 26.07.1996 in der Nähe von Médéa getötet.

28.07.1996   Während einer Razzia in Blida töten Sicherheitskräfte sieben „Islamisten",
             entdecken Bomben und zerstören ein Chemielabor.

29.07.1996   Bei der Explosion einer Bombe in einer Teestube in Algier wird eine Person
             getötet, zehn weitere werden verletzt.

30.07.1996   Bei der Explosion einer Bombe in einem Café in Algier wird eine Person
             getötet, vier weitere werden verletzt.

01.08.1996   Frankreichs Außenminister Hervé de Charette trifft mit Präsident Zéroual
             zusammen, um bilaterale Beziehungen zu diskutieren.

06.08.1996 Die *Front des Forces Socialistes* (FFS) gibt bekannt, daß sie nicht länger am Dialog mit der Regierung teilnehmen werde, da sie den Bedingungen für den Dialog nicht zustimmen könne. Bei der Explosion einer Bombe in einem von Sicherheitskräften frequentierten Restaurant werden fünf Personen verletzt.

08.08.1996 Bei der Explosion einer Bombe in einem Café in Algier werden sieben Personen verletzt.

08.09.1996 Sicherheitskräfte töten sechs Islamisten im Bezirk Saïda.

14.09.1996 Vertreter verschiedener Parteien und Gruppen treffen in Algier zusammen und beschließen über ein Referendum zu Legislativwahlen Anfang 1997.

15.09.1996 38 Vertreter politischer Gruppen unterzeichnen eine Vereinbarung über ein Mehrparteiensystem und für das Jahr 1997 geplante Parlamentswahlen.

25.09.1996 Premierminister Ahmad Uyahya beauftragt die Schulen, den Französischunterricht einzustellen und zu beginnen, Englisch zu lehren.

28.09.1996 Bei der Explosion einer Bombe in einem Markt in Boufarik werden 15 Menschen getötet und 78 verletzt.

07.10.1996 In Ksar al-Hiran greifen unbekannte Islamisten einen Bus an und töten dabei 34 Menschen.

13.10.1996 Bei der Explosion einer Bombe in einem Markt in Kulya werden fünf Menschen getötet, 75 verletzt.

14.10.1996 Sicherheitskräfte töten bei einem Zusammenstoß in Algier zwölf „Moslem-Rebellen".

15.10.1996 Mokrane Amori, Herausgeber von *Al-Shuruq*, wird in Algier erschossen.

28.10.1996 Ali Boucetta, Bürgermeister von Algier, wird in Algier erschossen. In Zusammenhang mit diesem Vorfall soll die Polizei 13 Islamisten erschossen haben.

05.11.1996 Eine unbekannte Gruppe tötet in Sidi Kibir 31 Menschen.

06.11.1996 Eine unbekannte Gruppe töten in Duaduda 13 Menschen.

07.11.1996 Bei der Explosion einer Bombe in einem Gesundheitszentrum sterben fünf Menschen.

08.11.1996 In Sidi Kibir attackieren Einwohner eine Gruppe, die für den Vorfall vom 05.11. verantwortlich gemacht wird. Dabei werden zwei Mitglieder der Gruppe getötet, eines verletzt.

10.11.1996 Bei der Explosion einer Bombe in der Nähe eines Busses und einer Schule in Tixeraine werden 15 Menschen getötet und 30 verletzt.

13.11.1996 Im Bezirk Blida werden zwölf Menschen von Unbekannten ermordet.

14.11.1996 Im Bezirk Médéa werden acht Menschen von Unbekannten ermordet.

25.11.1996 Bei der Explosion einer Bombe an einer Bushaltestelle in Berrouaghia wird eine Person getötet, 13 werden verletzt.

28.11.1996 Ein Referendum über eine neue Verfassung wird abgehalten. Die vorgeschlagenen Verfassungsänderungen schließen ein Verbot von auf Religion basierenden politischen Parteien sowie erweiterte Machtbefugnisse des Präsidenten ein. Bei der Explosion einer Bombe in einem Café in Algier sterben fünf Menschen.

29.11.1996 Die Regierung veröffentlicht die Ergebnisse des Referendums vom Vortag. 85.5 % der 12.7 Mio. Menschen, die sich am Referendum beteiligten, stimmten für die neuen Verfassung. Die Opposition wirft der Regierung Wahlbetrug vor.

03.12.1996 Bei der Explosion einer Bombe in der U-Bahn von Paris werden drei Menschen getötet, sieben verletzt. Algerische Islamisten werden der Tat verdächtigt.

05.12.1996 Eine unbekannte Gruppe tötet in Benachour 19 Menschen.

09.12.1996 Sicherheitskräfte töten in Algier angeblich zwei höhere *GIA*-Funktionäre, Ibrahim Qadi und Radwan Shiha.

10.12.1996 Eine unbekannte Gruppe tötet in Kouinine acht Menschen.

12.12.1996 Eine unbekannte Gruppe tötet in Algier vier Menschen.

21.12.1996 Bei der Explosion einer Bombe in einer Schule wird eine Schülerin getötet, ein weiterer verletzt. Schülerinnen der Schule waren dafür bekannt, das Tragen von Kopftüchern zu verweigern.

26.12.1996 Bei der Explosion einer Autobombe in Algier werden zehn bis 20 Menschen getötet und 86 verletzt.

29.12.1996 Die *Bewaffneten Islamischen Gruppen* töten in Aïn Defla 28 Menschen. Bei der Explosion einer Bombe in einem Café in Algier werden mehr als zehn Personen verletzt. Die Regierung erläßt eine Gesetz, das dem Verteidigungsministerium die Kontrollgewalt über Herstellung, Import und Export von Waffen, einschließlich Pistolen und Messer, gibt.

1997

05.01.1997 Eine unbekannte Gruppe tötet in Duada 18 Menschen. Berichten von Sicherheitskräften zufolge töten Islamisten in Bin Ashour 16 Menschen.

07.01.1997 Bei der Explosion einer Bombe in der Nähe eines beliebten Studentencafés in Algier werden 13 Menschen getötet und 100 verletzt. Die beiden Bombenleger befinden sich unter den Getöteten.

19.01.1997 In Bani Sulayman werden 36 Menschen von angeblichen Terroristen getötet. Bei der Explosion einer Autobombe in Algier werden 21 Menschen getötet, 60 verletzt.

20.01.1997 In der Nähe einer Mädchenschule in Algier explodiert eine Autobombe.

21.01.1997 Bei der Explosion einer Bombe in Algier werden zwischen fünf und 16 Personen getötet. Bei der Explosion einer weiteren Bombe werden zwei Menschen getötet und zehn verletzt.

22.01.1997 Bei der Explosion einer Bombe in einem Markt im Bezirk Blida werden fünf Menschen getötet und zwölf verletzt.

24.01.1997 In Bin Ali werden 15 Menschen ermordet.

28.01.1997 In Algier wird Abd al-Haq bin-Hamuda, Vorsitzender der UGTA (*Union général des travailleurs algériens*), erschossen.

30.01.1997 General a.d. Habib Khalil wird in Oran erschossen.

01.02.1997 In Médéa werden 31 Menschen getötet.

11.02.1997 In Les Eucalyptus und Médéa sterben bei mit Islamisten in Verbindung gebrachten Vorfällen 20 Menschen.

12.02.1997 Bei einer Razzia in Zusammenhang mit dem Mord an Abd al-Haq bin-Hamuda (28.01.1997) werden sechs der Verdächtigen und zwei Kinder getötet.

16.02.1997 *Agence France Press* zufolge haben Sicherheitskräfte im Zeitraum vom 13.-15.02. 163 Islamisten getötet.

18.02.1997 In Kerrach töten Islamisten 33 Menschen.

11.03.1997 Bei der Explosion einer Bombe in einer Schule in Sidi Musa werden sechs Schüler verletzt.

12.03.1997 Sicherheitskräfte töten in Algier zwölf mutmaßliche *GIA*-Mitglieder.

15.03.1997 In Algier werden drei Polizeibeamte erschossen. In einem Vergeltungsschlag töten Sicherheitskräfte in der Kasbah von Algier zehn „Rebellen". In Relizane töten Sicherheitskräfte 43 *GIA*-Mitglieder.

23.03.1997 Yihad Riane, vermeintlicher Führer der *GIA*, wird bei einer Razzia von Sicherheitskräften getötet.

25.03.1997 Bei der Explosion einer Bombe in Sidi Musa werden zwei Menschen getötet, zwölf verletzt. Abd al-Raddur Sidiqi, vermeintlicher Führer der *Jihad* (bewaffnete islamische Front), wird von Sicherheitskräften getötet.

30.03.1997 Bei Kämpfen zwischen Sicherheitskräften und *GIA* sollen am 29./30.03. 100 *GIA*-Mitglieder getötet worden sein.

02.04.1997 Die Islamische Heilsfront ruft zum Boykott der für den 05.06.1997 geplanten Parlamentswahlen auf.

06.04.1997 Bei mehreren Angriffen durch Unbekannte im Zeitraum vom 03.-06.04. sollen in Amrusa, Bani Sulayman, Moretti, Sidi Naman und Thalit etwa 80 Einwohner getötet worden sein.

12.04.1997 Regierungsinformationen zufolge haben die *GIA* 22 Einwohner von Mana exekutiert.

14.04.1997 In Shibli töten Islamisten 30 Menschen.

16.04.1997 Bei der Explosion einer Bombe in einem Markt in Blida werden acht Menschen getötet und 30 verletzt.

20.04.1997	Amir Ayub, *GIA*-Führer, und 32 seiner Anhänger werden in Shibli von Sicherheitskräften getötet.
22.04.1997	In Umariyya töten vermeintliche Islamisten 42 Menschen. In Hawsh Mukfi werden von „radikalen Islamisten" 93 Menschen getötet und 25 verletzt.
24.04.1997	Bei Uzira stoppen Islamisten einen Bus und töten fünf Passagiere.
25.04.1997	Bei der Explosion einer Bombe unter einem Zug südlich von Algier werden 21 Personen getötet und 20 verletzt.
02.05.1997	Bei der Explosion einer Bombe in einem Café in Bu Hanifiyya werden neun Menschen getötet und 77 verletzt.
11.05.1997	Bei der Explosion von vier Bomben in Algier und Burj al-Kiffan werden mindestens sechs Menschen getötet und 72 verletzt.
01.06.1997	Bei der Explosion zweier Bomben in zwei Bussen in Algier werden sieben Menschen getötet und 77 verletzt.
02.06.1997	Bei der Explosion einer Bombe auf einem Markt in Algier werden zehn Menschen getötet und 40 verletzt.
05.06.1997	Bei den Parlamentswahlen gewinnt die *National Democratic Front* mit 65,5 % der Stimmen, 155 der 380 Sitze. Oppositionsparteien werfen der Regierung Wahlfälschung vor.
07.06.1997	Bei einem Zusammenstoß in Tlemcen werden 17 Sicherheitsbeamte und drei *FIS*-Anhänger getötet.
19.06.1997	Bei der Explosion einer Bombe in der Nähe eines Kinos in Algier werden 20 Menschen getötet.
23.06.1997	Ein deutsches Gericht verurteilt vier Algerier wegen Schmuggels von Sprengstoff, gefälschten Pässen und Waffen für *FIS*-Mitglieder in Algerien. Zwei der Verurteilten sind Söhne von *FIS*-Führer Madani.
13.07.1997	„Bewaffnete Banden" töten in Médéa 44 Personen.
14.07.1997	Bei der Explosion einer Bombe auf einem Markt in Algier werden 21 Menschen getötet und 40 verletzt.
15.07.1997	FIS-Führer Madani kommt auf Bewährung frei.
20.07.1997	Bewaffnete töten in Mghitha und Bin Ashur 61 Menschen.
24.07.1997	*AFP* zufolge starteten Regierungskräfte einen Angriff auf die *Bewaffneten Islamischen Gruppen*, die sich in der Nähe von Tipaza zu einem Treffen versammelt hatten. 100 *GIA*-Mitglieder wurden getötet, 300 kapitulierten. „Extremisten" töten 35 Einwohner im Bezirk Blida.
27.07.1997	Im Gebiet um Aïn Defla werden (angeblich durch die *GIA*) 72 Menschen ermordet und 103 verletzt.
11.08.1997	Sieben algerische Soldaten werden in Ibri Sibai nahe der marokkanischen Grenze von einer bewaffneten Gruppe getötet.

14.08.1997	In Donera werden 15 Menschen, darunter sechs Kinder, von einer bewaffneten Gruppe getötet.
15.08.1997	Eine siebenköpfige Familie auf dem Weg von Oran nach Mascara wird von „Extremisten" angehalten und ermordet. Zwei weitere Personen werden unweit dieser Stelle getötet.
21.08.1997	Bei der Explosion einer Bombe auf dem Marktplatz von Médéa werden eine Person getötet und acht verletzt.
24.08.1997	Beim Angriff auf eine Zug westlich von Algier werden acht Menschen getötet. Weitere 30 Menschen werden 186 Meilen südlich von Algier ermordet. In einem Vorort von Algier werden neun Menschen getötet und acht gekidnappt.
27.08.1997	Algerien und die südkoreanische Daewoo-Gruppe unterzeichnen ein Memorandum of Understanding über eine Investition in Höhe von USD 1 Mrd. in verschiedenen Sektoren, angefangen vom Fahrzeugbau bis hin zu Hotels.
28.08.1997	Bei der Explosion einer Bombe in der Kasbah von Algier werden acht Personen getötet und mehrere verletzt. Eine weitere Bombe in einem Markt kann von Sicherheitsbeamten entschärft werden.
29.08.1997	Maskierte Angreifer töten 98 Einwohner von Rais. Des Angriffs verdächtigt werden die *GIA*. In Maalba werden 42 Menschen getötet. Fünf weitere werden bei Frais Vallon ermordet.
31.08.1997	In einem offenen Brief an die Vereinten Nationen fordert *FIS*-Führer Madani die Vereinten Nationen auf, Gespräche zwischen der Regierung und den militanten Muslimen zu arrangieren.
02.09.1997	Algerien und Österreich unterzeichnen den Entwurf einer Kooperationsvereinbarung im Bereich des Transports. Zudem unterzeichnen die beiden Länder ein Abkommen, nach dem Österreich Algerien ein Darlehen in nicht genanntem Umfang garantiert.
05.09.1997	Bei der Explosion einer Bombe in einem Bus in der Nähe von Blida werden vier Menschen getötet und 27 verletzt. Unbekannte töten vier Mitglieder der *Erneuerungspartei* bei einer Blockade in der Nähe von Saïda. Im selben Gebiet werden 16 Menschen von Unbekannten getötet. Sicherheitskräfte töten in der Nähe von Chrea 48 „militante Muslime".
06.09.1997	Bewaffnete Männer töten in Bani Messous mindestens 80 Menschen und verletzen 100.
13.09.1997	Bei einem Raketenangriff auf eine Moschee in Algier töten Sicherheitskräfte acht verdächtige „militante Muslime".
21.09.1997	Die *Islamische Heilsarmee* (AIS), der bewaffnete Flügel der *FIS*, deklariert eine am 01.10. beginnende einseitige Waffenruhe.
22.09.1997	Unbekannte Angreifer töten im Gebiet um Bani Sulayman 52 Einwohner. In Bentalha werden mehr als 400 Menschen ermordet.
23.09.1997	In Baraki werden 85 Menschen ermordet, 67 verletzt.

27.09.1997 Von ihrem deutschen Büro aus ruft die *AIS* alle Oppositionsgruppen auf, die Waffenruhe einzuhalten. Sie ruft ferner zu einer nationalen Friedenskonferenz, die alle Oppositionsgruppen einschließen soll, auf.

29.09.1997 In einer Schule in Sfisef werden zwölf Lehrer vor den Augen ihrer Schüler ermordet. Sicherheitskräfte töten in Oulel elf *GIA*-Mitglieder.

30.09.1997 Bei der Bombardierung von Schulen und Wohngebäuden in Blida werden fünf Menschen getötet und 30 verletzt. In Ouled Bani werden 37 Menschen, darunter 22 Kinder, von bewaffneten Männern ermordet. In Mahelma werden 38 Menschen erschossen. Elf Lehrerinnen werden ermordet, weil sie ihre Arbeit nicht aufgeben wollten.

05.10.1997 Beim Angriff auf einen Bus südlich von Algier werden 16 Kinder und der Busfahrer getötet.

10.10.1997 Bei der Explosion einer Bombe in einer Moschee während des Freitagsgebets werden sieben Menschen getötet und 20 verletzt.

13.10.1997 Unbekannte Angreifer töten 40 Menschen an einer falschen Straßensperre im Gebiet von Oran.

18.10.1997 Bei der Explosion einer Bombe wird in Ouled Allel ein für die Wahlen am 23.10. aufgestellter Kandidat getötet.

20.10.1997 Dutzende von Frauen versammeln sich vor dem Postamt von Algier und planen, mit Fotos von mit der *FIS* sympathisierenden, vermißten Familienmitgliedern zum Parlament zu marschieren. Die Demonstration wird von der Polizei abgebrochen, ein Anwalt für Menschenrechte wird inhaftiert.

23.10.1997 Kommunalwahlen finden statt. Ein *GIA*-Führer wird in Constantine getötet. Bei der Explosion einer Bombe in Ghira werden fünf Menschen getötet.

24.10.1997 Die *Rassemblement pour la Culture et la Démocratie* (RCD) hält in Al-Muradiyya eine Demonstration ab, um gegen die Wahlergebnisse vom Vortag zu protestieren. Die regierungsnahen Parteien *Rassemblement National Démocratique* (RND), *Nationale Befreiungsfront* (FLN) und *Mouvement de le Société de la Paix* (MSP) hatten 84 % der Stimmen bei den Kommunalwahlen und 70 % bei den Regionalwahlen gewonnen.

27.10.1997 Tausende Menschen protestieren in Algier wegen angeblichen Wahlbetrugs gegen die Wahlergebnisse. Im Gebiet von Sig werden drei Menschen ermordet.

30.10.1997 Oppositionsparteien halten in Algier eine Demonstration ab, um gegen die Ergebnisse der Wahlen vom 23.10. zu demonstrieren. Schätzungsweise 30.000 Menschen nahmen an der Demonstration teil.

31.10.1997 *Radio France International* berichtet, daß die algerische Regierung alle Pressepublikationen bis 03.11. eingestellt hat.

06.11.1997 Bei der Explosion einer Bombe in Bab al-Oued werden zwölf Menschen verletzt. „Bewaffnete Islamisten" töten in der Nähe von Médéa und Tlemcen zwölf Menschen und entführen drei Personen.

08.11.1997   Unbekannte Angreifer töten in Lahmalit 27 Menschen, darunter 12 Kinder. In der
              Nähe von Tlemcen werden 23 Menschen ermordet. Bei der Explosion verschie-
              dener Bomben in Algier werden drei Menschen getötet und 20 verletzt.

18.11.1997   Amnesty International ruft zu einer internationalen Untersuchung zur Been-
              digung der Gewalt in Algerien auf.

20.11.1997   In Wad Zaytun werden acht Menschen getötet und neun verletzt. Bei ver-
              schiedenen Vorfällen in Algier sterben fünf Personen.

27.11.1997   An einer falschen Straßensperre in der Nähe von Suhan werden 25 Menschen
              ermordet.

28.11.1997   In Al-Affrun werden vier Menschen getötet und sieben verletzt. Bei der Ex-
              plosion einer Bombe in der Nähe von Tipaza werden eine Person getötet und
              zwei verletzt.

19.12.1997   Unbekannte Angreifer töten in Larba 31 Menschen, verletzen 17 und entfüh-
              ren zwei Frauen. Als Sicherheitskräfte verkleidete Männer töten an einer
              falschen Straßensperre in der Nähe von Lakhdariya 30 Menschen. In Aflu
              töten unbekannte Angreifer zehn Nomaden und stehlen deren Vieh. Bei der
              Explosion zweier Bomben in einem Markt in Blida werden vier Menschen
              getötet und 20 verletzt.

20.12.1997   In Al-Burj töten unbekannte Angreifer 15 Menschen und entführen fünf.
              Sicherheitskräfte töten sechs „bewaffnete Islamisten" in Sidi Buabda. In der
              Nacht zuvor hatten sie bereits sechs in Sidi Naman getötet.

23.12.1997   Unbekannte Angreifer töten in Tiaret zwischen 80 und 120 Menschen. Offi-
              ziellen Angaben zufolge liegt die Zahl der Toten bei 48. In Bainem werden
              elf Menschen ermordet.

25.12.1997   Nationalratswahlen finden statt. Die *Rassemblement National Démocratique*
              (RND) gewinnt 80 Sitze, die *Front de Libération Nationale* (FLN) zehn
              Sitze, die *Front des Forces Socialistes* (FFS) vier Sitze und die *Mouvement
              de le Société de la Paix* (MSP) zwei Sitze.

26.12.1997   Unbekannte Angreifer ermorden in Ouled Musa 21 Menschen.

31.12.1997   Unbekannte Angreifer haben über Nacht 78 Menschen in vier Dörfern des
              Bezirkes Relizan ermordet.

1998

03.01.1998   Die Zeitung *Liberté* berichtet, die Zahl der Toten bei der Attacke vom
              31.12.1997 im Bezirk Relizan beträgt 412 Menschen, die Mehrheit davon
              Frauen und Kinder.

04.01.1998   Verschiedene algerische Zeitungen berichten, bei einem Massaker in Shikale
              habe es 200 Tote gegeben. Deutschland schlägt den Mitgliedsstaaten der EU
              vor, auf einem Treffen gemeinsam über Algerien zu beraten und eine EU-
              Delegation nach Algier zu entsenden.

08.01.1998   In Saïda und Sur al-Ghuzlan werden 35 Menschen getötet.

19.01.1998   Eine EU-Delegation trifft in Algier ein. Aufgabe der Delegation ist die Suche nach Wegen, wie Algerien zur Beendigung der Gewalt unterstützt werden kann.

20.01.1998   Bei der Explosion einer Bombe in einem Markt in Zeralda werden sieben Menschen getötet und 70 verletzt.

21.01.1998   Premierminister Ouyahia gibt Pläne bekannt, nach denen mehr Zivilisten bewaffnet und mehr als 100 neue Polizeibrigaden eingerichtet werden sollen.

25.01.1998   Unbekannte Angreifer töten im Bezirk Tiaret 20 Menschen, 60 weitere Personen werden in Qaid bin Larbi getötet.

26.01.1998   Die Europäische Union ruft die algerische Regierung auf, die Tode von Zivilisten zu untersuchen. Der algerischen Presse zufolge sind während der letzten Tage 47 Menschen getötet worden, ein Großteil davon im Bezirk Sidi Bel Abbès.

27.01.1998   Unbekannte töten in der Nähe von Laghouat 12 Menschen. In Bainem werden zwei weitere Menschen ermordet, südlich von Algier sterben bei einem Angriff 36 Personen.

28.01.1998   Bei der Explosion einer Bombe sterben zwei „Islamisten", die die Bombe bei sich getragen hatten.

31.01.1998   Sicherheitskräfte töten in Algier angeblich 30 Mitglieder einer „bewaffeten Gruppe".

05.02.1998   Sicherheitskräfte töten im Gebiet um Ouacif einen „Terroristen" und verletzen einen weiteren.

08.02.1998   Eine Delegation des Europäischen Parlaments trifft zu einem fünftägigen Besuch in Algier ein.

09.02.1998   Abgeordnete verschiedener Parteien unterzeichnen einen Antrag, nach dem sie jegliches ausländisches Eingreifen zur Beendigung der Gewalt in Algerien ablehnen. Eine Delegation des algerischen Parlaments trifft mit der Delegation des Europäischen Parlaments zusammen, um die Sicherheitslage sowie wirtschaftliche Beziehungen zwischen Algerien und der EU zu diskutieren.

11.02.1998   Eine unbekannte Gruppe tötet in der Nähe von Sidi Bel Abbès 10 Menschen und verletzt drei.

12.02.1998   Bei der Explosion dreier Bomben in Algier werden zwei Menschen getötet und 21 verletzt.

19.02.1998   Algerien und Südafrika eröffnen eine Schiffahrtslinie zwischen den beiden Ländern, um die bilateralen Handelsbeziehungen zu festigen.

20.02.1998   Bei der Explosion einer Bombe in einem Markt außerhalb von Algier werden zwei Menschen getötet und 32 verletzt.

21.02.1998   Unbekannte Angreifer überfallen in der Kabylei einen Armeelastwagen aus dem Hinterhalt, wobei 27 Soldaten getötet werden. Bei der Explosion einer

Bombe bei Duwar Ghalboun wird Algeriens größte Gaspipeline beschädigt. Dabei werden außerdem drei Menschen getötet und neun verletzt.

23.02.1998   Bei der Explosion einer Bombe unter einem Zug bei Al-Afrun werden 18 Menschen getötet und 25 verletzt.

25.02.1998   Sicherheitskräfte töten im Bezirk Tlemcen 95 Mitglieder von „bewaffneten Gruppen".

26.02.1998   Bei der Explosion einer Bombe in einem Bus in Algier werden 13 Menschen verletzt.

01.03.1998   In Awlad Salim werden acht Menschen getötet.

09.03.1998   In Hawsh Mina werden sechs Menschen ermordet.

11.03.1998   Sicherheitskräfte töten 146 Personen, darunter zwei mutmaßliche *GIA*-Führer.

26.03.1998   Unbekannte Angreifer töten in Jalfa Saïda 47, im Bezirk Saïda 11 Menschen. In der vergangenen Woche sind 15 „militante Islamisten" bei verschiedenen Razzien in Mascara und Constantine getötet worden. Sicherheitskräfte nehmen im Ouarsenis-Gebirge drei „militante" Führer fest und töten 80 Personen.

28.03.1998   Die *Front des Forces Socialistes* ruft die Regierung auf, die Bürgerrechte wiederherzustellen und eine unabhängige Untersuchung der Gewalt in Algerien zu gestatten.

05.04.1998   Unterschiedlichen Quellen zufolge werden bei verschiedenen Vorfällen zwischen 33 und 57 Menschen ermordet.

14.04.1998   Nach der Entdeckung von Massengräbern in Sidi Muhammad bin Awda und Relizan nehmen Behörden verschiedene Vertreter lokaler Behörden fest.

22.04.1998   In der UN Menschenrechtskommission in Genf geben die EU und die USA verschiedene Statements ab, in denen sie Algerien auf seine Verpflichtung, mit den UN zu kooperieren, aufmerksam machen.

26.04.1998   Regierungstruppen töten 49 „muslimische Rebellen", die mit der kürzlichen Explosion der Erdgaspipeline in Verbindung gebracht werden.

28.04.1998   Unbekannte Angreifer töten 40 Menschen im Bezirk Médéa.

12.05.1998   Unbekannte Angreifer töten 22 Menschen in der Nähe von Oran. *AFP* berichtet unter Bezugnahme auf *Liberté*, daß Sicherheitskräfte im Südwesten des Landes mehr als ein Dutzend bewaffnete Islamisten getötet haben.

22.05.1998   Bei der Explosion einer Bombe auf einem Markt in Al-Herrach werden 16 Menschen getötet und 61 verletzt.

25.05.1998   In der Nähe von Djebara plaziert eine „bewaffnete Gruppe" Sprengsätze, wodurch acht Soldaten getötet werden.

26.05.1998   Bei der Explosion einer Bombe auf dem Marktplatz von Khamis Miliana werden sieben Menschen getötet und acht verletzt.

27.05.1998	Unbekannte Angreifer töten in Melouane elf Menschen und verletzten fünf. Nach diesem Vorfall töten Sicherheitskräfte sechs der mutmaßlichen Angreifer.
15.06.1998	Sänger Lounès Matoub wird im Bezirk Tizi Ouzou ermordet. Behörden machen eine „terroristische Gruppe" für die Ermordung verantwortlich.
26.06.1998	Rund 2.000 Jugendliche demonstrieren in Tizi Ouzou, um gegen den Tod von Sänger Matoub zu protestieren.
28.06.1998	Nach der Beisetzung von Matoub bewerfen „Unruhestifter" in Bani Dwala und Tizi Ouzou Polizisten mit Steinen und setzen städtische Gebäude in Brand. Die Polizei tötet mindestens eine Person.
30.06.1998	Tausende Berber marschieren in Tizi Ouzou durch die Stadt um gegen den Mord an Matoub und gegen das neue Arabisierungsgesetz zu protestieren sowie um die Anerkennung der Berber-Sprache zu fordern.
02.07.1998	Die UN geben bekannt, daß Algerien zugestimmt habe, daß eine hochrangige internationale politische Mission die sich ausbreitende Gewalt im Land untersucht.
05.07.1998	Algerien beginnt mit der Umsetzung des Arabisierungsgesetzes, nachdem offizielle Geschäfte nunmehr in Arabisch geführt werden müssen.
09.07.1998	Bei der Explosion einer Bombe in einem Markt in Algier werden zehn Menschen getötet und 21 verletzt. Sicherheitskräfte töten Khalifa Uthman, den mutmaßlichen Führer der *GIA* sowie zehn weitere „Rebellen". Die *Front des Forces Socialistes* organisiert einen Marsch durch Algier, um gegen das Arabisierungsgesetz zu demonstrieren.
18.07.1998	Im Bezirk Médéa werden 11 Dorfbewohner ermordet.
21.07.1998	Beim Überfall auf einen Bus an einer falschen Straßensperre östlich von Algier werden vier Menschen getötet und 15 verletzt.
22.07.1998	Eine hochrangige internationale Delegation der UN trifft in Algier ein, um die sich ausbreitende Gewalt im Land zu untersuchen.
23.07.1998	73 „muslimische Rebellen" werden getötet.
27.07.1998	*FIS*-Führer Abd al-Qadir Hachani und weitere Politiker, einschließlich Abd al-Hamid Mehri (*FLN*) rufen zu einer Konferenz zur nationalen Versöhnung zur Beendigung der Gewalt auf. Sechs Mitglieder des UN-Teams besuchen Gefangene im Serkadji-Gefängnis, in dem 1994 98 Personen getötet worden sind.
29.07.1998	Sicherheitskräfte töten vier „bewaffnete Islamisten" im Gebiet um Djelfa. In Algier töten Sicherheitskräfte zwei *GIA*-Mitglieder.
31.07.1998	Das UN-Menschenrechtskomitee ruft die algerische Regierung auf, einer unabhängigen Kommission die Untersuchungen von Massakern im Land zu erlauben.
02.08.1998	Unbekannte Angreifer töten in Oued Jedian 21 Menschen.

04.08.1998 Unbekannte Angreifer töten in den Bezirken Tiaret und Tlemcen 17 Menschen.

09.08.1998 Sonatrach, die staatliche Öl- und Gasgesellschaft, gibt bekannt, daß bei einer Explosion eine Pipeline beschädigt und der Gasfluß unterbrochen wurde. Die Ursache der Explosion ist nicht bekannt.

10.08.1998 „Truppen" töten 52 „muslimische Rebellen".

14.08.1998 Südlich von Algier töten unbekannte Angreifer 16 Menschen.

19.08.1998 Etwa zehn berittene Angreifer enthaupten zwei Menschen in Sidi Boubakeur und ermorden eine weitere Person.

31.08.1998 Bei der Explosion einer Bombe auf einem Markt in Algier werden 17 Menschen getötet und 60 verletzt.

11.09.1998 Präsident Zéroual kündigt seinen Rücktritt an.

16.09.1998 Die mit der Untersuchung in Algerien beauftragte UN-Kommission veröffentlicht einen Bericht, in dem „Terroristen" für einen Großteil der Gewalttaten verantwortlich gemacht werden. Amnesty International bezeichnet den UN-Report als „verschleiernd".

27.09.1998 Bei der Explosion einer Bombe in Khemis werden vier Menschen getötet und 15 verletzt.

25.10.1998 Eine bewaffnete Gruppe überfällt Jäger aus dem Hinterhalt.

28.10.1998 Sicherheitskräfte töten in der Nähe von Sidi Bel Abbès 13 „Terroristen".

29.10.1998 Sicherheitskräfte töten sechs „bewaffnete Islamisten" westlich von Algier. In Tizi Ouzou findet eine Demonstration für Pressefreiheit statt.

10.11.1998 Nach etwa einmonatiger Suspendierung wird *El-Watan* das Wiedererscheinen erlaubt.

11.11.1998 Eine bewaffnete Gruppe tötet in Tlemcen einen Mann und dessen beide Töchter in deren Wohnung.

12.11.1998 Unbekannte Angreifer töten in der vergangenen Nacht im Gebiet um Aïn Defla 17 Menschen und verletzen drei weitere.

15.11.1998 Sicherheitkräfte töten im Gebiet zwischen Mascara und Sidi Bel Abbès fünf *GIA*-Mitglieder.

17.11.1998 Eine „Gruppe von Terroristen" tötet in Khemis Miliana acht Menschen und verletzt zehn.

19.11.1998 Bei der Explosion einer Bombe in der Nähe von Aflou werden zwei Menschen getötet und drei verletzt.

22.11.1998 In Bourmerdes werden 13 Jugendliche von einer bewaffneten Gruppe von ca. 30 Männern gewaltsam entführt.

23.11.1998 Eine an einer Straße plazierten Bombe im Bezirk Médéa explodiert, als ein Bus vorbeifährt. Dabei werden 42 Menschen verletzt.

26.11.1998	Behörden entdecken 200 Skelette in einem Massengrab 12 Meilen südwestlich von Algier.
30.11.1998	Sicherheitskräfte töten in der Nähe von Chlef vier *GIA*-Mitglieder.
02.12.1998	Unbekannte Angreifer überfallen und töten in Sidi Rachid 12 Menschen.
03.12.1998	Bei der Explosion einer Bombe auf einem Markt werden 14 Menschen getötet und 24 verletzt.
04.12.1998	„Muslimische Rebellen" ermorden in Ahmer al-Ain vier Menschen.
05.12.1998	„Muslimische Rebellen" ermorden acht Menschen.
06.12.1998	„Militante Muslime" ermorden in Merad sieben Menschen.
09.12.1998	Eine „terroristische Gruppe" tötet in Tadjena 45 Menschen.
13.12.1998	Nach wochenlangen Ausgrabungen haben Behörden die Überreste von 110 Menschen in einem Brunnen im Bezirk Médéa gefunden. Die Gegend war vermutlich ein *GIA*-Stützpunkt. Bei der Explosion einer Bombe in einem Markt in Aflou wird eine Person getötet.
22.12.1998	*GIA*-Mitglieder ermorden in Boudiane einen Mann.
24.12.1998	„Militante Muslime" greifen eine Armeepatrouille an, töten dabei acht Soldaten und verletzen 15.
27.12.1998	40 „bewaffnete Männer" ermorden in Ain N'sar 15 Menschen. Unbekannte greifen Khemis Miliana mit Handgranaten an, töten dabei 15 Menschen und verletzen 40.

1999

02.01.1999	Unbekannte Angreifer ermorden 22 Menschen in Ohed al Aatchaane.
06.01.1999	Sicherheitskräfte töten im Gebiet Aïn Defla 40 „Terroristen".
09.01.1999	An einer falschen Straßensperre im Bezirk Bouira werden drei Menschen getötet.
20.01.1999	Unbekannte Angreifer überfallen in der Nähe von Tizi Ouzou einen Armeekonvoi aus dem Hinterhalt und töten dabei acht Soldaten.
22.01.1999	„Bewaffnete Islamisten" töten an einer falschen Straßensperre in der Nähe von Taourirt zwei Soldaten.
23.01.1999	Sicherheitskräfte töten in der Nähe von Jijel zwei bewaffnete „Terroristen". An einer falschen Straßensperre im Bezirk Blida tötet eine bewaffnete Gruppe eine Person. Sieben bewaffnete Angreifer töten in M'chedallah eine Person. Bei der Explosion einer an einer Straße plazierten Bombe in der Nähe von Aïn Tagourait werden drei Menschen verletzt.
27.01.1999	Bewaffnete Angreifer töten an einer falschen Straßensperre in der Nähe von Lakhdaria sieben Menschen.

28.01.1999 Bei einem Zusammenstoß zwischen einer Militärpatrouille und *FIS*-Mitgliedern in Beni Rachid werden zwei „Terroristen" und zwei Soldaten getötet. Sechs weitere Soldaten werden verletzt.

31.01.1999 Unbekannte Angreifer töten im Bezirk Chlef bei drei verschiedenen Vorfällen insgesamt 34 Einwohner.

01.02.1999 Abdelaziz Bouteflika, früherer Außenminister, gibt auf einer Pressekonferenz in Algier bekannt, daß er bei den anstehenden Präsidentschaftswahlen als unabhängiger Kandidat antreten will. Bewaffnete Männer töten südlich von Algier zwölf Menschen.

03.02.1999 Sicherheitskräfte haben nach einer zehntägigen Operation im Osten des Landes 40 „muslimische Fundamentalisten" getötet, fünf weitere festgenommen und sieben gekidnappte Mädchen befreit.

01.03.1999 Bewaffnete Angreifer töten zehn Mitglieder der lokalen Polizei von Derrague. *El Youm* führte den Tod der Polizisten auf das Fehlen geeigneter Waffen zurück.

02.03.1999 Bewaffnete Angreifer töten im Bezirk Boumerdès zwei Menschen sowie im Bezirk Skikda fünf Personen, die gerade ihren Militärdienst absolviert hatten. Eine bewaffnete Gruppe überfällt einen Bus in Larbatache, tötet dabei zwei Menschen und verletzt drei weitere.

08.03.1999 60 *GIA*-Mitglieder überfallen in der Nähe von Bouira eine Sicherheitspatrouille aus dem Hinterhalt, töten dabei 16 Soldaten und verletzten 21 weitere. In Habril werden zwei Menschen getötet.

09.03.1999 Bei der Explosion einer Bombe in einer Oberschule im Bezirk Aïn Defla werden drei Menschen getötet und drei verletzt.

10.03.1999 An einer falschen Straßensperre im Gebiet Draa El Mizan töten „Terroristen" eine Person und verletzten zwei weitere.

14.03.1999 Bewaffnete Angreifer töten in Médéa einen Polizeibeamten. Sicherheitskräfte töten daraufhin zwei Menschen und nehmen einen dritten fest, der für den Mord verantwortlich gemacht wird.

14.03.1999 Bewaffnete Angreifer töten an einer falschen Straßensperre im Gebiet um Ain Defla 14 Menschen.

19.03.1999 An einer falschen Straßensperre in Lakhdaria töten bewaffnete Angreifer eine Person. Eine weitere bewaffnete Gruppe tötet im Bezirk Chlef einen Schäfer.

20.03.1999 Im El Aouana-Gebirge tätige Sicherheitskräfte töten vier bewaffnete Angreifer, nachdem diese zwei Soldaten aus dem Hinterhalt getötet haben. Bewaffnete Angreifer töten an einer falschen Straßensperre in Ain Maabed drei Menschen. Sicherheitskräfte überwältigen eine bewaffnete Gruppe aus dem Hinterhalt und töten dabei drei Personen. An einer falschen Straßensperre im Gebiet im Tiaret werden vier Bauern getötet.

21.03.1999 Sicherheitskräfte töten bei einer Operation im Gebiet um Bouira 22 „bewaffnete Islamisten".

23.03.1999 Bewaffnete Angreifer töten auf der Keddarra-Straße drei Menschen und verletzten drei weitere. Sicherheitskräfte töten drei bewaffnete Männer im Edough-Gebirge.

24.03.1999 Unbekannte Angreifer töten im Bezirk Blida neun Menschen und kidnappen zwei Frauen. An einer falschen Straßensperre in Tagdempt tötet eine bewaffnete Gruppe zwei Menschen. Eine Gruppe von 20 bewaffneten Angreifern überfällt im Bezirk Tiaret einen Konvoi von 15 Fahrzeugen. Dabei werden vier Menschen getötet und sechs verletzt.

30.03.1999 Sicherheitskräfte töten in Tipaza zwölf „Terroristen".

31.03.1999 Sicherheitskräfte töten in der Nähe von Bouira 40 GIA-Mitglieder.

01.04.1999 Algerien und Rußland unterzeichnen in Algerien ein Abkommen über militärische und technische Kooperation.

03.04.1999 Sicherheitskräfte töten in Sidi Serhane sieben „bewaffnete Islamisten" und stellen dann deren Überreste in Blida zur Schau. Bei der Explosion einer Bombe in Beniskfel wird ein Soldat getötet, zwei weitere Menschen verletzt.

05.04.1999 Bewaffnete „Terroristen" überfallen im Bezirk Blida einen Militärkonvoi und töten dabei 22 Soldaten. Sicherheitskräfte töten dabei zwölf der Angreifer.

07.04.1999 Sicherheitskräfte töten in der Nähe von Blida 19 GIA-Mitglieder, einschließlich des hohen Funktionärs Abd al-Kadir Rahmouni.

11.04.1999 Unbekannte Angreifer töten an einer falschen Straßensperre im Bezirk Mascara 18 Menschen. In Algier nehmen rund 10.000 Menschen an einer Kundgebung zur Unterstützung der Kandidatur des früheren Außenministers Abdelaziz Bouteflika teil.

12.04.1999 Bewaffnete Angreifer töten im Bezirk Mascara zehn Menschen.

14.04.1999 Sechs der sieben Kandidaten für die Präsidentschaftswahlen am 15.04. ziehen ihre Kandidatur zurück und beschuldigen die Regierung, eine freie und faire Wahl verhindern zu wollen. Bouteflika ist der einzige Kandidat, der seine Kandidatur nicht zurückzieht. Präsident Zéroual gibt bekannt, daß die Wahlen trotzdem stattfinden werden.

15.04.1999 Die Präsidentschaftswahlen finden statt, obwohl sich nur ein Kandidat zur Wahl stellte. Die offizielle Wahlkommission berichtet von einer Wahlbeteiligung von 68 %.

16.04.1999 In Algier demonstrieren Hunderte von Demonstranten gegen die Wahl vom 15.04. und behaupten, Bouteflika sei nur durch Manipulation des früheren Präsidenten Zéroual zum neuen Präsidenten gewählt worden. Die Polizei nimmt mindestens 20 Demonstranten fest. Ähnliche Demonstrationen finden in den Bezirken Tizi Ouzou und Béjaïa statt.

23.04.1999 Unbekannte Angreifer töten im Gebiet um Ain Defla fünf Schäfer.

26.04.1999 Behörden setzen Überfallkommandos ein, um Demonstrationen vor der Vereidigung Bouteflikas zu verhindern.

27.04.1999	Abdelaziz Bouteflika wird zum Präsidenten vereidigt. Premierminister und das Kabinett Zérouals bleiben im Amt.
02.05.1999	Eine bewaffnete Gruppe überfällt westlich von Tizi Ouzou einen Militärkonvoi aus dem Hinterhalt. Sieben Sicherheitskräfte werden dabei getötet.
09.05.1999	Bei der Explosion einer an einer Straße plazierten Bombe in der Nähe von Jijel werden drei Soldaten getötet, ein weiterer verletzt.
10.05.1999	Die Armee tötet 20 bewaffnete Männer in der Kabylei.
15.05.1999	Bei der Explosion einer an einer Straße plazierten Bombe in der Nähe von Jijel werden fünf Soldaten getötet und sieben verletzt.
19.05.1999	Bei der Explosion einer Bombe in Algier werden 17 Menschen verletzt.
22.05.1999	Sicherheitskräfte töten nach einer wochenlangen Operation im Bezirk Tiaret zehn Mitglieder einer bewaffneten Gruppe.
28.05.1999	Bei der Explosion einer Bombe an einem Strand in Tipaza werden zwei Menschen getötet und zwei weitere verletzt. Sicherheitskräfte täten im Aurès-Gebiet 20 „Terroristen".
30.05.1999	Bei der Explosion einer Bombe in Algier wird eine Person getötet und fünf weitere verletzt.
01.06.1999	Sicherheitskräfte töten außerhalb von Algier neun *GIA*-Mitglieder sowie weitere zwölf *GIA*-Mitglieder 300 Meilen südöstlich von Algier.
02.06.1999	*GIA*-Mitglieder töten in der Kabylei drei Frauen und kidnappen einen jungen Mann. Bei der Explosion einer an einer Straße plazierten Bombe in der Nähe von Sidi Bel Abbès werden zwei Menschen getötet. Angreifer töten in der Nähe von Miliana zwei Menschen. Unbekannte Angreifer töten im Bezirk Chlef eine Dorfwache und eine weitere Person.
06.06.1999	Während einer im Fernsehen übertragenen Erklärung sagte *AIS*-Führer Madani Mezrag, daß sich die Islamische Heilsarmee entschlossen habe, ihre bewaffneten Aktivitäten gegen die Behörden einzustellen. Präsident Bouteflika forderte daraufhin das Kabinett auf, ein Gesetz zur nationalen Versöhnung zu entwerfen, das denjenigen, die auf Gewalt verzichten, eine Amnestie garantiert. Bewaffnete Angreifer töten in der Region Bouira vier Schäfer. In der Nähe von Douera tötet eine bewaffnete Gruppe vier Menschen. Bei einem Zusammenstoß mit bewaffneten Angreifern wird ein Wachmann getötet.
07.06.1999	In Al Aouna wird ein Wachmann getötet, ein weiterer verletzt. Bewaffnete Männer überfallen ein Haus in der Nähe von Médéa und ermorden den Hausbesitzer.
08.06.1999	Sicherheitskräfte töten den *GIA*-Führer des Bezirks Tiaret.
10.06.1999	In Algier demonstrieren mehrere hundert Menschen gegen die Regierungsvereinbarung mit der *AIS* und erklärten, Bouteflika würde mit Terroristen verhandeln wollen.
11.06.1999	Bewaffnete Männer töten in einem Dorf südlich von Algier 14 Menschen.

12.06.1999	*FIS*-Führer Abassi Madani erklärt in einem Brief an Bouteflika, daß er die Entscheidung der *AIS*, den bewaffneten Konflikt mit der Regierung zu beenden, gutheißt.
13.06.1999	Etwa 1.000 *GIA*-Mitglieder schließen sich der *AIS*-Waffenruhe an.
19.06.1999	Sicherheitskräfte töten im Gebiet um Bouira fünf „Terroristen", zwei weitere „Terroristen" werden in Kouba erschossen.
20.06.1999	Bei der Explosion einer Bombe in M'chedallah werden vier lokale Wachmänner getötet und 17 weitere Personen verletzt. Eine bewaffnete Gruppe tötet auf der Straße zwischen Ziama und Erraguene zwei Menschen.
23.06.1999	Bei der Explosion einer an einem Strand eingegrabenen Bombe wird eine Person getötet.
25.06.1999	In der Nähe von Jijel tötet eine bewaffnete Gruppe einen Soldaten und verletzt vier weitere. In Tizi Ouzou wird eine Person durch eine bewaffnete Gruppe ermordet.
26.06.1999	Sicherheitskräfte töten den Führer einer bewaffneten Gruppe der Region um Tlemcen sowie den Führer einer bewaffneten Gruppe in der Region um Sidi Bel Abbès.
27.06.1999	Anläßlich des Wirtschaftsforums in Crans-Montana gibt Präsident Bouteflika bekannt, daß während andauernden Konflikte der letzten Jahre in Algerien 100.000 Menschen getötet worden sind. Er droht außerdem mit seinem Rücktritt, sollte der Gesetzesentwurf zur nationalen Versöhnung im Parlament keine Mehrheit finden würde. In Tizi Ouzou wird ein Polizeibeamter durch eine bewaffnete Gruppe getötet.
05.07.1999	Bouteflika begnadigt 2.500 Häftlinge und legt das Gesetz zum „*Concorde Civile*" vor.
09.07.1999	Bouteflika gibt bekannt, daß die inhaftierten *FIS*-Führer nicht begnadigt werden und daß der Partei die Rückkehr in die Politik nicht erlaubt werden würde.
12.07.1999	In Algier wird das Gipfeltreffen der *Organisation für Afrikanische Einheit* (OAU) eröffnet.
15.07.1999	Bei der Explosion zweier Bomben in der Nähe von Larbaa werden zwei Menschen getötet und vier verletzt.
19.07.1999	In Sidi Rabie werden neun Menschen durch eine bewaffnete Gruppe getötet.
23.07.1999	Sicherheitskräfte töten in Tlemcen bzw. Bouira zwei bewaffnete Männer.
24.07.1999	Bei der Explosion einer Bombe im Gebiet um Bouira werden vier Soldaten verletzt.
30.07.1999	Bei der Explosion einer Bombe werden sieben Menschen getötet und drei verletzt.
01.08.1999	Präsident Bouteflika gibt bekannt, daß die Amnestievereinbarung der Regierung mit der *FIS* Gegenstand einer Volksabstimmung am 16.09. sein wird.

05.08.1999 Bei der Explosion einer Bombe in einem Markt im Gebiet um Djelfa werden sechs Menschen getötet und 61 verletzt. Die Armee tötet elf bewaffnete Männer während einer Suchoperation im Ouastili-Gebirge.

06.08.1999 An einer falschen Straßensperre in der Kabylei wird von einer bewaffneten Gruppe ein Mann getötet, weil er – Augenzeugenberichten zufolge – in der Armee gedient hat.

09.08.1999 Angreifer töten beim Überfall auf ein Camp in der Kabylei acht Soldaten und verletzten sieben weitere.

10.08.1999 Bewaffnete Männer töten in der Kabylei drei Angehörige des Militärs. Eine bewaffnete Gruppe tötet in Sidi Bel Abbès drei Menschen. In Damous töten bewaffnete Männer einen Soldaten.

11.08.1999 Bei der Explosion einer Bombe in der Kabylei werden vier Soldaten getötet. Sicherheitskräften töten in der Nähe von Bouira zwei „bewaffnete Islamisten".

14.08.1999 Bei der Explosion einer an einer Straße plazierten Bombe in Boumerdès wird ein Soldat getötet, zwei weitere verletzt.

15.08.1999 Eine bewaffnete Gruppe tötet in Beni Ounif 29 Menschen und verletzt drei weitere. Krankenhäusern zufolge könnte die Zahl der Toten bis 40 betragen. Im Gebiet um Bechar werden 29 Menschen durch eine bewaffnete Gruppe getötet. Bei der Explosion einer Bombe in der Kabylei werden fünf Soldaten getötet. Eine weitere Bombe explodiert im Gebiet um Saïda. Dabei wird ein Soldat getötet, einer verletzt.

17.08.1999 Bei der Explosion einer Autobombe in der Region um Tébessa werden fünf Menschen getötet und zwei verletzt.

19.08.1999 Im Gebiet um Boufarik tötet eine bewaffnete Gruppe vier Menschen an einer falschen Straßensperre. Bei der Explosion einer an einer Straße plazierten Bombe im Gebiet um Tlemcen wird ein Soldat getötet. In Ténès ermorden „bewaffnete Islamisten" zwei Menschen.

21.08.1999 Fünf mit Armeeuniformen verkleidete Angreifer ermorden in Ouzera 14 Kinder und bombardieren ein Gebäude, wobei fünf weitere Menschen verletzt werden. Im Bezirk Bouira tötet eine bewaffnete Gruppe sieben Männer der Miliz und verletzt fünf weitere.

22.08.1999 In Constantine schießt eine bewaffnete Gruppe auf sechs Männer, die kürzlich ihren Militärdienst beendet haben. Vier der Männer werden getötet, zwei verletzt.

23.08.1999 Bouteflika ersetzt 22 Bezirksgouverneure, um der Korruption in der Regierung Herr zu werden. „Bewaffnete Islamisten" töten in Delly bzw. Collo zwei Polizeibeamte.

08.09.1999 Behörden geben bekannt, daß sich 50 bewaffnete Männer im Rahmen der Amnestie gestellt haben.

10.09.1999	Im Gebiet um Djelfa tötet eine bewaffnete Gruppe eine siebenköpfige Familie. Zwischen 08.-10.09. haben „bewaffnete Islamisten" neun Soldaten und Polizeibeamte getötet.
16.09.1999	Das Referendum über Bouteflikas Amnestie-Gesetz wurde abgehalten. Das Gesetz bietet all jenen eine Begnadigung bzw. Strafmilderung an, die der Gewalt entsagen und die in keine schweren Verbrechen, wie die Beteiligung an Massakern, Vergewaltigungen oder Bombardierungen beteiligt waren. Das Amnestie-Gesetz wird von 98,6 % der Wähler befürwortet. Die Wahlbeteiligung wird mit 85 % angegeben. Eine bewaffnete Gruppe tötet in der Nähe von Sidi Bel Abbès zwei Menschen.
17.09.1999	Bei der Explosion einer Bombe in der Nähe von Sidi Bel Abbès werden zwei Kinder getötet.
18.09.1999	Sicherheitskräfte töten im Gebiet um Mascara 17 bewaffnete Männer.
27.09.1999	16 bewaffnete Männer stellen sich im Rahmen der Amnestie. An einer falschen Straßensperre in der Nähe von Médéa töten bewaffnete Männer sieben Menschen und verletzten zwei.
03.10.1999	Bei der Explosion einer an einer Straße plazierten Bombe in der Nähe von Issers werden vier Polizeibeamte getötet.
07.10.1999	In Douira töten Angreifer acht Mitglieder einer Familie und kidnappen ein Mädchen.
18.10.1999	Sicherheitskräfte töten in der Nähe von Tissemsilt vier *GIA*-Mitglieder.
22.10.1999	Die Armee tötet in der Nähe von Mascara sechs *GIA*-Mitglieder.
23.10.1999	Bewaffnete Männer töten in der Nähe von Tipaza einen Polizeibeamten und verletzten einen weiteren. Bei der Explosion einer Bombe in der Nähe von Tablat wird ein Milizionär getötet.
01.11.1999	Behörden geben Pläne über die Freilassung von 6.683 Strafgefangenen zum 45. Jahrestag des Beginns des Unabhängigkeitskrieges bekannt.
20.11.1999	An einer falschen Straßensperre in der Nähe von Blida töten bewaffnete Männer 15 Menschen und verletzten sieben weitere.
22.11.1999	Unbekannte bewaffnete Männer töten *FIS*-Führer Abd al-Kadir Hachani in einer Zahnarztpraxis in Algier. Bouteflika verspricht, die Mörder zu finden.
27.11.1999	An einer Straßensperre in der Nähe von Boufarik werden neun Menschen getötet.
02.12.1999	In der Nähe von Dellys explodieren mehrere Bomben, wobei drei Soldaten getötet werden.
03.12.1999	Unbekannte Angreifer töten in Sidi Meklef eine elfköpfige Familie.
04.12.1999	Sicherheitskräfte töten 16 „bewaffnete Islamisten" im Gebiet um Chlef.
12.12.1999	Unbekannte bewaffnete Männer töten an einer Straßensperre im Gebiet Chiffa 15 Menschen.

14.12.1999	Behörden nehmen Fouad Boulemia, der für die Ermordung von *FIS*-Führer Hachani verantwortlich gemacht wird, fest.
15.12.1999	Unbekannte Angreifer töten beim Angriff auf einen Militärkonvoi elf Soldaten und verletzten zehn weitere.
16.12.1999	In der Nähe von Kolea werden zwölf vom Abendgebet heimkehrende Menschen ermordet. Ebenfalls in der Nähe von Kolea werden vier Menschen an einer Straßensperre getötet. Bei der Explosion einer Bombe in der Nähe von Larbaa wird ein Mensch getötet, zwei verletzt.
24.12.1999	An einer Straßensperre in der Nähe von Khemis Miliana töten bewaffnete Männer 28 Menschen.

2000

03.01.2000	Bei der Explosion einer an einer Straße plazierten Bombe im Gebiet um Médéa werden drei Menschen getötet. Die *FIS* gibt bekannt, daß die *AIS* ihre Waffenruhe ausgesetzt habe, weil die Regierung mehr als 200 früheren *AIS*-Kämpfern die Amnestie verweigere.
05.01.2000	Nach einem Treffen mit Armeeangehörigen beschließt die *AIS* ihre Waffenstillstandsvereinbarung zu erneuern. Beim Zusammenstoß mit bewaffneten Männern in Oued Daoussa werden drei lokale Wachmänner getötet. In einer Moschee von Khemis Miliana explodiert eine Bombe.
11.01.2000	Präsident Bouteflika gibt eine Amnestie für die gesamte *AIS* bekannt. Das Präsidentenbüro gibt weiter bekannt, die *AIS* habe sich selbst aufgelöst.
13.01.2000	Die Frist für die Amnestie unter dem „*Concorde civile*" läuft aus. Die Regierung setzt Tausende Soldaten in den nordöstlichen und südwestlichen Gebieten ein, um diejenigen zu greifen, die sich nicht im Rahmen des Amnestieangebots gestellt haben.
16.01.2000	Die Frist für die Amnestie unter dem „*Concorde civile*" wird verlängert.
19.01.2000	Innenminister Yazid Zerhouni gibt bekannt, daß nach der sechstägigen Fristverlängerung 80 % aller bewaffneten Gruppen die Amnestie angenommen hätten.
22.01.2000	Sicherheitskräfte töten 17 „bewaffnete Ismalisten". In der Kabylei töten Sicherheitskräfte zwölf *GIA*-Mitglieder.
25.01.2000	Im Gebiet um Djelfa töten bewaffnete Männer 12 Menschen.
30.01.2000	Hassan Hattab, Mitglied der Führung der *GIA*, wird wegen seiner Bereitschaft zu Friedensgesprächen mit der Regierung von Rebellen ermordet.
02.03.2000	Sicherheitskräfte töten zwölf *GIA*-Mitglieder.
15.06.2000	Bouteflika ruft während einer Rede vor der französischen Nationalversammlung zu einer Intensivierung der Beziehungen zwischen Algerien und Frankreich auf.

20.06.2000 Sicherheitskräfte beginnen Angriffe auf Gruppen, die sich geweigert hatten, sich im Rahmen des Amnestiegesetzes zu stellen.

17.07.2000 Spaniens Premierminister José Maria Aznar trifft zu Gesprächen über die wirtschaftliche Kooperation zwischen Algerien und Spanien in Algier ein. Er gibt dabei bekannt, daß Spanien Algerien ein Darlehen in Höhe von USD 500 Mio. gewähren werde.

18.07.2000 Bei Zusammenstößen zwischen Sicherheitskräften und „bewaffneten Islamisten" werden neun Menschen getötet. In der Nähe von Aïn Defla kommt es zu einem Zusammenstoß zwischen Sicherheitskräften und dem El Ahouel Bataillon der *GIA*. Dabei werden 23 *GIA*-Mitglieder und sechs Sicherheitskräfte getötet. Zu ähnlichen Zusammenstößen kommt es auch in der Nähe von Bouira. Dabei werden zwei *GIA*-Mitglieder getötet. In Tizi Ouzou werden zwei Soldaten und ein kommunaler Wachmann aus dem Hinterhalt ermordet.

25.08.2000 Bouteflika entläßt 13 höhere lokale Beamte aus dem Amt.

13.09.2000 Frankreichs Außenminister Hubert Védrine und Algeriens Außenminister Belkhadem treffen in New York zusammen, um Aspekte der bilateralen Kooperation zwischen den beiden Ländern zu diskutieren.

21.09.2000 Sicherheitskräfte töten in El-Tarf sieben „bewaffnete Islamisten", einschließlich Muhammad Lamine Megata, Führer der *Salafi-Gruppierung.*

22.09.2000 In Bougara überfallen drei bewaffnete Männer ein Haus und töten dabei zwei Frauen und drei Kinder.

23.09.2000 Sicherheitskräfte töten in der Nähe von Bougara vier „bewaffnete Islamisten".

12.10.2000 Bouteflika trifft mit dem chinesischen Präsidenten Jiang Zemin zusammen, um bilaterale Beziehungen zwischen den beiden Ländern zu diskutieren.

17.10.2000 Bei einem Bombenangriff östlich von Algier werden zwei Soldaten getötet und zehn weitere verletzt.

27.10.2000 Im Bezirk Bati überfallen „bewaffnete Islamisten" mehrere Häuser. Dabei werden fünf Menschen getötet.

30.10.2000 Djafaar Houari, leitendes Mitglied der *FIS,* der ursprünglich das Amnestie-Gesetz unterstützt hat, zieht seine Unterstützung zurück. Begründet wurde dies damit, daß das Gesetz lediglich ein verzweifelter Versuch der Regierung sei, frühere politische Fehler zu korrigieren.

31.10.2000 Bewaffnete Männer töten in Bourdebala zwei Menschen.

10.11.2000 Amnesty International fordert Bouteflika auf, das Amnestie-Gesetz aufzuheben und fordert die Regierung auf, die Verantwortung für frühere Verstöße gegen die Menschenrechte zu übernehmen.

20.11.2000 „Bewaffnete Islamisten" töten in Haouch Saboun zehn Menschen.

16.12.2000 In Médéa dringen sechs bewaffnete Männer in ein Internat des Lycée Technique ein und töten 15 Schüler und einen Lehrer. Spezialeinheiten der

Armee töten in der Kabylei Malek Bouchane, einen engen Vertrauten von Hassan Hattab, Führer der *Salafi-Gruppierung*.

17.12.2000   Sicherheitskräfte töten in Jijel 18 „bewaffnete Islamisten". Die geschah vermutlich als Vergeltung für die Ermordung von neun kommunalen Wachmännern. *AFP* berichtet, daß seit Beginn des Ramadan am 27.11. rund 180 Menschen bei Zusammenstößen zwischen bewaffneten Männern und Sicherheitskräften getötet worden sind.

2001

03.01.2001   „Muslimische Rebellen" töten aus dem Hinterhalt 11 Soldaten.

13.01.2001   Sicherheitskräfte töten im Gebiet um Constantine fünf „bewaffnete Islamisten". Die – bereits verlängerte – Amnestiefrist im Rahmen des „*Concorde Civile*" endet.

18.01.2001   Bei einem Überfall werden mindestens 17 Menschen getötet.

23.01.2001   Ein Polizist wird erschossen, ein Gendarm verletzt. In der Nacht zum 24.01. werden bei einem Überfall sieben Menschen ermordet.

19.02.2001   Seit 14.02. sind in Kämpfen mit Extremisten 31 Menschen getötet worden; seit Beginn des Jahres 300.

30.03.2001   In der Nacht zum 30.03. werden in Tipaza fünf Menschen ermordet.

17.04.2001   Pressemeldungen berichten, daß bei Terroranschlägen neun Menschen getötet worden sind.

18.04.2001   Ein 18jähriger Gymnasiasten wird auf einer Polizeistation in Beni Douala bei einem Verhör, angeblich aus Versehen, erschossen. Zahlreiche junge Berber nehmen dies zum Anlaß, ihrem Unmut gegen den Staat und gegen die „*hogra*", das täglich zu erlebende soziale Unrecht, Ausdruck zu verleihen.

28.04.2001   In Larbaa-Nath-Iraten werden sieben Menschen erschossen.

21.05.2001   500.000 Menschen folgen einem Aufruf zu einem Trauermarsch in Tizi Ouzou, um der Opfer der Unruhen seit Ende April zu gedenken.

28.05.2001   21 unabhängige Tageszeitungen erscheinen nicht, um gegen die Verschärfung des algerischen Strafrechts zu protestieren. Dies sieht für die Beleidigung des Präsidenten oder staatlicher Institutionen Haft- und Geldstrafen bis zu einer Höhe von DA 250.000 vor.

04.06.2001   In Paris demonstrieren mehrere Tausend Teilnehmer für ein "Ende der Massaker" in der Kabylei.

14.06.2001   An einem weiteren Trauermarsch in Algier nehmen zwischen 500.000 und 1,5 Millionen Demonstranten teil. Offiziellen Angaben zufolge werden vier Menschen getötet und 365 verletzt, darunter 36 Polizisten.

17.06.2001   In der Kabylei kommt es erneut zu schweren Unruhen. In Tizi Ouzou greifen Jugendliche Gebäude an und stecken Autos in Brand.

18.06.2001	Die Regierung verhängt ein generelles Demonstrationsverbot in Algier. *Liberté* zufolge werden bei einem Überfall einer bewaffneten Gruppe auf einen Militärtrupp in der Nähe von Chlef mindestens 20 Soldaten getötet und mehrere weitere verwundet.
07.07.2001	Auf einer Straße von Algier nach Oran werden in der Nacht 16 Menschen erschossen. In den vorangegangenen Nächten sind bei mehreren Überfällen an falschen Straßensperren bereits zwölf Menschen getötet worden.
24.07.2001	Zeitungsberichten zufolge sind in der Nähe von Tipaza sieben Menschen getötet worden.
28.07.2001	Seit dem Nationalfeiertag am 05.07. sind nach Einschätzung der lokalen Presse rund 100 Menschen bei Überfällen bewaffneter islamistischer Gruppen getötet worden. Die Attentate häuften sich besonders in der Kabylei und um Chlef.
30.07.2001	Presseberichten zufolge haben „islamische Extremisten" in Mouazaïa zehn Menschen ermordet.
Juli 2001	Islamisten überfallen eine Tourismusanlage in Tipaza.
13.08.2001	Zeitungen berichten, daß bewaffnete Islamisten fünf Mitglieder einer Familie erschossen und drei weitere verletzt haben. Ferner sollen sieben Terroristen einen Überfall in Sobha verübt haben.
14.08.2001	Zeitungsberichten zufolge haben bewaffnete Islamisten in Boukadir eine Frau und deren drei Kinder ermordet.
15.08.2001	Zeitungen melden, daß „islamische Extremisten" eine Gruppe von Feldarbeitern überfallen und 17 von ihnen getötet haben.
27.08.2001	An einer falschen Straßensperre 380 km westlich von Algier werden 17 Menschen getötet.
03.09.2001	*Liberté* meldet die Ermordung von fünf Mitgliedern einer Familie durch eine bewaffnete Gruppe in Tissemsilt. In Tiaret werden vier ermordete Paare aufgefunden.
05.09.2001	In einer Tourismusanlage in Zeralda werden neun Menschen durch eine islamistische Gruppe getötet.
08.09.2001	Bewaffnete Gruppen greifen in der Nähe des Ölhafens von Arzew eine Trauergemeinde an. Dabei werden 13 Menschen getötet.
14.09.2001	Östlich von Oran werden sieben Menschen getötet.
19.09.2001	Zeitungsberichten zufolge sind in den vorangegangenen Tagen 28 „islamistische Terroristen" von der Armee getötet worden.
03.10.2001	Die algerische Regierung gibt bekannt, daß Tamazight, die Sprache der Berber, als zweite Amtssprache anerkannt werden soll. Die dazu notwendige Verfassungsänderung werde folgen.

01.11.2001 Bouteflika will zum 47. Jahrestag des Beginns des Unabhängigkeitskrieges 7.000 Häftlinge aus den Gefängnissen entlassen. Davon ausgenommen sollen Terroristen, Mörder, Vergewaltiger, Drogenhändler und Geldfälscher sein.

10.11.2001 Beim schwersten Unwetter seit Jahrzehnten sterben in Algerien mehr als 600 Menschen.

Dez. 2001 Präsident Chirac besucht Algerien als erstes französisches Staatsoberhaupt seit Jahrzehnten.

06.12.2001 Tausende Demonstranten folgten einem Aufruf der Koordination der berberischen Dörfer und Stämme zum Generalstreik in Tizi Ouzou.

4.2 Karten

Nordafrika – Überblick

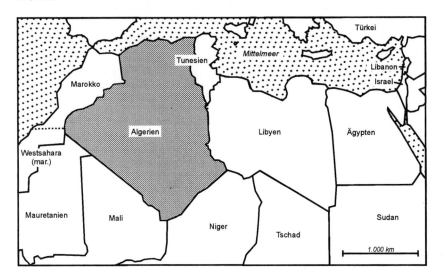

In Algerien leben auf einer Fläche von 2,38 Mio. m³ 30 Mio. (1999) Menschen. Das entspricht einer Bevölkerungsdichte von 123 Einwohnern/m². Das Land ist in 48 Bezirke gegliedert.

Der Altersdurchschnitt der algerischen Bevölkerung liegt relativ niedrig. Rund 40 % der Bevölkerung sind jünger als 15 Jahre, lediglich 3,8 % über 65 Jahre.[318]

---

[318] vgl. Weltbank (Hrsg.): Weltentwicklungsbericht 2000/2001 – Bekämpfung der Armut, Bonn 2001, 326

Algerien – Überblick/Infrastruktur

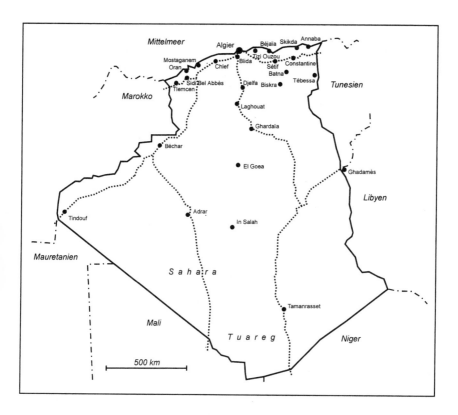

Algerien ist in 48 Bezirke (*wilajet*) gegliedert, die jeweils nach ihrem Hauptort benannt sind. Dabei sind die in der Wüste gelegenen Bezirke flächenmäßig wesentlich größer als die Bezirke an der Küsten, weisen aber gleichzeitig eine wesentlich geringere Bevölkerungsdichte auf.

Bezirk	Fläche in km²	Bezirk	Fläche in km²
Adrar	422.500	Médéa	8.834
Aïn Defla	4.557	Mila	3.490
Aïn Témouchent	2.491	Mostaganem	1.977

Algier	263	M'Sila	17.852
Annaba	1.196	Naama	30.801
Batna	12.121	Oran	2.114
El Bayadh	79.912	Ourgla	280.000
Béchar	163.000	El Oued	73.200
Béjaïa	3.280	Oum Al-Bouaghi	6.259
Biskra	16.327	Relizane	5.016
Blida	1.597	Saïda	6.129
Bordj Bou Arréridj	4.136	Sétif	6.648
Bouira	4.572	Sidi Bel Abbès	8.258
Boumerdès	1.619	Skikda	4.120
Chlef (Asnam)	4.205	Souk Ahras	4.345
Constantine	2.150	Tamanrasset	570.000
Djelfa	23.328	El Tarf	3.144
Guelma	4.291	Tébessa	14.984
Ghardaïa	87.000	Tiaret	19.921
Illizi	260.000	Tindouf	153.000
Jijel	2.350	Tipaza	2.072
Khenchela	10.596	Tissemsilt	3.477
Laghouat	25.403	Tizi Ouzou	3.025
Mascara	5.846	Tlemcen	9.335

Tabelle 4-1 Verwaltungsgliederung Algeriens (Statistisches Bundesamt (Hrsg.): Länderbericht Algerien 1994, Wiesbaden 1995, 30f)

Während 1975 die städtische Bevölkerung noch rund 40 % der Gesamtbevölkerung ausmachte, lebten 1999 bereits knapp 60 % der Einwohner in Städten. Für 2015 wird noch mit einer Zunahme der städtischen Bevölkerung auf rund 68 % gerechnet.[319]

Stadt	Einwohnerzahl (1997)	Stadt	Einwohnerzahl (1997)
Algier	1.687.579	Blida	131.615
Oran	598.525	Biskra	129.611
Constantine	449.602	Skikda	128.503

---

[319] vgl. United Nations (Hrsg.): Bericht über die menschliche Entwicklung, Bonn 2000, 2001

Annaba	227.795	Béjaïa	118.233
Sétif	185.786	Mostaganem	115.302
Batna	184.833	Tébessa	111.688
Sidi Bel Abbès	154.745	Tlemcen	108.145

Tabelle 4-2 Großstädte und deren Einwohnerzahl (vgl. Baratta 1999, 61)

Algerien – Landwirtschaft

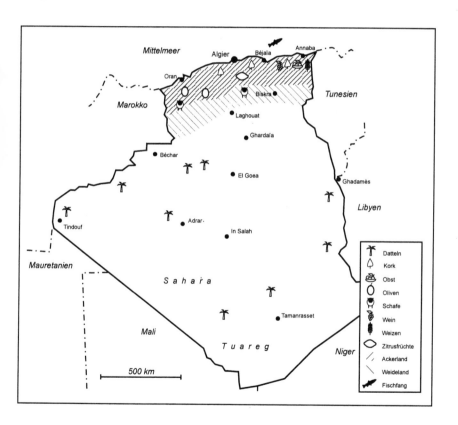

Algerien – Industrie[320]

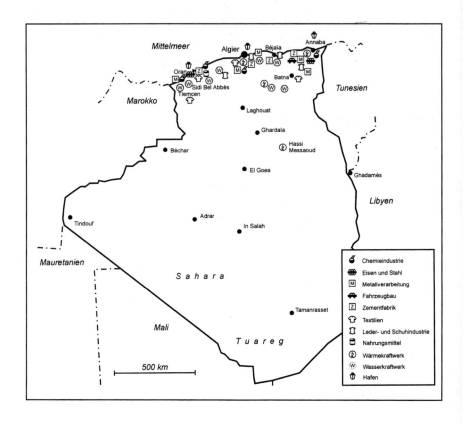

---

[320] nach: Statistisches Bundesamt (Hrsg.): Länderbericht Algerien 1994, Wiesbaden 1995, 13

Algerien – Erdöl und Erdgas[321]

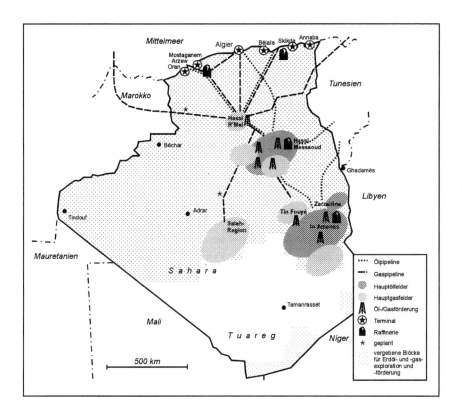

---

[321] erstellt nach MEED, 29.10.1999, 13 und Société nationale pour le transport et la commercialisation des hydrocarbures (SONATRACH): Annual Report 1999, http://www.sonatrach-dz.com, 08.11.2001

4.3   Human Development Index

	Algeria	Libya	World	Industrial Countries (OECD)	Least Developed Countries
Life expectancy at birth (years) 1999	69.3	70.3	66.7	76.6	51.7
Adult literacy rate (%) 1999	66.6	79.1	..	..	51.6
Combined first-, second- and third-tlevel gross enrolment ratio (%) 1999	72	92	65	87	38
GDP per capita (PPP$) 1999	5,063	7,570	6,980	22,020	1,170
Life expectancy index 1999	0.74	0.75	0.70	0.86	0.45
Education index 1999	0.69	0.83	0.74	0.94	0.47
GDP index 1999	0.66	0.72	0.71	0.90	0.41
Human Development Index (HDI) value 1999	0.693	0.770	0.716	0.900	0.442

Tabelle 4-3 Human Development Index (vgl. United Nations (Hrsg.): Bericht über die menschliche Entwicklung, Bonn 2001)

4.4 Militär

Verteidigung allgemein	
Verteidigungsbudget	• 1,6 Mrd. USD$ (1997)
Militärhilfe	• 0,08 Mio. USD (1997)
Gesamtstärke	• *Aktiv:* ~ 124.000 (inkl. 75.000 Wehrpflichtige) allgemeine Wehrpflicht • *Reserve:* ~ 150.000 (alle Landstreitkräfte, bis zum 50. Lebensjahr)
Dienstzeit	• 18 Monate (6 Monate Grundausbildung + 12 Monate)
Strategische Kräfte	• Algerien verfügt über keine strategischen Kräfte.
Landstreitkräfte	• 107.000 (~ 75.000 Wehrpflichtige)
	• 6 Militärbereiche • 2 Panzerdivisionen (je) 3 Panzerregimenter, 1 mechRegiment • 2 mechDivisionen (je) 3 mechRegimenter, 1 Panzerregiment • 1 Luftlandedivision, 1 selbständige Panzerbrigade, 4-5 selbständige mot/mechBrigaden, 7 Artilleriebataillone, 5 Fliegerabwehrbataillone
Seestreitkräfte	• ~ 7.000 (inkl. Küstenwache)
Landgestützte Einrichtungen	• Mers el Kebir • Algier • Annaba • Jijel
Küstenwache	• ~ 500
Luftstreitkräfte	• 10.000
	• 3 Fliegerabwehrbrigaden • 3 Fliegerabwehrlenkwaffenregimenter
weitere Kräfte	
Paramilitärische Kräfte	• ~ 146.200
Gendarmerie	• 25.000 (untersteht dem Verteidigungsministerium), 6 Regionen
Nationale Sicherheitskräfte	• 20.000 (unterstehen dem Direktorat für Staatssicherheit, ausgerüstet mit leichten Infanteriewaffen)

Republikanische Garde	• 1.200
Kommunale Wachen / Legiti-mierte Verteidigungsgruppen	• 100.000 Lokale Milizen
Oppositionskräfte	• *Armée islamique du salut* (AIS) (~ 2.000), Be-waffneter Arm der *Front islamique du salut* (FIS) • Bewaffnete *Front des islamischen Djihad* (FIDA) • *Liga für die Verbreitung des Islams* (LIDD)

Tabelle 4-4 Algerische Streitkräfte, Stand 1999 (Bundesministerium für Landesverteidigung der Republik Österreich, http://www.bmlv.gv.at, 06.02.2002)

4.5 Ministerien[322]

- Président; Ministère de la Défense Nationale
- Premier Ministère
- Ministère de l'Agriculture
- Ministère du Commerce
- Ministère de la Culture et de la Communication
- Ministère de l'Education Nationale
- Ministère de l'Enseignement Supérieur et de la Recherche Scientifique
- Ministère de l'Energie et des Mines
- Ministère des Finances
- Ministère des Affaires Etrangères
- Ministère de la Santé et de la Population
- Ministère de l'Habitat
- Ministère de la Restructuration Industrielle et de la Participation
- Ministère de l'Intérieur et des Collectivités Locales, de l'Environnement et de la Réforme Administrative
- Ministère de la Justice
- Ministère du Travail et de la Protection Sociale
- Ministère Délégué de la Solidarité Nationale et de la Famille
- Ministère des Postes et Télécommunications
- Ministère des Affaires Religieuses
- Ministère de la Petite et Moyenne Entreprise
- Ministère du Tourisme et de l'Artisanat

---

[322] Algerian Sites, http://www.algeriansites.com, 28.09.2001

- Ministère des Transports
- Ministère des Moudjahidines
- Ministère de la Jeunesse et des Sports
- Ministère de la Formation Professionnelle
- Ministère de l'Equipement et de l'Aménagement du Territoire
- Ministère Délégué de la Réforme Administrative et de la Fonction Publique
- Ministère Délégué au Trésor
- Secrétariat d'Etat chargé de la Coopération et des Affaires Maghrébines
- Secrétariat d'Etat chargé de la Communauté Nationale à l'étranger
- Secrétariat d'Etat chargé de l'Environnement
- Secrétariat Général du Gouvernement
- Ministère de la Pêche et des Ressources Halieutiques

4.6 Banken

- Banque d'Algérie (BA); Zentralbank
- Banque Algérienne de Développement (BAD); Entwicklungsbank

Geschäftsbanken

- Banque Commerciale et Industrielle d'Algérie (BCIA)
- Banque de l'Agriculture et du Développement Rural (BADR)
- Banque de Développement Local (BDL)
- Banque Extérieure d'Algérie (BEA)
- Banque Nationale d'Algérie (BNA)
- Caisse National d'Eparque et de Prévoyance (CNEP)
- Compagnie Algérienne de Banque (CAB)
- Crédit Populaire d'Algérie (CPA)
- El Khalifa Bank
- Mouna Bank
- Union Bank (UB)

Ausländische Banken

- Arab Banking Corporation – Algeria (ABC)
- Banca Carige
- Banque al Baraka d'Algérie
- Banque du Maghreb Arabe pour l'Investissement et le Commerce (BAMIC)
- BNP Paribas
- Citibank SA Algérie
- Crédit Lyonais

- El-Rayan Bank
- Natexis el Amana d'Algérie
- Société Générale Algérie
- Wafabank

4.7 Bewertung des algerischen Marktes (Checklisten)[323]

Vorbemerkung

Die nachfolgenden Einschätzungen beruhen auf subjektiven Eindrük-
ken. Sie sollen als Hilfestellung für die Beobachtung, Analyse und Bearbeitung des algerischen Marktes dienen. Die Bewertungen können je
nach interessiertem Unternehmen und in bezug auf die jeweiligen Geschäftspartner z.t. erheblich variieren. Nicht alle Beurteilungskriterien
müssen in jedem Fall zur Anwendung kommen. Zudem lassen sie teilweise relativ große Interpretationsspielräume, die mitunter gewisse Ab-
straktionen oder den unmittelbaren Bezug zu einem spezifischen Ge-
schäftsfeld erfordern.

Entwicklung von Szenarien

Mit Hilfe von Szenarien können künftige Entwicklungsmöglichkeiten einer
gegenwärtig gegebenen Situation antizipiert werden. Dadurch soll es
dem Betrachter möglich werden, sich auf Veränderungen vorzubereiten
und die davon betroffenen eigenen Ziele und Maßnahmen entsprechend
anzupassen. Dabei ist es für einen Investor von besonderer Bedeutung,
wie sich das Umfeld der Investition künftig entwickeln könnte. Derartige
Szenarien können gleichermaßen für kurz-, mittel- oder langfristige Zeit-
räume entwickelt werden.

Umfeldfaktoren		Entwicklung	
		Trendaussage	**Wirkung auf Investition**
Politisches Umfeld	Politische Stabilität	(O) gegeben	+
		(P) nicht gegeben	-
		(W) gegeben	+
	Risiko staatlicher Interventionen	(O) gering	+
		(P) hoch	--
		(W) mittel	-
	Rechtssicherheit	(O) sicher	+
		(P) unsicher	-
		(W) unsicher	-

---

[323] siehe dazu auch Strunz, Herbert; Dorsch, Monique: Internationalisierung der mittelständischen Wirtschaft – Instrumente zur Erfolgssicherung, Frankfurt/M. u.a. 2001

	Unterstützung durch öffentliche Stellen	(O) gut	++
		(P) schlecht	-
		(W) mittel	+
Ökonomisches Umfeld	Wirtschaftswachstum	(O) positiv	+
		(P) negativ	-
		(W) positiv	+
	Preisstabilität	(O) bleibt	+/-
		(P) gefährdet	-
		(W) gefährdet	-
	Zinsniveau	(O) bleibt	+/-
		(P) steigt	-
		(W) bleibt	+/-
Ökonomisches Umfeld	Wechselkursschwankungen	(O) nicht gegeben	+
		(P) gegeben	-
		(W) gegeben	-
	Staatshaushalt/ Auslandsverschuldung	(O) günstig	+
		(P) ungünstig	-
		(W) mittel	+/-
	Arbeitsmarkt: Streikrisiko	(O) gering	+
		(P) hoch	--
		(W) gering	+
	Arbeitsmarkt: Verfügbarkeit qualifizierter Arbeitskräfte	(O) gut	+
		(P) sehr schlecht	--
		(W) schlecht	-
Technologisches Umfeld	Innovationspotential	(O) hoch	++
		(P) gering	-
		(W) mittel	+
	F & E-Möglichkeiten (Infrastruktur)	(O) gut	+
		(P) schlecht	-
		(W) schlecht	-
	Schutzmöglichkeiten (z.B. Patente, Investitionen)	(O) gut	++
		(P) schlecht	-
		(W) mittel	+
Gesellschaftliches Umfeld	Soziale Stabilität	(O) gegeben	+
		(P) nicht gegeben	-
		(W) nicht gegeben	-
	Bedrohung durch religiösen Fundamentalismus	(O) gering	+
		(P) hoch	-
		(W) hoch	-

Gesellschaftliches Umfeld	Kriminalität	(O) gering	+
		(P) hoch	-
		(W) mittel	+/-
	Sicherheitsstrukturen	(O) ausgebaut	+
		(P) wenig ausgebaut	-
		(W) wenig ausgebaut	-
	Bestehen von Institutionen (z.B. Medien, staatliche Organisationen, NGOs, Wahlen)	(O) vorhanden	+
		(P) nicht vorhanden	-
		(W) teilweise vorhanden	+/-
	Gesundheitswesen	(O) ausgebaut	+
		(P) wenig ausgebaut	-
		(W) mittel	+/-
Natürliches Umfeld	Klimatische Bedingungen	(O) günstig	++
		(P) ungünstig	-
		(W) mittel	+
	Möglichkeiten der Informationsbeschaffung	(O) gut	++
		(P) schlecht	-
		(W) mittel	+
	Verfügbarkeit und Preise von Gewerbeflächen (Gebäude und Grundstücke)	(O) gut	++
		(P) schlecht	-
		(W) mittel	+
	Verfügbarkeit und Preise von Rohstoffen (außer Erdöl)	(O) gut	+
		(P) schlecht	-
		(W) schlecht	-
	Verkehrsinfrastruktur (Verfügbarkeit und Zustand von Bahn, Straße, Flugplätzen, Schiffahrtswegen usw.)	(O) sehr gut	++
		(P) sehr schlecht	--
		(W) schlecht	-
	Kommunikationsinfrastruktur (Verfügbarkeit und Zustand von Post, Telefon, Funk usw.)	(O) gut	+
		(P) schlecht	-
		(W) schlecht	-
	Sicherheit bei Versorgung (z.B. mit Strom, Gas, Wasser) und Entsorgung (z.B. Abfall, Abwasser)	(O) gut	+
		(P) schlecht	-
		(W) mittel	+/-
	Räumliche Nähe zu Kunden (vor Ort)	(O) gut	+
		(P) schlecht	-
		(W) gut	+
	Räumliche Nähe zu Lieferanten	(O) gut	+
		(P) schlecht	-
		(W) schlecht	-

Natürliches Umfeld	Beratungsangebot (z.B. Werbung, Steuerberatung, Unternehmensberatung)	(O) gut	+
		(P) schlecht	-
		(W) schlecht	-
	Bildungsangebot (z.B. Schulen, Hochschulen, Weiterbildung)	(O) gut	++
		(P) schlecht	-
		(W) mittel	+
(O) optimistisches Szenario (P) pessimistisches Szenario (W) wahrscheinliches Szenario		Beurteilung der Wirkungen: ++ (sehr gut), + (gut), +/- (neutral), - (schlecht), -- (sehr schlecht)	

Tabelle 4-5 *Szenarien Algerien*

Kriterien für die Beurteilung des politischen Länderrisikos	Gewichtung	Bewertung					Wert
		1	2	3	4	5	
Fade Signals							
Demographie							
Bevölkerungsstruktur (Alterspyramide)	1						5
Geographische Verteilung der Bevölkerung nach Ethnien	1						3
Macht- und Ordnungspolitik							
Abgespaltetsein von anderen Systemen	1						3
Grundlegende Divergenzen in Schlüsselfunktionen	1						3
Clanismus und Klientelismus	1						1
Einfluß des Militärs	2						4
Ökonomie							
Know-how-Defizite	1						2
Monolitische Strukturen	1						2
Ökologie & Technologie							
Know-how-Defizite	1						2
Weak Signals							
Demographie							
Überdurchschnittlicher Anstieg einer ethnischen Minderheit	1						4
Binnenmigration	1						4
Emigration/Immigration	1						4
Minderheitenschutz in der Verfassung	1						4
Urbanisierung	1						4
Macht- und Ordnungspolitik							

Multidimensionaler Dualismus in einem Staat (d.h., Existenz zweier/mehrerer Institutionen mit parallelen Schlüsselfunktionen)	2		2
Unterminierung über mittelbare Instrumente	2		2
Unangekündigte Umbesetzungen in Schlüsselfunktionen	2		4
Ökonomie			
Strukturelle Defizite in Kombination mit Know-how-Defiziten	2		2
Ökologie & Technologie			
Ressourcenverknappung	2		8
Einschaltung internationaler Organisationen in Problemlösungen	2		8
Strong Signals			
Demographie			
(Starkes) Bevölkerungswachstum	2		10
Macht- und Ordnungspolitik			
Instrumentalisierung von Minderheiten	2		8
Permanente und persönliche Attacken zwischen Spitzenpolitikern	3		9
Presse- und Medienfreiheit	3		9
Unterdrückung von Minderheiten	3		9
Autonomiebestrebungen von Minderheiten	3		12
Entscheidungsschwächen der Eliten (bewußte Verzögerungen, Koordinationsschwäche)	3		6
Ökonomie			
Rapide Verschlechterung der ökonomischen Rahmendaten ohne konkrete Gegenmaßnahmen der Regierung	3		12
Ökologie & Technologie			
Konkrete Auswirkungen von Ökologie- und Technologiedefiziten auf die Bevölkerung	3		12
Hyper Signals			
Demographie			
Gezielte und politisch motivierte Zwangsumsiedelungen	3		15
Genozide	3		15
Bevölkerungsaustausch (Flüchtlingsströme)	3		15

Macht- und Ordnungspolitik	Gewichtung						Wert
Dezidierte Abspaltungsankündigungen von Minderheiten	3						15
Armee- und Polizeieinsatz gegen Proteste	3						6
Wahlverhinderungen	3						3
Gezielte Wahlbeeinflussungen	3						3
Ökonomie							
Einstellung von internationalen Krediten	3						12
Permanente Proteste der Bevölkerung gegen Belastungen	3						15
Ökologie & Technologie							
Umweltkatastrophen	3						15
Summe (Vergleichsbasis)							**272**

Bewertungskriterien von 1 (hohe Eintrittswahrscheinlichkeit) bis 5 (geringe Eintrittswahrscheinlichkeit)

Tabelle 4-6 Checkliste zur Evaluierung des politischen Länderrisikos (vgl. Feichtinger, Walter; Jureković, Predrag; Riemer, Andrea: Fallstudie „FYROM/Mazedonien" im Rahmen der Projektkooperation „Anwendung eines Early Warning Systems", in: Gustenau, G. (Hrsg.): Konfliktentwicklung auf dem südlichen Balkan I, Wien 1999, 41ff)

Kriterien zur Beurteilung der Attraktivität eines Marktes	Gewichtung	Bewertung					Wert
		1	2	3	4	5	
Marktspezifische Kriterien							
Marktvolumen	3						12
Marktwachstum	3						9
Marktqualität	3						9
Ertragspotential	3						12
Angebotsvolumen (Kapazität)	2						4
Nachfragepotential	3						12
Kaufkraft der Bevölkerung*	3						6
Marktzugang (Markteintrittsbarrieren)	2						6
Konkurrenzsituation*	3						9
Wettbewerbsintensität	3						9
Art der Preisbildung	2						6
Spielräume bei der Preisgestaltung	2						4
Vertragsbedingungen	2						6
Substituierbarkeit der Produkte	2						8

Räumliche Nähe zu Kunden*	2							4
Räumliche Nähe zu Lieferanten*	2							4
Allgemeine Kriterien								
Demographische Veränderungen	1							4
Stabilität der Wirtschaftssituation*	3							12
Preis- und Währungsstabilität*	2							6
Zinsniveau*	1							3
Stetigkeit und Vorhersehbarkeit der Wirtschaftspolitik*	2							8
Steuer- und Abgabenbelastung*	2							6
Regionale Tarif- und Lohnunterschiede*	1							2
Möglichkeiten der Informationsbeschaffung*	2							8
Verfügbarkeit und Preise von Rohstoffen*	2							8
Verkehrsinfrastruktur (Verfügbarkeit und Zustand von Bahn, Straße, Flugplätzen, Schiffahrtswegen usw.)*	2							8
Soziale Stabilität*	2							4
Ethnische und religiöse Spezifika*	2							4
Summe (Vergleichsbasis)								193

Bewertungskriterien von 1 (sehr ungünstig) bis 5 (sehr günstig)
* siehe auch „Checkliste zur Beurteilung der Attraktivität eines Standortes"

Tabelle 4-7 *Checkliste zur Beurteilung der Attraktivität des algerischen Marktes*

Probleme beim Export I – **Unternehmensinterne Risiken**	**Gewichtung**	**Bewertung**					**Wert**
		1	2	3	4	5	
Strategie							
Anforderungen an die Strategie	3						9
Markteinschätzung	3						9
Adaptierung an neue Verhältnisse	2						4
Projektakquisition	2						6
Politische Unterstützung aus dem Heimatland	2						4
Unterstützung vor Ort	3						6
Informationsbeschaffung	3						6
Beratung durch Kammern und Verbände	1						3
Marketing							
Marktforschung							

Verfügbarkeit von Daten/Umfeld	2					4
Verfügbarkeit von Daten/Branche	2					4
Verfügbarkeit von Daten/Konkurrenz	2					4
Verfügbarkeit von Daten/Kunden	2					4
Kosten der Marktforschung	2					4
Marktforschung vor Ort	3					6
Produktpolitik						
Qualität	2					6
Innovation	2					6
Preise und Konditionen	2					6
Kommunikationspolitik						
Sprachbarrieren	2					4
Kulturelle Probleme	2					4
Distributionspolitik						
Direkter Vertrieb/Stammhausmitarbeiter	3					6
Direkter Vertrieb/lokaler Vertreter (vor Ort)	3					9
Indirekter Vertrieb/Händler	2					4
Indirekter Vertrieb/Handelshäuser	2					4
Indirekter Vertrieb/Lizenzvergabe	2					4
Joint Venture	2					6
Messeteilnahme	2					8
Road Shows/Symposien	1					2
Gemeinschaftsausstellungen	2					8
Logistik – Infrastruktur	2					4
Transport	2					6
Lagerung	2					6
Kontrahierungspolitik						
Preisgestaltung	2					6
Akzeptanz der Konditionen	2					8
Finanzen						
Kosten der Marktbearbeitung	3					9
Finanzbedarf	3					9
Eigenkapitalfinanzierung	1					3
Fremdkapitalfinanzierung	1					3
Förderungen und Unterstützungen	1					2
Absicherung/Versicherungen	1					2

	Gewichtung	1	2	3	4	5	Wert
Finanzierung Liefer-/Zahlungsbedingungen	3						6
Kapitalbindungsdauer	1						3
Produktion							
Produktions- und Lieferkapazität							
Eigenfertigung	1						4
Fremdfertigung	1						3
Vor-Ort-Fertigung	1						2
Energie- und Rohstoffversorgung	2						8
Personal							
Geeignetes/qualifiziertes Personal	3						6
Bereitschaft zu Auslandsreisen/-aufenthalten	2						4
Erfahrung im Exportgeschäft	3						6
Personalbedarf	1						3
Interkulturelle Kompetenz	2						4
Verhandlungskompetenz	3						9
Verhaltensbedingte Barrieren	1						2
Sprachkenntnisse	1						2
Summe (Vergleichsbasis)							270

Bewertungskriterien von 1 (problematisch) bis 5 (nicht problematisch)

Tabelle 4-8 Checkliste zu möglichen Problemen beim Export nach Algerien I (Unternehmensinterne Risiken)

Probleme beim Export II – **Unternehmensexterne Risiken**	Gewichtung	Bewertung					Wert
		1	2	3	4	5	
Politische Risiken							
Politisches Risiko i.e.S.							
Unruhen	3						6
Boykott	2						8
Streiks	2						6
Blockaden	2						6
Institutionelle Markteintrittsbarrieren							
Tarifäre Handelshemmnisse	2						4
Nichttarifäre Handelshemmnisse	2						4
Konvertierungs- und Transferrisiko	1						3
Zahlungsverbots- und Moratoriumsrisiko	1						4
Ökonomische Risiken							

Marktrisiko							
Exportvolumen/Kapazität	2						8
Richtiges Produkt	3						12
Richtige Zielgruppe	3						12
Richtiger Zeitpunkt	3						12
Kursrisiko	2						6
Transportrisiko							
Verlust	1						4
Verspätete Lieferung	1						4
Logistik (z.B. falscher Ort)	1						3
Beschädigung	1						4
Annahmerisiko							
Nicht rechtzeitige Annahme	1						4
Mängel- und Qualitätsrügen	1						4
Kreditrisiko							
Zahlungsverzug	1						3
Zahlungsunwilligkeit	1						3
Zahlungsunfähigkeit	3						6
Spezifische Risiken							
Risiken der Angebotsphase	1						3
Risiken der Vertragsphase	1						2
Preis- und Konditionenrisiko	1						3
Haftungsrisiko (Produkt)	1						3
Risiken der Auftragsabwicklung							
Montagerisiko	1						2
Gewährleistungsrisiko	1						3
Verzugsrisiko	1						3
Kulturelle Faktoren							
Sprache	1						2
Verhalten von Geschäftsleuten	1						3
Geschäftspraktiken im Zielland	3						6
Konsumentenverhalten	3						3
Summe (Vergleichsbasis)							157
Bewertungskriterien von 1 (problematisch) bis 5 (nicht problematisch)							

Tabelle 4-9 Checkliste zu möglichen Problemen beim Export nach Algerien II (Unternehmensexterne Risiken)

Kriterien zur Beurteilung einer Investition im Ausland*	Gewichtung	Bewertung 1	2	3	4	5	Wert
Strategische Aspekte							
Vergrößerung des Absatzmarktes	3				x		12
Erleichterter Marktzugang	2			x			6
Realisierung von Kostenvorteilen	3				x		12
Realisierung von Wettbewerbsvorteilen	3				x		12
Nutzung von Synergieeffekten	3			x			9
Verfügbarkeit von Ressourcen	3				x		12
„Sprungbrett" zu weiteren Märkten	2				x		8
Kontaktanbahnung	2				x		8
Investitionsbedarf/Einstiegskosten	2		x				4
Akzeptanzprobleme	2			x			6
Entscheidungs- und Kontrollmöglichkeiten	1			x			3
(Miß-)Erfolgsfaktoren							
Kooperationsform	1		x				2
Standort	3			x			9
Personal	3			x			9
Partnerwahl	3			x			9
Produktstrategie	3				x		12
Marketing	2			x			6
Vertrieb	2			x			6
Know-how-Transfer	1			x			3
Information							
Informationsbeschaffung	2		x				4
Unterstützung vor Ort	2		x				4
Beratung durch Kammern und Verbände	1		x				2
Finanzierung							
Verfügbarkeit ausreichender Mittel	3			x			9
Verfügbarkeit von Förderungen	1			x			3
Absicherung	2		x				4
Summe (Vergleichsbasis)							**174**
Bewertungskriterien von 1 (sehr ungünstig) bis 5 (sehr günstig)							
*Unternehmensexterne Risiken siehe „Probleme beim Export II"							

Tabelle 4-10 Checkliste für eine Direktinvestition in Algerien

Standortfaktoren	Gewichtung	Bewertung					Wert
		1	2	3	4	5	
Politisch-rechtliches Umfeld							
Politisches System (z.B. Demokratie/Diktatur)	2		X				4
Stabilität der politischen Situation	3		X				6
Stabilität der Wirtschaftssituation	3			X			9
Behördliche Auflagen (Genehmigungsverfahren, Gebühren usw.)	2		X				4
Staatliche Eingriffe (z.B. Gewerbefreiheit, Vertragsfreiheit)	2			X			6
Staatliche Förderprogramme (z.B. Zuschüsse, Investitionsbegünstigungen)	2				X		8
Unterstützung durch öffentliche Stellen (Ämter, Behörden, Kammern usw.)	1			X			3
Investitionsschutz	2		X				4
Ökonomisches Umfeld							
Preis- und Währungsstabilität	2			X			6
Zinsniveau	1			X			3
Bankensektor	2		X				4
Stetigkeit und Vorhersehbarkeit der Wirtschaftspolitik	2				X		8
Steuer- und Abgabenbelastung (Unternehmensgewinne, Löhne)	2			X			6
Verfügbarkeit von qualifiziertem Personal	3		X				6
Regionale Tarif- und Lohnunterschiede	1			X			3
Arbeitseinstellung und Mentalität	2		X				4
Arbeitsfrieden (vgl. Streikrisiko)	1			X			3
Gewerkschaftlicher Einfluß	1			X			3
Gesetzliche oder tarifliche Einschränkungen personalpolitischer Maßnahmen (vgl. Löhne, Arbeitszeiten, Entlassungsmöglichkeiten)	1		X				2
Konkurrenzsituation	3			X			9
Nachfragepotential	3				X		12
Kaufkraft der Bevölkerung	3		X				6
Technologisches Umfeld							
Innovationsnotwendigkeit	1				X		4
Innovationspotential	1			X			3
F & E-Möglichkeiten	1		X				2

	1							
Patentrecht/Schutzmöglichkeiten	1							3
Natürliches Umfeld								
Klimatische Bedingungen	1							2
Geographische Restriktionen	1							2
Möglichkeiten der Informationsbeschaffung	2							2
Verfügbarkeit und Preise von Gewerbeflächen (Gebäude und Grundstücke)	2							8
Verfügbarkeit und Preise von Rohstoffen	2							8
Verkehrsinfrastruktur (Verfügbarkeit und Zustand von Bahn, Straße, Flugplätzen, Schiffahrtswegen usw.)	2							6
Tarife des privaten/öffentlichen Nahverkehrs	1							3
Preise überregionaler Verkehrsmittel	1							3
Kommunikationsinfrastruktur (Verfügbarkeit und Zustand von Post, Telefon, Funk usw.)	2							4
Preise für Kommunikationsdienste (z.B. Post)	1							3
Sicherheit bei Versorgung (z.B. Strom, Gas, Wasser) und Entsorgung (Abfall, Abwasser)	2							6
Tarife für Ver- und Entsorgung	1							3
Räumliche Nähe zu Kunden	2							6
Räumliche Nähe zu Lieferanten	2							6
Beratungsangebot (z.B. Werbung, Steuerberatung, Unternehmensberatung)	1							2
Bildungsangebot (z.B. Schulen, Hochschulen, Weiterbildung)	1							3
Gesellschaftliches Umfeld								
Soziale Stabilität	2							4
Ethnische und religiöse Spezifika	2							2
Familienstrukturen	1							3
Gesundheitswesen	1							2
Kriminalität	2							2
Sicherheitsstrukturen (z.B. Polizei, Militär)	2							4
Bestehen von Institutionen (z.B. Medien, staatliche Organisationen, NGOs, Wahlen)	1							2
Zivilgesellschaftliche Strukturen	1							2
Summe (Vergleichsbasis)								**219**

Bewertungskriterien von 1 (sehr ungünstig) bis 5 (sehr günstig)

Tabelle 4-11 Checkliste zur Beurteilung der Attraktivität des Standortes Algerien

Kriterien der Standortsicherheit	Gewichtung	Bewertung					Wert
		1	2	3	4	5	
Naturkatastrophen							
Überschwemmung	1				▪		4
Erdbeben	1				▪		4
Stürme	1			▪			3
Feuer	1			▪			3
Kriminalität							
Wirtschaftskriminalität							
Betrug	1		▪				2
Insolvenzstraftaten	1			▪			3
Delikte im Bereich Anlage und Finanzierung	1			▪			3
Wettbewerbsdelikte	1			▪			3
Delikte im Bereich der Arbeitsverhältnisse	1			▪			3
Betrug und Untreue bei Kapitalanlagen	1			▪			3
Organisierte Kriminalität							
Illegaler Warentransport	1			▪			3
Einbrüche und Diebstähle	1			▪			3
Betrug	1		▪				2
Korruption	2	▪					2
Piraterie	1			▪			3
Laden- und Transportdiebstähle	1			▪			3
Mitarbeiterkriminalität							
Betrug	1			▪			3
Veruntreuung	1			▪			3
Unterschlagung	1			▪			3
Produktfälschungen/Markenpiraterie	1		▪				2
Armut und Umwelt							
Armut	2	▪					2
Arbeitslosigkeit	2	▪					2
Religiöser Fundamentalismus	2	▪					2
Umweltzerstörung	1			▪			3
Raubbau an Ressourcen (z.B. Rohstoffe, Humankapital)	1		▪				2
Boykotte und Protestbewegungen							
Gegen Länder	1				▪		4

Kriterium	Gewichtung	1	2	3	4	5	Wert
Gegen Unternehmen	1						4
Streikrisiko	1						3
Grenzen moderner Kommunikation							
Abhören der Kommunikationswege	1						3
Informationsverluste (z.B. Viren, Hacker)	1						3
Wirtschafts- und Konkurrenzspionage							
Zeitweilig tätige Externe (z.B. Wissenschaftler)	1						3
Joint Venture-Partner	1						2
Konkurrenten	1						3
Lieferanten	1						3
Nachrichtendienste							
Möglichkeit der Nutzung nachrichtendienstlicher Informationen	1						3
Bedrohung des eigenen Unternehmens durch Nachrichtendienste	1						3
Proliferation							
Umgehung von Handelsbarrieren (z.B. Embargobruch)	1						4
Umgehung von Restriktionen durch Einschaltung von Scheinfirmen	1						4
Umgehung von Restriktionen durch Lieferung über Drittstaaten	1						4
Umgehung von Restriktionen durch illegale Lieferungen (z.B. Waffenlieferungen als „getarnte" Einzelteile)	1						4
Summe (Vergleichsbasis)							119

Bewertungskriterien von 1 (sehr risikobehaftet) bis 5 (wenig risikobehaftet)

Tabelle 4-12 Checkliste zur Bewertung von Gefahrenpotentialen und Bedrohungen der Markt- und Standortsicherheit in Algerien

Kriterien zur Beurteilung der Absicherungsnotwendigkeiten	Gewichtung	Bewertung					Wert
		1	2	3	4	5	
Risiken							
Politische Risiken							
Politisches Risiko i.e.S. (z.B. Krieg, Boykotte)	3						6
Zahlungsverbots- und Moratoriumsrisiko	1						4
Transfer- und Konvertierungsrisiko	2						6

	Gewichtung	Wert
Risiko von Gesetzesänderungen	2	6
Ökonomische Risiken		
Marktrisiko	3	12
Preisrisiko	2	6
Kreditrisiko (Zahlungsausfall)	3	6
Lieferungs- und Annahmerisiko	1	4
Kursrisiko	3	9
Transportrisiko	2	6
Standortrisiko	3	9
Transportversicherung		
Seetransport	1	3
Binnentransport	1	3
Lufttransport	1	3
Exportkreditversicherung		
Staatlich	3	6
Privat	2	4
Summe (Vergleichsbasis)		93

Bewertungskriterien von 1 (problematisch) bis 5 (nicht problematisch)

Tabelle 4-13 Checkliste zur Analyse der Absicherungsnotwendigkeiten im Zusammenhang mit dem algerischen Markt

Kriterien für die Beurteilung des Hydrokarbonsektors	Gewichtung	Bewertung					Wert
		1	2	3	4	5	
Gesellschaftliche Entwicklung							
Bevölkerungsstruktur	2						6
Bevölkerungswachstum	2						6
Kultur/Mentalität	2						6
Arbeitskräftequalifikation	2						8
Arbeitskräfteverfügbarkeit	2						8
Gesellschaftliche Trends	2						6
Politische Entwicklung							
Art des politischen Systems	2						8
Politische Stabilität	3						9
Rechtssicherheit	3						9
Wirtschaftsordnung	2						8

Wirtschaftspolitik	2						8
Staatliche Eingriffe in die Wirtschaft	3						9
Wirtschaftliche Entwicklung							
BNP	1						3
Pro-Kopf-Einkommen	1						3
Lohnniveau	1						5
Einkommensverteilung	1						3
Inflationstendenzen	1						4
Währung (Stabilität, Wechselkurs, Devisentransfer)	2						6
Wirtschaftsstruktur	1						3
Nachfrage (Wie stellt sich der Markt dar?)							
Bedarf an Produkten	3						15
Marktvolumen	3						15
Marktwachstum	3						15
Stabilität der Nachfrage (Dauerhaftigkeit, Substituierbarkeit)	2						8
Marktzugang	2						6
Preisbildung	2						6
Vertragsbedingungen (Verträge mit den Kunden)	2						6
Angebot (Unter welchen Bedingungen läßt sich anbieten?)							
Produktspektrum	2						8
Kapazität	2						8
Lieferfähigkeit	2						8
Kostensituation (Rentabilität der Branche, Kapitalintensität)	3						12
Vertragsbedingungen (Verträge mit den Lieferanten)	2						8
Anforderungen an Distribution und Service	2						6
Energie- und Rohstoffversorgung (Störungsanfälligkeit)	2						8
Wettbewerbssituation							
Verhalten der etablierten Wettbewerber	3						9
Wettbewerbsklima	2						6
Variabilität der Wettbewerbsbedingungen	1						3
Marktzugang (Markteintrittsbarrieren)	2						6

Stellung im Marktlebenszyklus	1						4
Technologisches Niveau/ Innovationsbedüftigkeit	1						2
Bedrohung durch Substitutionsprodukte	1						4
Summe (Vergleichsbasis)							**281**
Bewertungskriterien von 1 (sehr ungünstig) bis 5 (sehr günstig)							

Tabelle 4-14 Checkliste zur Branchenanalyse – Hydrokarbonsektor

Kriterien für die Beurteilung des industriellen Sektors	Gewichtung	Bewertung					Wert
		1	2	3	4	5	
Gesellschaftliche Entwicklung							
Bevölkerungsstruktur	2						8
Bevölkerungswachstum	2						10
Kultur/Mentalität	2						8
Arbeitskräftequalifikation	2						6
Arbeitskräfteverfügbarkeit	2						8
Gesellschaftliche Trends	2						6
Politische Entwicklung							
Art des politischen Systems	2						8
Politische Stabilität	3						9
Rechtssicherheit	3						6
Wirtschaftsordnung	2						8
Wirtschaftspolitik	2						8
Staatliche Eingriffe in die Wirtschaft	3						9
Wirtschaftliche Entwicklung							
BNP	1						3
Pro-Kopf-Einkommen	1						2
Lohnniveau	1						5
Einkommensverteilung	1						2
Inflationstendenzen	1						4
Währung (Stabilität, Wechselkurs, Devisentransfer)	2						6
Wirtschaftsstruktur	1						3
Nachfrage (Wie stellt sich der Markt dar?)							
Bedarf an Produkten	3						15
Marktvolumen	3						15

Marktwachstum	3						15
Stabilität der Nachfrage (Dauerhaftigkeit, Substituierbarkeit)	2						6
Marktzugang	2						8
Preisbildung	2						8
Vertragsbedingungen (Verträge mit den Kunden)	2						8
Angebot (Unter welchen Bedingungen läßt sich anbieten?)							
Produktspektrum	2						10
Kapazität	2						6
Lieferfähigkeit	2						6
Kostensituation (Rentabilität der Branche, Kapitalintensität)	3						9
Vertragsbedingungen (Verträge mit den Lieferanten)	2						6
Anforderungen an Distribution und Service	2						4
Energie- und Rohstoffversorgung (Störungsanfälligkeit)	2						6
Wettbewerbssituation							
Verhalten der etablierten Wettbewerber	3						12
Wettbewerbsklima	2						8
Variabilität der Wettbewerbsbedingungen	1						4
Marktzugang (Markteintrittsbarrieren)	2						8
Stellung im Marktlebenszyklus	1						5
Technologisches Niveau/ Innovationsbedürftigkeit	1						3
Bedrohung durch Substitutionsprodukte	1						3
Summe (Vergleichsbasis)							284
Bewertungskriterien von 1 (sehr ungünstig) bis 5 (sehr günstig)							

Tabelle 4-15 Checkliste zur Branchenanalyse – Industrie

Im Sinne der Fortführung der Betrachtungen erweist sich die nachstehende Checkliste zur Analyse der Stärken und Schwächen des eigenen Unternehmens, von Kunden und Konkurrenz als zweckdienlich.

Kriterien für die Beurteilung eines Unternehmens	Gewichtung	Bewertung					Wert
		1	2	3	4	5	
Marktposition							
Image							
Produktspektrum							
Marktanteil							
Produktqualität							
Vertriebsapparat							
Nähe zum Kunden							
Patente/Lizenzen							
Kundendienst							
Preisgestaltung							
Reaktionsmöglichkeiten der Konkurrenz							
Finanzen							
Rentabilität							
Kostenstruktur							
Kapitalausstattung/Kapitalverfügbarkeit							
Produktionspotential							
Technologischer Stand/Produktionsanlagen							
F & E-Aktivitäten							
Standortvorteil							
Energie- und Rohstoffversorgung							
Logistik							
Produktivität							
Herstellungskosten							
Rationalisierungspotentiale							
Management							
Unternehmensphilosophie/-kultur							
Führungskompetenz/Organisation							
Mitarbeiterqualifikation							
Verhältnis zu den Mitarbeitern/Betriebsklima							
Risikobereitschaft							
Summe (Vergleichsbasis)							

Bewertungskriterien von 1 (schlecht) bis 5 (ausgezeichnet)

Tabelle 4-16 Checkliste zur Unternehmensanalyse (Beurteilung von Stärken, Schwächen und Wettbewerbsvorteilen)

4.8   Struktogramme „Gesellschaft" und „Wirtschaft"

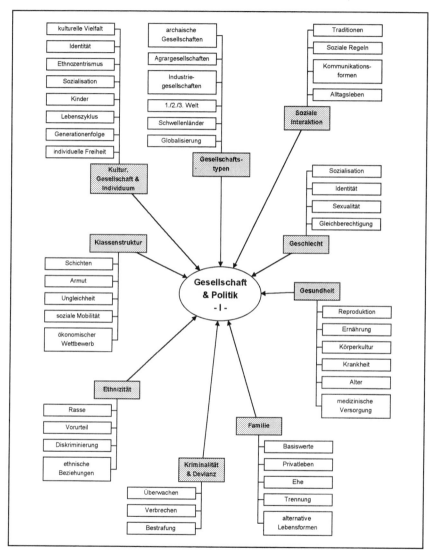

Abbildung 4-1 Struktogramm Gesellschaft – Gestaltungsfelder der Politik I (Strunz, Herbert; Dorsch, Monique: Internationalisierung der mittelständischen Wirtschaft – Instrumente zur Erfolgssicherung, Frankfurt/M. u. a. 2001, 49)

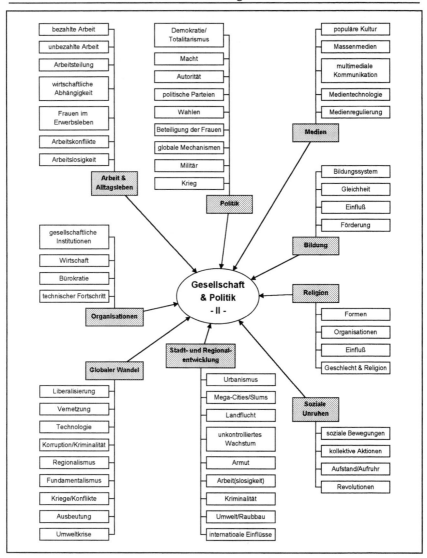

Abbildung 4-2 *Struktogramm Gesellschaft – Gestaltungsfelder der Politik II (Strunz, Herbert; Dorsch, Monique: Internationalisierung der mittelständischen Wirtschaft – Instrumente zur Erfolgssicherung, Frankfurt/M. u. a. 2001, 50)*

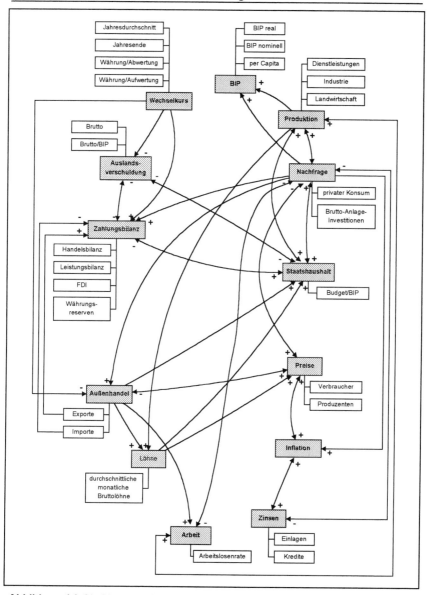

Abbildung 4-3 Struktogramm Wirtschaft (Strunz, Herbert; Dorsch, Monique: Internationalisierung der mittelständischen Wirtschaft – Instrumente zur Erfolgssicherung, Frankfurt/M. u. a. 2001, 45)

Literatur & Quellen

Abucar, Mohamed H.: The Post-Colonial Society – The Algerian Struggle for Economic, Social, and Political Change 1965-1990, New York u.a. 1996

Addi, Lahouari: Algeria's Army, Algeria's Agony, in: Foreign Affairs, July/August 1998, 44-53

Addi, Lahouari: Das Militär hat die Fäden in der Hand, in: Le Monde Diplomatique, 12.04.2001

Addi, Lahouari: Die Machthaber im Maghreb pflegen die Völkerfeindschaft, in: Le Monde Diplomatique, 17.12.1999

Addi, Lahouari: L'Algérie et la démocratie – pouvoir et crise du politique dans L'Algérie contemporaine, Paris 1998

Addi, Lahouari: La guerre continue en Algérie, in: Le Monde Diplomatique, Avril 2001

Addi, Lahouari: Les mutations de la société algérienne – famille et lien social dans l'Algérie contemporaine, Paris 1999

Addi, Lahouari: The New Algerian President between the Army and the Islamists, in: The International Spectator 3/1999, 7-10

Addi, Lahouari: Was der Terror verdeckt – Algeriens Machgefüge blockiert eine Lösung, in: Le Monde Diplomatique, Februar 1998

Africa Intelligence, http://www.africaintelligence.com

Aissaoui, Ali: Algeria – The Political Economy of Oil and Gas, Oxford 2001

Al-Ani, Ayad; Gneisz, Bettina; Kaufmann, Alexander; Kostner, Markus; Palme, Herwig; Strunz, Herbert: Österreichisch-arabische Wirtschaftsbeziehungen – Entwicklung und Perspektiven, Berlin 1995

Algeria Interface, http://www.algeria-interface.com

Algeria Watch (Hrsg.): Massaker im Namen der „Versöhnung"? (05.01.2001), http://www.algeria-watch.de/infomap/infom15/versohnung.html, 10.09.2001

Algeriainfo, http://www.algeriainfo.com

Algerian Sites, http://www.algeriansites.com

Algeria-Watch, http://www.algeria-watch.de

Algerische Zollgeneraldirektion, http://www.douane.dz

Altmann, Claudia: Was ist algerisch? – Ein Land auf der Suche nach seiner Identität, in: Inamo Sommer/Herbst 1998, 9-11

Altmann, Clemens: Privatisierung und Clan-Interessen – Das algerische Roulette, in: Inamo Sommer/Herbst 1998, 30-32

Altrock, Uwe: Stagnation statt Fortschritt, in: ai-Journal, Februar 2001, http://www.amnesty.de, 10.09.2001

Amari, Chawki: L'Algérie aux Africains!, in: Courrier International, 02.08.2001

Amari, Chawki: Les jeunes Kabyles ouvrent les hostilité (03.05.2001), in: Courrier International, http://www.courrierinternational.com, 18.12.2001

Amnesty International (Hrsg.): Jahresbericht 2001, Frankfurt/M. 2001

Amnesty International (Hrsg.): Jahresbericht 2001, http://www.amnesty.de, 07.11.2001

Amnesty International Österreich: Algeria – Programme of action to end human rights crisis, Wien 1998

Amnesty International: Algeria – „Disappearances": the wall of silence begins to crumble (March 1999), http://www.amnesty.org, 18.12.2001

Amnesty International: Algeria – Civilian population caught in a spiral of violence (November 1997), http://www.amnesty.org, 18.12.2001

Amnesty International: Algeria – Deteriorating human rights under the state of emergency (March 1993), http://www.amnesty.org, 18.12.2001

Amnesty International: Algeria – Executions after unfair trials; a travesty of justice (October 1993), http://www.amnesty.org, 18.12.2001

Amnesty International: Algeria – Fear and silence: A hidden human rights crisis (November 1996), http://www.amnesty.org, 18.12.2001

Amnesty International: Algeria – Killings in Serkadji Prison (February 1996), http://www.amnesty.org, 18.12.2001

Amnesty International: Algeria – Repression and violence must end (October 1994), http://www.amnesty.org, 18.12.2001

Amnesty International: Algeria – Truth and justice obscured by the shadow of impunity (November 2000), http://www.amnesty.de, 07.11.2001

Amnesty International: Algeria – Who are the „disappeared"? Case studies (March 1999), http://www.amnesty.org, 18.12.2001

Amnesty International: Algerien – Gefährdung von Gewerkschaftern, Bonn 1996, http://www.amnesty.de, 10.10.2001

Amnesty International: Algerien – Politische Veränderungen seit der Präsidentschaftswahl im November 1995, Bonn 1996, http://www.amnesty.de, 10.09.2001

Amnesty International: Länderbericht Algerien: Menschenrechte in der Krise, Bonn 1999

Arab Net, http://www.arab.net

ArabDataNet, http://www.arabdatanet.com

Arens, Marianne; Françoise Thull: Folter im Algerienkrieg 1954-62 (28.03.2001), in: World Socialist Web Site, http://www.wsws.org, 10.10.2001

Arnold, Adolf: Algerien – Eine frühere Siedlungskolonie auf dem Weg zum Schwellenland, Gotha 1995

Auswärtiges Amt, http://www.auswaertiges-amt.de

Autorenkollektiv: Violence d'Algérie, Paris 1998

Bancel, Nicolas; Blanchard, Pascal; Lemaire, Sandrine: Une histoire coloniale refoulée, in: Le Monde Diplomatique, Juin 2001

Bank Austria AG (Hrsg.): Wirtschaft im Überblick, Wien (Mai) 2001

Bank of Algeria/Banque d'Algérie, http://www.bank-of-algeria.dz

Bank of Algeria: Current Financial Situation and Medium-Term Outlook for the Republic of Algeria, Algier 2000

Baratta, Mario v. (Hrsg.): Fischer Weltalmanach 2000, Frankfurt/M. 1999

Barra, Kamel Rezzag; Swoboda, Hannes; Lahodynsky, Otmar: Runder Tisch: Algerien zwischen Demokratie und Terrorismus (GÖAB-Schriftenreihe, Heft 28), Wien 1999

Bäschlin, Elisabeth; Gass, Stefanie: Langes Warten in der Wüste, in: Unsere Welt 2/1999, http://www.home.sunrise.ch/comtex/uw2998.htm, 22.09.2001

Belloula, Nacera: Algérie – Le massacre des innocents, Paris 2000

Ben Bella, Ahmed: Cela nous aprémunis contre la haine, in: Le Monde Diplomatique, Septembre 2000

Benachenhou, Abdelatif: L'expérience algérienne de planification et de développement 1962-1982, Alger (OPU), 1982

Benachenhou, Mourad: De l'influence du politique sur la relance économique, in: Jeune Afrique L'intelligent, 25.04.-08.05.2000, 98-99

Benamrouche, Amar: Grèves et conflits politiques en Algérie, Paris 2000

Benchiba, Lakhdar; Ellyas, Akram B.: Le mur de l'argent fragmente la société algérienne, in: Le Monde Diplomatique, Octobre 2000

Benissad, Mohamed-Elhocine: Economie du développement de l'Algérie, Alger: OPU, 1982

Benmalek, Anouar: Die Liebenden von Algier, Neuwied 2000

Berchthold, Hugo: Algier steht vor einem heißen Sommer, in: Neue Luzerner Zeitung, 16.06.2001

Bernath, Markus: „Schmutziger Krieg" gegen die Islamisten, in: Der Standard, 10./11.02.2001

Bernath, Markus: Algeriens Aufstand, in: Der Standard, 23.05.2001

Bernath, Markus: Algeriens Massaker geben Rätsel auf, in: Der Standard, 27.12.2000

Bernath, Markus: Berber laufen Sturm gegen Algier, in: Der Standard, 30.04.2001

Biegel, Reiner: Die algerischen Präsidentschaftswahlen vom 16. November 1995, in: Orient, 2/1996, 265-279

Blum, Charlotte: Investors defy doubts to discover Algeria, in: Middle East Economic Digest (MEED) v. 19.09.1997, 2-3

Böheim, Michael: Marktchancen der österreichischen Industrie, in: WIFO Monatsberichte 6/1999, 405-418

Bohlen, Celestine: Counting Algeria's Graves, in: Herald Tribune, 19.12.1997

Böhm, Blanka Margaretha: Sieben Jahre Algerien – Kindheitserinnerungen aus der Vorkriegszeit, Frankfurt/M. 1998

Bouandel, Youcef; Zoubir, Yahia H.: Algeria's elections – the prelude to democratisation, in: Third World Quarterly 2/ 1998, 177-190

Boukhemis, Kaddour; Zeghiche, Anissa: Characteristics and patterns of urbanisation in Algeria, in: Orient, 1/1991, 45-57

Boukhemis, Kaddour; Zeghiche, Anissa: Urbanisation et réseau urbain en Algérie : volontarisme étatique et reconversion d'un système urbain extraverti, in : Orient, 2/1994, 261-271

Boukhobza, Mohammed: Octobre 88, évolution ou rupture?, Alger: Éditions Bouchéne, 1991

Boukrouh, Noureddine: L'Algérie être le mauvais et le pire, Alger 1997

Bourdieu, Pierre: Sociologie d'Algérie, Paris 2000

Brack, Robert: Yasmina Khadra seziert die Zustände in Algerien, in: taz, 23.10.2001

Brahimi, Abdelhamid: L'économie algérienne, Alger 1991

Brändle, Stefan: Algier und Paris auf einer Wellenlänge, in: Der Standard, 04.12.2001

Brändle, Stefan: Die Bulldozer von Bab El-Oued, in: Der Standard, 05.12.2001

Brändle, Stefan: Versöhnung zwischen Paris und Algier: Roter Teppich für Bouteflika, in: Der Standard, 14.06.2000

Bremer, Hans-Hagen. Schmutziger Krieg gegen das eigene Volk, in: Frankfurter Rundschau, 21.02.2001

Buch, Hans Christoph: Jeder Stein ist ein Gebet, in: Die Zeit, 31.01.1997

Bundesministerium für Landesverteidigung der Republik Österreich, http://www.bmlv.gv.at, 06.02.2002

Bundesstelle für Außenhandelsinformation – BfAI (Hrsg.): Algerien meldet sich als Geschäftspartner zurück, http://www.bfai.com, 13.11.2000

Bundesstelle für Außenhandelsinformation – BfAI (Hrsg.): Geschäftspartner Algerien, Köln 1992

Bundesstelle für Außenhandelsinformation – BfAI (Hrsg.): Neuer Anlauf für Privatisierungen in Algerien, http://www.bfai.com, 13.03.2001

Bundesstelle für Außenhandelsinformation – BfAI (Hrsg.): Verkaufen in Algerien, http://www.bfai.com, 06.10.2000

Bundesstelle für Außenhandelsinformation – BfAI (Hrsg.): Verkaufen in Algerien, Köln 2000

Burgat, François: Die algerischen Islamisten zwischen AIS, GIA und militärischem Sicherheitsdienst, in: Inamo Sommer/Herbst 1998, 20-23

Burns, John F.: Campaign to End Algerian Civil War Sets Fierce Fighting, in: Herald Tribune, 26.01.2000

Burtscher-Bechter, Beate: Algerien – Ein Land sucht seine Mörder, Frankfurt/M. 1999

Butter, David: Not all lost after „bogus" poll, in: MEED v. 30.04.1999, 2-3

Butter, David: Rich harvest, in: MEED, 20.10.2000, 27-34

Butter, David; Richards, Christine: Better outlook for Algeria, in: MEED v. 15.10.1999, 4-5

Byrne, Eileen: We are disillusioned, in: Middle East International, 23.04.1999, 6-7

Camus, Albert: Der Mensch in der Revolte – Essays, Reinbek 2001

Camus, Albert: Fragen der Zeit – Essays, Briefe, Reden, Reinbek 1997

Camus, Albert: Tagebücher 1935-1951, Reinbek 1997

Camus, Albert: Tagebücher 1951-1959, Reinbek 1997

Camus, Albert: Verteidigung der Freiheit – Politische Essays, Reinbek 1997

Chaabani, Nadia; Gacemi, Baya: Blut für Allah – Ich war die Frau eines islamischen Terroristen, München 2001

Chemillier-Genreau, Monique: Questions sur la guerre d'Algérie, in: Le Monde Diplomatique, Janvier 2001

Chimelli, Rudolph: Aufbruch im Maghreb?, in: Der Überblick, 4/1999, 6-9

Chimelli, Rudolph: Aufstand aus Ruinen, in: Süddeutsche Zeitung, 22.06.2001

CIA (Ed.): The World Factbook 2000 – Algeria, http://www.odci.gov/cia, 12.12.2000

Clausen, Ursel: Zur Arabisierung in Algerien, in: Orient, 1/1984, 39-64

Cohen, Robert: Algerian Guerrillias Call for Cease-Fire, in: Herald Tribune, 25.09.1997

Cornell University Library: Algeria – A Bibliography of Events Since 1991, http://www.library.cornell.edu/colldev/mideast/algeria.htm, 12.02.2002

Cubertafond, Bernard: L'Algérie contemporaine, Paris 2000

Danesh, Leila: Algerian women in politics, in: Middle East Times, http://www.metimes.com, 07.11.01

Daoud, Arezki: Reformists Put Pressure for Further Privatisation, in: Maghreb Weekly Monitor, 22.11.2000

Dennerlein, Bettina: Islamisches Recht und sozialer Wandel in Algerien, Berlin 1998

Deutsche Gesellschaft für Technische Zusammenarbeit (GTZ) GmbH, http://www.gtz.de

Dillman, Bradford L.: State and Private Sector in Algeria – The Politics of Rent-Seeking and Failed Development, Boulder, Co. 2000

Dillman, Bradford: Facing the Market in North Africa, in: The Middle East Journal, Spring 2001, 198-251

Ditlbacher, Ulrike: EU-Partnerschaftsprojekt EUROMED, in: EU aktuell, Juni 2000, 1

Djazair Online, http://www.djazaironline.net

Djebar, Assia: Weißes Algerien, Zürich 2000

Dorsch, Monique; Schenke, Fanny: Normalité algérienne?, in: International 1-2/ 2001, 4-8

Droz, Bernard; Lever, Evelyne: Histoire de la guerre d'Algérie (1954-1962), Pairs 1984

Drummond, James: Berber protests open second front for Algeria's military regime, in: Financial Times, 11.06.2001

Düperthal, Gitta: Tristes Geplänkel, in: taz, 05.07.2001

Ech-Chaab, http://www.ech-chaab.com

Economist Intelligence Unit: Algeria – Country outlook, http://www.eiu.com, 01.06.2000

Edition Wuqûf, http://www.wuquf.de

Edlinger, Fritz: Zusammenfassender Bericht der Reise einer Delegation der Gesellschaft für Österreichisch-Arabische Beziehungen nach Algerien im März 1998, Wien 1998

Einhorn, Jessica: The World Bank's Mission Creep, in: Foreign Affairs, September/October 2001, 22-35

El Khabar, http://www.elkhabar.com

El Korso, Kamal: Kultur in Algerien – Nicht nur oder kaum noch?, in: Kinzelbach, Donata (Hrsg.): Tatort – Algerien, Frankfurt/M. 1999, 36-42

El Watan, http://www.elwatan.com

El Youm, http://www.el-youm.com

Ellyas, Akram B.: Les chemins de la privatisation, in: Le Monde Diplomatique, Oktober 2000

Ellyas, Akram; Hamani, Hatem: Espoirs et incertitudes en Algérie, in: Le Monde Diplomatique, Septembre 1999

El-Moudjahid, http://www.elmoudjahid-dz.com

Elsenhans, Hartmut: Algerien, in: Nohlen, Dieter; Nuscheler, Franz (Hrsg.): Handbuch Dritte Welt, Bd. 6: Nordafrika und Naher Osten, Bonn 1993, 190-216

Elsenhans, Hartmut: Frankreichs Algerienkrieg 1954-1962 – Entkolonialisierungsversuch einer kapitalistischen Metropole. Zum Zusammenbruch der Kolonialreiche, München 1974

Elsenhans, Hartmut; Kleiner, Elmar; Dreves, Reinhart J.: Gleichheit, Markt, Profit, Wachstum – Kleinindustrie und die Expansion des Massenmarktes mit einer Untersuchung aus Algerien, Hamburg 2001

Embassy of the People's Democratic Republic of Algeria, Washington, D.C.: Partnership and Investment in Algeria's Agricultural Sector; http://www.algeria-us.org (26.04.2001)

Engelhardt, Olga: Frauenkultur in Algerien, Berlin 1994

Entelis, John P.: Islam, Democracy, and the State in North Africa, Bloomington, In. 1997

Entelis, John P.: Sonatrach: The political economy of an Algerian state institution, in: The Middle East Journal, Winter 1999, 9-27

Entelis, John P.: The Revolution Institutionalized, Boulder u.a. 1986

EUROMED, http://www.euromed.net

European Bank for Reconstruction and Development (ERBD): Transition Report 1995, London 1995

European Commission: Euromed Synopsis, Nr. 161, 16.11.2001 und Nr. 164, 07.12.2001

European Commission; Eurostat: Tourism Trends in Mediterranean Countries, Luxembourg 2001

Faath, Sigrid: Algerien, in: Steinbach, Udo; Hofmeier, Rolf; Schönborn, Matthias (Hrsg.): Politisches Lexikon Nahost/Nordafrika, München 1995, 47-63

Faath, Sigrid: Die Berberbewegung Algeriens im Spannungsfeld zwischen gesellschaftlicher Realität und monolithischer Staatsideologie, in: Orient, 3/1989, 379-412

Faath, Sigrid: Berberunruhen in Algerien, in: Orient-Journal, Herbst 2001, 28-29

Faath, Sigrid: Die Konfusion über ein politisches Phänomen im Maghreb, in: Orient, 3/1994, 441-471

Faath, Sigrid; Mattes, Hanspeter (Hrsg.): Algerien, Hamburg 1992

Fahim, Hesham: Zéroual's „re-legitimisation" hopes, in: Al-Ahram, 23.-29.10.1997

Fallali, Houria; Klingbeil, Petra: In Algerien rebelliert eine Jugend ohne Zukunft, in: Salzburger Nachrichten, 16.06.2001

Fanon, Frantz: Die Verdammten dieser Erde, Frankfurt/M. 1981

Fatiah (Pseudonym): Eine Frau in Algerien – Chronik des täglichen Terrors, Frankfurt/M. 1999

Feichtinger, Walter; Jureković, Predag; Riemer, Andrea: Fallstudie „FYROM/ Mazedonien" im Rahmen der Projektkooperation „Anwendung eines Early Warning Systems", in: Gustenau, G. (Hrsg.): Konfliktentwicklung auf dem südlichen Balkan I, Wien 1999, 7-61

Fekiri, Faouzia: Das Schwert und der Halbmond (Dokumentation), arte-tv, 03.05.2001

Fekiri, Faouzia: Der Traum des Sisyphus: Algerien – Ist eine Versöhnung möglich? (Dokumentation), arte-tv, 03.05.2001

Femise Network, http://www.femise.org

Fieldhouse, David K.: Die Kolonialreiche seit dem 18. Jahrhundert, Frankfurt/M. 1979

Fischer, Heinz: Protokoll des Besuchs von Dr. Heinz Fischer, Präsident des Nationalrates der Republik Österreich, in Algerien 02.02.-04.02.2001

Fisk, Robert: Berbers bring Algeria to brink of insurrection, in: The Independent, 20.06.2001

Food and Agriculture Organization of the United Nations (FAO), http://www.fao.org

Forstner, Martin: Algerien am Abgrund? (GÖAB-Schriftenreihe, Heft 14), Wien 1994

Forstner, Martin: Algerien ohne Demokraten, Wien 1992

Frauennews (Hrsg.): (Massen)Vergewaltigungen an Mädchen und Frauen in Algerien, http://www.frauennews.de, 07.11.2001

Frauennews (Hrsg.): Situation der Frauen in Algerien, http://www.frauennews.de, 07.11.2001

Frauennews, http://www.frauennews.de

Fritz-Vannahme, Joachim: Ein Präsident der Generäle, in: Die Zeit, 22.04.1999

Gaz de France: Annual Report 1999, Paris 2000

Gaz de France: Annual Report 2000, Paris 2001

George, Alan: Algeria on arms-buying spree, in: The Middle East, February 1999, 15

Gesellschaft für Österreichisch-Arabische Beziehungen, http://www.saar.at

Ghechoua, Afafe: Changement de propriétaire?, in: Jeune Afrique L'intelligent, 25.04.-08.05.2000, 79-82

Gluck, Daniella: Old guard on parade as campaign warms up, in: MEED v. 15.01.1999, 5

Gorce, De La, Paul-Marie: L'échiquier politique recomposé, in: Jeune Afrique L'intelligent, 25.04.-08.05.2000, 74-75

Gorce, De La, Paul-Marie: Promesses, espoirs et inquiétudes, in: Jeune Afrique L'intelligent, 25.04.-08.05.2000, 72-75

Goytisolo, Juan: Ein algerisches Tagebuch, Frankfurt/M. 1994

Graffenried, Michael von: Algerien – Der unheimliche Krieg, Wabern-Bern 1998

Graham, Robert: Chirac seeks to bolster relations with Algeria, in: Fiancial Times, 15.06.2000

Gruppe Demontage: Postfordistische Guerrilla – Vom Mythos nationaler Befreiung, Münster 1999

Gsteiger, Fredy: Warten auf die Mutigen, in: Die Zeit, 06.12.1996

Hadjadj, Djillali: Das Leben in Algerien wird unerträglich, in: Le Monde Diplomatique, 11.09.1998

Hadjadj, Djillali: Die Fata Morgana der Wirtschaftsreformen, in: Le Monde Diplomatique, 16.03.2001

Hahn, Dorothea: Als Frankreichs Soldaten folterten, in: taz, 29.01.2001

Hahn, Dorothea: Das organisierte Vergessen, in: taz, 20.01.2001

Hahn, Dorothea: Leichen in der Seine, in: taz, 17.10.2001

Hahn, Dorothea: Sanktionen gegen Algerien, in: taz, 05.07.2001

Hanoune, Luisa; Mouffok, Ghania: Terroristen fallen nicht vom Himmel – Zur aktuellen Situation in Algerien, Zürich 1997

Harbi, Mohammed: Une vie debout, Paris 2001

Harenberg, Bodo (Hrsg.): Aktuell 2000, Dortmund 1999

Harenberg, Bodo (Hrsg.): Aktuell 2002, Dortmund 2001

Harms, Florian: Kritik von ganz oben an Algeriens Polizei, in: taz, 30.07.2001

Harrer, Gudrun: Algerische Dualität, in: Der Standard, 23.10.1998

Harrer, Gudrun: Der Terrorismus ist international, in: Der Standard, 23.10.1998

Harrer, Gudrun: Nach dem Zuckerbrot die Peitsche, in: Der Standard, 13.01.2000

Harris, Paul: Algeria faces the challenges of peace, in: Jane's Intelligence Review, 3/2000, 47-49

Harris, Paul: Algerien – Ende der Amnestie, in: Barett, 2/2000, 20-25

Hartog, Michael den: A two-way approach to stability in the Arab southern Mediterranean coastal states, Brüssel 1999

Hasel, Thomas: Algerien seit der Unabhängigkeit, in: Inamo, Sommer/Herbst 1998, 5-8

Hehn, Jochen: Mörderische Anschlagserie in Algerien vergrault Investoren, in: Die Welt, 23.12.2000

Hehn, Jochen; Lahouari, Ahmed B.: Berber-Unruhen weiten sich auf die gesamte algerische Bevölkerung aus, in: Die Welt, 18.06.2001

Hehn, Jochen; Lahouari, Ahmed B.: Bouteflika kommt den Militärs entgegen, in: Die Welt, 27.12.1999

Hehn, Jochen; Lahouari, Ahmed B.: Bouteflikas Besuch in Berlin ist eine heikle Mission, in: Die Welt, 03.04.2001

Hehn, Jochen; Lahouari, Ahmed B.: Generäle wollen den Präsidenten kaltstellen – Widerstand gegen Reformprojekte Bouteflikas, in: Die Welt, 18.04.2000

Hénard, Jaqueline: Erinnerung ohne Reue – Massenmord und Folter, die späte Debatte über die Verbrechen im Algerienkrieg spaltet Frankreich, in: Die Zeit, 14.12.2000

Hennrich, Daniela: Algerien – Es geht langsam bergauf, in: Die Presse, 14.04.2001

Hennrich, Daniela: Sinnvolle Investition – ein exklusives Hotel, in: Die Presse, 14.04.2001

Hermann, Rainer: „Das Schlimmste liegt hinter uns" – Algerien auf dem Weg aus dem blutigen Albtraum, in: Frankfurter Allgemeine Zeitung, 21.02.2000

Hermann, Rainer: Algerien löst sich vom Ende seiner sozialistischen Vergangenheit, in: Frankfurter Allgemeine Zeitung, 21.02.2000

Hervo, Monique: Chroniques du bidonvilles, Paris 2000

Herz, Dietmar; Krahn, Rüdiger: Algerien, in: Reporter ohne Grenzen, http://www.reporter-ohne-grenzen.de, 10.10.2001

Herzog, Werner: Algerien – Zwischen Gottesstaat und Demokratie, München 1995

Herzog, Werner: Lieber alles vergessen, in: Focus, 20.09.1999, 352

Holzmüller, Hartmut H.; Kasper, Helmut: Empirische Analyse personaler und organisationaler Einflußgrößen zur Erklärung des Exporterfolges österreichischer Unternehmungen, Wien 1988

Hottinger, Arnold: Die Spuren der Erniedrigung, in: Der Überblick, 4/1999, 29-33

Huband, Mark; Khalaf, Roula: Climate of violence overshadows Algerian peace hopes, in: Financial Times, 13.01.2000

Human Rights Watch (Hrsg.): World Report 2000, http://www.algeria-watch.de/mrv/mrvrap/hrw2000.htm, 10.09.2001

Icon Group International (Ed.): Executive Report on Strategies in Algeria – 2000 edition, San Diego, Ca. 2000

Impagliazzo, Marco; Giro, Mario: Algerien als Geisel, Münster 1998

Institutional Investor, http://www.iimagazine.com

International Business Publications (Ed.): Algeria – A Country Study Guide, Washington, D.C. 2000

International Business Publications (Ed.): Algeria Investment – Business Guide, Washington, D.C. 2000

International Crisis Group (Hrsg.): Algeria's Economy – The vicious circle of oil and violence, ICG Africa Report No. 36, Brussels 2001

International Crisis Group (Hrsg.): The Algerian Crisis – Not Over Yet, ICG Africa Report No. 24, Brussels 2000

International Crisis Group (Hrsg.): The Civil Concord – A Peace Initiative Wasted, ICG Africa Report No. 31, Brussels 2001

International Cultural Enterprises (Ed.): Doing Business in Algeria, http://www.worldbiz.com, 08.11.2001

International Monetary Fund (IMF): Direction of Trade Statistics Yearbook 2000, Washington, D.C. 2000a

International Monetary Fund (IMF): IMF Staff Country Report No. 00/93, Algeria – Staff Report for the 2000 Article IV Consultation, Washington, D.C. 2000b

International Monetary Fund (IMF): IMF Staff Country Report No. 00/105, Algeria – Recent Economic Developments, Washington, D.C. 2000c

International Monetary Fund (IMF): IMF Staff Country Report No. 01/162, Algeria – Staff Report for the 2001 Article IV Consultation and Post-Program Monitoring Discussion, Washington, D.C. 2001

International Monetary Fund (IMF): IMF Staff Country Report No. 95/54, Algeria – Background Paper, Washington, D.C. 1995

International Monetary Fund (IMF): IMF Staff Country Report No. 96/71, Algeria – Selected Economic Issues, Washington, D.C. 1996

International Monetary Fund (IMF): IMF Staff Country Report No. 98/87, Algeria – Selected Issues and Statistical Appendix, Washington, D.C. 1998

International Monetary Fund (IMF): IMF Working Paper 99/49, Algeria – The Real Exchange Rate, Export Diversification, and Trade Protection, Washington, D.C. 1999

International Trade Center, http://www.intracen.org

Internationale Messe Algier, http://www.safex.com.dz

Jeune Afrique, http://www.jeuneafrique.com

Joffé, George (Ed.): North Africa – nation, state and region, London/New York 1992

Karner, Karolin-Babette: Algerien hat alles, was es braucht, in: Die Presse, 15.01.1998

Kazak, Amin: The Berber Tamazight Movement in Morocco and Algeria, in: World Amazight Action Coalition, http://www.waac.org, 07.11.2001

Kebaili, Akli: Demokratie als einzige Lösung?, in: Kinzelbach, Donata (Hrsg.): Tatort – Algerien, Frankfurt/M. 1999, 43-78

Kebir, Sabine: Algerien – Zwischen Traum und Alptraum, Düsseldorf 1993

Kebir, Sabine: Die Berberkultur in Algerien – Warum ein ethnischer Konflikt nicht eskaliert, in: Widerspruch 30/1995

Kebir, Sabine: Menschenrechtsbewegungen in Algerien, in: Widerspruch 35/1998, 173-176

Khadra, Yasmina: Doppelweiß, Wien 2001

Khadra, Yasmina: Herbst der Chimären, Wien 2001

Khadra, Yasmina: Morituri, Zürich 2001

Khalaf, Roula: Algeria bans party that became too popular, in: Financial Times, 17.11.2000

Khalaf, Roula: Algeria critics to contest election, in: Financial Times, 26.09.1999

Khalaf, Roula: Algeria signs energy deal, in: Financial Times, 23.01.2001

Khalaf, Roula: Algeria urged to probe human rights abuses, in: Financial Times, 10.11.2000

Khalaf, Roula: Algeria's Islamists give Bouteflika a break, but it's only a first step, in: Financial Times, 09.06.1999

Khalaf, Roula: Algeria's new president beats hard on the drums of reconciliation, in: Financial Times, 27.07.1999

Khalaf, Roula: Algerian MP's demonstration is broken up, in: Financial Times, 05.11.1997

Khalaf, Roula: Algiers bans party that became too popular, in: Financial Times, 17.11.2000

Khalaf, Roula: Arab groups invest in Algerian projects, in: Financial Times, 10.08.1999

Khalaf, Roula: Bouteflika says he is prepared to lift FIS ban, in: Financial Times, 12.07.1999

Khalaf, Roula: Bouteflika's peace drive fails to halt Algerian strife, in: Financial Times, 11.08.2000

Khalaf, Roula: Huge protest held in Algiers as Berber fury is unleashed, in: Financial Times, 15.06.2001

Khalaf, Roula: Islamic leader in Algeria calls for reconciliation talks, in: Financial Times, 28.07.1998

Kinzelbach, Donata (Hg.): Tatort: Algerien, Frankfurt/M. 1999

Klemm, Verena: Algerien zwischen Militär und Islamismus, in: Kinzelbach, Donata (Hrsg.): Tatort – Algerien, Frankfurt/M., 106-122

Koszinowski, Thomas; Mattes, Hanspeter (Hrsg.): Nahost Jahrbuch 1999, Opladen 2000

Koszinowski, Thomas; Mattes, Hanspeter (Hrsg.): Nahost Jahrbuch 2000, Opladen 2001

Krendelsberger, Theodor: Sicherheitspolitische Überlegungen zur Standortentscheidung von Unternehmen, in: Reiter, Erich; Schöpfer, Gerald (Hrsg.): Wirtschaft und Sicherheitspolitik, Graz/Wien/Köln 1999, 221-228

Kröncke, Gerd: Dunkle Stunden einer Pariser Nacht, in: Süddeutsche Zeitung, 17.10.2001

La Tribune, http://www.latribune-online.com

Lahouari, Ahmed B.: Zwischen Massensterben und „Rest-Terrorismus", in: Zoom 7/1997, http://www.mediaweb.at, 10.10.2001

Lamchichi, Abderrahim: L'islamisme en Algerie – Histoire et Perspectives Méditerranéennes, Paris 1992

Landgesell, Gunnar : Der Pappkamerad macht Frieden, in: Volksstimme, 08.07.1999

Laremont, Ricardo René: Islam and the Politics of Resistance in Algeria 1783 – 1992, Trenton N.J. 2000

Lawless, Richard I.: Algeria: decolonization, rapid urbanisation and the functional and social transformation of a colonial urban system under a planned economy, in: Orient, 4/1981, 557-573

Le Cour Grandmaison, Olivier: Quand Tocqueville légitimait les boucheries, in: Le Monde Diplomatique, Juin 2001

Le Matin, http://www.lematin-dz.com

Le Sueur, James D.; Bourdieu, Pierre: Uncivil War – Intellectuals and Identity Politics During the Decolonization of Algeria, Philadelphia, Pa. 2001

Leeb-Mittermayer, Maria: Ölquelle mit Volk, in: Volksstimme, 18.10.2001, 11

Leggewie, Claus: Kofferträger, Berlin 1984

Leveau, Rémy: Gedanken zur Algerienkrise, in: Inamo Sommer/Herbst 1998, 14-19

Lévy, Bernard-Henri: Algerien in Angst – Eine Reise durch das Land der Massaker, in: Die Zeit, 15.01.1998

Liberté, http://www.liberte-algerie.com

Link, Werner.: Die Neuordnung der Weltpolitik – Grundprobleme globaler Politik an der Schwelle zum 21. Jahrhundert, München 1999

Lmrabet, Ali: Le Maroc et l'Algérie sur la même poudrière (28.06.2001), in: Courrier International, http://www.courrierinternational.com, 18.12.2001

Lorey de Lacharrière, Barbara: Schlöndorff für die Sahara, in: taz, 06.03.2001

Lüders, Michael: Islamismus am Ende, in: Die Zeit, 11.05.2000

Lüders, Michael: Zwischen Bürgerkrieg und Blutrache – Zur Ursache der politischen Gewalt in Algerien, Vortrag in der Gesellschaft für Österreichisch-Arabische Beziehungen, Wien 13.11.1997

Mabe, Jacob E. (Hrsg.): Das Afrika Lexikon, Wuppertal/Stuttgart/Weimar, 2001

Male, Eva: Dieser Krieg wird nicht von selbst aufhören, in: Die Presse, 15.12.1997

Malti, Djallal; Garçon, José: La nouvelle guerre d'Algérie – dix clés pour comprendre, Paris 1999

Maran, Rita: Staatsverbrechen – Ideologie und Folter im Algerienkrieg, Hamburg 1996

Marin, Lou: Gewalt und Kriegsdienstverweigerung in Algerien (April 1999), http://www.graswurzel.net, 10.10.2001

Martinez, Louis: La guerre civile en Algérie, Paris 1998

Martinez, Louis: Terror, Krieg und fromme Werke, in: Der Überblick, 4/1999, 34-40

Martinez, Louis; Entelis, John P.: The Algerian Civil War, New York 2000

Maschino, Maurice T.: L'histoire expurgée de la guerre d'Algérie, in: Le Monde Diplomatique, Février 2001

Mattes, Hanspeter: Algerien 2000, in: Koszinowski, Thomas; Mattes, Hanspeter (Hrsg.): Nahost Jahrbuch 2000, Opladen 2001, 54-60

Mbendi: Profile Algeria, http://www.mbendi.co.za, 19.08.2001

MEED, 29.10.1999, 13; 17.03.2000, 25.08.2000, 12; 22.09.2000, 10; 13.10.2000, 19; 03.11.2000, 13; 10.11.2000, 1; 05.01.2001, 18; 19.01.2001, 16; 16.02.2001, 4-5; 23.02.2001, 10; 13.03.2001, 16; 18.09.2001, 8

Mellah, Salima: Algerien – Momentaufnahmen in einem Land in Aufruhr, Berlin 1991

Mellah, Salima: Nach zehn Jahren Krieg, neue Hoffnung in Algerien? (Sommer 2001), http://www.algeria-watch.de, 07.11.2001

Mellah, Salima; Yacine, Nasreddine: Ein Gendarm spuckte auf den Toten, in: Frankfurter Rundschau, 05.07.2001

Merkel, Wolfgang: Systemtransformation, Opladen 1999

Merkouche, Rachida: 2002 Rêves et réalités, in: Liberté, 31.12.2001

Messaoudi, Khalida: Worte sind meine einzige Waffe, München 1995

Meynier, Gilbert (Hrsg.) : L'Algérie contemporaine – Bilan et solutions pour sortir de la crise, Paris 2000

Microsoft Corporation: Encarta Weltatlas 99

Middle East Journal: alle Ausgaben seit 1990

Moody's, http://www.moodys.com

Mouffok, Ghania: Algérie, lutte de clans ou lutte de classe?, in: Le Monde Diplomatique, Juillet 2001

Mouffok, Ghania: Die algerischen Frauen im Krieg, http://www.algeria-watch.de, 10.10.2001

Mouffok, Ghania: Die Gefahren des Vergessens, in: Le Monde Diplomatique, 16.06.2000

Mouffok, Ghania: Mémoire meurtrie de la société algérienne, in: Le Monde Diplomatique, Juin 2000

Mouffok, Ghania: Wir kennen kein Pardon!, in: Le Monde Diplomatique, 13.07.2001

Moulessehoul, Mohammed: L'Ecrivain, Paris 2000

Moynahan, Brian: Algeria – An Economy Reawakened, in: Newsweek 12.02.2001, Special Advertising Section (14 Seiten)

Müller, Herta: Die Macht kommt aus den Regionen, in: Der Überblick 4/1999, 40-44

Nahoun, Philippe; Hadjadj, Djillali: Algerien, mon amour (Dokumentation), arte-tv, 03.05.2001

Nashashibi, Karim; Alonso-Gamo, Patricia; Bazzoni, Stefania; Féler, Alain; Laframboise, Nicole; Horvitz, Sebastian Paris: Algeria – Stabilization and Transition to Market, Washington, D. C. 1998

Nohlen, Dieter; Nuscheler, Franz (Hrsg.): Handbuch der Dritten Welt, Bd. 6: Nordafrika und Naher Osten, Bonn 1993

o.V.: ... as Sonatrach gives green light for Hassi Berkine, in: MEED, 08.10.1999, 26

o.V.: 17 Menschen getötet, in: taz, 27.08.2001

o.V.: 17 Zivilisten getötet, in: taz, 15.08.2001

o.V.: 28 Islamisten getötet, in: taz, 19.09.2001

o.V.: 80 Tote in der Kabylei, in: Der Standard, 02.05.2001

o.V.: ABB wins Hassi Berkine contract, in: MEED, 02.02.2001, 10

o.V.: AfDB lends $70.4 million for water project, in: MEED, 25.12.1998, 16

o.V.: Agip completes Berkine basin farm-ins, in: MEED, 23.07.1999, 16

o.V.: Air Algerie negotiates aircraft leasing, in: MEED, 01.05.1998, 17 o.V.: Air Algerie to buy 10 new Boeings, in: MEED, 31.07.1998, 24

o.V.: Air Algerie up for privatisation, in: MEED, 05.01.2001, 14

o.V.: Alenia Marconi signs airport deal, in: MEED, 19.11.1999, 15

o.V.: Algeria – an opportunity denied, in: Middle East International, 23.04.199, 3

o.V.: Algeria speaks, in: Financial Times, 06.11.1997

o.V.: Algerie Telecoms has new role, in: MEED, 16.03.2001, 20

o.V.: Algerien gibt Übergriffe auf Zivilisten zu, in: Der Standard, 05.05.1998

o.V.: Algerien leert seine Gefängnisse, in: taz, 01.11.2001

o.V.: Algerien macht Islamisten Angebot, http://www.algeria-watch.de, 10.10.2001

o.V.: Algerien verdient doch eine Erklärung, in: Inamo Sommer/Herbst 1998, 34-35

o.V.: Algerien: 70 Opfer des Terrors geborgen, in: Der Standard, 22.02.1999

o.V.: Algeriens Armee im Zwielicht, in: Neue Zürcher Zeitung, 15.02.2000

o.V.: Algeriens Sicherheitskräfte im Zwielicht, in: Neue Zürcher Zeitung, 08.01.1998

o.V.: Algier – Rai fordert mehr UNO-Engagement, in: Wiener Zeitung, 13.03.1998

o.V.: Algiers approves sell-off proposals, in: MEED, 25.08.2000, 20

o.V.: Algiers Forces Said to Kill 146 Militants, in: Herald Tribune, 12.03.1998

o.V.: Algiers reviews telecoms options, in: MEED, 04.08.2000, 19

o.V.: Amerada Hess signs upstream deals with Sonatrach, in: MEED, 28.04.2000, 16

o.V.: Anadarko makes biggest find, in: MEED, 10.04.1998, 24

o.V.: Anadarko plans new projects despite Sonatrach dispute, in: MEED, 05.02.1999

o.V.: Anschläge gegen Militärkonvois in Algerien, in: Neue Zürcher Zeitung, 06.10.2000

o.V.: Arab Contractors to build new Finance Ministry, in: MEED, 15.01.1999, 14

o.V.: Arzew EPC bids expected mid-year, in: MEED, 06.04.2001, 17

o.V.: Award close on water contracts, in: MEED, 24.12.1999, 20 o.V.: Banks bid for revived airport expansion, in: MEED, 06.04.2001, 12

o.V.: Banks invited for advice on sale plans, in: MEED, 16.06.2000, 17

o.V.: Berbers Lead Huge Rally For Democracy in Algiers, in: Herald Tribune, 15.06.2001

o.V.: Berberunruhen weiten sich aus, in: Der Standard, 28.05.2001

o.V.: Betchine plans fight on, in: MEED, 06.11.1998

o.V.: BHP further extends its fields, in: MEED, 03.04.1998, 10

o.V.: BHP goes ahead with Berkine development, in: MEED, 28.08.1998, 7

o.V.: BHP Petroleum close to deal with Sonatrach, in: MEED, 12.11.1999, 20

o.V.: BHP seeks exploitation permits, in: MEED, 05.05.2000, 23

o.V.: BHP signs new licence, in: MEED, 13.06.1997, 8

o.V.: BHP signs Ohanet gas development, in: MEED, 14.07.2000, 8

o.V.: Bidders await decision on $1 billion pipeline, in: MEED, 24.12.1999, 20

o.V.: Bidders line up for Oughroud oil development ..., in: MEED, 08.10.1999, 26

o.V.: Bidders line up for water project, in: MEED, 27.04.2001, 16

o.V.: Bids for Arzew IWPP delayed until February, in: MEED, 10.11.2000, 23

o.V.: Bids in for Oughroud oil development, in: MEED, 26.11.1999, 14

o.V.: Bids to be invited for GSM licence, in: MEED, 03.03.2000, 22

o.V.: Black & Veatch to develop IWPP, in: MEED, 04.02.2000, 15

o.V.: Blutige Unruhen in der Kabylei in Algerien, in: Neue Zürcher Zeitung, 30.04.2001

o.V.: Bond issue increased amid strong demand, in: MEED, 27.02.1998, 21

o.V.: Bouhafs reappointed Sonatrach chairman, in: MEED, 21.01.2000, 18

o.V.: Bourse trading starts, but foreign investors must wait, in: MEED, 13.02.1998, 17

o.V.: Bouteflika aide proposes gas price rethink, in: MEED, 28.05.1999, 8

o.V.: Bouteflika klammert zu vieles aus, in: Der Standard, 16.09.1999

o.V.: Bouteflika offers olive branch amid election protests, in: MEED, 30.04.1999, 15

o.V.: Bouteflika to visit Paris in the spring, in: MEED, 28.01.2000, 15

o.V.: Bouteflika's bid for concord, in: The Economist, 29.01.2000, 51 o.V.: BP Amoco delays In Salah gas decision to end-year, in: MEED, 26.03.1999, 24

o.V.: Breakwater set for zinc venture, in: MEED, 12.05.2000, 25

o.V.: Budget to be revised, in: MEED, 03.04.1998, 10

o.V.: Buyers shortlisted for privatisation sales, in: MEED, 08.11.1999, 18

o.V.: Canada wins exploration block, in: MEED, 07.07.2000, 13

o.V.: Cereal company launches IPO, in: MEED, 13.11.1998, 14

o.V.: Companies named for pipeline study, in: MEED, 05.01.2001, 11

o.V.: Country forecast (27.11.2001), http://www.economist.com, 14.12.2001

o.V.: Current account dips into the red, in: MEED, 21.05.1999, 7

o.V.: Demos in Algerien, in: taz, 05.07.2001

o.V.: Der Maghreb und seine „Demokraturen", in: Neue Zürcher Zeitung, 21.08.1999

o.V.: Developers line up for IPP, in: MEED, 29.09.2000, 22

o.V.: Die EU-Troika in Algier bei Präsident Bouteflika, in: Neue Zürcher Zeitung, 04.11.1999

o.V.: Die Witwe des algerischen Präsidenten Boudiaf zum Tod ihres Gatten, in: Inamo Sommer/Herbst 1998, 33

o.V.: Dix ans d'affronements, in: Le Monde Diplomatique, Septembre 1999

o.V.: Down with the décideurs, in: The Economist, 01.06.2001, http://www.economist.com, 14.12.2001

o.V.: Economy shielded from low oil prices, PM say, in: MEED, 16.10.1998, 10

o.V.: Egypt's Orascom to invest in cement projects, in: MEED, 22.10.1999, 16

o.V.: Ein „Friedensreferendum" in Algerien, in: Neue Zürcher Zeitung, 15.09.1999

o.V.: Ein Algerien-Bericht ohne Biss, in: Neue Zürcher Zeitung, 18.09.1998

o.V.: Ein Land in der sozialen Krise, in: taz, 02.04.2001

o.V.: Eine Regierung für Reformen in Algerien, in: Neue Zürcher Zeitung, 27.12.1999

o.V.: Elections candidates named, in: MEED, 08.01.1999, 18

o.V.: Elf farms-in to Rhourde El-Baguel, in: MEED, 24.09.1999, 14 o.V.: Enelpower to assist in energy projects, in: MEED, 23.03.2001, 16

o.V.: Eskalation in der Wüste, in: taz, 23.11.2001

o.V.: EU admits limits of intervention, in: MEED, 06.02.1998, 15

o.V.: EU calls for inquiry into massacres, in: MEED, 16.01.1998, 18

o.V.: EU mission treads softly, in: MEED, 30.01.1998, 14

o.V.: EU-Parlamentarier vermeiden Konflikt mit Algier, in: Neue Zürcher Zeitung, 13.02.1998

o.V.: Europas Ohnmacht gegenüber Algerien, in: Neue Zürcher Zeitung, 13.02.1998

o.V.: Eximbank lifts credit ceiling, in: MEED, 28.01.2000, 15

o.V.: Familie ermordet, in: taz, 04.09.2001

o.V.: Familie ermordet, in: taz, 13.08.2001

o.V.: Familie ermordet, in: taz, 24.07.2001

o.V.: First Anadarko production due in May, in: MEED, 08.05.1998, 19

o.V.: Foltermethoden wie Kochrezepte, in: Der Standard, 15.12.2000

o.V.: Foreign investment sought for new refinery, in: MEED, 10.06.1998, 13

o.V.: France homes in on water contracts, in: MEED, 06.10.2000, 20

o.V.: French water giant returns, in: MEED, 17.12.1999, 23

o.V.: French/Italian group takes pumping station contract, in: MEED, 05.01.2001, 10

o.V.: Gas flows from Tin-Fouye Tabankort field, in: MEED, 02.04.1999, 21

o.V.: Gefangenenbesuche des IKRK in Algerien, in: Neue Zürcher Zeitung, 02.12.1999

o.V.: Gewalt gegen Frauen, in: taz, 19.07.2001

o.V.: Government cracks down on its supporters for first time, in: MEED, 24.04.1998, 18

o.V.: Government pressed on human rights, in: MEED, 31.07.1998, 24

o.V.: Groups form for Beni Haroun project, in: MEED, 02.03.2001, 13

o.V.: GSM project under study, in: MEED, 20.08.1999, 12

o.V.: Hamadi announces new cabinet, in: MEED, 08.01.1999, 18

o.V.: Hamma power project moves ahead, in: MEED, 17.09.1999, 23 o.V.: Hassi R'Mel project valued at $950 million, in: MEED, 09.03.2001, 10

o.V.: IMF counts cost of oil price slump, in: MEED, 04.09.1998, 19

o.V.: IMF gives Algiers good marks, in: MEED, 15.09.2000, 21

o.V.: IMF lends $300 million to offset oil price plunge, in: MEED, 11.06.1999, 19

o.V.: In Salah nears construction phase, in: MEED, 23.02.2001, 9

o.V.: International airport expansion takes off, in: MEED, 08.10.1999, 26

o.V.: International contractors eye Algiers airport, in: MEED, 25.02.2000, 18

o.V.: Investment venture set up by Sonatrach, Sonelgaz, in: MEED, 28.04.2000, 16

o.V.: Investors sought for housing development, in: MEED, 17.04.1998, 10

o.V.: JGC, Initec win Ourhoud EPC, in: MEED, 06.10.2000, 12

o.V.: JGC/Kellogg takes In Salah FEED contract, in: MEED, 28.08.1998, 7

o.V.: Katastrophale Bausünden, in: taz, 22.11.2001

o.V.: Kein Frieden in Algerien, in: taz, 15.09.2001

o.V.: Kein Weg aus Algeriens blutigem Albtraum, in: Neue Zürcher Zeitung, 20.07.2000

o.V.: Keine Freiheit ohne Pressefreiheit, in: Reporter ohne Grenzen, http://www.reporter-ohne-grenzen.de, 10.10.2001

o.V.: Khalifa Airways expands fleet, in: MEED, 06.04.2001, 12

o.V.: Landarbeiter getötet, in: taz, 30.07.2001

o.V.: Lasmo looks to Berkine basin production hike, in: MEED, 04.09.1998, 19

o.V.: Lasmo seeks buyers for two blocks, in: MEED, 19.03.1999, 19

o.V.: Le droit à l'insoumission, in: Le Monde Diplomatique, Septembre 2000

o.V.: Local/Spanish venture to build sulphate plant, in: MEED, 12.06.1998, 10

o.V.: Long awaited cabinet announced, in: MEED, 14.01.2000, 14

o.V.: Managing the downside, in: MEED, 12.01.2001, 21-29

o.V.: Marktwirtschaftliches Credo in Algier, in: Neue Zürcher Zeitung, 05./06.08.2000

o.V.: Messer signs gas venture, in: MEED, 30.01.1998, 14

o.V.: Metro rumbles into view again, in: MEED, 18.02.2000, 15 o.V.: Military embarks on East European shopping spree, in: MEED, 28.08.1998, 7

o.V.: Mordwelle in Algerien klingt nicht ab, in: Der Standard, 29.01.2001

o.V.: Natexis opens Algiers subsidiary, in: MEED, 03.12.1999, 22

o.V.: Neuanfang zwischen Algerien und Frankreich, in: Neue Zürcher Zeitung, 02.08.1999

o.V.: Neues Klima zwischen Paris und Algier, in: Neue Zürcher Zeitung, 15.06.2000

o.V.: Neun Anschläge in Algerien, in: taz, 09.07.2001

o.V.: Neun Touristen getötet, in: taz, 06.09.2001

o.V.: New airline to be launched, in: MEED, 10.04.1998, 24

o.V.: New bourse chief calls for private participation, in: MEED, 24.03.2000, 22

o.V.: New privatisation push planned, in: MEED, 24.04.1998, 18

o.V.: No new IMF programme – Harchaoui, in: MEED, 22.05.2000, 20

o.V.: Noch heuer Aus für elf Außenhandelsstellen, in: Die Presse 24.01.2001

o.V.: Nuovo Pignone to build power plant for Ghadames, in: MEED, 01.10.1999, 16

o.V.: Nur ein halber Sieg über den Terror in Algerien, Neue Zürcher Zeitung, 14.01.2000

o.V.: On the move, in: MEED, 05.01.2001, 21-34

o.V.: Opposition to Bouteflika mounts, in: MEED, 22.01.1999.20

o.V.: Orascom moves ahead with Algerian cement venture, in: MEED, 26.05.2000, 18

o.V.: Paris muß für Verbrechen im Algerienkrieg zahlen, in: Neue Zürcher Zeitung, 23.11.2991

o.V.: Pfizer to build veterinary drugs unit, in: MEED, 08.05.1998, 19

o.V.: PM Ahmed Ouyahia resigns, replaced by Ismali Hamdani, in: MEED, 25.12.1998, 16

o.V.: Political forces, in: The Economist, 20.12.2000, http://www.economist.com, 14.12.2001

o.V.: Politischer Dunst über Algerien, in: Neue Zürcher Zeitung, 01.06.1999 o.V.: Polymed begins construction of polyethylene plant, in: MEED, 29.05.1998, 15

o.V.: Power monopoly expected to end with IPPs to follow, in: MEED, 18.09.1998, 8

o.V.: Power struggle hots up as Betchine resigns, in: MEED, 30.10.1998, 10

o.V.: Privatisation list published, in: MEED, 05.06.1998, 19

o.V.: Privatisation of small mines announced, in: MEED, 14.04.2000, 20

o.V.: Privatisation process given new boost, in: MEED, 19.01.2001, 28

o.V.: Proteste gegen Gewalt in der algerischen Region Kabylei, in: Neue Zürcher Zeitung, 22.05.2001

o.V.: Qatari investment scheme gets go-ahead, in: MEED, 20.03.1998, 22

o.V.: Ratlosigkeit nach dem Aufruhr in Algier, in: Neue Zürcher Zeitung, 16./17.06.2001

o.V.: Reformen in Algerien ins Stocken geraten, in: Neue Zürcher Zeitung, 10.06.2000

o.V.: Regierungswechsel in Algier, in: Der Standard, 28.08.2000

o.V.: Riding high, in: MEED, 11.08.2000, 23-35

o.V.: Romanian car deal signed, Italian project founders, in: MEED, 04.06.1999, 17

o.V.: Saidal launches two new joint ventures, in: MEED, 25.09.1998, 20

o.V.: Saidal lists, invests in new projects, in: MEED, 01.10.1999, 16

o.V.: Saidal signs agreement with Eli Lilly, in: MEED, 19.02.1999

o.V.: Schlafende getötet, in: taz, 14.08.2001

o.V.: Schmutziger Krieg, in: taz, 20.01.2001

o.V.: Sept années de guerre, in: Le Monde Diplomatique, Septembre 2000

o.V.: Slimmed-down state firm seeks new investors, in: MEED, 30.01.1998, 14

o.V.: SNC Lavalin has Rhourde Nouss contract extended, in: MEED, 20.02.1998, 17

o.V.: Societe Generale to open subsidiary, in: MEED, 20.02.1998, 17

o.V.: Sofresid wins gas compression work, in: MEED, 06.08.1999, 13

o.V.: Sofresid wins pipeline contract, in: MEED, 20.04.2001, 10 o.V.: Sonatrach announces drop in profits, in: MEED, 12.02.1999, 14

o.V.: Sonatrach blocks Elf's farm-in, in: MEED, 18.02.2000, 15

o.V.: Sonatrach in $2 billion gas deal, in: MEED, 02.02.2001, 10

o.V.: Sonatrach launches second bid round, in: MEED, 04.05.2001, 8

o.V.: Sonatrach privatisation on the agenda, in: MEED, 10.03.2000, 18

o.V.: Sonatrach reschedules $1 billion pipeline project, in: MEED, 13.10.2000, 13

o.V.: Sonatrach sets up gas products affiliate, in: MEED, 23.10.1998, 18

o.V.: Sonatrach spreads its wings, in: MEED, 21.05.1999, 7

o.V.: Sonatrach to take stake in Spanish gas terminal, in: MEED, 31.03.2000, 18

o.V.: Sonatrach, GdF get together, in: MEED, 23.06.2000, 14

o.V.: Sonelgaz opens up the market for new IPPS, in: MEED, 23.06.2000, 19

o.V.: Sour cherry, in: The Economist, 15.02.2001, http://www.economist.com, 14.12.2001

o.V.: Spanish group to invest in fertilizer projects, in: MEED, 16.01.1998, 18

o.V.: Special report aerospace, in: MEED, 04.09.1998, 17

o.V.: Special report aerospace, in: MEED, 12.11.1999, 17

o.V.: Special report oil and gas – Algeria, in: MEED, 21.01.2000, 10

o.V.: Special report oil and gas – Algeria, in: MEED, 24.07.1998, 13

o.V.: Sprache anerkannt, in: taz, 05.10.2001

o.V.: State banks buy 60 per cent of privatised cereals firm, in: MEED, 29.01.1999, 13

o.V.: Sterling selected for airport project, in: MEED, 04.05.2001, 14

o.V.: Strike threatens Khelil's calm, in: MEED, 23.03.2001, 9

o.V.: Strong response to Algiers airport tender, in: MEED, 17.12.1999, 23

o.V.: Tender issued for new refinery, in: MEED, 19.01.2001, 13

o.V.: Terror von Bürgermeistern in Algerien?, in: Neue Zürcher Zeitung, 15.04.1998

o.V.: The Berbers rise, in: The Economist, 03.05.2001, http://www.economist.com, 14.12.2001

o.V.: The image, and the reality, in: The Economist, 27.07.2000, http://www.economist.com, 14.12.2001 o.V.: The swelling anger of Algerians, in: The Economist, 21.06.2001, http://www.economist.com, 14.12.2001

o.V.: Thinking the unthinkable, in: The Economist, 09.11.2000, http://www.economist.com, 14.12.2001

o.V.: Three blocks awarded in public bid round, in: MEED, 02.03.2001, 10

o.V.: Treize ans de soubresauts, in: Le Monde Diplomatique, Juillet 2001

o.V.: Two new Sheraton hotels planned, in: MEED, 07.04.2000, 20

o.V.: UN mission concludes visit, in; MEED, 14.08.1998, 26

o.V.: Uno-Delegation auf Erkundungsreise in Algerien, in: Neue Zürcher Zeitung, 23.07.1998

o.V.: Un peuple traîné dans la boue (13.11.2001), in: Courrier International, http://www.courrierinternational.com, 18.12.2001

o.V.: Upper chamber elections complete Zéroual's initiative, in: MEED, 09.01.1998, 22

o.V.: US operator signs new oil contract, in: MEED, 30.01.1998, 14

o.V.: Verlegung der AHSt. Tunis nach Algier, in: AWO-Kurznachrichten, 18.10.2001, 12

o.V.: Vier Paare ermordet, in: taz, 03.09.2001

o.V.: Was de Gaule pushed, in: The Economist, 30.08.2001, http://www.economist.com, 14.12.2001

o.V.: Wieder Massaker in Algier, in: taz, 13.02.2001

o.V.: Wir müssen noch einmal bei null anfangen, in: Der Standard, 22.07.1998

o.V.: Work starts on In Amenas gas project, in: MEED, 04.02.2000, 15

o.V.: Zweite MEDA-Phase, in: Internationale Wirtschaft, 22.02.2001, 1 und 9

Objectif Algérie, http://www.objectifalgerie.com

Oesterreichische Kontrollbank (Hrsg.): Die wirtschaftliche Relevanz der österreichisch-arabischen Beziehungen auf dem Gesundheitssektor, Wien 2000

Oesterreichische Kontrollbank (Hrsg.): Libyen – Chancen für österreichische Exporteure in den Sektoren Industrie, Verkehrswesen, Wasserwirtschaft und Tourismus, Wien 2001

Office National des Statisiques (ONS); http://www.ons.dz

Organisation des Nations Unies pour le Developpement Industriel – ONUDI (Hrsg.): Le climat des investissements en Algérie – Les changements intervenus depuis 1993, Vienne 1999

Organisation for African Unity, http://www.aou-oua.org

Oschwald, Hanspeter: Jetzt herrscht Bürgerkrieg, in: Focus, 07.11.1994, 338

Österreichische Außenhandelsstelle Tunis: Algerien – Österreichische Wirtschaftsbeziehungen mit Algerien, Wien o.J.

Ouzani, Cherif: Education: des têtes bien faites, in: Jeune Afrique L'intelligent, 25.04.-08.05.2000, 100-103

Ouzani, Cherif: El-Djazaïr à vendre, in: Jeune Afrique L'intelligent, 25.04.-08.05.2000, 82

Ouzani, Cherif: L'université de demain, in: Jeune Afrique L'intelligent, 25.04.-08.05.2000, 103

Ouzani, Cherif: Pfizer „Success-story", in: Jeune Afrique L'intelligent, 25.04.-08.05.2000, 88

Ouzani, Cherif: Sonatrach, une entreprise ordinaire?, in: Jeune Afrique L'intelligent, 25.04.-08.05.2000, 80

Ouzani, Cherif: Vous habitez chez vos parents?, in: Jeune Afrique L'intelligent, 25.04.-08.05.2000, 104-105

Parlament der Republik Algerien, http://www.ipu.org

Perroux: L'Algérie de demain, Paris 2000

Pohl, Reinhard: Frauen in Algerien, in: Gegenwind 08/1997, http://www.toppoint.de, 10.10.2001

Présidence de la République, http://www.el-mouradia.dz, 07.11.2001

Provost, Lucile : La seconde guerre d'Algérie – Le quiproco franco algérien, Paris 2001

Quandt, William B.: Between Ballots and Bullets – Algeria's Transition from Authoritarianism, Washington, D.C. 1998

Ramonet, Ignacio: Der Zorn der Kabylen, in: Le Monde Diplomatique, 13.07.2001

Ramonet, Ignacio: Kabylie, in: Le Monde Diplomatique, Juillet 2001

Ramonet, Ignacio: Paix en Algérie, in: Le Monde Diplomatique, Juillet 1999

Rassemblement, Actions, Jeunesse (RAJ): Einige Informationen über RAJ, http://www.connection-ev.de, 10.10.2001

Rech, Nacéra.: Abgesang an eine geliebte Stadt – Algier?, in: Kinzelbach, Donata (Hrsg.): Tatort – Algerien, Frankfurt/M. 1999, 79-81

Reiter, Ewald F. A.: Tourismus, in: Oesterreichische Kontrollbank (Hrsg.): Libyen – Chancen für österreichische Exporteure in den Sektoren Industrie, Verkehrswesen, Wasserwirtschaft und Tourismus – Multi-Sektor-Studie, Wien 2001, 141-181

Reporter ohne Grenzen, http://www.reporter-ohne-grenzen.de bzw. http://www.rog.at

Richards, Catherine: The jury is out, in: MEED, 01.09.2000, 4-5

Richards, Christine: About change, in: MEED, 16.02.2001, 4-5

Richards, Christine: Algeria awakes, in: MEED, 17.03.2000, 2-3

Richburg, Keith: The Algeria Challenge: Growing Social Upheaval, in: International Herald Tribune, 16./17.06.2001

Robert, David: Wenn Liebe ins Gefängnis führt – Das andere Gesicht von Präsident Bouteflika (Mai 2001), in: Konrad-Adenauer-Stiftung, http://www.kas.de, 10.09.2001

Robert, David: Wohnungsnot in Algerien wird zum sozialen Sprengstoff (September 2000), in: Konrad-Adenauer-Stiftung, http://www.kas.de, 10.10.2001

Roberts, Hugh: Algeria and France: terms of endearment?, in: Middle East International, 30.06.2000, 22-23

Roberts, Hugh: Algeria: Bouteflika stuck in the doldrums, in: Middle East International, 19.05.2000, 23-25

Roberts, Hugh: Algeria's Army: changing of the guard, in: Middle East International, 24.03.2000, 18-20

Roberts, Hugh: Riots without end?, in: Middle East International, 01.06.2001, 16-18

Rosenkranz, Clemens: Vor neuer Spritpreissenkung, in: Der Standard, 17./18.11.2001

Rößler, Hans-Christian: Ein Jahr „Boutef", in: Frankfurter Allgemeine Zeitung, 06.05.2000

Ruedy, John: Modern Algeria – The Origin and Development of a Nation, Bloomington, In. 1992

Ruf, Werner: Algerien zwischen westlicher Demokratie und Fundamentalismus?, http://www.algeria-watch.de, 10.10.2001

Ruf, Werner: Der Maghreb im Überblick, in: Nohlen, Dieter; Nuscheler, Franz (Hrsg.): Handbuch Dritte Welt, Bd. 6, Bonn 1993, 86-109

Ruf, Werner: Die algerische Tragödie – Vom Zerbrechen des Staates einer zerissenen Gesellschaft, Münster 1997

Ruf, Werner: Ökonomie und Politik – Wie ein Regime den Zusammenbruch des Staates überlebt, in: Inamo Sommer/Herbst 1998, 26-25

Ruf, Werner: Wir sind schon tot, in: iz3w (Blätter des Informationszentrums 3. Welt) September 2001, 11-12

Ruhe, Ernstpeter: Algerien-Bibliographie, Wiesbaden 1990

Rühl, Bettina: Wir haben nur die Wahl zwischen Wahnsinn und Widerstand, Bad Honnef 1997

Ruppert, Elizabeth: The Algerian Retrenchment System, in: The World Bank Economic Review, 1/1999, 55-83

Ruscio, Alain: Du Tonkin à Alger, des „violences de détail", in: Le Monde Diplomatique, Juin 2001

Sabra, Martina: SOS Femmes en Détresse, in: Inamo Sommer/Herbst 1998, 45

Sadi, Said : Algérie – L'heure de verité, Paris 2001

Saleh, Heba: Algeria hit by Berber protests, in: Financial Times, 30.04.2001

Saleh, Heba: Bouteflika descredited in victory, in: Middle East International, 23.04.1999, 4-6

Saleh, Heba: Bouteflika for President, in: Middle East International, 26.03.1999, 16

Saleh, Heba: Chadli ends his silence, in: Middle East International, 26.01.2001, 13-14

Saleh, Heba: Changes at the top, in; Middle East International, 15.09.2000, 16-17

Saleh, Heba: Crumbling facade, in: Middle East International, 18.05.2001, 20-21

Saleh, Heba: FIS leader killed, in: Middle East International, 26.11.1999, 12

Saleh, Heba: Flood disaster, in: Middle East International, 07.12.2001, 24-25

Saleh, Heba: Frayed „concord", in. Middle East International, 10.12.1999, 18-19

Saleh, Heba: Minimum credibility, in: Middle East International, 10.08.2001, 17

Saleh, Heba: Presidential quandry, in: Middle East International, 29.01.1999, 15-16

Saleh, Heba: Settling scores, in: Middle East International, 14.07.2000, 14-15

Saleh, Heba: The killings go on, in: Middle East International, 13.10.2000, 20

Schemla, Elisabeth: Mon journal d'Algérie – Novembre 1999 – Janvier 2000, Paris 2001

Schlotter, Peter: „Euro-mediterrane Partnerschaft" und Demokratisierung – Zur Maghreb-Politik der Europäischen Union, in: E+Z – Entwicklung und Zusammenarbeit, September 1998, 235-237

Schmid, Bernd: Die Warlordisierung eines Landes, in: iz3w (Blätter des Informationszentrums 3. Welt), November 1997, 4-6

Schmid, Bernhard: Moralisierung der Gesellschaft, in: Volksstimme, 06.08.2001a

Schmid, Bernhard: Rückgriff auf den Islam, in: Volksstimme, 18.10.2001b

Schmid, Bernhard: Wer mordet in Algerien? (Interview mit M. Souami, Auslandschef des Rassemblement pour la Culture et la Démocratie – RCD), in: Jungle World 38, http://www.nadir.org, 10.10.2001

Schmitz, Charlotte: Pfropfen im Wassersystem, in: Akzente 3/2000, 12-14

Schmitz, Charlotte; Högner, Bärbel: Warten auf Entscheidung, in: Südwind-Magazin, Juli 2000, 26-27

Scholl-Latour, Peter: Pulverfaß Algerien – Vom Krieg der Franzosen zur Islamischen Revolution, München 1992

Schulze, Ralph: Algier schürt Krieg gegen eigenes Volk, in: Die Presse, 12.06.1998

Schulze, Ralph: Alltag in Algier: Folter, Hinrichtung, Massaker, in: Die Presse, 24.07.1998

Schulze, Ralph: In Algerien regiert seit Jahren der „ganz normale Terror", in: Die Presse, 18.05.1998

Schulze, Ralph: Revolte oder Revolution?, in: St. Galler Tageblatt, 20.06.2001

Schumacher, Tobias: Die Maghreb-Politik der Europäischen Union – Gemeinschaftliche Assoziierungspraxis gegenüber Algerien, Marokko und Tunesien, Wiesbaden 1998

Schuster, Adolf: Algerien, Pforzheim 1993

Schwartz, Laurent: Au nom de la morale et de la vérité, in: Le Monde Diplomatique, Septembre 2000

Sehmer, Ingrid: Libyen und Algerien – Ein illustriertes Reisegedicht, Frankfurt/M. 1999

Smith, Dan: Der Fischer Atlas Kriege und Konflikte, Frankfurt/M. 1997

Smith, Dan: Der Fischer Atlas zur Lage der Welt, Frankfurt/M. 1999

Smonig, Reinhold: Algerien – Massaker statt Versöhnung, in: Die Presse, 25.07.2000

Smonig, Reinhold: Algerischer Wahnsinn wird zur Normalität: Blut fließt in Strömen, in: Die Presse, 21.12.2000

Smonig, Reinhold: Der schmutzige Krieg der Militärs in Algerien, in: Die Presse, 14.02.2001

Smonig, Reinhold: Pulverfaß Algerien – Die Straße sagt dem Regime den Kampf an, in: Die Presse, 18.06.2001

Société nationale pour le transport et la commercialisation des hydrocarbures (SONATRACH): Annual Report 1999, http://www.sonatrach-dz.com, 08.11.2001

Souaïdia, Habib: Der schmutzige Krieg – Bericht eines Ex-Offiziers der Spezialkräfte der Armee (1992-2000), Zürich 2001

Standard & Poor's, http://www.standardandpoors.com

Statistik Österreich (Hrsg.): Der Außenhandel Österreichs, Gesamtjahr 1997, 1998, 1999, 2000 (Serie 2), Wien 1998, 1999, 2000, 2001

Statistisches Bundesamt (Hrsg.): Länderbericht Algerien 1994, Wiesbaden 1995

Steinbach, Udo; Hofmeier, Rolf; Schönborn, Matthias (Hrsg.): Politisches Lexikon Nahost/Nordafrika, München 1995

Stieglitz, Joseph: Trugbilder und Seifenblasen, in: Der Standard, 15.11.2001

Stone, M.: The Agony of Algeria, New York 1997

Stora, Benjamin: Akkulturation und Wiederveranlagung der Idendität, in: Inamo Sommer/Herbst 1998, 12-13

Stora, Benjamin: Algeria 1830-2000 – A Short History, Ithaca, N.Y. 2001

Stora, Benjamin: La guerre invisible – Algérie, années 90, Paris 2001

Sträter, Beate: Kein Frieden für Algerien, in: Inamo Sommer/Herbst 1998, 58-60

Strunz, Herbert; Dorsch, Monique: Internationale Märkte, München/Wien 2001

Strunz, Herbert; Dorsch, Monique: Internationalisierung der mittelständischen Wirtschaft – Instrumente zur Erfolgssicherung, Frankfurt/M. u.a. 2001

Strunz, Herbert; Dorsch, Monique: Libyen – Zurück auf der Weltbühne, Frankfurt/M. u.a. 2000

Swoboda, Hannes, Mediterrane Dialoge, in: Briefe aus Europa – Persönliche Notizen von Dr. Hannes Swoboda (MEP), Nr. 10, Wien, 1998

Talahite, Fatiha: Die algerische Frauenbewegung, in: Inamo Sommer/Herbst 1998, 41-44

Tayyib, Rafik M.; Strunz, Herbert: The Crisis of Development Management in Algeria, in: Journal für Entwicklungspolitik 4/1993, 371-382

Télévision Algérienne, http://www.entv.dz

Temlali, Yassin: Air Algérie shortlist announced (25.05.2001), http://algeria-interface.com, 23.09.2001

Temlali, Yassin: Algerian Jobless at 30 %, http://www.algeria-interface.com, 13.06.2001

Temlali, Yassin: Algerian rail on track to privatisation (09.04.01), http://www.algeria-interface.com, 23.09.2001

Temlali, Yassin: Interface interviews Abdelmadjid Bouzidi (interviewed by Yassin Temlali), http://www.algeria-interface.com, 27.06.2001

Temmar, Hamid M.: Stratégie de développement indépendant, Alger 1983

Theulet, Xavier: Confiance mesurée, in: Jeune Afrique L'intelligent, 25.04.-08.05.2000, 92

Theulet, Xavier: Coup de pouce pétrolier, in: Jeune Afrique L'intelligent, 25.04.-08.05.2000, 76

Theulet, Xavier: Investir: soigner l'accueil, in: Jeune Afrique L'intelligent, 25.04.-08.05.2000, 88-90

Theulet, Xavier: Le retour des Français, in: Jeune Afrique L'intelligent, 25.04.-08.05.2000,

Theulet, Xavier; Ouzani, Cherif; Yahmed, Marwane Ben: „Privatiser n'est pas sanctionner." (Interview), in: Jeune Afrique L'intelligent, 25.04.-08.05.2000, 84-85

Theulet, Xavier; Ouzani, Cherif; Yahmed, Marwane Ben: Ils font parler d'eux!, in: Jeune Afrique L'intelligent, 25.04.-08.05.2000, 106-116

Thomas, Karen: A waiting game, in: The Middle East, November 1999, 6-8

Thomas, Karen: Algeria – open contest or fait accompli?, in: The Middle East, March 1999, 15-16

Thomas, Karen: One man one vote?, in: The Middle East, June 1999, 11-13

Tillion, Germaine (en collaboration avec Nancy Wood): L'Algérie aurésienne, Paris 2000

Tilmatine, Mohand: Berberbewegung zwischen Islamisten und Militärs: Vom „schmalen Weg" zur Sackgasse?, in: Inamo Sommer/Herbst 1998, 37-40

Tozer, Hamid: Banks are Publicly Owned Private Property (02.02.2001), http://www.algeria-interface.com, 23.09.2001

Uitenhagen, Pierre van: Algeria – attracting investors, in: Middle East International 28.07.2000, 23-24

United Nations (Hrsg.): Bericht über die menschliche Entwicklung, Bonn 2000, 2001

United Nations Development Program – UNDP (Hrsg.): Liste des Projets par domaine de concentration, http://www.dz.undp.org, 21.09.2001

United Nations Industrial Development Organzation (UNIDO): Algeria – Assistance in Legal and Institutional Aspects of Investment Promotion, http://www.unido.org, 20.09.2001

United Nations Industrial Development Organzation (UNIDO): Integrated Programme – Algeria, http://www.unido.org, 20.09.2001

United Nations, http://www.un.org und http://www.uno.de

United Nations: Schlagzeilen, 18.02.2000 und 29.02.2000, http://www.uno.de

United States Energy Information Administration (EIA), Algeria, http://www.eia.doe.gov, 12.12.2000

Veiel, Axel: Algeriens Krankheit, in: Frankfurter Rundschau, 21.06.2001

Veiel, Axel: Rai gegen den Frust, in: Südwind-Magazin 1-2/2001, 14-17

Veiel, Axel: Was nach Staat aussieht, wird geplündert, angezündet, zerstört, in: Frankfurter Rundschau, 31.05.2001

Vidal, Dominique: Ces „traîtes" qui sauvèrent l'honneur de la France, in: Le Monde Diplomatique, Septembre 2000

Voykowitsch, Brigitte: Das Regime braucht Terror, um die Algerier zu unterdrükken, in: Der Standard, 23.12.1997

Voykowitsch, Brigitte: Kampf gegen sanfte Diktatur, in: Der Standard, 30./31.10. und 01.11.1999

Wandler, Reiner: „Algerischer Frühling": Ein Bild der Verwüstung, in: Der Standard, 16./17.06.2001

Wandler, Reiner: 500.000 bei Trauermarsch in der Kabylei, in: Der Standard, 23.05.2001

Wandler, Reiner: Algerien im Internetfieber, in: Der Standard, 08.06.2000

Wandler, Reiner: Algerien in den Zeiten der Revolte, in: taz, 16.06.2001

Wandler, Reiner: Algerien zieht nach Massenunruhen die Notbremse, in: Stuttgarter Nachrichten, 20.06.2001

Wandler, Reiner: Berber im Generalstreik, in: taz, 07.12.2001

Wandler, Reiner: Bouteflika mit „revolutionärer Familie", in: Der Standard, 31.03.1999

Wandler, Reiner: Bouteflika, ein Esel als Präsident, in: taz, 16.06.2001

Wandler, Reiner: Dank Bouteflika und seiner Majestät, in: Der Standard, 31.07.1999

Wandler, Reiner: Der lange Arm der Geheimdienste, in: Der Standard, 07./08.02.1998

Wandler, Reiner: Der menschliche Wahnsinn, in: taz, 20.03.2001

Wandler, Reiner: Der Wahlen und des Terrors müde, in: der Standard, 24.10.1997

Wandler, Reiner: Die Arroganz der Macht: Weder Untersuchungsausschuß noch nationale Aussöhnung, in: Inamo Sommer/Herbst 1998, 46-47

Wandler, Reiner: Die Gefängnistore von Serkadji öffnen sich, in: Der Standard, 07.07.1999

Wandler, Reiner: Die stille Wut der algerischen Berber, in: Der Standard, 22.07.1998

Wandler, Reiner: Eine einzige Antwort auf Algeriens viele Fragen, in: Der Standard, 16.09.1999

Wandler, Reiner: Eine fast perfekte Kopie von Boumedienne, in: Tages-Anzeiger, 12.04.1999

Wandler, Reiner: Erneute Gewaltwelle in Algerien, in: Der Standard, 28.07.2001

Wandler, Reiner: Für Algerien bis in den Tod, in: Der Standard, 22.10.1997

Wandler, Reiner: Gescheiterte Versöhnung, in: taz, 02.04.2001

Wandler, Reiner: Junge Paare unterliegen strenger Kontrolle, in: taz, 09.04.2001

Wandler, Reiner: Keine Presse in Algerien, in: taz, 28.05.2001

Wandler, Reiner: Koalition auf breiter Basis in Algerien, in: Der Standard, 27.12.1999

Wandler, Reiner: Louisa Hanoune – „Ganz normale Banditen", in: taz, 02.04.2001

Wandler, Reiner: Mord und Folter mit System, in: Der Standard, 10.02.1998

Wandler, Reiner: Neue Fragen an Algeriens Machthaber, in: Der Standard, 21.12.2000

Wandler, Reiner: Terrrorwelle beendet Ramadan, in: Der Standard, 27.12.2000

Wandler, Reiner: Unruhen weiten sich aus, in: Der Standard, 20.06.2001

Wandler, Reiner: Warten auf den großen Knall, in: taz, 31.07.2001

Wandler, Reiner: Westsahara-Plan folgt Marokkos Linie, in: taz, 23.06.2001

Wandler, Reiner: Zwischen Helfen und Hassen, in: taz, 22.11.2001

Weltbank (Hrsg.): Weltentwicklungsbericht 2000/2001 – Bekämpfung der Armut, Bonn 2001

West Mediterranean Economic Forum (WMEF): The Euro Med Economic Report, 10.10.2000; 03.11.2000; 28.02.2001

Wimpissinger, Heinz: Einer wächst, der andere wird wachsen, in: Internationale Wirtschaft 7/2001, 23-25

Windler, Christian et al.: Folter – ein Herrschaftsinstrument Frankreichs in Algerien, in: Neue Zürcher Zeitung, 29.01.2001

Wirth, Beatrix: Islamischer Fundamentalismus in Algerien als Reaktion auf Modernisierung?, Münster/Hamburg/London 1998

Wirtschaftskammer Österreich (Hrsg.): Länderblatt Algerien, Wien 2001

Wirtschaftskammer Österreich (Hrsg.): Länderblatt Algerien, Wien 2000

Wirtschaftskammer Österreich, http://www.wko.at

Wolter, Udo: Algerien entschleiert (Teil 1), in iz3w (Blätter des Informationszentrums 3. Welt), März 1999, 34-37

World Amazight Action Coalition, http://www.waac.org

World Bank (Ed.): Algeria at a glance, http://www.worldbank.org, 12.10.2000

World Bank (Ed.): Algeria in Brief, http://www.worldbank.org, 12.12.2000

World Bank (Ed.): World Bank Atlas 2000, Washington, D.C. 2000

World Bank (Ed.): World Bank Projects Database – Algeria, http://www.worldbank.org, 11.12.2001

Yahmed, Marwane Ben: Trafic perturbé, in: Jeune Afrique L'intelligent, 25.04.-08.05.2000, 97

Yous, Nesroulah et al.: Qui a tué qui à Bentalha? Algérie: Chronique d'un massacre annoncé, Paris 2000

Internationale Märkte

Herausgegeben von Prof. Dr. Herbert Strunz

Die Schriftenreihe „Internationale Märkte" veröffentlicht Monographien und Sammelbände, die sich der marktbezogenen Analyse von Ländern, Branchen und entsprechenden Aspekten des internationalen Managements widmen und wendet sich an ein am aktuellen Geschehen auf verschiedenen Märkten interessiertes Publikum. Autoren, die an einer Veröffentlichung interessiert sind, werden gebeten, sich mit dem Herausgeber der Reihe oder dem Verlag in Verbindung zu setzen.

Gesellschaft für Österreichisch-Arabische Beziehungen
– Ihr Partner im Nahen Osten und in Nordafrika –

Die Gesellschaft für Österreichisch-Arabische Beziehungen (GÖAB) bietet sich als Spezialist für die arabischen Staaten an. Das Angebot der GÖAB beinhaltet unter anderem:

Studien
Die GÖAB führt regelmäßig Länder- und Marktstudien durch, welche den Sponsor- und Firmenmitgliedern gerne zur Verfügung gestellt werden. Bisher sind erschienen: umfassende Studien über die österreichisch-arabischen Wirtschaftsbeziehungen im allgemeinen, Algerien, den Irak und Libyen, über die österreichisch-arabischen Wirtschaftsbeziehungen auf dem Gesundheitssektor sowie das Potential erneuerbarer Energien in Tunesien.
Weitere Studien sind geplant.

Missionen
Die GÖAB veranstaltet regelmäßig politische und wirtschaftliche Missionen in verschiedene arabische Staaten. Daran können stets ausgewählte GÖAB-Mitglieder teilnehmen. Die jüngsten Missionen führten in die Länder Irak, Libyen, Oman, Saudi-Arabien, Sudan und Tunesien.

Beratung/Unterstützung
Für den Kreis der GÖAB-Sponsormitglieder bietet die Gesellschaft auch weitergehende gezielte Beratung und Unterstützung bei der Marktbearbeitung an. Wenn gewünscht, organisiert die GÖAB Begegnungen bzw. Präsentationen mit Ansprechpartnern aus dem jeweiligen Zielland. Auch die Organisation von bzw. die Begleitung bei speziellen Reisen ist möglich. Dabei kann die GÖAB auf die jahrzehntelange Erfahrung ihrer Funktionäre und Mitarbeiter sowie über ausgezeichnete Beziehungen auf politischer und wirtschaftlicher Ebene in den meisten arabischen Staaten zurückgreifen. Die GÖAB ist auch jederzeit bereit und in der Lage, spezifische Marktstudien im Auftrag durchzuführen.

Weitere Informationen
Weitere Informationen, auch über eine Mitgliedschaft in der GÖAB, sind über das Generalsekretariat erhältlich.

GÖAB
A-1150 Wien
Stutterheimstraße 16-18/2/5
Telefon +43 1 526 78 10
Fax +43 1 526 77 95
e-mail: office.vienna@saar.at
http://www.saar.at

Gesellschaft für Österreichisch-
Arabische Beziehungen

Peter Lang · Europäischer Verlag der Wissenschaften

Herbert Strunz

Irak

Wirtschaft zwischen Embargo und Zukunft

Frankfurt/M., Berlin, Bern, New York, Paris, Wien, 1998. 307 S., 25 Tab.
Internationale Märkte. Bd. 1. Herausgegeben von Herbert Strunz
ISBN 3-631-33267-X · br. € 50.10*

Das im Gefolge des 2. Golfkrieges auferlegte internationale Wirtschafts-
embargo brachte den Irak in jeder Hinsicht in eine schwierige Situation.
Dieser Band beschreibt die angespannte Situation und untersucht die Auswirkungen der Politik Saddam Husseins und der UN-Maßnahmen auf die
irakische Volkswirtschaft, die Versorgungslage und die Handelsbeziehungen.
Besonderes Augenmerk wird den Möglichkeiten (vgl. „Oil-for-Food"-Pro-
gramm) und Perspektiven für Unternehmen gewidmet, die an Geschäftsbe-
ziehungen mit dem Irak – jetzt und nach einer (schrittweisen) Aufhebung
des Embargos – interessiert sind.

Aus dem Inhalt: Die politische Entwicklung bis 1990 und nach 1990 ·
Die volkswirtschaftliche Entwicklung bis 1990 und nach 1990 · Wirtschaftsbeziehungen und Außenhandel: Entwicklung der Wirtschaftsbeziehungen
und des Außenhandels bis 1990 · Das Sanktionenregime nach dem 2. Golf-
krieg · Ausblick: Szenarien, Perspektiven und Strategien.

Frankfurt/M · Berlin · Bern · Bruxelles · New York · Oxford · Wien
Auslieferung: Verlag Peter Lang AG
Jupiterstr. 15, CH-3000 Bern 15
Telefax (004131) 9402131

*inklusive der in Deutschland gültigen Mehrwertsteuer
Preisänderungen vorbehalten

Homepage http://www.peterlang.de

Peter Lang · Europäischer Verlag der Wissenschaften

Herbert Strunz / Monique Dorsch

Libyen

Zurück auf der Weltbühne

Frankfurt/M., Berlin, Bern, Bruxelles, New York, Wien, 2000.
340 S., zahlr. Abb., Tab. und Graf.
Internationale Märkte. Herausgegeben von Prof. Dr. Herbert Strunz. Bd. 3
ISBN 3-631-36051-7 · br. € 50.10

Mehr als zwei Jahrzehnte nach der Auferlegung erster einseitiger Sanktionen gegen Libyen stehen die Chancen für eine Wiedereingliederung des Landes in die internationale Politik und Wirtschaft derzeit sehr gut. Libyen ist es zweifellos auch zu wünschen, wieder in die internationale Staatengemeinschaft integriert zu werden und den damit letztlich verbundenen Wirtschaftsaufschwung vollziehen zu können. In diesem Zusammenhang zeigt sich Libyen gegenwärtig insbesondere an einer Diskussion über jede Art von Wirtschaftsbeziehungen mit dem Ausland sehr interessiert.

Davon ausgehend, daß sich Libyen für ausländische Unternehmen derzeit als attraktiver Markt darstellt, untersucht der Band mit Hilfe einer Analyse der politischen, volkswirtschaftlichen und marktspezifischen Gegebenheiten auch mögliche Chancen für Exporteure und Investoren.

Aus dem Inhalt: Gegenwärtige und künftige Entwicklung der politischen und wirtschaftlichen Situation · Wirtschaftsbeziehungen und Außenhandel · Projekte, Marktbearbeitung und Geschäftsabwicklung · Auswirkungen des internationalen Embargos auf Libyen · Sanktionen: Wirkungsweise und Perspektiven

Frankfurt/M · Berlin · Bern · Bruxelles · New York · Oxford · Wien
Auslieferung: Verlag Peter Lang AG
Jupiterstr. 15, CH-3000 Bern 15
Telefax (004131) 9402131

*inklusive Mehrwertsteuer
Preisänderungen vorbehalten

Homepage http://www.peterlang.de